周蓓 主編

『民國專題史』叢書

(美)顧素爾 著 黃石 譯

河南人民出版社

家族制度史

家族制度作爲一種社會存在，它有着其誕生、發展到最終形成的演變過程，在這一過程中，不同家族有着不同的制度，這與它的教育和民族特性有着千絲萬縷的聯系，本書從社會和教育的角度敘述家族制度變遷的歷史

圖書在版編目(CIP)數據

家族制度史 / (美)顧素爾著;黄石譯. —鄭州:河南人民出版社,2016.4(2017.1 重印)
(民國專題史叢書 / 周蓓主編)
ISBN 978-7-215-10029-9

Ⅰ.①家… Ⅱ.①顧… ②黄… Ⅲ.①家族-制度-歷史-世界 Ⅳ.①C913.11

中國版本圖書館 CIP 數據核字(2016)第 079788 號

河南人民出版社出版發行
(地址:鄭州市經五路 66 號 郵政編碼:450002 電話:65788063)
新華書店經銷 河南新華印刷集團有限公司印刷
開本 710 毫米×1000 毫米 1/16 印張 44.75
字數 640 千字
2016 年 4 月第 1 版 2017 年 1 月第 3 次印刷

定價:291.00 圓

出版前言

中國現代學術體系是在晚清西學東漸的大潮中逐步形成的。至民國初建，中央政治權威進一步分散和削弱，加之新文化運動帶給國人思想上的空前解放，新學的啓蒙，新知識分子的産生，民國學術如草長鶯飛，進入一個自由而蓬勃的時代。中國傳統學科乃中國學術之根基與菁華所在，民國學人采用『取今復古，别立新宗』之方法，引入西方的學術觀念，積極改造，使史學、文學等學科向現代學術方向轉型。此外，大力推介西方社會科學的新學科和自然科學，在學習、借鑒乃至移植西方現代學術話語和研究範式的過程中，逐漸建立中國現代學科，使中國的學科門類迅速擴展。一時間，新舊更迭，中西交流，百花齊放，萬壑争流，開創了中國現代學術的源頭。

伴隨知識轉型和研究範式轉换而來的，還有學術著作撰寫方式的創新。中國古代的著作向來以單篇流傳，經後人整理匯編後，方以成册成集的面目出現并持續傳播。直到十九世紀末，東西方的歷史編撰體裁不外乎多卷本的編年體、紀傳體和紀事本末體等，章節體的出現標志着近代西方學術規範的産生和新史學的興起。章節體具有依時間順序，按章節編排；因事立題，分篇綜論；既分門别類，又綜合通貫的特點。以章、節搭建起論述之框架，結構分明，邏輯清晰，較傳統的撰寫體裁容量大、系統性强。它的傳入，使中國現代學術體系從内容到形式被納入了全球化的軌道。民國時期專題史的研究、譯介、編纂、出版恰恰是在這樣的背景下欣欣而發，是學術的實驗場，也是歷史的記録儀。編選『民國專題史』叢書的初衷正是爲了從一個側面展示中國學術從傳統向現代過渡的歷史進程。

專題史是對一個學科歷史的總結，是學科入門的必備和學科研究的基礎，也是對一個時代艱深新鋭問題的解答，是學術研究的高點。民國專題史著作中，既包含通論某一學科全部或一時代（區域、國别）的變化過程的，又囊括對一時代或一問題作特殊研究的，還有少部分是對某一專題的史料進行收集的。原創與翻譯并重，翻譯的底本大多選擇該學科的代表著作或歐美大學普及教本，兼顧權威性和流行性，其中日本學者的論著占據了相當比重。日本與中國同屬東亞儒家文化圈，他們在接納西方學術思想和研究模式時，已作了某種消化與調適，從思維轉换的角度看，更便于中國借鑒和利用，他們的著作因而被時人廣泛引進。

與當代學術研究日趨專業化、專門化、專家化的『窄化』道路迥乎不同的是，中國傳統學術崇尚『學問主通不主專，貴通人不尚專家』的通識型治學門徑，處于過渡轉型期的民國學術在不同程度上保留了這種特徵。民國學術大師諸學科貫通一脉、上千年縱横捭闔之功力自不待冗言，外交家著倫理政治史、文學家著哲學史、化學家著戰争史等亦不乏其人，民國專題史研究呈現出開放、融通、跨界撰述的特點。與此同時必須看到，自晚清以來，中國的命運就在外侮屢犯、内亂頻仍的窘境中跌宕彷徨，民族存亡仿若命懸一綫。這股以創建學科、總結經驗、解决問題爲指歸的專題史出版風潮背後，包裹着民國學人企望以西學爲工具拯民族于衰微的探索精神，及以學術救亡的愛國之心。梁任公曾言：『史學者，學問之最博大而最切要者也，國民之明鏡也，愛國心之源泉也。』這種位卑未敢忘憂國的歷史使命感和國民意識是今人無法漠視和遺忘的。

『民國專題史』叢書收録的範圍包括現代各個學科，不僅限于人文社會科學，學科分類以《民國總書目》的分科爲標準，計有哲學、宗教、社會、政治、法律、軍事、經濟、文化、教育、語言文字、中國文學、外國文學、中國歷史、西方史、自然科學、醫學、工業、交通共19個學科門類。本叢書分輯整理出版，内不分科，單本發行，方便讀者按需索驥。既可作爲大專院校圖書館、學術研究機構館藏之必備資源，也可滿足個人研讀或興趣之收藏。

與目前市場已有的一些專題史叢書相比，『民國專題史』叢書具有規模大、學科全、選本精、原版影印的特點。本叢書選目首重作者的首創、權威和著作影響力，尤其注重選本的稀見性。所謂稀見，即建國後没有再版，且多數圖書館没有收藏，或即便有收藏，也是歸于非公開的珍本之列予以保存，普通讀者難以借閲。部分圖書雖有電子版，但作爲學術研究的經典原著讀本，紙質版本更利于記憶和研究之用。本叢書精揀版本最早、品相最佳的原版圖書作爲底本，因而還具有很高的版本收藏價值。

『民國專題史』的著作是民國學者對于那個時代諸問題之探究，往往有獨到之處，無論其資料、觀點短長得失如何，要之在中國現代學術史的構建與發展進程中，自有其開宗立論之地位。

目次

第一章　家族之歷史研究

最近家族的歷史研究

自十八世紀以來，人類的思想重新貫注於人類的生活和制度，以此爲研究人類的正常方法，於是對於社會生活問題的興趣亦愈加濃厚而普遍。除歷史家和社會學家外，還有一大羣聰明的男女，都很高興去研究現代的風俗和制度；他們從歷史上追求這些制度和風俗的發展，以求了解。這是很對的。歷史的研究已經弄明白了教會，國家，經濟，法律，和語言了。這些制度，都是經過千數百年來社會的協同努力，方才逐一建立起來，現在卻成爲分析研究的對象；而其研究的結果，亦爲聰明的大衆所採納。然而一般的社會研究者對於家族制度，至今未加以相當的注意，雖然歷史家和社會學家已認之爲研究社會的基礎和出發點。

一般人的所以不願注意這個問題，其原因並不難找出。家族制度和一般男女的心最爲接近，而且和他們最溫柔最深切的生活經驗有密切的關係還有一層西方人多數以爲現存的一夫一妻制爲兩性問題最好的解決法，而且在這種制度下的兒女，也可得專一的培育和撫養。家族制度經數千百年的努力，才慢慢地變成現今的樣子，所以現在家族制度，是社會經驗和參證最重大的問題所得的結論。因此之故，有很多智力發達，思想高明的人，都不願意干涉這種制度。第三，因爲從歷史研究家族，必定牽涉到娼妓制度發生的原因及其影響，以及社會病（social disease），離婚等等的問題；而一般人對於這些問題，早就不願以公正的態度，和科學的精神加以討論了。他們寧可把這些討厭的事情擱在腦後，一輩子不理會牠就完了。人們不特自己不願討論家族的問題，對於社會批評家更懷着仇視的感情，以爲他們所提倡改造的主張，全都含有激烈性。所以早幾年帕孫司夫人（Mrs. Parsons）發表她的極有思想的著作家族（The Family），便惹起劇烈的非難和攻擊；因爲她大着膽說社會如果懂得娼妓制度的蔓延，和被動的婚姻的危險，就一定知道試行古代的「試驗的婚姻」（trial marriage），並非愚昧了。（註一）

現代人對於家族問題的興趣

但是人們不想應用科學精神和科學方法去研究家族，這種厭惡的感情，在過去二十年間，已逐漸消滅了。所以然的原因，也不難找出。家族生活的樞機，已經解紐，家族生活已不能順順利利的進行，家族不和諧的景象，至是遂大為世人所注目。到後來家族制度不能適應二十世紀，竟是無可諱言了。家族制度的動搖，從各個階級的離婚之顯著的增加，和貧窮階級的墮落兩事，充分顯示出來。都市的居民，感受家族生活的困難；罪惡的傳播，及其對於家族全體的影響；和生產率（birth-rate）衰退——這些都是有識者所亟想解決的問題。嚴謹的男女，都漸漸覺得社會的基本制度有很多重大的弊病了。這是很好的表象。因此人們對於這個問題，便從新加以注意，他們從歷史上研究各種族各時代的婚姻和家族的風俗，想從那裏發現現代的社會和法律，怎樣變成現今的樣子。偉斯脫馬克（Westermarck）的人類婚姻史（History of Human Marriage），魯托努（Létourneau）的婚姻和家族的進化（Evolution of Marriage and the Family），霍瓦特（Howard）的婚姻制度史（History of Matrimonial

Institutions），和波山奎夫人（Mrs. Bosanquet）及帕孫司夫人所著的兩本家族，此等精心結撰的著作便足以證明近世社會對於這些糾纏不清的問題，確已發生興趣了。

研究家族的重要

上面已經說過，對於人類家族之歷史的，公正的研究，其所以有價值而且重要，第一在於牠是研究事實的最好的準備。我們要尋出法律，風俗，及觀念應該怎樣，第一步工夫就要明白了解他們怎樣成立，及為什麼仍存在。解決問題的最有效的方法，不是玄想，而是從實際狀況研究得來的理想。所以，要改造社會，非首先有淵博精確的知識不可。家族之歷史的研究，還有以下的幾種價值：第一，歷史的研究，使我們曉得不要徒逞空論，卻是要尊重事實；第二，歷史的研究，使我們知道家族的起源，雖然從動物的本能發生，而非從理想的戀愛而生，可是我們現代的純潔優美的家族生活和兩性關係，卻就是從這個粗鄙之源產生出來的。所以研究歷史和研究哲學一樣不能輕忽事實的本源；我們要依靠着歷史的光明精密正確地評定牠的價值，

（註一）家族頁三四八至三四九。

第二章　原始時代的家族

名詞的定義

在本書的開端，我首先要確定「原始的(primitive)」和「家族」(family)這兩個名詞的意義，因爲近世社會學者使用這兩個名詞，意義非常混淆。「原始的」一語的意義可以解作：(一)最初的社會狀態，(二)也可以適用於現存的野蠻人或半開化的人羣。本書使用這個名詞，決定始終採用第二個意義。至於「家族」一語既可以解作西方民族由兩親子女合成的社會單位(social unit)；也可以適用於較大的團體如共同戴一個實在的祖先或神話的祖先的氏族(clan)，或村落中的共產團(village communities)；人類學者應用「家族」一語，常常照後一解釋法。希臘羅馬的"gens"(氏族)及美洲印第安人(American Indians)的"clans"(氏族)，便是這種「家族」的例子。現在斯拉夫(Slavs)族的村落共產團還是一個血族的團體(kinship group)。他們在一個村子裏聯結幾個有血統關係的家庭，共同生活於一所房子裏；並且在田間共同操作。這所田場，是他們的公有財產(common property)，此外團體中所有的產業，皆歸公有。對於這種，也可包含於後一解釋的「家族」中，但本書應用「家族」這個名詞，則不從此說，卻採慣用的意義。所謂家族，祇是指親子兩代合成的基本團體而言，至於"clan"，"gens"，及村落的血族團體，則概以近世德國學者之所謂 Grossefamilie (大家族)名之。

研究原始家族的資料

「原始的」一語，要是嚴格的解作「太初」(original)人類的家族，那麼，研究時便發生很多困難。因為要想搜集「太初」家族生活可靠的證據，差不多是不可能的，因為這一類的事實，非常缺乏。所以我們只能採取文化稍為進步的民族的婚俗，來做敘述的資料。這些資料，包括：(1)論及未開化民族的古書，如希羅多德(Herodotus)和斯特累波(Strabo)；(2)旅行家考察現存野蠻人的家族組織的記載；(3)有訓練的學者特地調查半開化人羣的婚姻和家族的布告；(4)根據高等動物——尤其是類人猿的生活所得的推測。但我要趕快鄭重的聲明一句：所有這些材料，除了具有科學頭腦的學者的研究之外，都是要小心採用。因爲要想把古代的著作家和現代的旅行家所觀察到的家族風俗和兩性關係，作爲縝密的觀察和確當的解釋，是很難成功的。所以同是一種資料，社會學者可以拿來做成恰恰相反的學說。社會學家對於太初的婚姻體制，和家族生活的意見，很不一致。於此可見研究古代的家族和婚姻，不是容易的事了。

婚姻的意義及其起源

婚姻的意義

關於婚姻二字之生物學的意義，人類學者和社會學者的意見大致相同他們拿這個字來表示男女兩性的結合，他們的關係並不在產育子女之時就終止，而繼續至子女能夠自給的時候，方才停止。要是我們承認這個見解，那麽，我們立刻便知道鳥類和高等的獸類也有婚姻。鳥類確是親子的愛撫的顯例。

鳥類的兩性，在平時共同擔任造巢的工作；及至孵卵的時候，雄鳥就擔任供養和保護的責任。等到雛兒出了殼，雌鳥和雄鳥，便分頭去尋找食物，和訓導雛兒怎樣料理自己。白頭偕老的一夫一妻結合，在鳥類中並不是希罕的事情。但高等的哺乳類，就不是這樣了。在這些動物之中，雌的負撫育及保護子女之全責；當他們的父親要來襲擊他們的時候，她還要保護他們。但是據旅行家的研究，牡的類人猿——orangutan, gorilla, 和 chimpanzee——往往在樹上給有孕的牝猿造一個巢，他自己卻坐在那里去保護她；並且幫助牡猿去撫育幼兒，保護幼兒。據此，可以證明上述的婚姻並非人類所獨有的了。

婚姻的或然的起源

以上已經約略闡明婚姻起源的問題了。所以僅僅是性的本能，決不能產生兩性的永久結合。變化無常的欲望，絕不能作爲動物或我們鼻祖，穴居人家族生活的堅固基礎。不過我們也要記取理想的戀愛，在今日雖是維繫兩性的最堅強的約束，但原人卻並沒有這種明瞭的觀念。就是女性所要求於男性的保護，也不是兩性結合永久的約束；因爲野蠻時代的女性，和雌猿一樣，其自衛的能力差不多和男性一樣的強固。所以婚姻的起源，大概是由於初生的嬰兒柔弱無力，及母親與幼兒兩者，在各個時期卻要求強健者的保護和供養。凡不保護其幼兒的種族，必受天擇所淘汰，反之，凡保護子女的種族，才可以繁衍不絕。因此可見家族是婚姻的發源地，而婚姻不是家族的發源地。試看近代各民族生育率（birth-rate）的顯著低落，便知父母之責，是兩性的永久結合的根源了。然而現代人卻常常多少經一番思索而把這個忽視了。

關於家族最初的體制的幾個相反的學說

亂交說

關於最初的兩性關係有許多說，現在先講亂交說（The Theory of Promiscuity）。此說否認婚姻和家族的存在，瑞士的著作家拔可芬（Bachofen）於一八六一年在所著的母權論（Mutterecht）中首倡此說。據拔氏說：初民聚衆而居，與羣居動物相似；他們的兩性關係，完全在一個亂交的狀態。兒童歸社會全體所管。在這個放縱亂交的狀態之下，誰是誰的父親，無從決定，故血統從女性方面計算久而久之，女性便操縱權勢：此卽所爲「母權時代」(the period of the matriarchate)；女性在原始社會裏居於治者的地位。經過了一個很長的時間，又發生了一個根據「父愛」而立，略具現代的一夫一妻制的特質的家族體制。此說大受聽者的歡迎，著名的社會家也不少把此說略加修改而唱導着的。蘇格蘭的麥克魯南 (McLennan) 在他的名著原始婚姻 (Primitive Marriage) 及美國摩爾根 (Morgan) 在他的大著古代社會 (Ancient Society) 中，都主張在人類史開始的時候，性交是無檢束的，兩性的結合是暫時的。他們都發揮自己的學理，說攸久的兩性結合，和簡陋的家族組織，都是從這個階段 (stage) 發展出來的，他們的論據是：(1)有幾個古代著作家，和現代旅行家，都說文化低下的野蠻人的兩性關係，是雜亂的；(2)現代某種野蠻人的社會，仍有些奇怪的風俗，可以證明牠是絕對的亂婚時代的遺跡。如「借妻」(wife lending) 及現代澳洲某部落的「羣婚」(group marriage)，便是顯例。更有些部落，當新娘還沒有進入夫家的時候，先把她給祭司或巫人受用；有很多學者便引這宗事實來做亂交說的佐證。偉斯脫馬克在他的名著人類婚姻史中，細心審查上述的證據，他的結論是：（1）我們在今日人類中無從找出兩性無檢束性交的事實；（2）近乎亂交的風俗，還得加以別的更完備的釋解，例如野蠻人「借妻」的風俗，或許是他們過於看重款客的責任觀念的緣故；而祭司的汚辱新娘，也很可以說是過於尊重婚姻所致。所以愈加研究事實，則亂交之說，便愈覺可疑。不過他們婚姻關係的鬆弛，卻無可疑的。

父權家族說

正當拔可芬發表他的大著的那一年（一八六一年），英國著名的學者亨利梅因爵士(Sir Henry Maine)也發表他的大著。他對於原始時代的兩性關係，和家族組織的主張，與拔可芬恰正相反。他在所著的古代的法律(Ancient Law)一書裏面，極力主張原始時代家族生活的形式是父權的家族 (patriarchal family)，以後一切制度皆源於此。羅馬的家族制度是其代表。這種家族組織的第一個特質，在乎牠包含之廣。凡共戴一個祖先的，以及經納嗣的禮式 (the ceremony of adoption) 的嗣子，乃至一切奴僕，一律視為這個家族 (familia) 的一員。父權家族的第二個特質，就是家族中最年長的男子的權威差不多是絕對無限的崇拜祖先時他就是家族的祭司。又因爲他居於祭司的地位，故又爲家族財產唯一的管理人。他對於妻子，奴隸都有生死的權力，只有很小的限制。這種專制權威，到兒子結婚時，不特不停止，反而擴充到他兒子的妻子身上。這種家族組織的第三個特質就是「宗族制度」(agnation)，或稱爲血系制度(kinship system)，血統的關係，祇從男子一方面計算。據梅因說，在現世很多的民族中，把婦女孩子，悉隸屬於掌握大權的家長之下的宗族制度，依然存在。這可以證明父權家族是最初的普遍形式了。

此說的弱點，在作者沒有注意及野蠻人中同這個學說的證據相刺謬的事實。這些事實很簡括地指出：(1)單從母親一方面推算血統關係的母系制度，在原人中較之父系制度(paternal system)，流行更廣；古希伯來人在舊約時代(old testament time)，父權家族已經很發達，卻仍可找出母系制度的遺跡；(2)父權家族的組織，及系統嚴明的血統關係，乃以心力很發達的觀念爲基礎，這決不是原人所能幾及的；(3)野蠻人的父親，雖然因有超越的體力之故，常掌握專制的權力，但是一到他的兒子能夠獨立生活之時，這種支配權便立刻消失了。所以以強暴爲根基的權能，不能與羅馬的父權（patriarchal authority）混爲一談；因爲羅馬的父權，以祖先崇拜爲根基，而其社會和工業的生活狀況，也比原始時代進步得多。現代大多數社會學者對於這個問題的結論是：父權家族決不是最初的社會單位，在家族制度史上只是一個比較晚出的制度罷。

原始的偶婚說

除了以上兩說外，更有主張兩性結合最初的形式是偶婚制（Pair marriage）的，卽一男一女在一個或久或暫的時期互相結合。主張此說的社會研究者，日有增加。泰勒（Tylor），斯太克（Starcke）和偉斯脫馬克等等，都趨向此說，但至今仍未完全成立。現在將此說的論據，扼要地綜述如下：第一，一雌一雄的配偶，在肉食獸中，偶或見之，在類人猿中，則尤爲常見。合父母子女而成的小家族，大約是動物在激烈的生存競爭場中所得的經驗的結果。因爲在食物不甚豐足的地方，小團體比大團體較易獲得生活品，而且藉親切的關係，柔弱的幼兒的要求而結成的團體，比之不負責任的集羣，更易於協力求食。這種協作的事實，在動物家族中，歷歷可指。第二，人類和動物都具有強固的嫉妒心；不容絕對的亂交的存在。這種感性，最易產生出一夫一妻的家族，不過這種結合，在性質上或許是不甚堅牢的。第三，有些學者主張一夫多妻制（polygamy）和一妻多夫制（polyandry）發生在一夫一妻制之前，實際卻是社會的和工業的組織的結果，在原人的社會裏，決不能發生。例如多妻制度與根據財產或武力而區分的社會階級，就有密切的關係。所以領袖野蠻部落或半開化部落的男子，其妻妾的數目每隨其社會的地位而增加。末了，就人類的大多數而論，男女兩性的數目，差不多相等，故偶婚制為兩性結合惟一的方式，是勢所必致的。再有一層，偉斯脫馬克早就證明，有些地方偶婚制現在雖然已不盛行，但卻有很多證據證明從前曾經存在的，不過後來被別一個更寬縱的婚制取而代之罷了。(註一)

家族組織與食物關係

綜觀以上諸說，幾乎可以說沒有一說是圓滿無缺的。原人的生活暗昧不明，很難探其底蘊。大概說來，世界上沒有一種普遍全球的兩性結合形式。

反之，各地方的婚姻關係或家族生活大部分是被生存競爭——用最粗淺的話說就是食物的競爭——所決定的，換言之，家族組織與食物的供給有密切的關係，這話是很可信的。近日德國有一位學者名叫格羅色(Grosse)著了一本很有價值的著作（註二），對於狩獵游牧（pastoral）和農耕（agricultural）三個文化階段的家族形式，作精密的研究。證明文化最低的人民，靠着狩獵品爲主要的生活品，而以種子，果實和貝殼類動物爲補助食物。此時的生存競爭非常劇烈，所以一夫一妻的家族，最爲盛行，因爲那種形式是最適於他們的境況。至於進化到游牧時代的民族，以馴養的牲畜及粗拙的工具爲私有財產的制度盛行起來，家族便也受到顯著的影響。因爲財產的本能發達，女人便成爲有價值的資產，她們既可以操作粗劣的耕作，又可以從事一切的家庭勞動。那個時代的家族組織，是一夫一妻的，抑或一夫多妻的，全視家長的財富而定。若是財產不多，便不得不行一夫一妻制；若是富有土地和牲畜，他就能夠廣畜妻妾；而他的妻妾也可替他產生有用的兒女，增進他的財產。

據格羅色說，人口增多，草場使不足以供給人類和牲畜的要求，於是乎農耕時期，就慢慢地起來代替游牧時期了。在那個時代，他們漸漸留心去耕耘一部分土地，由此獲得豐足的食物，作爲勞動的報酬。這時候人類卻以土地爲最有價值的富源，且爲公衆的財產，大家共同享有共同耕作，而以地土的產物分給於團體中的各家族或各個人。這時候，小家族不復爲社會的單位了。土地已經爲"Sippe"（氏族）所公有了。有很多農耕的民族，其公衆的土地，由母系祖先的氏族相傳襲。這大約因爲婦女是耕耘土地的第一人，且是農業的發明者吧。有很多野蠻部落如易洛魁（Iroquois），威安多特（Wyandottes）及北美州的休崙（Huron）等，都承認女子有享受她所耕植的土地的權利。這些氏族或爲一夫一妻制或爲一夫多妻制，都依男子買妻的能力的多寡而定，因爲他們仍然把婦女當作一種財產。他們的家族，常包含幾個有親族關係的家族，而且大都（雖然不是一定）以親族中最年長的男子爲家長，管治全家。就是現在歐洲東部的斯拉夫村落，家長也都要擔着一份耕耘公衆土地的工作，土地的產物，及家族的進款，自然都歸他處理，但必要得到家族中各個成年分子同意才行。

格羅色所認爲最後的段階是高等農業階級。這時代工業和分工都十分發達，所以只有一部分人管事，其餘則經營各種工業，就中尤以粗劣的製作品爲最重要。這些民族的家族組織，可分爲兩種：（1）父權家族，以古羅馬，中國，日本爲最發達；（2）父母子女兩代組織而成的一夫一妻的家族（Sonderfamilie），這種形式盛行於現代的西半球。父權的家族，就在氏族裏面潛滋暗長；上面所述的斯拉夫的家族，即其顯例。但到氏族組織和氏族管理瓦解之後，支配家族（包括一切與男系的公共祖先有關係人）的全權，就落在最年長的男子掌握中。所以格羅色相信現代西歐及美州的小家族是父權家族，因經濟生活的進步化生出來的。因爲工業的發展日繁及文化的進步，家族的人便不復因協同協作家族的土地而相結合。家族的青年人也能脫離家族，選擇一種工業，經營獨立生活。

綜合格羅色的論旨，可以得到下述幾個結論：（1）要知道所有民族，並不是一一經過格羅色所說的那幾個段階。有很多部落，如澳州中部的土人，至今仍未脫離低級或高等狩獵的狀態，而西歐的條頓族(Teutonic races)卻明明沒有把父權族盡量發展。(2)工業狀況與家族組織，固然爲密切的關係，但切不可把這宗事實推得太遠。因爲家族除了一個工業的基礎以外，還有一個心理的基礎。舉例言之，責任心和對於幼弱子女的愛情，不只「創造」了家族，而且也是維持家族的一種動力。雖然有些民族的氏族，其權力超乎小家族之上，但家族卻還要靠互相依賴(mutual dependence)，習俗，及眞實的愛情(至少在有些事上是必要的)來維持的。還有一層，如波山奎夫人所說，(註三)工業和家族的發展，總得要多少靠着原人智力的發展。必得先有了先見，技能，和創造力，並且要有鼓舞，然後才有畜牲的馴養，和土地的耕耘。所以不論那一種家族制度，恐怕都要靠好幾種的勢力，聯合攏來而維持牠的。故此我們對於格羅色的學說之最正當的要求，是牠能說明工業狀態之重要；因爲工業是決定家族組織及婦女在家族中的地位的一個要素。

血統制度

在原人歷史上，早就發生了一種托根於血統之上而不托根於小家族之上的社會組織。社會分爲很多團體，各溯其世系到一個眞實的或想像的公共祖先；民族制度卽從這些以血統關係相維繫的粗略的疆界產生出來。氏族對於各個分子均有政治的，道德的，和經濟的支配權。說到血族團體發生及繼續存在的原因，久爲人類學者所爭論不決。世界上各民族的血統制度，共有二種：(1)母系制度(metronymic system)；(2)父系制度(patronymic system)。

母系制度

發生的原因——行母系制度的人羣，其血統祇在母親一方面傳衍，父與子的關係，有時竟全然不懂，如馬來(Malay)人就是這樣。關於這種流行極廣的風俗，已經有很多人提出種種的解釋。麥克甯南卽以此來證明他的原始無檢束的兩性關係說。(註四)他說：在性交毫無檢束的時代，勢不能不從母氏一方面來傳衍世系，爲的是兒童的父親不能確定。但偉斯脫馬克和別的學者則謂此說實在沒有充足的證據。行母系制度的部落，有些差不多簡直不懂得有放縱的性交那麼一回事；反之，行父系制度的團體，他們的婚姻風俗，卻也有極端放縱的。從女性一方面去追溯傳衍血統，是原人社會的普遍趨勢，因爲兒童在生產之前，嬰兒期，和不能獨立時，母子的關係，都非常密切。此外一夫多妻制也自有影響，因爲在這家族生活形式之下，父親常和他的妻兒各立門戶，異室而居：結果，兒童勢必致遠離父親的勢力，而增長他們與母親的關係。

母系制度下父母的地位。——有一班重要的社會學者曾經說過：在母系制度的團體中，父的地位，卑於母的地位，母親操支配家族之權力。他們舉出馬來人作證。照馬來人的習俗，結婚後的男子，只偶然一到他妻的居所。但他的眞家庭，却仍在他自己宗族中，與族人共同耕作於家族的田地。結婚後所生育的子女，是母氏宗族的財產，他們多分受母舅的照管和支配，因母舅是他們最親近的男戚。但是這個例絕不是型式的。在母系制度盛行的地方，男子多居於妻族之中，這雖不是普遍的風俗，但却是很普通的。在這個場合，男子在家中便處於從屬的地位，所以必須自顯爲打獵的好身手，並且要有充足的肉食品，去供給他妻的家族。否則他就要被妻家逐出家外了。這是美洲易洛魁族的習俗，但是這種風俗却不能證明母系制度下的婦女享有優越的權勢以建立母權。實際上，眞正的家長幷不是婦人，却常是婦人的長兄，亦卽是她的兒女的母舅。就是易洛魁的婦女，在氏族會議裏，（註五）數目上雖佔優勢，但是最高的行政官，仍是以男子充任。還有一層，行母系制度的種族，常常採用一種風俗，這就是把妻子從她的親族中，搬到夫族去。這樣一來，世系雖從母系，但財產和階級，有時却按照父系而傳襲，父親不用說是他家族的家長了。非芝人（Fijians）和太平洋羣島許多種人，以及西澳洲土人都有這樣風俗。這些鄙野的社會，和把父系制度和母系制度互相聯接的情形，具體表現出來，這也許就是從母系制度到父系制度的過度吧。

關於婦女在母系制度下的地位的問題，下面這結論，可算是確當不易的：

（1）由丈夫居於妻族中，並且服役於妻族這些例子看出婦女的地位比較高些，她有她的男戚保護她使她不致遭無理的廢棄或凌辱，和過度的勞動。

（2）同時又要記得所謂母系制度，並不是說婦女在家庭中有最高的管理權，對於宗族或氏族的事務，也沒有管理處分的最高權力。女權優越說或母權論僅爲拔可芬和其他幾個學者所主張，但此說仍未確立。反過來說，這些事實，適足以說明卽使在姓氏，行輩，和財產，均從母系傳襲，但母氏在家庭裏却不一定就有支配的權力。反之，處決一切要務，決定子女之訓練，以及處分兒女婚姻的人，却是她的長兄，父親，或竟是她的丈夫呢。

父系制度

發生的原因。——所謂父系制度，卽宗族血統單從男子一方面去追溯傳衍；男子在團體裏面佔優勝的地位。凡行這種制度的地方，還有一種普通的風俗，卽行輩和財產，皆由父系傳襲，若謂父系制度必繼母系制度而興，那却不盡然。現代有許多文化極低的民族，其世系從父，子女屬何氏族，或屬何圖騰羣體(totem group)，都聽父親決定；南美洲的弗基族(Fuegians)，印度的托達斯族(Todas)，和澳洲的幾個部落，都是如此。在這些野蠻人羣之中，都沒有母系制度成立在先的證據。父系的社會組織，其發生的一個重要原因可以從經濟狀況中尋出；因爲倚靠狩獵來維持生活的地方，農業很難發達，或則土地貧瘠，收獲不豐，則男性活動力的價值，便非常可貴，因爲他是供給食物的主要人物。而且人口愈增加，生存競爭亦愈加劇烈，因而愈加容易惹起爭奪漁獵領域的戰爭。在這個生存競爭劇烈的狀態之下，男子的戰爭本性，和強健的體力，對於一個團體，極有價值。結果，男子的權勢自然很迅速地增加，壓倒柔弱的女性了。男子既經得勢，便漸漸地把他們的姓氏和財產，傳給自己的子孫了。

父系的血族團體發生的第一個原因，是男子生殖機能的發見。這種發見，很多野蠻部落中，比較的遲緩。原來母親孕育子女的事實是很淺顯的；但要了解男子生育的機能，却非待理智發達不可。但是人類一經得到這種知識，便立刻發生重視或覺張大父子間的生理關係的趨勢了。偉斯脫馬克說，（註六）澳洲的部落有一個流行的信念，以爲兒童只受父親鞠育之恩。他引出豪易特（Howitt）記述澳洲土人的話爲證道，「男子把小孩子交給女子撫育，他對於自己的子女，可以爲所欲爲。」這種觀念對於父系的社會組織的發展，當然有深強的影響。

婦女在父系制度下的地位——以上各節，已經把這一個題目說及了，這裏只須略說一說。原人的社會，全完托根於暴力，戰爭，和狩獵的技能，在這樣的社會裏，女子身體的構造和機能，都把她陷於極不利的地位。自然把母職的擔子，擱在她的身上，不僅受生理的縛束，幷且還要擔任撫育及培護柔弱兒童的責任。這些責任，把女子關閉在家庭和附近的環境裏，不能越雷池一步。此外她還擔任耕作的苦役，朝夕拿起自己發明的簡陋的工具，如鋤頭之類，從事這種種植。當她在田裏勞動的時候，她常常負帶她的幼兒在背上。在這種不利的地位，她拿各種樹根，穀米，和果實去供給她的家族，以補助男子所提供的牲畜糧食之不足。這種工作，對於原始社會婦女的體力和精力，很有幫助。所以在古代，或卽在人工時代的初期，女子的體力，及其從事日常生存競爭的技能，依然差不多與男子相等。

買妻（wife purchase）差不多是野蠻人的普遍風俗；這是女子地位低落的一個原因。婦女一經以牲畜或別的財產買回來以後，當然免不了被買主看作一種財產，要從她的勞動力，搾取最大的經濟報酬了。在女子離開本家，與丈夫同居的地方尤甚。此外，婦女地位之所以低下，還有一個原因，那就是搶妻（wife capture）。原始的社會常被戰雲籠罩着，男子戰敗，其命運就是死亡，而女子則被擄掠爲奴隸。被征服者的妻女，成爲戰勝者的下級妻妾。她們之被看作丈夫的財產，較之買來的女子爲更甚；因爲買來的女子若有什麼差池，她的親族還可以替她復讎，這種被擄的女子雖受極大的苦痛，也無從伸訴。這種多妻制度，自然會脅迫到大婦的地位。那些被擄掠的婦人，和她的女兒所受的壓迫，好像一朵雲籠罩在她的身上，連她的子女也永淪苦海。在這個時代，男子的威權，簡直是橫行霸道肆無忌憚。好在當時還有一種普通的風俗，這就是除了女子有殘忍虐待的行爲或無理的退婚之外，丈夫不能要求取回買妻的錢。這樣男子的霸權，總算還有一點限制。

族外通婚制和族內通婚制

名詞的解釋

有很多野蠻人對於近親的婚媾都非常厭惡。但表現這種嫌惡心的形式，都不一樣。容許父女的性交者，只有幾種人，對於母子相烝的恐怖，却很普通。有幾個部落對於兄弟姊妹的結婚，並不禁止，但對於親子的性交却期期以爲不可。在另一方面看來，有很多部落，不但懲罰有血統關係的男女結婚，連同屬於一個氏族或圖騰團體的分子也禁止互通婚媾。這些氏族，或是母系的，或是父系的，而母族或父族的通婚，當然也在禁止之列；就是那疏遠的親屬，亦在所不許。可是一個男子，卻可以娶一個沒有血統關係的父族或母族的近親。希伯來的始祖亞伯拉罕娶他的妹妹薩拉（Sarah）（他的父親和別個婦人所生的兒子）就是一個顯例。也許當時希伯來的血統，仍然從母，那麼薩拉和她的從兄亞伯拉罕，就不同屬於一個血系羣了。和氏族或部落以外的人通婚，這種風俗，叫做「族外通婚制」（exogamy），和團體內的人通婚這種風俗，叫做「族內通婚制」(endogamy)。

族外通婚制發生的原因

人類學者對於「族外通婚制」的發生已經提出種種的解釋。麥克侖南在他的原始的婚姻裏面說，殺戮女孩的結果，使原人不得不相互地掠奪妻子。這時候向別個氏族或部落找取妻子的行爲，大爲風俗所嘉許。但是偉斯脫馬克對於此說，卻提出嚴重的抗議，他說：

（1）殺戮女孩，無論如何絕不是普遍的風俗，有時在某種朦昧人中，簡直找不出這種風氣來，如提厄剌·德斐哥 (Tierra del Fuego) 的雅干人(Yahgans)就是。（2）就算殺戮女孩是普遍的風俗，使男子不得不在族之外求偶，但這個並不能阻止氏族內的男子，和同在一塊兒生長的女子結婚。所以這一說，不能說明禁止在氏族或圖騰內互相通婚的風俗。偉斯脫馬克本人對於族外通婚的解釋（註七）就是說：這種風俗，是一種天然厭惡的表現。人類本來就不願意和從小便有密切關係的人結婚。他相信這種厭惡的感情，托根於一種遺存的本能，這種本能是很有用的。最強壯的種族決不是「親族繁殖」

(breed in and in) 所能產生的。偉斯脫馬克也承認這種本能，並不在厭惡親族結婚中表現出來；因爲有些不知有親誼關係的近親往往也會發生兩性的戀愛。他以爲這種本能，在別的方面，或是嫌惡家人共棲的表現。而泰勒卻在別一方面證明族外通婚制的起源是由野蠻族人的欲望，他們想藉互相通婚的制度，以聯絡友誼的關係。(註八)

族外通婚制對於家族的影響

以上各種解釋，姑勿論那一說最確當，族外通婚制對於家族生活都是很有利益的。族外通婚制不特禁止同居一室的親族通婚媾，並且把新的血液灌輸到氏族來，以保持她的強健。同族繁殖的不良影響，是現代生物學者，和人類學者討論的問題，直到現在，仍不能算作完全解決。可是要記憶，大多數「同族繁殖」的種族，都是身軀短小，儀表呆板，和生殖不繁的；據我們所知道的錫蘭的味達人(Veddahs)，便是一個的明證，故他們不久便絕跡於人類了。

原人婚姻的情好和選擇的自由

野蠻人最盛行的掠奪婚姻和買賣婚姻等形式，上面已經研究過了。然則對於原人的婚姻，難道就沒有互相選擇，及互相愛好之情嗎？曰不然。買賣婚姻，顯然不是最初求偶的風俗，因爲這種風氣，已經表示社會的和經濟的發展，已經達到高等的程度了。這決不是財產觀念薄弱的原人所能達到的。反過來說，有幾件事，實證明低級人羣的婦女，是具有若干自由選擇權的。韋斯脫馬克已經搜集了一些極有價值的材料，證明人類史開始之時，婚姻乃以互相的愛情，和兩造的同意爲基礎。（註九）在最野蠻的民族中，求婚者都是男子，雖然也有些例外。因爲女子受性欲的支配較少，所以必要人家向她求婚；因此，女子在性的選擇（sexual selection）上，佔了一個優勝的地位。這個並不是奇特的事情，達爾文，（註一〇）格路斯（註一一）及其他的學者，已經證明這種求偶的現象在動物裏面卻很盛行。雄鳥和雄獸因爲求偶的原故，不特要和同性的情敵，猛烈爭鬬，而且爭鬬以後，還要竭力用種種方法，去媚悅女性的旁觀者。鳥獸尚且如此，何況原人？在自然狀態中的男和女，都是自食其力的人。上面已經說過，女性的體力和自然的能力差不多與男性相等，並不像後來的女子，專要靠着男子戰爭的勇力，和狩獵的技能。故此她們可以在求婚者之中，選擇她的戀人。由此觀之，可見買易婚姻並不是原始社會一般的風俗了。要知道買賣婚姻雖然是野蠻人的普遍風俗，但是這些民族大多數已經遠離原始的狀態了。雖然有些澳洲土人，如布西曼族(Bushmen)，霍屯督族(Hottentots)及哥爾特海岸(Gold Coast)的黑人(Negroes)等，常把初生的女童賣給人家做妻，但這決不是原始社會的狀態啊。

野蠻人雖然不顧子女的意向，硬給他們締結婚約的，但是這對已經訂婚的男女，到成年的時候，有時也會打破這個婚約；女子和另一個情人私奔的。私奔是達高他印度人(Dacotah Indians)很常見的事，有人說澳洲的庫奈族(Kurnai)也是一樣。有些北美洲的印度部落，家長很慷慨地給兒子以婚姻選擇的自由權，這倒是很難得的事情。克里克(Creeks)人求婚，須正式取得女子的同意，朴卜洛(Pueblo)人也從來不強迫女子，嫁給一個她所不喜歡的男子。新西蘭野蠻人毛利人(Maoris)有一句諺語說「一條魚在各鉤餌之中選擇牠最喜歡的鉤餌，所以女子也在衆人之中，選擇一個男子。」（註一二）婆羅洲(Borneo)的帶阿克人(Dyaks)也有同樣的事實，他們的女子，確實得有選擇丈夫的絕對自由。

這樣看來，以相互愛好爲基礎的婚姻，在野蠻人中，並不如人類學者所說的那麼希罕。豪厄德說：（註一三）婚姻之起始本爲自由選擇，其後買賣的契約，由家族或氏族主持之，及至血族團體和父權衰落，又復慢慢地成爲個人的私事，如現代這個樣子。

婚姻的體制

一夫一妻制

野蠻人通用的婚姻體制和家族組織的形式共有三種，就是「一夫一妻制，」（註一四）「一夫多妻制，」及「多夫一妻制。」所謂一夫一妻制者，就是一男一女在一個時期內的結合；這是最恆久的形式。一夫一妻制之所以盛行，其主要的原因，不是社會的，也不是心理的，而是生物學的。這個原故，上面已經說過了，因爲在大多數民族中的兩性數目，差不多是相等的，所以我們固然不能希望原人能夠了解一夫一妻制之物質的，道德的，和社會的利益，但即使知道，也甚少顧及這些事情的。

一夫多妻制

所謂一夫多妻制，換言之便是一個男子同時有兩個或兩個以上的妻這也是一種流行很廣的婚姻形式，現代的東方民族，仍然視爲可貴的。一夫多妻制發生的原因不用說是經濟的，社會的和個人的。一夫多妻制較之一妻當然更能滿足野蠻人無節制的性欲衝動（sex impulse），這是很顯明的。而且一夫擁多數妻，還能增進他的財產和社會的地位，所以男子從此所得的利益，高出於一夫一妻制之上。他在衆人之中，可以從此顯出他的權力和富有。故此一夫多妻制，當然祇限於有權勢及富有之人，這就是部落中之領袖人物，及富裕的男子。其餘不甚富有的人，祇好以一妻爲滿足，或者簡直連一妻都沒有呢。

今當略說一夫多妻對於婦女及兒童在家族中的地位的影響，凡盛行一夫多妻制的地方，婦女的地位必比較的低。她要和別的婦人競爭，以邀家長的寵倖及至容華衰頹（原始時代婦女的容色很快的衰退，爲的是消磨於勞苦的工作及成熟過早）就爲家長所棄，讓那些少年貌美的女子，寵擅專房了。這種情形，很不適於夫妻間愛情的滋長；要是愛情發達的女子，其優美的感情，便會受她的情敵的凌辱了。在野蠻的社會裏，過度勞動的女子，也有催迫她們的丈夫去娶別個女子回來，減輕她們勞作的擔子，這確是真的。但我們對於這宗事實，若細加權度，便知一夫多妻非野蠻社會的普遍制度了。這種婚制，把家族分成爲互相嫉妒互相傾軋的黨派，彼此異室而居，無不愁苦怨恨，以終其生。這種風俗，對於兒童也有極大的損害。因爲男子色慾之放縱，大有害於子嗣的體質。況且父子間的愛情，及父對於子的培育，必須父子間有密切的關係，方纔能夠發展，倘若兒女增加愈多，則愈剝奪這種愛護。爲父者通常總把他們看作貴重的財產，所以很年幼的時候，就驅使他們到田裏作工去了。女子往往一到靑春期，就被賣給那個出價最高的人爲妻，於是她們又陷於她母親的厄運了。

多夫一妻制

原人通行的第三種婚制，是「多夫一妻制，」即是一個女人配幾個男子。這種習俗，在現今祇存於很少的民族中，如印度的托達斯，錫蘭及西藏的一部分的土人。多夫一妻制發生的原因，第一是兩性數目不均等。在荒蕪貧瘠的國度中，男子的生產率常超出女子之上；這個原因，現尚未有確當之解釋，但是與食品的供給，總有點關係。食料的缺乏，足以使男子繁殖無限，這是一宗很的確的事實。所以自然力就要出來，設法保護那些生存於瘦瘠地域的人，這就是限制他們的生殖力。再者偉斯脫馬克已經指出，族內通婚制與多夫一妻制，兩者之間，也有點關係。行多夫一妻制的民族，差不多都行族內通婚制。在民族以內通婚，的確可以增進男子的生產率，所以可以說是多夫一妻制發生的原動力。有很多人說，殺戮女孩，也是一個有力的原因，但事實卻不能證明這個說法。托達斯和西藏是行多夫一妻制的主要地方，但據那些曾經在那裏居住過的旅行家的報告，則那裏確實沒有殺戮女孩的事情。所以我們祇能斷定說，凡在男子生產率異常增高的地方，多夫一妻制必定跟着發生的。

雖然有些社會學者極力證明多夫一妻制是原始人類最普通的體制，可是這個說法，沒有充分的證據。但如上所說，我們都有充分的理由去相信一夫一妻制是婚姻制度的原形。況且現代行一夫多妻制的民族，大多數男子，祇有一個妻，因爲缺乏這麼多的女子，去做他們的妻妾，所以盛行一夫多妻制的土耳其，男子中有百分之九十爲事勢所逼，僅有一妻的。

原人的離婚

離婚的自由

研究原始的婚姻，有一件最惹人注意的事實，便是婚姻的不鞏固。他們常常以最淺薄的理由便實行離婚，並且不必遵照什麼規例，人人都把婚姻當作私人的契約，所以只須兩造同意，或由一方面提出，便可以解除婚約。離婚是如此的容易，可見夫婦之愛情，其實是不甚濃密的了。在很多野蠻人中，妻的脾性和年齡，都不要契合，並且把她的價值，降到勞動者的地位，所以稍有齟齬，或其他瑣屑小事，也可以用為離婚的正當理由。

野蠻人羣離婚的自由各各不同。有些野蠻人，對於夫妻兩方，都給以極端的自由。所以巴羅港 (Point Barrow) 的愛斯基莫人 (Eskimo)，非洲哥爾特海岸的黑人，及亞洲美洲的某部落等，只要有一方面願意便可以打破婚約。但這不是常見的事實。有些部落，如蘇門答臘(Sumatra)的卡洛卡洛(Karo-Karo)則雙方同意才許離婚。澳洲的男子，要想休妻，須得女家及本家的家長同意。婦人若受丈夫的虐待，雖然可以伸訴於家長之前，家長若認為適當可以把丈夫擯逐出外些時以示薄懲，但婦人卻只有很少的離婚自由，或者完全沒有。(註一五)非洲斯拉夫海岸(Slave coast)的女子，要是能夠在村長之前，證明她丈夫的虐待，就可以離棄她的丈夫，不必償還「身價」。(註一六)從這宗事實，以及會長或家族會議 (family council) 支配一切離婚事件的例子看來，可見離婚分明是是與氏族有關係的公事，而不是純粹個人的私事了。

買賣婚姻，亦足以減少婦女的離婚自由，大多數施行買賣婚姻的部落，只許男子享有離婚的唯一權利。亞留亞安(Aleutian)島土人，美洲達高他人和阿比坡尼(Abipones)及很多非洲的部落，都是這樣。可是這些地方的風俗，也還設法去緩和婦人所受的不公平的待遇。有些人羣，男子若無故出妻，就不能收回他貢獻給她的身價了。有些地方的男子，雖然在無理出妻之後，還可以要求退還聘金，但他卻要提心吊膽的防備妻族前來復仇。還有一層要知道有很多部落，明白限制男子離婚的權利和休妻的理由，所以只有妻的姦通或已許字的女子的不貞，才算做退婚最公道的理由。至於無子也是休妻的一個理由，這不獨原人爲然，就是古代的希伯來和羅馬，也都如此。有些部落，連懶惰，私逃，及性情不契合等，都視爲退婚的理由。

不過據我們所知，有些最野蠻的種族，如錫蘭的味達人，新幾內亞(New Guinea)島的巴布亞人(Papuans)，則除了死亡外，絕對不准解除婚約。

離婚後婦人孺子的處置

原人的婚姻，雖然很容易分離，結合的時間也很短促，但是他們處置離婚後的婦人和她的孩子的風俗，卻足以證明他們已經有點兒尊重公義的觀念了。除了品行極劣的婦人，沒有一個離婚婦人是飄蕩無依的。婦人離婚後多數回到她的本家；受本家的供養，直到她再嫁爲止。至於孩子就按照種種不同的慣例，分給兩親。有時母親領取女孩而父親領取男孩。行母系制度的地方，兒童多分爲母親領去，恰如行父系制度的地方，兒童跟從父親一樣。要是孩子還是很幼稚的，那麽他們就給母親領去撫養。又有一個部落有種風俗，要是母親因事被逐，那麽她領本家的孩子，每個要交還若干的代價。

財產的處分

原人的風俗，對於離婚後財產的處分，也頗合理。犯罪的人，普通卻是特別吃虧。因通姦或無子而被擯斥的婦人，須退還聘金，或丈夫向她的親族索還。她還要犧牲結婚時所得的一切禮物，及結婚後的私蓄。無理出妻的男子，也常常丟棄了他給他妻的身價；有時還要把孩子通通交給他們的母親。又有些男子和女子結婚時，把兩人所有的財產，併合攏來，而結婚後所積聚的財產，卻彼此分開。偉斯脫馬克說：曼尼浦耳 (Manipuris) 的婦人，若遭無理的休棄，照他們的風俗，她就把「丈

夫所有全部的私有財產，通通要了，祇剩下一個喝水杯，和圍在腰間的布給丈夫而已。」（註一七）

團體支配離婚的趨勢

從上面所說的看來。離婚並不是文明民族才有的，離婚的風俗，和結婚一樣的古老。原人的離婚，一部分爲個人的不高興或不滿意所決定，現代也都是這樣。習慣法老早就多少規定離婚，及婦人兒童和財產的處分了。就是在幾個文化較低的種族中，他們的離婚事件也要求由羣體支配；這種趨勢，正如現代一樣。

原始家族對於文化的貢獻

對於社會的貢獻

野蠻時代是一切人類史的發端，從上面所說的看來，我們就知道在這個時代最先出現的是家族，因爲這是最自然的社會組織，在原人有血統關係的認識，尚未發展成爲氏族之先，及遠在氏族混合而成部落之先，包含親子兩代的自然家族，也許早就存在了。不能獨立的兒童，使男女兩性，緊相結合，共同履行保護和撫育的任務，否則性的關係，就會成爲暫時的結合的了。家族是有組織的社會模型，而利他主義的道德，就從這裏發生出來，這些道德，推廣到家族及血系羣的疆界之外，便成爲社會最強固的團結力。當野蠻人民把同情的本能對於有血統關係的人，以及一切隸屬於一個部落的分子的友伴感情，和通力合作的精神擴而充之，正義法義和進步的根基，便從此樹立了。

除此之外，家族對於社會還有別種更重要的貢獻。在巫醫，沙門（shaman）和酋長還未把團體裏的風俗，收爲自己的權能之下以前，家族早已爲最値得保存的人類經驗之保持者。他們把這些從自然界辛苦得來的寶貴的微少的智識，父以是傳之子，母以是傳之女。所以簡單的，或集合的家族，就是唯一的社會組織，執行現在已經分配於各機關的種種機能。家庭是那時代簡陋的工業的中心，並且是青年人的學校，以訓練野蠻人所最稱贊的道德：並傳授戰爭，狩獵，和耕種的技能。

原始家族為工業的單位

最初的人羣無所謂經濟就是沒有實際的適應手段，達到他們的目的。據人類學者所知現存最低級的種族，如錫蘭的味達人，非洲西部的布西曼人，非力濱的涅格里托人和澳洲的有幾個部落，是天天徒手與自然爭鬭，以獲得朴素的生活品，完全沒手段營謀將來所需要的衣食品物。原始的曚昧人，實在沒有眞正的經濟，倒是文明較高的野蠻人才有。「經濟」一語，是從希臘語變來的意思，是家事的處理。如此說來，經濟的活動，乃跟着家庭的生活一同發生的。以性的區別為基礎的原始分工制，也是從家族裏面發生出來。因男子是有更強健的體力，而且比較的不受育兒的牽累，所以他們在戰爭的餘暇，便忙着去打魚打獵供給肉食於家族。至於女子，則因母職的要求，不得不擔負較靜止的，而且煩難，無趣的責任了。她們一方面要育兒，同時又要源源接濟蔬食。在人類史開始的時候，人類俯靠蔬食的供給，較一般人所承認的，尤為急切。這是因為狩獵品不常有，並且不一定就有，所以原始社會最可靠的生活品的來源，就是植物的根，種子和果實。主持家務的是婦人，她們在家庭的周圍，搜集自然界的產物，男子則個人單獨或和別人一同漫遊遠方尋求狩獵品。這樣看來婦女怕就是原人的最可靠的糧食供給者能。

古語說「需要是發明之母」(Necessity is the mother of invention)這句話很足以說明原始婦女簡陋的工業。婦女初時也祇在未經耕耘的土地，搜集稀少的產物，其後覺得這是不滿足的，所以便培植種子，以獲更豐富的收穫；文化也就隨着這種觀念飛躍突進了。起先婦女祇以雙手抓撥泥土，及散播種子。後來她很想得到一種滿足的工具，於是她就發明一種粗陋的挖掘器。往後她更發明一把鋤頭，陸續又發明一把粗陋的犂，她拿犂駕於馴養的牲畜之上，去翻轉泥土。其次我們又可以從女子創造的本能，推究出原人用來研磨穀米的石磨，也是女子所發明的，其法是拿一塊石頭放在別一塊之上，周圍轉動。用來搗碎穀米的杵臼，也都是她發明的。原人的主婦，又發現滑石可以用來做釜器，投在火上，不致於爆裂。因爲她有重大的責任，便不得不運用她的發明力；粗陋的紡經，織機，引經線之綜，刮子，石刀，手斧，及別的簡陋的工具，都是她的成功的創作品。這種成績，的確是原始婦女光榮的史蹟可是有些學者說女子的發明力並不能發展得如此的遠大。他們證明馴養牲畜，用牲畜牽犂，和犂自身重要的改良，以及從很粗鹵的石器，進到更有功效的金屬工具：都是男子的功績；因爲當男子不再注意戰爭而從事工業的時候，男子便發明這些東西了。然而我們仍不能不承認女子是發明農業工具和家庭器用的先驅者。而這些最初的發明，也許要有最高的想像力，方纔成功的。（註一八）

原始時代婦人，顯然是各種工業的領袖。男子祇知戰爭，打魚，打獵，造網，製武器；無事時則整天坐在帳幕的火旁，婦人卻從事種種式式的簡單工業。這些工業要有活潑的持久力和愼密的心思。還有一層，因爲她是一個農業的勞動者，所以她要建築倉廩，貯藏種子預防歉收的荒年。她的丈夫狩獵回來很粗心的把狩獵品捺在外邊，她就要出來，把牠割爲食品，剝了皮之後又用自己所發明的簡陋方法，製成皮革。女子常常兼任縫衣，製鞋，烹飪食物，製造陶器及編織家用的竹籃，有時她還要建造茅屋。此外她要盡母親撫養孩子的責任。總而言之，較進化的野蠻的家族，確然是工業的場所，而以妻和母爲中心人物。

她的生活和現代文明民族的慵惰貴族婦女截然不同。原始的婦女，是極端重要的經濟的生產者，與現代歐美各國祇知消費不事生產之奢華的貴族婦女，完全不同。

關於原始的工業，還有一層要說一說。男子的任務——戰爭結羣漁獵等——需有合作力和組織力，而女子的任務，則偏於單獨的個人的，其活動大部分限於家庭的和個人的興趣；所以男子的社會結合，和社會責任的觀念，比女子較易發達。再者分工制度，向來以性別為基礎，歷時甚久，結果男子對於社會和政治的興趣，以及組織力，都比居家的女子，更其發達。自古以來，婦女雌伏於家庭裏面，其努力和工作，大都是偏於個人主義的。這就無怪乎一般女子對於社會的興趣和眼光，都比男子狹小了。可幸現代的女子，對於重大的社會活動，已有組織力和合作力，其活動與興趣，也不復囿於家庭一隅，這未始不是一個很好的現象罷。

家族為最初的教育機關

兒童在家庭的地位：親子之愛。——兒童在部落中的地位，為兩親的愛決定者多，為固定的風俗所決定的，比較的小。在文化最低的人羣，父對於子女的威權，絕對無限。他能夠殺掉他，或把他轉賣給人作奴隸。斯拉夫海岸操 Ewe 語的人，其「父」一語，含有「保持者，」「所有者」的意思。福克納(Falkner)在他的 Description of Patagonia 一書裏面說道，這裏的土人，親子的愛，雖然頗覺發達，但男子常常拿妻兒換取西班牙的白蘭地酒。這實在不是希罕的事。斯賓塞爾說，「原始時代的兒童和一隻小熊一樣，他們沒有道德的責任，也沒有道德的約束；但父親有無限的威權，隨喜怒的轉移，而拋棄他或殺害他。」(註一九)

在很多的野蠻部落中，初生的孩子，在未吃母親的乳，或未命名之前，並不當作一個「人」來看待，這是我們所深信的。就是他們的人格已經成立，但普通仍被看作一種財產，任由父或母或兩親所處理。關於這一層，近代一個著作家說：「兒童是一種財產，一種有價值的財產，一種有用的財產，他們是否起初是一個人，隨後經過不良境遇的壓迫，纔成爲一件『物』，我們不知道，因爲野蠻人的人格觀念，非常黯昧，總之，他祇是一件『物』一種財產，一種產業，一種能買賣的商品，那是毫無疑義的。」(註二〇)著者還列舉一大堆事實去證實他們的話。Paulitschke曾論及非洲東北部的兒童道：「他們是父親的財產，要替父親作工，父親可以賣掉他們，殺掉他們，……所以在他們未脫離家族自成爲家長之前，他們的勞動力都屬於父親。」北寒帶的雅庫斯人（Yakuts）更老實不客氣地說：「良好的孩子是我們的資本，縱使你出很高的工資，也很難得到這麽好的勞動者，兒子長大之時，便是一個不費一錢的勞動者了。」（註二一）

兒童在家庭的地位，既如上述，那就無怪乎原人在不得已的時候，隨便殺戮嬰孩了。父母殺害初生的子女的主要動機，不用說是經濟。家族的糧食能夠供給一個新分子嗎？在追求漁獵之地遷徙無常的時候，嬰兒是否容易攜帶？要是他們懷中已經有一個孩子，另外旁邊還有一個，那麽，這新來的孩子，或許便立刻被父母處死了。除了經濟的原因之外，不用說還有別的動機，如過勞的婦人不願意加增她的重擔，便是或因初生的嬰孩，過於孱弱，這都是殘賊嬰兒的原因。

以上的話，卻有一個疑問：野蠻人的親的本能，不是很強嗎？回答道，父母的本能，確是人人都有的；但野蠻的親的本能的表現卻很粗鄙。這種本能，正如其他的本能一般，是生物學的和社會的產物，因自然的選擇而愈加發展。野蠻人親的本能是一種動物般的感情，並且是無思慮的放縱，而非自我犧牲的愛心，或理智的愛護。在原始社會裏，我們可以找出許多事實，證明父母溺愛子女，以至於無限制地縱容他們。可見普通爲父母者，尤其是最低劣的人羣，其親子間的愛情，全無理性和先見於其間。當飢荒困厄，及實際的危險來壓迫他們的時候，這種愛心便大大地衰退下來了。旅行家和人類學者都陳說出很多悲慘的故事，說在飢餓，恐怖，和憤怨之時，父母之情，便立刻歸於烏有了。布西曼人「當食物供給不足，或受敵人迫害，或在婦人被丈夫拋棄時，便覺得兒童是一個難堪的重擔，欲擺脫之，於是便勒死他，悶死他，拋棄於沙漠中，或竟生葬之了！」（註二二）非洲中部有很多部落，如弗基，菲芝等等，也有同樣的事實，表明親子之愛的薄弱。（註二三）在別一方面看來，北美洲的朴卜洛人對於兒女的愛心，似乎較發達，他們的家教在野蠻人中也是很難得的。印第安的部落，如愛斯基莫和撒哈拉的種族，也都是這樣。總而言之，現代的學者異口同聲說，野蠻人對於子女的愛情，「祇是一種保存種族的本能，與下級動物相似，他們滿足這種本能，全無限制。他們不甚懂得後來發生的較高尚，有更高貴的目的愛心，比之僅僅以喜好孩子爲玩戲，和不忍見孩子流淚的溺愛心，更其高尙。」（註二四）這幾句話是很對的。而且還要記得在許多部落中父母的愛，似乎足以縮短小孩子的兒童期。野蠻孩子的幼稚期很短，他們很年幼時便要自營生計了，他們一經能夠採漿果，種子，貝殼類的食物，以及自然界的產物，親子之愛便從此冷下去，如動物一般，或竟至於冷漠若不相干了。例如：基阿那（Guiana）提厄刺·德弗哥，澳洲，巴西及非芝羣島的野蠻人，都是這樣冷漠的心腸，一經發生，兒童便常常陷於自食其力的悲境；尤以男子爲甚。卡斐（Kafirs）的男子，在很幼稚的時候，便要在田裏或牲羣中，從事長時間的工作。但要到他們達到成丁期，加入部落裏結了婚，自己撐家立業，這纔脫離父權的支配。可是我們要記憶一層：兒童的苦工，和在飢荒災難時的困境，祇是野蠻人生活困難所致，若境遇較佳，他們便獲得較良好的待遇了。

嬰兒撫育。——原人社會的父母若願意讓他們的孩子活下去，那麼，他們便怎樣撫育他呢？據旅行家的考究，兒童撫養，有種種不同的風俗。有些部落立心很好，他們以爲最安全而又最可貴的事業，便是領導嬰兒入於習俗的正軌。有先見的婦人，有時因未生的孩子之故而節制飲食。所以卡斐的婦人，禁食牝羊肉，因恐怕她的孩子將來長得醜陋，她們也不喫豬的下脣，不然，她的兒子的下脣便會長得很大。（註二五）又太平洋班克斯島的男女，祇能喫那些不會傷害嬰兒健康的東西。這種飲食的禁例，是野蠻人的普遍風俗；常常要等兒童誕生之後，達到某個時期，方纔撤消。例如愛斯基莫的婦人，整整一個年頭要戒食未經煮過的肉；這一年之內，每食之後要把一些食物放在一個皮袋裏，這雖不是給小孩子喫，但這種風俗卻叫做「替嬰兒儲備食物。」考其意，大約是預防飢饉之時，使小孩子的生命不致受損害吧。父母對於子女不特要節制飲食，並且要用種種方法袪除惡魔，免其傷害這柔弱的孩子。非洲斯拉夫海岸的土人，當孩子生下來不久，便請男祭司或女祭司來供獻純潔的祭物，使惡魔不能侵害他們的孩子。這種純潔的儀式，在野蠻人中很盛行，他們還想借此滌除母子的不潔；因爲不論那裏，都以生產含有不潔的意味。迷信的卡斐人更用很多巫術於嬰孩身上。他們的婦人燒起芬芳的燃料，把小孩薰過，以驅除潛伏的惡魔；父親則把鷹鷲的羽毛燒起來，讓小孩咳嗆一會，他們以爲如此可使小孩將來有勇氣。(註二六)原始社會早就有把符咒挂在小孩子的頸項的風俗。卡斐人，哥爾特海岸的黑人，古羅馬人，以及現代幾個民族，也還有這種迷信的俗尙呢。

野蠻人雖有巫術，和節制飲食，却不能減少嬰兒的死亡率。一個在南加州的原人社會服務的牧師說，他接連施洗了同母的七個孩子，但不夠兩年通通都死了。另一個著作家說，有四個雅庫斯的婦人，一個生了九個孩子，祇養大一個；第二個也有九個孩子，通通都死了；第三個生八個孩子，也是一個沒有生存；第四個生有十個孩子，祇養大兩個。關於這些事實，多德說：「這些數目，也許是不可深信的，因爲想在野蠻人中搜集兒童死亡率的統計，顯然是極困難的事情；他們對於這些特殊的事情的記憶力很是薄弱。」(註二七)普通野蠻人對於一兩年內所遭遇的事情，也都記不淸楚。但他們對於日常生活永續要求的動作，和求食事鬼等事，記憶力卻是很強的。這些循環不已的要求，不絕地刺激他們的薄弱的回憶力。至於兒童的死亡卻不然，他們死了不久之後，便淡然忘記，不復記憶及了。

野蠻人兒童死亡率之所以高，其原因並不難解釋。第一，他們連普通兒童性質之最簡單的要素，一點都不知道，而為父母者又自作聰明，把各種兒童衞生的原則，強施於兒童之身。潔淨的益處，新鮮的空氣，及適宜的食物，都不懂得。雅庫斯人有時竟忽略了他們的孩子，讓他們躺在潮溼的空氣裏，及空氣不流通的屋子裏。Thlinkeet 族則常把孩子放在汚穢的地方，以致生出種種累及終生的疾病。伊哥耳的孩子稍為好一點。又有很多部落很看輕洗澡，幼年人因此受害不淺。還有一層，他們給兒童的食物，都是他們所不能消化的。有人說，布西曼的婦人在兒童生下來不久，「便嚼樹根和肉類來餧她們的小孩。當小孩還很幼稚的時候，便教他們咀嚼煙草了。他們眞正得到人的保護和照料的，實在很少。」復次，原人又甚少知道牛乳的好處，就是在已經馴養牲畜，很容易得到牛乳的地方，也不曉得拿來給小孩子喫。野蠻人哺乳的時期，的確比已開化的社會長得多：孩子的哺乳期往往延至四歲。可是這種風俗也有弊病，便是到小孩子斷乳之後，會感着成年人所喫的粗劣食品之難於消化。（註二八）

家庭訓練與家庭教育。——倘若嬰孩能夠抵抗不良的撫育長大成人，到能夠自立的時候，父母便要施以訓練和教育。這種家庭教育大別爲二：（一）社會的和道德的；（二）實際的。古代家庭的道德教育，自然以當時已決定的，和有威權的團體習俗爲準則。倘若一個民族對於性的關係，婦女的待遇，尊敬父母的態度，食物的禁例，和防備邪魔的方法等等，都已經有良好的注意，家庭便要負責把這些訓練家中的孩子。不過我們不要以爲那個時代的父母，已存有倫理的目的。他們雖然注意及兒童的道德教育，但訓練的方法，祇是無意模仿古時的習慣而已。野蠻人的家庭訓練，普通都是很溫和的，兒童甚少受父母的呵責和鞭撻；但有時父母有了不能抑制的忿怒，便保不定打罵他們的子女了，有時竟是很殘虐哩。至於稍爲開化的人羣，如北美的朴卜洛族，則極看重服從尊長，和遵守道德法律二事。但這種服從，並非由於兒童畏懼體罰，卻是由於在下午的空兒，在火堆之旁聽父老講述的令人發生震驚和迷信的恐怖心的故事而生的。

母親對於子女的道德訓練，有沒有責任，則視乎婦女在家庭和社會所處的地位而定。有些部落——如卡斐和菲芝島的土人等，女子的責任，祇略勝於動物，她們被人輕視，她們的勢力，當然不大——至少對於嬰兒期以外的男孩的勢力是很薄弱的。在性的界別的限制稍爲發達的原人中，母對子的權力，亦因之而減少。韋白斯特說：霍屯督族的父親及長者，常慫恿已加入部落而爲其一員的青年男子嘲弄欺負他們的母親。（註二九）新幾內亞人則更怪，他們悉心教導少年歐辱母親，以表現其男兒的氣慨。在兩性界別森嚴的種族，小孩子在兩歲或三歲，便脫離母親，走到「男子的屋子」去。此種會所，在太平洋的海島上，非常之多，卽美國西南方的部落，亦多所設立，不過較開化的易洛魁族，和威安多特族的婦女，卻是一家之長，經濟的和政治的權力也不少，所以母親對於兒童品格的養成，影響很大而且很久遠。

已成丁的男子的道德教育，多數從兩親的手中移到部落中的父老；我們相信野蠻人的入會式，在青年人的道德訓練上，實佔最重要的地位。禁食節，火刑的試煉，戲劇的表演，和唱歌，跳舞，及其說明等，都是長者灌輸道德觀念和風俗入青年人活潑的腦府的方法。他們之所以高高興興地舉行青年人成丁的禮式，是因爲這些確含有預備結婚的意味。兒童至此才知道他所能夠通婚的圖騰或小階級，以及小心避免不能嫁娶的。族中的長輩又教他們在擇配時要顧全部落的利益，選取能夠生育兒女的女子爲妻。經過長時期的試驗之後，青年男子便被看作成人，在結婚之前，可以放縱性慾了。(註三〇)

有些部落把已成丁的女子，深閉固拒的收藏起來。在這個時候及以後，她的女戚便把必要的兩性風俗，教給她們。(註三一)

原始時代青年男女的實際教育，正如道德教育一樣，是從族長處得來的盲目的模仿。即此一端，各種野蠻人便有很顯明的區別了。舉一個例，南加州森密諾爾人，新幾內亞及喀羅林島的土人對於青年人的訓練，甚少注意；但阿帕赤(Apache)的印度人，布拉克費(Black feet)，朴卜洛，和托列斯海峽(Torres Straits)的島民，就很著力訓練兒童提起實際的責任。兒童一到能分任家務之時，便幫忙母親砍柴，汲水，捕貝殼魚類，蜥蜴，及搜討可食的野草和樹根了。兩性的分工早就分得清清楚楚。男子模仿父親製作武器，陷阱，網罟及漁獵；女子則模仿母親烹飪，紡織，製皮革，陶瓷，及粗陋的農具一類的工作。有好些部落，如愛斯基莫，蘇族，及達高他的印第安人等，兩親似乎多少有點曉得去指導兒童作幼稚游戲的價值。所以愛斯基莫人給小孩一張小弓，叫他把預先準備好的小鹿射死。達高他的女子，則有一個小口袋，載着一把錐和一些鏈，母親做鹿布鞋時，便坐在旁邊學效。(註三二)伊斯曼(Eastman)博士敍述他幼時在蘇的印第安人中的生活道：「我們的遊戲是從種族生活的風俗造成的，當我們長大時，只實習我們所想做的事情而已。我們的遊戲是拉弓射箭，賽跑，跑馬，競技，泅泳，及模仿祖宗的風尚習慣。我們用泥團和柳枝假作戰鬭，我們玩 lacrosse（遊戲名），向蜜蜂挑戰或射冬箭（這種箭祇用於冬季故名）沿行於獸的脊骨和野牛皮製的蓋身物之上。」(註三三)進化的部落，這樣訓練他們的小孩子，所以他們的家庭，號稱學齡兒童的學校。

（註一）人類婚姻史頁五〇七至五〇八。

（註二）Die Formen der Familie und die Formen der Wirtschaft.

（註三）家族頁六十八。

（註四）Cf. Primitive Marriage in Studies, in Ancient History (1886), pp. 87, 91—3.

（註五）見 Powell, Wyandotte Government, in Smithsonian Miscellaneous Collections Vol. 25, pp. 76 ff.

（註六）人類的婚姻頁一〇六。

（註七）Cf. Human Marriage chs. 14, 15.

（註八）參看母權家族制度，載十九世紀一八九六年七月號。

（註九）人類的婚姻第七至十三章。

（註一〇）Descent of Man, ch. 8.

（註一一）The Play of Animals, pp. 257—71.

（註一二）偉斯脫馬克在前書頁二一七所引。

（註一三）婚姻制度史卷一，頁二〇二。

（註一四）常簡稱「一妻制」實應爲「一夫制」，這是一夫一妻配合的過渡形式。

（註一五）豪厄德婚姻制度史卷二，頁二二九。

（註一六）愛麗斯操 Ewe 語的斯拉夫海岸民族，第十章。

（註一七）偉斯脫馬克前書，頁五三一。

（註一八）參看梅生的女子對於原始的文明之貢獻。

（註一九）羣學原理卷一，頁七四七。

（註二〇）Todd, The Primitive Family as an Educational Agency, New York 1915, pp. 101—102.

（註二一）多德前書，頁一〇二至一〇三。

（註二二）賚特曼人類社會史卷一，頁五三二至五三三。

（註二三）參看多德前書，頁一一〇至一一七。

（註二四）多德前書，頁九六所引。

（註二五）Kidd, Savage Childhood: a Study ot Kafir Children, p, 8.

（註二六）吉德前書，頁一八至一九。

（註二七）多德前書，頁一二三。

（註二八）多德前書，頁一二〇。

（註二九）原始的祕密社會，頁二四。

（註三〇）參看韋白斯特前書頁四三引Toplin的「南澳洲土著」和Helms的「新南威爾斯」的說。

（註三一）Erazor, 'The Golden Bough（金枝　第三章，頁二〇四至二三三。

（註三二）多德前書，頁一六四。

（註三三）印第安的兒童，頁六四。

第三章 希伯來式的父權家族

研究希伯來家族的資料

研究希伯來家族最豐富的資料要算是（一）舊約聖經，尤其是摩西五經（註一）和路得記，（二）希伯來經典（Talmud），希伯來經典這本古書是以色列（Israel，即希伯來之別名）的賢哲和經師摩西法律的編集，這些口傳的法律的註釋，有人說始於士師西門（Simon the Just，生於紀元前三世紀初葉）時代。從這個時代起，到基督紀元二世紀末，猶太的經師和士師，接連不斷地把摩西在西乃山所受的法律，一再加以解釋。約當公元二百年，大經師內西的耶戶達（Rabli Jehuda the Nasi）集摩西法律及其種種註釋之大成，編緝成米士拿（Mishna）。這就是希伯來經典的一個重要部分，且爲後來基麥拉（Gemara）註釋的基本，最後這兩本書併合集來，便成爲希伯來經典。一一八〇年邁諾尼第（Maimonides）把各種口傳的和筆迯的法律編輯成書；到一五五四年亞得里雅那堡(Adrianople)的約瑟·卡羅(Joseph Karo)又重新編訂一次，稱爲書鹵罕亞祿克(Shulhan Arukh)，內容比前已略有變更，但現代的猶太人卻奉爲對於神聖法律最有權威的註釋。希伯來經典中關於離婚和結婚的條文，可以分作五部：(一)吉杜辛(Kiddushin)(關於訂婚的條文)；(二)克修波斯(Kethuboth)(關於婦人的妝奩的條文)；(三)西巴莫斯(Yebamoth)(關於婚姻的禁例和弟承寡婦的條文)；(四)索他(Sota)(關於懲治淫婦的條文)；(五)吉典(Gittin)(關於離婚的條文)。除了這些條文之外，還有很多關於父母子女的責任的條文，散見於希伯來經典各卷中。

希伯來文化的分期

希伯來和大多數西米族(Semitic people)人一樣，卻是從遊牧生活的階級，進到農業階級。到農業階級時，土地的財產價值，便勝於牲畜。據舊約的傳說，族長是牧人，居於帳幕，輾轉遷徙，以追求放牧牲口的草場。聖經故事中之亞伯拉罕和羅得(Lot)的生活，就是這種生活。但後來便不同了。遊牧人的帳幕，已變成固定的居室；他們都生活於村落社會裏；其後這些村落更發展成繁盛的都市。土地亦不復爲牧畜之用，而變爲葡萄園，橄欖園，果園，和麥田了。以色列人之強烈的種族感情，至此便逐漸冷卻。他們在田裏共同操作，因爲公共利益之場，他們多少總受點隣人關係的約束。個太大的部落，必不能共同耕作於一個廣大的田場。所以部落受了農業的影響便分裂成較小的團體，組成村落的社會。舊約書時常提及「家」或「族」這兩個字，也許就是這個原故，（參看撒姆耳記上二〇章二九節，及士師記一八章，一至二節）。每一族包含幾家，以實在的血統或人爲的立嗣關係，結合而成。亨利美因說，「這個社會，是一個血族的社會，但是公共祖先制雖然極其發達，而傳統的觀念仍是薄弱，所以族外的人可以用人爲之方法，加入這個團體……這就是承繼族外人進去。」（註二）在村落社會或「大家族」裏，基本的家族，包含着兩親子女，並且常常包含祖父母，孫兒，他們各有居室，各不相妨。族長的村會，就是由這些家長組成的。在古代個人的所有權，只限於牲畜和動產；牧場及土地，皆歸公有，而分配給各個家室。但到大衞王朝（紀元前一〇五五

——一〇一五），村落已發展成爲都市；至大衞王之子所羅門王朝，個人的土地所有權，已經和動產的所有權一樣的普遍了。商業和工業已經發生，他們建造船舶與阿斐（O-phir）及他施人（Tarshish）通商；商人階級崛興，佔優勝的地位（見列王記一〇章）。到以色列亞哈（Ahab）王朝（紀元前八七五——八五三）土地的私有權已完全成立，亞哈王想佔取拿伯的葡萄園這一宗事（列王記上二一章），就是明證了。但當部落的支配權差不多完全爲家族所侵奪的時候，猶太族仍然極力保存着各「家」各「族」的傳統成訓。

希伯來文學的發展，使古代宗教的法律風俗，漸漸柔和，對於經師所規定的結婚，離婚，及男子的家長權等法規，也有影響。婦女漸漸發生覺悟，夫與父對於妻兒的權威，也加上一點兒限制了。

希伯來家族組織

父權式的家族

據舊約的記述，太初時代希伯來的家族是父權家族，不過這種家族組織的體制，沒有古羅馬的那麽完備罷了。牲畜的飼養，及從此發生的遊牧的浪漫生活，對於這種父權家族的發展，極有關係。享有一大羣牛羊的人，必須流浪各地，追求新鮮的草場。他們需要很多隨從幫助他們照料牛羊，所以他們就不得不以血統的關係，結成團體，離開部落而浪遊遠方了。他們從看管羊羣而得到公共的利益。這種離羣索居的遊牧生活，往往產生兩種重要的結果：第一，團體內各分子，通通隸屬於牲羣的主人受他的支配；第二，父系的關係，比之母系的關係尤爲重要。父權時代的希伯來人，都是從男子一方面去派出血統（民數記，一章二二節及三章，一五至二〇節。）不過母系制度成立在先，後來爲父系制度所壓倒，這種事實，有不少的例證。（註三）我們在創世紀裏頭，可以找出最初追溯血統的方法的痕迹（三六章），例如以掃族的世系就是從他的妻那一方面派衍而下，而在路得記，一書也可以考出拉結和利亞是「建立以色列族的婦人」（四章，一一節。）

希伯來父系制度發達的結果，使家長對於妻，兒，奴隸及寄居家中的客人（ger）的權威，大大地增加。他對於這些人，及他的媳婦，差不多有絕對的權威，所以聖經時代的以色列女子，是沒有自由的。她們終身受治於男子之下，如她的父親，哥哥，丈夫及家翁等。寡婦在夫死之後，仍居住於兒子的家中，這時她才得到一個自由的尊嚴的地位。所以家族中男性的家長，一方面要孝順他的娘親，而他的妻妾，卻是他的財產，至少古代是這樣的。就是希伯來經典也常常把婦女與奴隸兒童列爲一起，（註四）可是夫對於妻的愛情，妻在家中的勢力，以及輿論的影響，卻不絕把已婚婦人提拔出於財產的地位。還有一層，除了姦通之外，家長對於妻子，都沒有生殺的權力（創世記三八章二四節）。

古希伯來的兒童就如他們的母親一樣，差不多完全屈伏於父權之下。在野蠻時代父親有生殺的權力。亞伯拉罕想把他的兒子以撒做燔祭，此事就足以證明。可是摩西的法律老早就禁止以色列人把兒子在摩洛壇上爲燔祭了（利未記一八章二一節）。父權的制限，只有兩項：（一）不能強壓女兒爲娼（利未記一九章，二九節）；（二）不能把她賣給異邦人。在這個範圍之內，他就可以任意處分兒女的婚姻。就是把他們賣給本國人爲奴隸，也都可以的（出埃及記二一章，七至九節）。一切希伯來的兒童，對於父母，須極端孝敬和小心翼翼的服從。摩西法規定：歐辱或呪駡父親者死（出埃及記二一章，一五及一七節）悖逆或饕餮的兒子，經父母控訴於長老之前，則以色列族人就拿石頭擊死他（申命記二一章，一八至二一節）。不過，爲父者並不親自執行摩西法律所規定的嚴刑酷法，故此可想見他們的生殺權，也許不及羅馬的父權那麼完備罷。

以色列人的家族，也一樣包括奴隸，有時是包括安居於以色列族的外人。在居留的時期內，他們置身於家長的保護之下，即爲家族之一員，受家長的支配。說到希伯來的奴隸命運，似乎不甚悲苦，婢女可以成爲主人的妾（創世記三〇章，一至一四節），而男奴也可以成爲主人的快壻或嗣子（創世記一五章三節）。照以色列族的法律，買來的奴隸，七年內就可以恢復自由，而在家內生產的奴隸，較之在外面生產的，與主人的關係尤爲鞏固而親密。

希伯來家族爲一個宗教組織

以色列家族有一個機能，那就是一個極有力而且是統一的宗教組織。在猶太教的種種節期及禁食典禮中，家長就是祭司。這些隆重的典禮，與家族有密着切的關係（註五）家族各員藉此結合，成一個宗教的單元。摩西法律上關於儀式的清潔，「安息日」及「逾越節」（Passover）的莊嚴，和其他典禮的細目等，把家庭生活，變成莊嚴典禮永久的中心。我們很可以說，希伯來人在文化發軔時，已經有崇拜祖先的風俗。有很多學者以爲創世記（三一章三〇至三四節）所說的神像（Teraphim）就是家族祖先的象徵。其次則家族的墳場，又是以色列族的聖地，正如祖先崇拜完全成立時的希臘和羅馬一樣。所以當希伯來人還沒有國家，還沒有成爲強盛的民族以前，各個家族，都舉行祖先崇拜的宗教儀式。但在希伯來歷史開幕之前，這種家族的儀式，便爲全民族所崇拜的獨一眞神耶和華所代替了。

古代以色列族的財產承繼

古代希伯來家族的所以團結鞏固，是因爲家族保有土地的產業。在父權時代，父死之後，其牛羊牲畜和動產，由諸子繼承；而且特別規定長子佔有雙份（申命記二一章一五至一八節）。女兒起先似乎沒分遺產的權利，其後聖經記載西羅非哈的女兒申訴於摩西說，她們父親的後嗣，將要消滅於以色列族中，因爲他沒有兒子，於是「主諭摩西說，西羅非哈的女兒說得有理。你定在她們父親的兄弟中，把財產交給她們……你要對以色列的子孫說，人若死後無子，就要把他的遺產傳給女兒。」摩西又說道，倘若這個人的女兒有罪，那麽他的遺產就給死者的兄弟，伯叔承受，要是沒有兄弟叔伯，就把土地給予他的親族（民數記二七章一至一七節）。這裏所說的親族（Goël）在希伯來的父權家族中，似乎佔一個重要的地位。他們有照顧死者的孤兒寡婦，保管未成年的嗣子的財產的責任。要是他的親族爲敵人所傷害，他們就要代他復仇。

弟承寡嫂——希伯來人，因爲想保全各人的宗嗣和家族財產，所以在元始時代就發生一種奇怪的風俗，直到基督降生後，還保存着。這種風俗就是，「弟承寡嫂」（Levirate），一個男子的兄弟死後無子，他就要娶死者的寡婦，爲他的兄弟生子「使他的宗族，不絕於以色列族中。」這一對夫婦所生的長子，成爲死者的後嗣，而且通常還看作死者的親生子（申命記二五章五，六兩節。）這種元始的風俗在今日某種野蠻羣中，仍極有盛行。但兄弟一方面有時卻不願被人利用；即在父權時代，仍有一設法避免這種可厭的責任。照例若是一個男子不能保全「其兄之後嗣於以色列族中，」他就得申訴於長老及其兄弟的寡婦之前。這被棄的婦人就脫去她小叔的鞋子，唾其面曰「不欲代兄弟生子者，必如是待之。」這種野蠻的儀式叫做「chalitza」。及文化進步，猶太人亦愈加嫌惡弟承寡婦的風俗。他們往往藉 chalitza 去避免這個煩難的責任，弟承寡嫂的風俗，似乎和利未記中的摩西法律——禁止娶兄弟的妻——（一八章一六節，二〇章二一節）正相反。但也許申命記中納寡婦的法律，只適用於特殊的情形，這種情形就是死後無嗣，以致宗族斬絕。所以這個似乎與古代以色列的農田法有密切的關係。以色列農田法就是規定把一切財產，通通保全於種族或家族之內。弟承寡嫂的風俗，也可以說是原人把婦女看作財產，和兒女奴隸一樣，可以轉給親族，這種趨勢的奇怪有趣的殘跡。這種習俗，在基督時，還沒有消滅（看馬太二二章，二五節以下；）但中世紀的經師，都主張把牠廢棄。但是 chalitza 的儀式,卻還留存於近代,不過娶納寡婦之風已息,這種儀式就成爲沒有意思罷了。一八六九年在非列特爾非亞 (Philadelphia) 所開的「經師大會」議決廢除這種風俗,其言曰「娶納寡婦的教訓及 chalitza 已經失掉一切意義和效力,實在沒有保存之必要。」(註六)

希伯來多妻制度

希伯來的家族,與希臘羅馬的父權家族不同,因爲希伯來的家族,是一夫一妻制的。以色列的家長和帝王,普通都有幾個妻妾(看士師記八章三〇節;撒母耳下五章一三節;列王紀上一一章一至三節。)摩西法律亦明明承認多妻制(申命記二一章一五節,)不過對於一個人的妻妾的數目有點限制能了(申命記一七章一七節。)婢女常爲主人的妾,摩西律法對於她們的利益,也有若干的保障,尤以禁止把她們賣給外人爲最著(出埃及記二一章七節;申命記二一章一〇至一四節)。古代的婢女,有時被主母強迫爲主人之妾,撒拉利亞和拉結都把她們的侍婢送給丈夫爲妾,而把她們所生育的子女要來當自己的子女。這種風俗,在別的古代社會中，也可以尋出，希臘的斯巴達（Spartan），就是顯例了。希伯來正妻的利益，並不多於妾，不過妾的子女所得的財產，也許比妻的子女所得的小一點（創世紀二一章一〇節）寵。妻所得的待遇，也許比之妾的尊貴一點，合理一點。這個大部分是由丈夫對她的恩寵及本家的權勢而定。多妻的風俗，不用說會使以色列的家庭發生分裂，而在父權時代以後，文化進步的結果，使思想和感情，都有相當改良的時代，尤爲顯著。這習俗的結果，也許就是把家族分散成爲幾個團體，而每個團體，都包含着一個婦女和她的子女。父權時代初期，各個妻子的確各立門戶。所以以撒要領他的新人利伯加到他父親撒拉的帳幕居住（創世紀二四章六七節）；而雅各的幾個妻妾，也要分幕而居（創世紀四一章三三節）。

一夫多妻制在以色列族中，雖然極其盛行，但也有幾種限制。上面已經說過，大多數民族，男女的生產率差不多相等，不過長成的女子，其數目常常超出於男子之上，這是因爲女子所遭遇的危險較少，而男子從事戰爭，危險更多。只此男女數目相等一端，已足使猶太男子不得不行一夫一妻制了。其次，訂婚時所約定的妝奩，在未結婚之前，就要過付，以預防男子先死，或無理休棄，這個不用說，亦足以防止普通人的多妻。況且輿論對於一夫多妻制的嫌惡，亦一天一天的加甚，後代的先知書，都充滿了攻擊多妻制的訓話，最顯的是何西亞（Hosea 二章一九至二二節），他把一夫一妻制看作耶和華與以色列結合的象徵，而以賽亞（Isaiah）書亦極力抨擊偶像的崇拜與一夫多妻制（五八章三八節）。先知馬拉基（Malachi）亦在紀元前五世紀，極力贊揚婚姻的絕對忠實（馬拉基三章，一四，一五節）。可是基督降生後數世紀的經師，依然許可一夫多妻制。查士丁•馬提亞（Justin Martyr）在紀元後二世紀說，猶太的法律准男子有四五個妻妾，（註七）約瑟福斯（Josephus）也有相似的論證。（註八）實際上希伯來的一夫多妻制，在中古時代已漸漸死去；在還沒有正式禁止時，已經完全消滅了。這種禁令是十一世紀初葉大經師耶戶達在著名的窩牧（Worms）會議中宣佈的，至是猶太法律遂一致公認一夫一妻制了。

婚姻的法律和風俗

以色列族婚姻的觀念

婚姻在以色列族中，佔有一個很重要的地位，原因有幾種。在野蠻的游牧時代，以經濟的和社會的原因爲最重要。家族繁昌是家長的幸福，因爲兒童可以貢獻很有價值的幫助，如看守羊羣，耕耘田地，及看守父親的屋子等等。女子的地位，雖然比較的低，可是仍是很有價值的，因爲她們能治理家務，而且把她們賣出去做妻妾，就可以賺錢。所以婚姻是家族的事，而不是個人的事；固然，子嗣是結婚最高的動機，其目的在乎維持男子的血族於不絕。現代人以婚姻爲男女的個人生活及快樂的滿足，這個觀念，在古代希伯來人及一切古代人，都不懂得。及至彌賽亞(Messiah)的預言時代，人人都希望從他們婚姻而產生他們渴望的救主，上帝應許猶太人的彌賽亞，於是婚姻更加上一層神聖的性質了。至於那些較有思想的希伯來人，早已否認早婚能夠獲得純潔的生活。大經師休奶(Rabbi Huna)在巴比倫的希伯來經典(Bobylonian Talmued) 上說：「不論誰人，凡到了二十歲還沒有妻室的人，他的一切時光，皆爲罪惡所濡染……他的一切時光，皆爲罪惡思想所沾污。」大經師基斯達 (Rabbi Chisda) 對於早婚，也有同樣的見解，他說：「我的知識之所以能夠勝於我的同伴，是因爲我在十六歲時已結婚了。而且要是我在十四歲結婚，我就敢對撒但說道，你的目中有一支短茅了。」(註九) 除了上述數原因，還有一種，這便是父母本能的發展，而在子女受父母愛寵之時，更替希伯來人的婚姻，取得一個很高尚的地位。

合法婚姻所必需的條件

正式的婚姻，須遵守摩西法律及後人註釋所規定的幾種條件：(1)婚姻的禁例；(2)法定婚姻的年齡；(3)男女兩方對於婚姻的同意。

婚姻的禁例——利未記和申命記等書已規定某種親族中人，不能通婚。男子不能娶他的同父異母的姊妹，他的媳婦，嬸娘，他的叔或兄弟的寡婦，妻在生時，也不能娶他的姊妹(利未記一八章一八節及二〇章)，後世的經師，雖然許可中表及異母的兄弟姊妹結婚，卻把這些禁例推廣到任何親族的前輩和後輩。由此可見以色列人的親族觀念是非常正確，保全婦女貞潔之心，亦極發達。猶太本來是一個智慧的民族，所以我們可以說他們早已曉得族內通婚必會發生體質衰弱及精神萎靡的結果。其後希伯來經典的法律又把這些限制，推廣到下列的三項：（一）男子不能再娶他已休棄而嫁與他人的婦人，無論她現在是寡婦，抑再遭後夫的廢棄。有人說這條規定是為防止易妻之風而設的。（註一〇）（二）男子不能再娶因無子或品行不端而被黜棄的婦人。希伯來人因望嗣心切，故常解除無子的婚姻，因為這不能完成婚姻的眞正機能。在這種情形之下，他們以為這一種夫婦必不應再合。（三）與他人之妻通姦，或有這種嫌疑的男子，不能娶這個被出的婦人。這條禁例，特懲戒這種婚姻的重大罪惡。若由禁止婚姻的男女所生的子女，都是私生子，永遠不能享受合法婚姻的權利。

兩造的同意——男女兩方的同意，也是正式婚姻的一個條件，此種規定在希伯來歷史上發生頗早。法律還規定：當事者的同意不能以強迫得之。關於此點，女子也許多佔一點便宜，因為法律規定要是她的同意是出於強迫，這宗婚事便是無效及作廢。反之若男子的同意是被迫的，卻沒有這種權利，因爲他可以立刻提出離婚，猶太人的意見以爲獃子和瘋子都不能締結合法的婚姻，因爲婚姻是托根於智慧的同意之上。而且，要是男女兩方都達到婚期，法律便不要求他們請求父母的同意而結婚；可是大多數兒童都孝敬父母，所以違反父母之意而結婚者卻很少。

法定的結婚年齡——希伯來經典的法律規定法定的結婚年齡爲丁年——女子完全達到十二歲，男子十三歲。未到這個年紀的男女結婚，則歸於無效。然而父親卻可以在女兒未到丁年之先替她訂婚；但達到丁年的女子，要是拒絕履行婚約，便歸於無效了。從這一點看來，希伯來經典的法律，似乎比希臘，羅馬的婚律進步得多；但這怕不是眞的。有些青年男女受家庭的諄諄教誨，敬畏服從父母的高尙精神，非常發達，所以他們絕不敢違逆父母的意志而且忤逆父母的子女，極易受嚴酷的責罰，且必至於完全屈服。女子也知道只有從婚姻制度中才可以取得及確定她的社會地位。在半野蠻的父權時代及其後，女子若沒有男子保護，其地位實在是很孤立的。沒有人保護供養的女子，不論是法律上，或經濟上，其命運都是很苦的。因為古代社會的單位，確是「家族」並不像現代以個人為社會單位。家族以外的個人，便是一個流氓。這種情形產生一種風俗，卽把年輕的女子，許字於人中古時猶太人被迫害時，此風最盛。可是各經師對於這種風俗並不是個個都贊成的，至少在公元三世紀便有一個研究希伯來經典的著名學者提出抗議了。他說，「父親在女兒的年紀還沒有達到能夠表示同意之時，便給她訂婚，這是一種道德的罪過。」（註一一）

締結婚姻的法定手續

摩西法律對於訂婚和結婚兩者，沒有大分別（看申命記二〇章七節；二二章二三及二四節）。已經許字的女子，實際上就是人家的妻。有好些古民族——如條頓族——也曾經行過這種風俗。但自巴比倫擄掠之後，猶太的經師，便把原始時代摩西的法律推廣，把訂婚和結婚分為兩種儀式了。

訂婚禮——希伯來也和大多數古民族一樣，訂婚儀式實際就是婚姻的發端，不過男女的結合，要到後來方才完成罷了。因此，已經許字的女子，對於許字者若有半點不忠實，便是不貞的女子，要受嚴刑的處分。訂婚的禮式，是一個鄭重的婚約，當事者可以隨便採用納聘金（Kaseph）或寫聘書（Sh'tar）的儀式，因爲兩者都是完全合法的。照第一種禮式，男子拿些金錢送給女子說「請你嫁給——或侍奉我罷」——聘金常常只用柏魯他（Peruta 一種價值最低的銅幣）。此種儀式非常有趣，因爲那是猶太人買賣婚姻（有一個時代是很通行的）最後的遺跡。當父權時代，亞伯拉罕的僕人拿很豐富的禮物送給利伯加的母親和她的兄弟，替他的小主人以撒迎娶這個處女（見創世記二五章五一至五三節）；雅各雖然是一個流氓，沒有財產，也要替他的舅氏拉班服務十四年，才娶到拉結爲妻（創世記二九章一六至三〇節）。希伯來的王子哈抹想要雅各的女兒底拿做他兒子的妻，所以把「從來沒有這些豐厚的聘禮貢獻給他」（創世記三四章一二節）。在這個時代，及這個時代之後，猶太人顯然視女子爲具有財產價值的東西；及至隸屬羅馬之時，買賣的野蠻行爲，便只是一種象徵而已。有些學者說，Kaseph 的訂婚禮，在希律王朝（公元前四十年——四十四年）之前，還沒有發生，這種儀式大約是從羅馬的類似的風俗——coëmptio 轉變來的姑勿論此說是否屬實總之這種風俗在中古時代依然存在，不過用約指替代了金錢罷了。第二種禮式，是男子把聘書寫好，送給女子，上面寫着「請你侍奉我罷。」這兩種訂婚的儀式，都要在兩個正當的證人之前舉行。經過這簡單的儀式之後，這對新人便受祝福，禱告於上帝，求他裁可這件婚事。不過按照希伯來經典，這件婚事尚未完結，必要在結婚禮行過之後才算成功。祝福的禮節，可以請經師或主持女子的婚事的男戚舉行。

結婚禮——結婚禮是婚姻的最終手續，普通在訂婚後一年方才舉行行禮之時擺起華麗的儀仗，唱着詩歌，由新娘的親朋，簇擁着送她到新郎之家。她由是便隸屬於夫權之下，他們受祝福之後，婚禮便算完成了。親迎之後，繼之以婚筵，席散之後，新娘的親朋便領她到喜房去。照希伯來經典的規定，婚筵之中要行幾種簡單的宗教儀式，如朗誦祝詞等等。法律並規定結婚禮式必要在經師之前行之，所以祝詞可以由新郎或法律所規定的十個證人之一宣讀，可見希伯來的訂婚禮和結婚禮都是個人私事，政治的或宗教的職官，沒有參加的必要。宗教的儀式，雖然可使婚姻更加莊重，而且多數人都進行這些儀式，但沒有宗教儀式的婚姻，在法律上也算作有效。邀請經師主婚的風俗，在中古時代以前，果然尚未完全成立。(註一二)要知道古時把婚姻當作個人私事，這不獨希伯來唯然，古代一切民族，差不多都是如此；其後婚姻的私人契約，才漸漸受宗教的支配，再後更受國家的干涉。

婚姻契約——希伯來的法律，更進一步，便干涉到婚姻的禮式，保障妻的利益。約當基督紀元前一世紀，在耶路撒冷所開的宗教大會議(註一三)的主席西門 (Simon ben Shatach) 公佈一種婚姻契約 (Kethuboth) 的法律。此種眼光遠大的法律，規定男子在結婚之前，要簽立契約，把財產的一部分交給新娘，預防他死亡之後，或遭無理的離婚，婦人得來維持生活。其數目的最低度，處女爲二百典拿利 (約合三十二金元)，寡婦則爲一百典拿利(註一四)。男子要想加多些，也沒有什麼不可以。這條法律，更規定丈夫須以不動產和私畜爲這種權利的抵押品。這種契約，不用說想限制無理的離婚，經師的用意，也不外如是。這條規例到公元十一世紀還很有勢力，直到馬因斯（Mayence）宗教大會議議決限制男子的離婚權，才沒有這麽重要。

夫與妻的權利義務

希伯來經典中的克修波斯的條文，關於夫妻的權利義務，都有明白的規定。這些法律以摩西法律爲根據。摩西法律曾經說過男子若別娶，則須供給前妻，使衣食不匱，並且要謹守「婚姻的責任」（出埃及記二一章一○節。）這條簡單的法律，卽後世希伯來經典上悉心規劃的法規所從出在經師一方面，確以婚姻爲一種有相互責任的契約，所以要受法律和宗教的制裁。

夫的權利義務——夫的責任很明白，他應該從事職業，供給妻的生活必需品。凡不履行這個責任的男子，法庭可以強迫他。丈夫離家時，向人借貸來維持生活，丈夫要負償還之責。還有一層，妻有病時，丈夫要好好的照料她，妻死之後，要好好的埋葬她。倘若她被人擄去，丈夫要把她贖囘。末了，不論他有幾個妻妾，都不能拒絕和她同居：這是爲夫者的責任。同時也有幾種有限制的權利：（1）古代的男子差不多有無限的離婚權；（2）倘若妻先夫而死，夫便是她的唯一的繼承人；（3）妻在結婚時帶來的財產，及在家外作工所得的工資，丈夫都有享用的權利。關於第三條規制，普通人都以爲是公道的，因爲夫既負供養之責，當然應有這種權利了。妻要是放棄受丈夫贍養的權利，那麽她可以把工資留爲私有。希伯來經典時代的猶太人對於這個問題，顯然比十九世紀中葉以前的美國人尤爲慷慨。現代西方有幾國把妻的工金作爲「公享財產」，法律雖說夫妻共享但實際上則支配權全操於男子。（註一五）

妻的權利義務——希伯來婦人的責任很多，而且很實在；反之，她的權利卻很少，至少在古代是曖昧不明的。她的肩上壓着重大的責任。她要克盡母職。一切繁雜的家庭工作，都在她身上，差不多和元始時代的婦人一般的煩重。家庭之內不論有多少奴僕，婦人也不能過逸樂的生活。她要指揮奴僕作工，親自看護教育她的孩子，並且要以愛心服侍丈夫，讓他得到慰安和快樂。這些責任，在克修波斯中載得很詳細。就在後世經師的法律上，妻的財產權也是有限的。女子結婚時的財產，分爲兩種：（1）妝奩(dotal)，（2）私蓄

(paraphernal)。上面已經說過這些財產絕對受丈夫的支配並且能享受這些財產的入息和利潤。但是他死之後，這兩種財產便要歸還他的妻；妻嫁時所得的嫁妝，不論增加減少都歸她所有。不過嫁妝的財產，若有疏失，丈夫卻不負責任。妻確可以享受若干的產業，倘若丈夫或家人給她獨自使用。但這種財產不能讓與他人，因為她死之後，便要交還丈夫。猶太人關於婦人的財產法，大略如此。及至中古時代，法蘭西及意大利北部的經師，都決定沒有子女的婦人，若結婚後一年亡過，則妝嫁的財產便要退還她父親，或傳給承繼人。(註一六)這條條文很有趣，由此可以證明希伯來人和一切古今民族一樣，都把妻的妝奩當作供養她和她替丈夫生育的孩子的預備金。要是她結婚不久便亡過，她的財產當然要退還本家了。

希伯來人的離婚

從父權時代到基督時代，希伯來出妻的權利都是沒有限制的。摩西法律說，倘若男子厭棄其妻，因爲「她有些瑕疵，那麽讓他寫一封離書給她，把她逐出家外罷。」（申命記二四章一，二節）但遠在基督降生之前，各先知對於離婚都深致不滿。馬拉基（公元前四五〇年）很決絕地說，「耶和華很厭惡這種風俗。」（馬拉基二章一四，一六節）約當基督在世之時，善美（Shammai）和喜勒爾（Hillel）兩派經師對於聖經所說的「有些瑕疵」這句話，有兩種解釋。喜勒爾派把這句話解作：凡事之不滿丈夫之意者，便是「瑕疵，」所以他們很贊成男子有無限制的離婚自由。反之，善美派則以爲此語當解作「極壞的不道德行爲」或「確實不貞」，所以便想減縮男子的特權。但喜勒爾派的見解，卻流行了幾百年。基督對於當時的見解，極不滿意，他覺得除通姦之外，沒有離婚的理由（馬太五章三二節）；可是這種教訓對於猶太人似乎仍然有效果。不過基督時代初期的經師的道德觀念，也顯然反對無限制離婚的風俗。經師約罕南（Yohanan，一九九——二七九）毅然說道：「遺棄妻子的人，是上帝所痛惡的。」從這個時代起，輿論也不贊成出妻，除了幾種不道德的行爲，如通姦，極

夫的離婚權

端不顧道德的莊嚴，拒絕同居至一年以上，改教，拒絕履行家庭的神聖法律及在丈夫或家翁面前失禮等等之外，不許出妻。此外，體質衰弱，如瘋癲，無子等，也算做出妻的正當理由。十一世紀初，大經師耶戶達在馬因斯的宗教大會議中宣佈道：「倘若想把婦人的權利提高與男子相等，那就要規定男子除非自己願意，不能棄妻，而婦人若非同意，也不能被丈夫廢棄。」（註一七）這種規定，對於妻子姦通，或重大的不道德行爲，也許沒有妨害男子離婚的權利。

妻的特權

父權時代的希伯來人，除了在出埃及記二一章七至一一節所說的那種情形之外，不論爲何都沒有離婚的權利。出埃及記說，主人把奴婢提高到妻（或妾）的地位，若不能供養她，便可以自由行動。她不能拿走錢財，但夫要寫離書給她。有些學者說，妻因某種原因而有要求離婚的權利，便是從幾句話發生出來的。她們最初要求的權利，便是擴張以色列族婦女的自由。但在羅馬未佔領巴勒斯坦以前，卻沒有證據證明這種特權的存在，希伯來受了羅馬法律風俗的影響，而後婦人向丈夫提出離婚的事情，始漸漸成爲普遍。經師的法律承認婦女離婚的理由，有下列的幾種：(1)體質衰弱，爲丈夫所許；(2)改教；(3)極端放蕩；(3)拒絕供養；(5)不絕的苛待；(6)因犯罪逃離本國；(7)結婚後雙方得一種可厭的疾病，和可厭的事業的追迫。現在美國有幾州也承認這些爲離婚的理由。但同時要知道男子的姦淫，在經師所定的法律不算得是對不起妻子的重大罪過，因此不能據此要求離婚。現代西方的民族也都主張道德的二重標準，婦女的不道德行爲，不能寬恕，男子卻可以寬恕。

離婚婦人的地位

離婚婦人在社會上的地位，比之未婚的或已婚的女子自由得多了。在女子一生之中，這是第一次獲得「自主權。」她不只脫離丈夫和父親的支配，而且在法律上也不復爲父族的一員，因爲凡屬於父權家族的分子，完全從屬於家長的權威。離婚的婦人若非有重大過失，那麽，離婚之後在社會上並無損失，反獲得隨意所欲而再婚的無價的特權。還有一層，婦人若無過失，則妝奩便是她所獨有的權利，誰都不能過問；但若果婦人有不道德的行爲，或違犯家庭管理的聖潔法律，便喪失嫁妝的一切權利了。不過我們要知道古代婦女的「不道德」不只通姦一項，並且包括許多無關重要的小事，如披頭散髮在街上行走，在街上紡織，和客人說笑，和高聲謾罵等等。拒絕與丈夫同居，或遺棄丈夫的，也喪失嫁妝的權利。（註一八）

法庭管理離婚事件

在古時的結婚與離婚都是個人的事情，不受法律和經師的干涉。只要丈夫給婦人一紙「離書，」上面寫着「你離開我罷，」那便是離婚了。其後，經師想保護婦人，所以他們詳細規定寫離書及交付離書的手續。這些規定或者是想在丈夫極其忿怒要離婚之時，令他有反省再思的機會。法庭更進而侵佔古代離婚的個人權利，若違反經師的法律，便強令夫妻分離；若婦人被察覺是有罪的不貞的，或任何一方染着可厭的不治之症，或結婚後不能生育兒女等，經師可不待他們的同意，叫他們分離；因為他們以為這種婚姻不能實現婚姻最要的目的。可見那時宗教的權威，已漸漸取得支配離婚和結婚的權力了。西歐也是如此。直到晚近把離婚事件移交法庭辦理才止。

以色列的兒童都隸屬於父親，所以婦人離婚後，子女仍然是父的財產。可是文化愈進，母親對於子女的權利，已經有更公平的觀念了。基督紀元初，經師審判這一類的案件，大都偏袒婦人，這大約因爲丈夫已有離婚的無限權利之故。

離婚夫婦對於子女的培育

法律復規定爲夫者要供養哺乳孩子的母親，到斷乳時爲止。到第三世紀末，巴勒斯坦和巴比倫的經師，又規定離婚的婦人可以保留她的兒子，到十六歲爲止，至於女兒便永遠和母親一塊兒生活。兒童和母親同居時，丈夫要負供養兒子之責，至於女兒，便要供養到出嫁爲止。還有一層，要是母親有特種理由要求永遠保管她的子女，那麽他的父親便要由她。父親死了之後，兒童便成爲「宗族的孤兒」了。以公平的眼光觀察這些條文，便可以看出希伯來人看待婦人，以正義爲指歸，較之蒙昧時代以女子爲父與夫的財產勝得多了。女子在法律上雖然仍是弱者，而且還受男權的支配，但她已是具有若干權利的個人了。

猶太的家庭生活和家庭教育

希伯來的家庭經濟

上面已經說過，希伯來人自經過游牧時代，便進入農業時代，以農耕爲主要事業。父權時代，土地爲公衆享用，而以若干部分分配於各個家族耕植。其後時移世易，財產所有權便由公有變爲私有，土地的大部分，便成爲小家庭的恆產。家族的分工，正如太初時代一樣，以性別爲基礎。男子從事農業，或商業，並且以公民和家長的資格履行政治和宗教的責任。主婦則在家裏從事及指導種種生產的工業。舊約時代以色列族各家各族差不多都是自立的。箴言讚揚賢德的婦人（三一章一〇至三一節）並把婦人的很多活動明白指示出來。有時她購買田地，種植葡萄園，和原料的產品，以供家庭工業之用。她紡織羊毛和苧蔴，並拿布匹來縫衣，供全家人穿著。她刺繡繡品，織造絲織品。聖經的故事告訴我們，她把手製的「精美檯布」和「腰帶」賣給商人。她每天從倉廩中拿出米粮來，給她們僕婢爲家庭生活必需品。卽使她不親自弄飯，也要謹愼督率僕人作工。她的孩子是她所應特別料理的；等到孩子長大時，便「祝福他。」就是家外的貧人也都蒙着她的恩惠呢。

希伯來的婦人，還有一種神聖責任，便是嚴格的遵照神聖的規律，備辦家中所需的一切食物。她絕不能拿不粘蹄和不反芻動物的肉來做食物，因爲那是最不潔的東西。就是一切潔淨的動物，也得遵照希伯來經典嚴格規定的法則屠宰；若肉食之上發現有瑕疵或汚點，就要立刻棄之不食了。「逾越節」用的器皿，須小心洗得乾乾淨淨，用完之後，好好的收藏，等下次再拿出來用。主婦若想家庭得福免禍，就便把「生麵的第一塊」留起給祭司。而且要完全遵照經典上關於安息日正當的詳細儀式行事。因爲照上面所說，要是她對於這些莊嚴的法律一有差池，那便成爲出妻的理由了。

希伯來經典上關於安息日的條文，可以說明婦人的職業。這些條文說漂白苧蔴，放入竈爐，預備毛織布的顏料等，都是家庭工業。橄欖和葡萄在「酒榨」壓榨之後，放在家裏，過了些時日，便拿到市場發賣。經典上還提及種種家庭器用什物，如紡錘，梭杼，坎臼，撖沫器，樸麵糟，陶器，和手磨等等。(註一九)希伯來人家裏大多數都有手磨，普通由僕婢推轉，貧苦之家，則由兩個婦人推磨。從上所說，我們可以了然以色列族的婦人的經濟價值了。所羅門說，「……她們的價值勝過寶石，因爲她們辦理家事很好，並不是好喫懶做的。」

猶太的家庭乃訓練青年人的學校

但是希伯來人的家庭，還有其他更重要的職司，對於家庭，以及全族都最有功用。在基督紀元之前，家庭是羣衆唯一的教育機關，父母是主任教師。他們的親子關係就和父權家族一般。父對於訓練指導兒童的生活，有極大的權能，子女婚嫁之後；也還要遵守他的命令。一切兒童自幼便要極其孝敬父母，與及絕對無疑問地服從，就是現代猶太的兒童愛敬有年紀的父母的觀念，也和別的民族的兒童不同。

以色列族的父親，於威嚴之外，跟住就有重大的責任，便是教訓子孫敬畏耶和華，瞭解神的法律。他要「囑其子孫，遵守主道，秉公行義。」(創世記一八章一九節。)照摩西的法律，希伯來的男子生後八日便要行割禮，獻於耶和華(創世記一七章一〇節。)還有，初生的冢子，要用五個西克爾（Shekel）給亞倫之裔（即祭司階級）贖回他。巴比倫文希伯來經典上說：「我們的經師曾經說過，父親要把兒子行割禮，贖回他，把摩西法律教訓他，並教他學習職業。爲種種原因，更要教他學泅泳。」（註二〇）但這些責任，非父親獨自一人擔任，母親亦從旁輔助，訓練兒子，至五歲才止。兒子在母親膝下學習簡單的祈禱文，和摩西經典上的章節。他一能說話便要教他說：「摩西吩咐我們的法律，是雅各族的惟一嗣業」。他母親還教他說，「聽啊以色列人啊我們的永生上帝是獨一無二的眞神啊。」男子到五歲之後；便直接受父親管理，他把摩西法律教訓他，這是以色列人所不可不知的。父親還要教他一種手藝，作爲謀生的手段。經師耶戶達在巴比倫文希伯來經典上說，「凡不許兒子學習手藝者，就等於教他盜竊。」（註二一）故古希伯來人照例要請「技師」來教育兒子，不過不能在安息日聘請，這是經典特別禁止的。

每個男子都要小心受教，履行經典所定的各種責任。「兒子應該怎樣敬畏父親呢？所謂「敬畏」者，便是兒子在人前不能站在或坐在父親的席位，說話不能與他相反，而且不能提出相反的判斷（不論對於什麼爭論）所謂『敬』者便是要供給父親衣食住，出入時引領他。有人問道；從那個人的手段（做這些）呢？關於這一會，經師的意見就不一致。耶戶達說是從子的手段，阿斯察卡說是從父的手段。」（註二二）

大經師約書亞在巴勒斯坦的村鎮，設立了很多學校，而聲譽大著。此種重大工作，約在基督降生時開始，其後引起全國的濃厚興味，他們下令各市鎮的居民，都設立學校，強迫八七歲的兒童入學。學校的主要科目始終是摩西法律，和經典中米士拿（Mishna）和基麥拉（Gemara）兩個重要部分。他們或者也要研究希臘文，因爲那時兩希的交通，已爲商業和旅行引起了。高級的學生，還注重天文和幾何兩種科學。

以上沒有論及女子的教育，實則他們並非完全沒有理智的訓練的。經典中的章節，表明女子也受宗教儀典的教育，要是女子想依照神聖法律主理家事，那麼這種訓練是絕對不可少的。猶太的女子有時也學習外國語——普通是希臘語。（註二三）女子的教育以適應她們的特殊範圍——治理家務爲主，所以她們所受的教育，差不多完全以家庭爲限。各個青年女子都要學習烹飪，紡織，縫衣等。她們參與家族崇拜，研究神聖典籍，使得到宗教和道德的教訓，由是成爲賢母，在教兒童敬畏耶和華一事，能夠給丈夫以智慧的幫助。

如此說來，希伯來的家庭是一所很有道德價值和社會價值的學校了。她是一個極固結的組織，具有確定的社會，宗教，和教育的功能。他們的家庭和現代個人主義的家庭大不相同；近代家庭已放棄了好些責任，而把牠交於特別的社會機關，如學校，教會，和爲兒童設立的各種會社和團體了。

（註一） 摩西五經即創世記，出埃及記，利未記，民數記，及申命記，即舊約之首五卷是也——譯者。

（註二） 古代制度史頁八〇八一。

（註三） 看芬頓（Fanton）的古希伯來的生活（一八八〇年版）頁二以下。

（註四） 看逸尼式（Bennett）的希伯來的家族，見夏斯丁的聖經辭典卷一，頁八四六至八四九。

（註五） 逾越節是家族中之主要禮式。

（註六） Mielziner，猶太的結婚和離婚法頁五八。

（註七） Trypho. p. 134, Quoted in Bennet, The Hebrew Famiyl, in Dict. of the Bible, I, p.848.

（註八） 猶太人的古制，一七，一三。

（註九） Wünsche: Der Babylonische Talmud (ed. 1878) Tractat Kidduschin, III p p. 87,88.

（註一〇） 參看 Mielziner的猶太的結婚離婚法，頁四二。

（註一一） 仝上，頁八二。

（註一二） 仝上，頁八二。

（註一三） Sanhedrin即猶太人之最高會議，由七十一個祭司，教法師和長老組織而成。

（註一四） denarius 是羅馬的貨幣，每個約合美金十六分。

（註一五） 參看威爾遜的美國婦女在法律上及政治上的地位（一九一二年版）頁八八。

（註一六） Amram 猶太的離婚法，頁五二。

（註一七） 仝上，頁五二。

（註一八） 仝上，頁一二三。

（註一九）巴比倫的希伯來經典卷一，頁二三二四，二七二八，四一，五五；卷二，一八章。

（註二〇）Wünsche, Die Babylonische Talmud, p. 99.

（註二一）仝上，頁八七。

（註二二）仝上，頁九七。

（註二三）Spiers 希伯來經典上的教育。

第四章　希臘式的父權家族

雅典的家族氏族部落的關係

雅典的希臘人，在法制家棧嵛時代(Solon約在公元前六百年)分爲四族，每族分爲三個宗教的宗親團，每個宗教的宗親團又分爲三十個氏族(gentes 卽大家族)，共戴一個公共的祖先。希臘人的祖先通常都相信是神，或者是古代著名的英雄。氏族——大家族——有幾種重要的職司：氏族中若有孩子出世，他們就要調查他是否合法；若果是一個男孩，就得先取得合法的地位，而這孩子的父母兩方的世系，都要出自純粹雅典的祖先，這才可以列入氏族的册籍，成爲將來的公民。在希臘史上，我們不能提出一個財產爲氏族所公有的時代，私有財產制度，在荷馬時代(Homeric times)似乎已經成立，不過氏族可以阻止族人把土地賣於血族團體之外罷了。因爲這個原故，倘若一個家族的家長，死後無子，只有女兒，氏族就強迫她嫁給父族的近親。氏族的風俗強迫一個女子的巳婚的伯叔，棄了他的原妻娶他的姪女繼承他的亡兄的家長職位，這樣的事實所在多有。

希臘的家族制是父權的

希臘的家族，和希伯來一樣，是父權的。一切權力，都集中於父親的手上，他就是管治全家的元首。「父」之一字，在希伯來希臘和羅馬的語言上，其根本的意義，都不是父子的關係，都含有權威、尊嚴和權力的意思。可是希伯來和希臘的父權其淵源顯然不同。希伯來的父親，有天然的權利，他是一個絕對的尊制者，他的管治權，乃由全能的耶和華處得來。希臘的父，恰恰相反，他的權威，乃由保管家族財產權，及家族祖先崇拜的祭司等處而生，所以希臘權力的單位是家族，不是家長；父權是後天獲得的，不是原本就有的。

希臘的血族制度

雖然希臘有史時代的血系，只從男子一方面去派衍，但在他們的文學上，却可以找出好些證據，證明古代的風俗，血系是從母的。在伊利亞特（荷馬詠特洛伊城被圍的史詩）當可惡的赫克忒(Hector)的從兄弟來揆溫（Lycaon）乞求阿溪里（Achilles）的憐憫時，他的理由就是他不是特洛伊的英雄的同母兄弟。這時候，同母兄弟顯然比之同父兄弟，更加親密。但是荷馬詩歌上所足以證明古代血統從母的實例，差不多完全都是關於神仙或外人的。希臘民族採用父系的血系制度，是沒有疑義的，關於伊士奇（Aeschylus）所作的攸門尼第（Eumenides）便知道了。在那齣戲上，完全不承認母親參加孩子的統緒外。當諸神在審判奧勒提斯（Orestes）殺害母親的時候，亞波羅說道：（註一）

母親沒有產生兒子的能力，
說兒子屬於母親是不對的。
不，嬰兒是父親寄托下的；
倘若慈天許牠長成，那就她不過是
這個新客長成的滋養地吧：
我用證據這麼斷定，父親可以

不須母親的幫助而接受那個稱呼奧林帕斯的約芙的女兒密涅發坐下不過一息間，不是九個月惡暗時間的長期生產，而是忽然形成了她的少艾；這不是從懷孕的女神所能產生的。

希臘人以父親爲家長，他所有的權力，也許以經濟的關係，爲一個重要的原因。男子不特在戰時保護家族，而且當他的注意，轉移到飼養牲畜，及耕耘田地的時候，他的經濟的効能，較之女子，尤爲重大；他的權力，亦因而擴張。但父權的擴大，祖先崇拜是一個更有力的原因。祖先崇拜，使各個希臘的家族，成爲極固結的宗教組織體。他們因圍繞家族的祭壇，以崇拜家族的神祇，而互相結合。有些學者說希臘家的眞約束，正如羅馬一樣，是聖火和已故的祖先。此兩者把家族代在今生與來

希臘的家族乃一個宗教組織

生，都成爲一個單一的團體。（註二）宙斯赫啓歐斯（Zeus Herkeios）是家族的保護者，他的祭壇居於希臘家庭的中心，家長就是一家的祭司，代表家人獻祭。中庭裏面有一個會客廳（andron），這里有一個火爐，爲家庭生活眞正的中心。希臘常在火爐之旁，舉行好幾種莊重的宗教儀式，他們相信這樣就可以取得家庭的幸福。火爐裏面不絕的生着聖火，聖火的來源很古，原始時代的亞利安族（Aryon race）早就有了。印度的黎俱吠陀（Rig Vega）上說，「拜神最先應籲禱於阿格尼（Ageni）火神。」離家庭不遠，有一塊地方，祖宗的墳墓羅列於其間，每人在一定的時日，家人集合在這里奠酒獻餅於祖先之靈。或以牲畜爲燔祭，同時呼籲死者的幽靈（今已尊爲神祇，）求他降福於家人，使他們的田地，結實繁多。他們相信家族中在生的分子，供獻祭品時，家族的神祇，就是神聖的，欣慰的了。若是祭祀斷絕，家神就會指使惡魔前來危害家庭的平安和興隆了。因爲他們永遠要求佑於祖宗的神靈，所以每個家庭都要設法維持血統於不絕，男性後嗣，在墳上獻祭於祖先，是一宗極端需要的事了。

希臘家族的分子資格，非以血統關係為條件，乃以參與祖先崇拜和隸屬於家長權力之下為條件。男子一經脫離父的支配權，就不復能參與家族的崇拜，所以他實際上卽等於一個無家的流氓同樣，女子出嫁時，經鄭重的儀式加入夫的家族，從此就崇拜夫家的祖先，不再崇奉娘家之先靈，因為她自此之後已不是娘家的分子了。他方面說，希臘家族以規定的儀式採立別姓的男子，那人就成為這個家族的分子，因為他能參與這個家族的祖先崇拜。德庫蘭基斯 (De Coulanges) 已經證明希臘語「家族」這個字的一個意義，就是接近火爐的人的意思。拍拉圖對於血族制度也說是「同祖的團體」(註三)因為只有男子才可以執行祖先崇拜，所以親族和血統，都從男子方面派衍——此種血系制度，叫做 agnation。因此之故，嗣子可以為宗親，而有血統的女兒及她們的子孫，却不是宗親。

希臘的父權

希臘和希伯來一樣，父為家長，操支配的大權。我們很可以說，古代的法律，以家族為發源地，與家族的關係，權力及責任，很有關係。希臘的父權家族，包含兩親，子女，和奴隸，合成一個小社會，而隸屬於男性的家長的權威之下。在梭崙時代以前，父親有賣掉他的子女的權利，也許所賣的不是兒童的身體，只是他的勞動力；因爲他仍然是隸屬於父親權力之下的。迨後風俗和思想，跟住文化的進步而改善，於是賣子的事，就成爲不合體統的了。梭崙有一條律法，禁止父親賣掉他的女兒，這條法律也適用於兒子的身上。但不論如何，希臘的父親，在兒童生時，有權接納他或委棄他；和希伯來人一樣，他還有權包辦兒女的婚姻。可是法律沒有規定要徵求兒女對於婚約的同意，這一點，可就和猶太的風俗不同了。末了，父親還有一種權力，屛棄他的兒子，把他放逐出家族之外，把他由父權之下解放出來。古代希臘的父親，一天生存，父權就繼續施於兒子身上。但到梭崙時代，兒子一到若干歲，便可以脫離父權的支配了。

希臘婦女的地位

因爲夫爲一家之長，所以他對於妻的權威，正像其對於兒女的權威一樣的確定。因爲他們不能讓家族滅絕，所以丈夫可以因無子而出妻，那雖然喪失婚姻的宗旨。自荷馬時代以後，雅典婦人帶來的妝奩，丈夫活着時，絕對爲丈夫所有。要是她受備於有報酬的職業——貧富階級的婦女，常常這樣——那麽，她工作所得的東西，不用說是丈夫的財產了。妻子的身體，亦全然屈服於丈夫的支配之下；尊貴之家的婦人若未經丈夫的允許，就不能離開她的家庭。婦人在家族中的地位，固比之兒女稍爲高一點。在一切愛奧尼亞（Ionia）的希臘人看來，婦女較之男子，卑下得多，所以她們被禁錮在家庭裏，差不多和東方民族一樣的嚴密。亞里士多德說：「男子本質上就比之女子較適於治人，正如長者和完全成熟的人，比之幼者及未長成的人，較爲高尚一樣。」（註四）斯巴達却恰恰相反，他們的女子的地位，較之雅典的女子，高尚得多了。丈夫給妻子以「夫人」的棨衡。雖然她要主治家務，但却也有出外的自由。斯巴達未婚的女子所得的自由，尤爲大量。但她們的浮躁，却很受希臘各邦男子的批評。據荷馬時代的民間傳說看來，一切希臘的婦女，似乎都是很自由的，並不像後世那麽樣，備受偏狹的約束。青年男女，可以在女子的家中相見。在收穫時節，還可以一同跳舞。照伊利亞特和奧特賽描寫他們的關係，顯然是很光明正大，而且是自然的。海倫后很自由地招待巴里斯，她丈夫門涅雷阿斯不忠實的客人。安德各馬岐（Andromache）離開普賴安（Priam）宮，趕到塞干（Secan）城門，參看希臘和特洛伊的戰爭。諾息揆亞公主和她的侍婢，乘馬到河邊去洗她家的衣裳；當奧特修斯被海水衝上來，赤着身子，孑身乞求她的援助之時，她被她的侍婢撇下，毅然站在那里，傾聽他講述種種艱難的故事。後來又領他到父親的家中。所有這些行動，比之愛奧尼亞等的市府國家，限制婦女的自由，不用說是受了東方的影響。愛奧尼亞的女子，是劣者弱者，受人維護，在法律上沒有地位，沒有完備的教育；在道德上，智力上，都被看作卑下者。她們對於丈夫，不配稱爲伴侶。她們雖然可以參與圍繞聖火的家族崇拜，但她們參與奠祭，非若羅馬的女子那麽樣，是必要的；故此她們死後，沒有祭品放在她們的墳墓上。就是寡婦也沒有自由；她們的丈夫，指派幾個男子去監護她，她自身既然永是受人監護，那麽她對於子女，不用說永沒有監護的日子了，她的子女和她一樣，也都受指定的監護人的支配。不許婦人監護子女，這種風俗，顯然流行很久，就是美國現代，也還有很多州保存這種風俗呢。

財產權及繼承權

上面已經說過希臘的私有財產制度在太初時代就發生了卽在荷馬時代，也沒有公共財產的事實。家族的財產，隸屬於家長，而遺傳於長子。祖先崇拜發達的結果，風俗和法律，都禁止把家族的屋宇和土地賣給別人，因為那些是家神永遠享有的地方。一個新家族的火爐，一經建立，祖先的幽靈就寄在聖火的附近，家族存在一天，他也在那里留住。所以羣居於祭壇的家族，他們的居室，就固着於此土。就法律所規定要留出的空地，也是神聖的，因為神壇的火，不能與別位神壇的聖火相攙雜。據希臘的傳說，教人建屋者是聖火。他們在「聖火的周圍，建立牆壁，以隔離及防護牠。」（註五）埋葬祖先的墳場，也都看作聖地，故此直到梭崙時代，都沒有一個雅典的希臘人，賣掉他的墳場，這種限制，雖然梭崙撤消，但有賣掉的，仍科以多量的罰款，並且剝奪公民的權利。（註六）

長子因為負延續家族宗教之責，所以只有他才可以繼承家族的財產。不論如何，女兒都不能繼承財產，因為她一經出嫁，就不復為家族之一員了。要是一個雅典人死後，遺下一子一女，那麼兒子便是唯一的繼承人，但要替他的姊妹備辦奩妝，並且處理她的婚事。上面已經說過，要是死者只遺下一個女兒，她的最親近的男戚，就要娶她，雖然與原妻離婚，亦當這樣做。雅典人極力阻止家族財產的出賣和割裂，此外還採用別的方法，去保存這些財產。父親無子，可以把他的女兒許字給某個男子，明白約定以第一個男孩給他爲嗣。這一點正和希伯來弟承兄嫂的風俗暗合。斯巴達可就沒有限定一定要男子才有繼承權，女子也可以繼承土地及私有財產。亞里士多德告訴我們，全邦的土地差不多有五分之二爲女子所享有，是因女繼承人的數目很多，和女子出嫁時照例都有巨額的妝奩（註七）雅典長子的特權，只限於房屋及土地，至於動產則父親死後，卽由諸子均分；幼子呢，結婚後就另立門戶，生起自家的聖火。

古希臘的婚姻

希臘正如一切父權的社會一樣，很看重婚姻，並且把牠看作一種神聖的典禮。由兩

性結合，就可以延續宗祧，繼承財產，及維持祖先的祭祀，故此獨身的人，便

希臘人的婚姻觀

犯了忤逆家神的極惡大罪。雅典人這種觀念尤為強烈，所以他們設立一種法律，交市府最高行政官執行，不讓一個家族血統斷絕。波盧塔（Plutarch）告訴我們，斯巴達的獨身男子，便喪失了幾種權利，少年人中所施於他們的敬禮，還比不上長者對於少年人所施的尊重呢。（註八）希臘是和巴勒斯坦人一樣，把婚姻看作達到家族的目的的一種契約。婚姻事由父母作主，甚少顧及子女的意志。這種的結合，雖說也有終身得享快樂，但是照普通而論，這一對男女始終沒有愛情而且結婚又純以金錢為主旨，結果一定是沒有幸福可言，這是可以斷然的。

婚姻的手續

在荷馬時代的婚姻，還是很簡陋的。男子獻給女子之父的禮物，通常是牲畜；過了不久之後，再經簡單的儀式及小小的婚筵，便把新娘移交於新郎了。新娘的身價，有時並不是一次支付，却是分期交付的。希臘的英雄，對於女子的父親若果有什麼寶貴的功績，女子的父親便把他的女兒給他為妻，算做報酬。這

樣的事實，在希臘的民間傳說中，不乏其例，即如柏爾修（Perseus）拯救安德洛麥達（Andromeda）出於毒龍之後，就得了她爲妻，以作報酬，這便是一個例。但求婚者通常要貢獻很豐富的禮物，才可以取得女子上手。在荷馬時代，婦女不必有妝奩，以炫耀她的丈夫。可是到了梭崙時代，不論貧富的人家，都留下若干錢財及個人的財物，作爲女子的妝奩。波盧塔在梭崙傳告訴我們，這個法制家介紹一條律例，限制新娘的妝奩的數量。這種限制大約只限於她出嫁時所能拿去的衣裳和妝飾品；但不論如何，有很多人却不得不備辦妝奩，這大概是拋棄女孩的一個原因吧。照大多數古代民族的習俗，婚姻的儀式，分爲訂婚禮，和結婚禮兩種，玆分述如下。

（甲）訂婚禮——訂婚禮是一種婚約，由兩方的父母或監護人主持，不必徵求當事人同意，他們是假定必表同意的，並且行訂婚禮時，男女兩造也不必在場。經濟的協商，在形式上亦頗重要，由兩方的親族商定女子的妝奩，而以他物作爲報酬。結婚之後，若無充足的理由而離婚，就得把女子的妝奩退回，有時男女兩方爲結婚後的公共利益起見，還締結幾種特殊的條件。這種貿易式的婚約沒有宗教的儀式但法律的手續却是必要的。

（乙）結婚禮——所有希臘人都以爲婚姻最終的禮式，要在吉日舉行。月圓的時候是好日子，月缺的時候就視爲不好的日子了。亞里士多德在政治論說，一般人都以冬季是婚嫁最適宜的時候，（註九）但沒有說出什麼原故來。臨到結婚的吉日良辰，新娘——通常只是十五六歲的女子——舉行幾種象徵悲感的動作表示脫離處女期而接受已婚婦人所當負的責任；所以她把做孩子時的腰帶，玩具，及兒時的恩物，或是一把頭髮，奉獻於童貞的女神阿提密斯（Artemis），或別的神祇。到了選定的吉期，就舉行幾種爲風俗及宗教所裁可的隆重儀式。天一明，新娘及新郎都要親到聖水的所在或由家人汲聖水回來給他們沐浴。雅典人以加勒和（Callirrhoe）的活泉爲新娘洗浴之用，而底比斯則到易斯門那（Ismenos）的聖泉汲水回來，給她洗浴。新郎呢，天一亮就穿起吉服，戴上花冠，到新娘的家裏去；家族的親朋戚串早已集合在那里觀禮了。來賓一入門，主人家就給他一個拿搗碎的胡麻和密糖做成的餅給他吃。這種古代的禮餅，是婚禮中所不可缺的，並且是永遠缺乏不得的。來賓齊集時，新娘的父親便獻祭於主管婚姻的神祇，宙斯（Zeus）希勒（Hera）和阿提密斯，他們很小心地去除犧牲的瑕疵，以免痛苦侵入這一對新婚夫婦的生活裏。舉行祭禮之後，父親就把女兒和一張宣誓式的文書交給她的丈夫。女子從此就脫離父的支配，及他家的祖先崇拜了。這些莊重的詞句，發表之後，新娘就停止爲父親的家族之一員，而加入丈夫的家族，受夫權的支配了。我們要知道這些宗教的儀式，完全是私人的，父親自己當祭司，不必另請別的宗教人物。婚姻完全是家族以內的事，國家和宗教，都不能干涉。

把新娘交給新郎之後，跟着就有婚筵，婦人赴席，是很歡迎的；不過照例她們不能與男子同席，而且還要戴上一部分面幕。及至黃昏的時候，母親就履行她在婚禮中的一部分任務，把她的女兒交給新郎。新嫁娘羞答答地在陌生的羣衆之中，被領到新娘所坐的騾車。觀禮的來賓，立刻圍繞上來，吹打手和火炬手，在前引導。儀仗穿街過巷的向着新郎的家庭進發，行者唱着新婚的詩歌，頌讚亥麥泥阿斯（Hymenaeus）。有的著作家說，新娘的母親，也拿着火炬跟着車兒走；但有時她只燃着火炬，讓家人拿住在美麗的儀仗之前領導而已。夫家的大門高搭彩棚，新娘假作不願意的樣子，經過風起雲擁似的嘲笑之後，她便被擁在新郎的懷中，跨入門檻去；這種象徵的動作，也許是表示妻子在夫家他的家神的住所，還沒有取得權利，故此要以暴力把她介紹進去。但不論如何，這種儀式，是原始時代掠奪婚姻的一個痕跡，却是可以斷言的。新郎新娘入門之後，就舉行最後的一種最簡單的儀式。他們穿着白色衣裳，頭戴花圈，行近家族的火爐；新娘以清水揮洒家神的神龕，於是她便舉手近聖火，口念着禱詞，祈求她的新火爐及新家庭的神靈的庇佑。末了，夫妻合吃一個胡麻餅，表明他們互相結合，及與家神互相結合，這樣一來，新娘加入夫家的家族崇拜了。她被領進新房(thalamos)，一隊歌女在房門口唱起新婚的詩歌來。照梭崙的律例，新娘在進入新房之先，要吃一個榲桲果——結子的象徵。有時還掛起一條搗米的杵，在房門之上，以喚起這新娘擔任家務的責任心。

斯巴達的婚禮，更加簡陋：父親辦妥各種手續之後，新郎就把新娘強抱到他家去。波

盧塔在來喀古士傳 (Life of Lycurgus)(註一〇)上說新娘很粗暴的被拿到她的新家庭，一個喜娘「接住她，把她的頭髮剪得乾乾淨淨，拿男人的外衣和鞋子給他穿上，就把她獨自關在一間黑房的床上。」(註一一)結婚的筵多數設在營幕裏，席散之後，新郎回來，就往那裏去找着她。斯巴達的風俗，限制夫妻的交際，極爲嚴密，所以很多男子，都在晚間去會他的妻，並且還是偸偸摸摸的。結婚未滿一月，就不能在白天見他的妻的面。

夫妻的關係

因爲婚姻的禮節，都是由父母作主，新娘和新郎，只在結婚那一天才是破題兒第一次會面。他們對於彼此的性情品格，都不了解，這個對於婚姻的快樂，當然極有妨礙。女子從嘲笑和未成熟所得來的地位，叫她更加難受。她幼年時與男子相隔離，過禁錮的生活，除了自己的家人和幾個女友之外，其餘一切在發展中的社會勢力，都和她隔絕；而她的丈夫的人格，因爲受過嚴格的訓練，及廣博的社會經驗而發展，所以她不能做丈夫適宜的伴侶。色諾芬 (Xenophon) 在他的經濟論描寫模範的少婦的美德，很是詳盡。他描寫一個男子名叫 Ischomachus 把婦女的家庭責任，介紹給他的妻，他正想說明婚姻的關係，他的妻答道：「可是我怎樣能夠幫忙你呢？我有什麼能力？什麼事又都靠住你。母親告訴我：我的責任，就是柔順。」（註一二）可是希臘的婦人，分明不常常是柔順的，雖然亞里士多德派的學者告訴我們，已婚的婦人，有時在窗前給一個男子看見，立刻便羞答答的縮將進去了。這也許是眞的，但愛奧尼亞的婦人犯姦淫，似乎不是希罕的偶然之事。就是與奴隸私通，亦所在多有。這些傷風敗俗的事實，在社會生活研究看來，可以發見一條眞理：就是貞潔最眞確的觀念，不是從無知及禁錮中得來的。希臘人的父親很操心地勉強替兒子娶妻，以杜絕青年人放蕩的色情，這樣一來，反倒令男子把妻子看作一種難堪的刑罰，而不是可愛的嬌妻。但不論他的感想是什麼，風俗總要求爲夫者在妻的面前，要謹愼節制他的粗言穢語，稍有差失，就會減低他的尊嚴，或減少妻對他之尊敬了。

在上流階級的婦人，雖然似乎比未婚的女子多得到一點自由，可是她要深居閨中（gynaeconitis），而且還要得到丈夫的許可，才可以離家。她在街上走路時，要小心戴上面幕，而且常常要領一個僕人隨伴她，丈夫把這個僕人指派給她，就是爲這個目的。男子呢，他們大多是在外邊過日子，在市場討論公共的問題，或到城裏的公共體育場去。女子都留在家中督率婢僕作工，或者盡她所能，去消遣時光。夫與妻雖常在一塊兒吃飯，但她主人和朋友來到時，她便立刻躲回深閨去了。稍稍顧全一點面子的希臘婦人，沒有一個想參與她丈夫款待朋友的筵宴的。就是她丈夫只請一個朋友，她也不敢出來分一杯羹，所以男子的生活，和女子的生活，分道揚鑣。男子極力發展他的心力，並且擴充他的利益及活動的範圍。女子呢，生活的範圍，非常狹隘，完全以個人的及家庭的事務爲限，所以在男子看來，益發不成爲伴侶了。男子與女子，初結婚時已經是冷漠，所以結局雖不致於十分的討厭，至少也是冷淡疎遠的了。希臘人對於婦女及婚姻關係的概念，是盲目的，而且是愚蠢的，和他們在人生之別方面所顯出的智慧的榮光，大大相反。柏拉圖看出當日婚姻制度的罪惡，所以他主張要是青年人能夠有更多機會彼此相見，那麽，夫妻間必會建立一種更美滿的關係。(註一三)可是禁錮女子之風，在愛奧尼亞已經根深蒂固，不輕易改革，所以再過很多時代，還存在着。

希臘最後的大悲劇家幼里披底（Euripides），普通都看作婦女的憎惡者，可是他描寫當時一般人對於婦女的態度的見解，却不完全是不可靠的。在希坡利忒（Hippolytus）一劇裏面劇中的英雄說道：

婦女在這件事中表出何等地可厭：
生育她的父親用了豐富的裝奩，
把他嫁了出去，
令他可以在家中免脫這個討厭的職責：
但是這個把那幅圖像
取而置之於懷的可憐的少年，却非常歡喜地
耗廢他的財產，
把一個無用的圖像裝飾之以寶貴之飾物

和纖細的錦綉。（註一四）

但在米第亞（Medea），幼里披底微弱的同情，忽然發現，把女子方面的辯護，顯示出來。那可憐的皇后說道：

地球所產的一切，
最受磨折的無過於婦人了。
我們要儲積金錢，預備有一天拿出來
買一個男子的歡心；但是看啊，我們却買到
一個轄制我們的主宰！
侮辱的刺也隨之而來了。於是便置身於危險，
或好或歹，不管那主宰是怎麼樣的；
她都不能抵抗；要是他仍然
悅意，婦人便終生受侮辱。

於是她便置身於新法律新境地之中，爲什麽呢，
這種魔法或預言是她所不能免的——
家庭絕沒有教她——
這睡在她旁邊的東西，領她趨向和樂多好呀。
長久勞動的女子，可尋出一種方法
令到她的主人同甘共苦，也不
太兇狠地擦他的重軛，如是
這個婦人便有福了！否則她惟有祈求速死而已。
她的主人要是厭見
家內人之面，便跑了出來；到較愉快的地方
愉悅他的心；而她却一心等候，
所有她的幻像都守定於一個靈魂。(註一五)

希臘的蓄妾制和娼妓制

希臘有史時代的家族，雖然大都是一夫一妻的，可是自太初時代起，蓄妾制就存在了。當荷馬時代，妻與妾的區別，大略如下：妻是從他父親處會徵地買來的，並且是按照慣習的禮式娶來的，妾是戰爭的獎品，所以就是掠奪者的財產。伊利亞特和奧特賽都有很多事實足以證明蓄妾制是戰爭時通行的事實。在特洛伊（Troy）的時代，亞波羅的祭司的女兒克里西斯（Chryseis）被阿加綿農（Agamemnon）俘擄爲妾；及神降災於希臘的帳幕，阿加綿農不得不獻出贖罪金，他說道：

……我寧願
保留她與我同居，因爲我寶愛她
強於我青年時的新娘克力騰涅斯特剌，
並且覺得她的姿態，心智和媚術，
都不亞於我的前妻。

他重又很忿恨地決絕道

我未老之時，決不釋放這個女郎

我必領她離開她的故土，

回去我的阿加來夫的家庭，讓她在那里

手執機抒，身披羅綺。

最末一行把妾在荷馬時代的家族中的地位，說得很清楚。她們大都是生長名門，而被僱爲私人的婢僕，即使不是下賤的人，也得服事她的主人和掠奪者。阿溪里因他的妻布里西斯(Breseis)很不公道地被人奪了的原故，所以他在幕中非常惱怒。阿加綿農之所以被他的不忠實的妻子克力騰涅斯特剌謀害，是因爲他在從被攻陷的特洛伊那裏掠取卡散德剌(Cassandra)公主回到他的王宮做他的妾。

但是蓄妾制顯然不是野蠻的荷馬時代才有的。大演說家狄摩西尼(Demosthenes)在他的駁泥伊剌演詞(Oration against Neaera)中，闡明希臘家族確立的一夫一妻制道：「我們有妻，爲的是喜樂；娼只是天天服侍我們吧了。妻替我們生育合法的兒童，她是我們忠實的主婦。」（註一六）這樣看來，希臘人的妾，也許多分是從家庭中的婢僕挑選出來的，她們的兒子，的確不被看作家族的眞正分子，因爲他們不能參與祖先的崇拜。故此這種兒子，對於家族的產業，沒有繼承的權利。

娼妓——希臘的家族生活，從別的風俗上，亦可以看出。大多數希臘的市府——尤以哥林多及雅典爲最著——有一種靑年女子，叫做 hetairae，她們從小就被訓練去幹下流的勾當了。這些不幸的女子中，有的是名門拋棄的孩子，她們落在歹人之手，被他們殘忍地利用起來。有的是外國人生的靑年女子，她們不只是特別的漂亮，並且有聰明智慧的技能，例如阿斯佩細亞（Aspasia），始爲伯里克里斯（Pericles）的姘婦，後爲他的妻；雷密亞（Lamia）一個雅典人的女兒（註一七），夫賴泯（Phryne）和哥林多的雷易斯（Lais）等，都有很著名的。亞加狄亞（Arcadia）有一個著名的娼妓，曾做過柏拉圖的女弟子，並且念過伊璧鳩魯的哲學。（註一八）這些有名的妓女，也許是例外，可是大多數娼妓，都受過完善的教育，很懂得人情世故的。

除了這一類的女子之外還有些最易接近富貴的人和優秀的人的公娼。她們在青樓，國家縱容她們賣淫。

很奇怪，希臘人普通都忽略他們的高尚的女子的教育，所以就許多事實看來，她們在受過教育的男子中，很顯出愚笨而粗鹵的樣子來。但對於那些踰閑蕩檢的女子，却施以他們自己的妻子常常缺乏的理智訓練。希臘的政治家及學者，常常走馬章台尋訪這些妖媚的公娼。輿論對於已婚男子的這種行動，也沒有嚴厲的責難。

古希臘的離婚

夫的權利

伊利亞特和奧特賽都沒有提到離婚，故此我們很可以相信離婚在元始時代，不是一種確立的風俗。可是一到有史時代，離婚就很常見了。希臘人和希伯來人一樣，丈夫離婚的權利，較之妻子多得多。要是丈夫覺得他的妻不漂亮，或不投機，就可以在證人之前廢棄她，雖然這樣的離異，也許不是不常見的。就以男子的離婚權也不是完全沒有限制：第一，輿論不贊同；第二，若無故離婚，丈夫要把廢棄的妻的妝奩，退還她的父親或監護人。下列兩事，是丈夫出妻最正當的理由：（1）無子，（2）不貞。關於第一項，希臘人以爲婚姻的根本目的——即繇延子嗣以延續祖先的祭祀——不能實現，故不能生育的配偶，應當分離。因此無子的婦人，有時拾取人家拋棄的嬰孩，做自己的兒子，以避免無子的惡名。（註一九）婦人的姦通，要受希臘嚴酷的法律和風俗的制裁。要是給丈夫撞破，姦夫就被殘酷的丈夫置之死地，我們也可以相信淫婦也受同樣的災劫。但是倘若丈夫多用些時候遲遲反省，他就不能去殺害他的淫婦，而可以科以體罰，把她嚴密禁錮在家裏。要是這宗事一經彰揚出去，婦人的名譽就掃地了。而且法律也剝奪她參與國教的典禮，及祭祀，和入廟堂的權利。不貞的婦人要想參與公衆的祭祀，雖不致於受死，也得忍受各種酷刑了。還有一層，要是婦人的姦通，被外人知道，法律就宣佈婚姻的無效了。（註二〇）斯巴達人常常自誇姦淫的事，比愛奧尼亞少得多；而且宣言他們之中，沒有這種罪惡。可是這句話只不過是說，斯巴達的兩性關係比之雅典自由得多罷了。倘若一個斯巴達人老而無子，他可以，並且常常鼓舞他的妻和別的年少力強的男子苟合，以產生兒子，延續宗祧。波盧塔會告訴我們，來喀古士「容許男子和有錢人結合，以行生產兒子的工作，並且教他們嘲笑那些把妻子看作獨占的產業的固執者。」（註二一）這種公然的放縱，顯然是因爲「來喀古士不把兒子看作隸屬於父母，卻是隸屬於國家的；」軍國的國家，自然盼望精力強壯的人爲將來產生好的公民了。

妻的權利

我們可以推想：希臘婦人離婚的自由是很小的。丈夫的不貞，就算繼續而公然流連於娼妓的屋子，不論那一邦的婦人，都不能拿來作離婚的根據。除非丈夫荒淫無度，而致對於家族極端忽略，或者着實的虐待他的妻子，才可以提出離婚。但雖然如此，離婚仍很難得到。她要親身到市府的長官之前投訴，有嫌疑的丈夫，可以強制的把她關閉在家，以阻止她去起訴。（註二二）婦人就算得到離婚，也還要回到娘家——或者他們不歡迎她——再屈服於父親或兄弟的權力之下。但是希臘的夫婦，以雙方同意而離婚的，也着實不少。不過婦人都因此喪失了已婚婦人所得的一小部份自由能了。

離婚和結婚一樣，在希臘人看來，是個人的及家族的事，不受宗教或國家的干涉。只有婦人姦通，法律才可以出來干涉，宣佈廢止婚姻的關係。

希臘的家庭經濟

奴隸制度

研究希臘的家庭經濟，若不弄明白了奴隸的制度對於家庭之經濟上的機能，就無從說起；因爲奴隸制度，和種種家庭工業都很有關係。希臘的奴隸制度，淵源於上古時代，至荷馬時代，已是一種極普遍的制度了。在戰爭劫奪的古代，奴隸從征服及公然劫奪得來。但有史時代的奴隸，却多分是從黑海及小亞細亞的商業市鎮買來的。這一類人，有的是被拋棄的兒童，其中有一部分被解放成爲專門的跳舞者，及吹簫者。半神勇士出世時代的生活，是簡單的，父權的，奴隸的地位，也許比其他的家族分子，微略低一點；因爲他們受治於家長，所以他們也被看作家族之一員，受仁慈友愛的待遇，比起有史時代的，差得遠了。古代的奴隸，常被委做有責任的事務，如主持田場及家庭等等。他們的生活情形，與主人相似，或竟和主人同桌而食，及分享他的娛樂。在紀元前五世紀，雖然他們仍做游牧的瑣事，如亞加狄亞那麽樣，可見舊日的境遇，却大大的消滅了。因爲奴隸在法律上不是個人，所以他們不能締結合法的婚姻，但要是主人允許，他們可以結婚，建立家族。但是這家族的分子，主人可以隨便用買賣或別的方法把他們分離。奴隸自然要擔任繁難而無味的家庭勞動，如田裏的工作，看管牛羊，及以古式粗陋的手磨去磨穀等等。

家庭爲工業的中心

荷馬時代的家族，仍然是大多數工業的胚胎。家族所需的品物，差不多全在家長及其從屬者的土地中產生出來。富裕的家族，都有牛、綿羊、山羊、田場、草場、磨坊、和把粗糙的原料製造衣食品物的工具。紡絲竿及紡綞，是日用的東西。紡織已極發達，但織機還是古式的。我們由奧特賽，知道皮涅羅皮(Penelope)

的困苦的勞動。荷馬史詩對於有史時代極盛行的手工業也沒有什麽鄙薄的話，就是神仙，也是工作者：赫斐斯托斯（Hephaestos）是鑄鐵場的勞動者；雅典娜（Athena）是織紡者，貴族的人，也不以做木匠的工作，或做種種家庭工業所需用的工具爲可恥。但英雄時代的家族，雖然大都是自給的，然有好幾種工作，却已組成行業，在家庭之外作工了。木匠、泥水匠、打鐵匠、及貴重金屬的工作者等，都是。

到了約莫第五世紀的時候，根據好些事實看來，家庭已不是經濟的單位了。只有富家的人，才偏用很多奴隸來做打穀、磨穀、壓搾葡萄和橄欖爲油爲酒，在家庭的爐上炕麵包和餅食，及種種與織造毛布麻布縫衣等工作。雅典製皮的工藝，已成爲特殊的行業，法律強制製造皮革者要在城外，因爲氣味太不好。鞋子、帽子、陶器、鑄鐵、和鑄銅及打金等等，亦已成爲特殊的與旺的工藝，在指定的街巷開設店舖。所有這些特殊的家庭工業，都在希臘的花瓶上表現出來。每個家庭，不用磨他自己的穀米了，大部分工作都由大規模的磨坊代辦——至少在城市是如此；把麵粉賣給公共的製餅店，製餅店裏有很多士做的爐去炕麵包，重量和形體，都要遵照市府的市場委員的規定，麵包的質和甜美，昂貴的餅食，以雅典人所製的爲最出色。亞里斯多芬（Aristophanes）的喜劇，表現麵包很少在家庭炕的，通常都從婦女的販賣者處買來，她們在市場擺設貨攤。（註二三）與製衣有關的種種工作，也都由縫衣匠去做。除了富厚的人家以外，羊毛大都由漂者和染者洗染，他們做這些工作，已經有好幾代了。縫衣的商店，也在一切希臘的重要市鎮開設起來。縫衣匠把布裁好，弄成或製成衣服，供給那些富有的階級，他們原意這些工作在家外舉行，我們可以相信絲織品也不是在家庭中的織機上織造出來，而是織造廠裏的織造匠的獨佔事業。（註二四）有些工業的分工，差不多和現代一樣的微細。且舉一個例來說：有的商店，只製造婦女的衣裳，有些只做男人的；在造傢私的工場中，我們看見有一部分工人專做床，一部分專做椅子，一部分專做衣箱，還有些專做銅門，鏡子，或金飾的。家常使用的陶器，從前不用說是婦女的事業，正如原始時代的女子一樣，但現在却爲興盛的特殊工業了。雅典所做的陶器，精美而且耐久，久已馳名於希臘的市府，這是因爲他們拿阿底（Attic）的黏士來做的。

這樣看來，從前爲家庭所獨佔的工業，到紀元前五世紀時，大部分已脫離家庭而獨立了。可是假使拿現代的經濟觀念，把伯里克里斯時代的希臘婦女，和現在時代的婦女——她們多分是勞動階級所生產的商品的消費者——等量齊觀，那就大錯特錯了。大多數婦女，即使不造錦綉衣裳，也要紡織毛布，做成衣服，給家族中的自由人和奴隸穿着。此外還要擔負烹飪的一部分工作。富貴人家的婦女，雖不必親自作工，也得督率婢僕去作工。可見在奴隸多的家族中，督率作工，實要花很多時間。希臘的女子，很精於刺綉的技藝，這些可以從花瓶的繪畫上看出。有的表繪她們作工的情形，並且影印他們在襯衣或別的衣裳上刺繡的精美的花樣。希臘有幾邦的婦女共同織造，並且顧繡放在庇佑她們的神祇及女神的偶像之上的節期的袍服。我們知道雅典的閨女，每四年要替在帕德嫩(Parthenon)的雅典娜(Athene)的偶像織一件Peplos以便在Panathenaic大節期，作酬神之用。上面所繡的，是國家的偉人的肖像，作爲市府國家的英雄的史記，正如中古時代的錦繡帷幕一樣。

紀元年前五世紀的歷史家色諾芬，同時他又是一個兵士，把當時希臘女子的家庭事業，及普通家庭的經濟情形，描下一幅珍貴的畫圖，遺留給後人。這篇文字，是對話體的。牠記述一個少年男子 Ischomachus 和蘇格拉底的談話：蘇格拉底照他的習慣，以研究智識的態度，和他談論； Ischomachus 却以可恕的驕傲，說明他怎樣事事躬親的把家庭的責任，訓練他的少婦。因爲她結婚時，還不夠十五歲，而「從前所過的生活，都是在嚴密的縛束之下，看見的愈少愈好，聽見的愈少愈好，所發的疑問，愈少愈好。」這個青年人，很喜歡豁達大度稱他們的家庭爲「公衆的家庭，」他把教訓他的少婦治家的教育，陳述於聰明的蘇格拉底之前。他說明原始的分工，男子在家外生產生活必需品，女子撫育兒童，照料食物，及製做原料——這些事業，最好在家內舉行。 Ischomachus 很精敏地證明陳腐的論調，說「上帝……分明派定女子的性質，宜於在家內履行她的任務和責任，男子宜於在家外履行他的工作和責任。」他忍耐地詳細說明他怎樣教導他的妻子去做她的特殊的工作和責任；她應該管理及精心計算一切糧食，看管家人所需要的衣裳，看乾糧中吃不中吃。她要看護有病的奴僕，到復原才止。她又要訓練不熟練的婢，使成爲精巧的織造者。她要攷查家中那一處最宜於儲藏酒、麥、臥具及床褥、花瓶、家庭的器用什物、以及織造、烹飪、及搓揑麵粉的工具等等。末了，她要執行家庭所設立的規律，隨時檢查家中的器皿——要是各事各物都井然有序，她就表示贊揚的意思，正如參議院之稱贊馬隊及騎兵一樣，有功者則設法贊獎她，尊之爲皇后，有過者則申斥她。」這些聰明的教訓，使他的妻子了然於他的生活的司職——家庭僕婢的指導者，家計的監管者，及生育子嗣，使種族不致於滅絕。文獻中解說男性所定的古老的女子責任，沒有比這更直捷了當了。對於承認女子爲個人，有嗜好，有能力，有值得思考和發展的個性，沒有比這更失敗了。

家庭的撫養和教育

生育及幼稚的訓練

倘若我們相信柏拉圖的話，那麼希臘家族對於兒童的幼稚時的訓練，實負一個重大的責任。希臘的兒童，一出世，這喜事即以放在家門上的象徵宣示出來。要是生男，就用一個橄欖的花圈來表示他的尊榮和高貴，但若果是女孩，就把一塊羊毛，釘在門上，以象徵她畢生大部分所做的家庭工業，到第五天——有的學者說生產後的第七天，就舉行「安非特羅米亞」(Amphidromia)的儀式。在這個家族的喜慶日，保姆或別的女戚，抱住這個初生的孩子，繞行家族的聖火，這儀式顯然是把孩子介紹給家族的各員，如上所說，已故的祖先也都在內。這時候，父親以家長的資格，正式宣佈他接收撫養這個孩子的責任。要不然，這孩子就被拋棄了。拋棄嬰孩，本爲法律所許，但或者不致於像有些學者所說的那麼常見。碰着這個苦難的，多分是女孩，或私生子，男孩也有時被窮苦的父母所拋棄，以避免撫養的責任。富家的父母拋棄他以免家族財產的太瑣屑的分配。從紀元一世紀，就有一封信留下來給我們，那是一個希臘人喜雷立溫(Hilarion)從亞歷山大里亞寫給他的妻亞里斯(Alis)的，內面說：「要是——你運氣好——你生下一個孩子，若是男子，就讓他生活下去，若是女的，就拋棄她吧。」（註二五）這個說法，簡直不承認母親對於她所生的孩子的權利。兒子生下來的第十天，便舉行一個更莊嚴的儀式，在家族的祭壇上，行莊嚴的祭祀；完了之後，就大開「湯餅會」，親戚朋友，都被請赴會；這新生的孩子，就在這時候命名，這個小儀典通常由父親主持，來賓或家奴，就在這一天貢獻禮物給父母和孩子。

兒童自正式列入家族的譜系之後，富家的兒童，大都由婢僕去撫養；除了斯巴達之外，希臘各邦，富家的婦人，很少親自哺乳兒女的，她們通常僱用乳娘來哺乳他。第一個乳娘，顯然不是奴僕，因爲波盧塔告訴我們，斯巴達精明的婦人，有時被雅典人僱去哺乳及訓練他們的孩子。男孩和女孩，一樣受保姆和母親的看護到六七歲，而且照顧得很周到。我們知道他們的玩意兒，有很多和現代的孩子的相同，因爲希臘的文獻，常常提到習步車，泥做的繪花的泥人，鞦和旋螺等等。亞里斯多芬在他雲那齣喜劇說，拿一條線縛着一隻金龜虫，是一種普遍的游戲。

說到規矩，兒童自然不容忽略。希臘有體面的父母，在兒童面前，極力保持他們的威儀，並且堅持敏捷的服從。以草鞋或拖鞋行體罰，是公認的刑罰，希臘的保姆和母親，就和後世的人一樣，毫不躊躇地用鬼怪去恐嚇兒童，使他就範。奴僕的保姆，有很多神話和英雄的故事，她們很喜歡說給小孩子聽。因為這些故事，對於兒童的道德，有重大的影響，所以柏拉圖要他們小心選擇。他主張不許用荷馬的詩歌，做兒童的教材，因為他以不道德及不尊重的筆墨，去描寫神的言行，他說「所以第一宗事，就在檢定着作家的寓意故事，讓審定有接受一切好的寓言故事，而屏棄那些壞的；我們希望母親和保姆，只以那些認可的，說給他們聽。讓她們拿這些故事，去陶鑄他們的小心靈，比之以手以形成他們的身體，還要重要。現在所使用的，大部分都要屏棄啊。」（註二六）希臘的家庭，都着實的奉行柏拉圖所認定的道德標準，去訓練兒童。他在勃洛大哥拉（Protagoras）描寫這種訓練道：「母親、保姆、和父親，在他們能夠了解他們的時候，爭論怎樣去教化兒童；他不能說或做違反所規定的：這是公道的，那是不公道的；這是可敬的，那是不可敬的；這是聖潔的，那是不聖潔的;要做這個,不要做那個。要是他們尊從,就是好的孩子,要不然,就得以威嚇和呵責去糾正他們,正如撓正一塊彎曲的木一樣。」(註二七)

到七歲的時候,希臘家族中兄弟姊妹的生活,就分頭進行了,男子受師長之命,去到 Palaestra 及音樂學校,其後又到公共的大學校,受精心規劃的教育,以成爲完全的公民。一到法定的丁年,就成爲高尙的青年了。自此之後,他的教育,通通在家庭之外,男子達到學齡後,正式的家庭教育,希臘的著作家,沒有說及。當她們的兄弟的教育正在進行時,希臘的女子,却進入極嚴束的生活,很少離家,而且沒有什麼一定的教育,只不過是紡織,刺繡而已。要是她的家族,不是富有的,就學習烹調。

這樣看來,希臘的家庭教育,就和現代歐美的國家一樣,主要的部分,全在幼年幼童的生活。他的音樂的、文學的、道德的、和生理的教育,通通交給學校和音樂傳習所,和大學校等。在半神勇士時代,就繼之以有組織的軍人教育了。家族對於形成男子女子的道德及宗教的性質,很有影響,那是沒有多大疑義的。可是母親地位的低下,世界的及人生的智識——通常由直接的經驗，或文學的媒介得來——的缺乏，對於兒童和影響的價值和程度，一定是大大地低減的。無知識，無經驗，訓練又不完全的母親，除了極小的事實，對於道德的指導，很難爲切實或開明的。聰明的希臘男子，差不多完全忽略高尚女子理智的和社會的教育，這是極大的謬誤，婦女的無能，他們實尸其咎。

希臘哲學家對於家族的理論

凡討論希臘家族，而遺漏希臘的大哲學家對於這個問題的見解，實不能算做完滿。柏拉圖和亞里士多德從社會需要的最高立脚點，去討論全部的家庭問題，和兒童的訓練。他們助長國家干涉婚姻的結合，及這些配偶的兒童最適當的生活。柏氏在共和國裏面，極力主張國家支配婚姻，「治者」——治人階級的男子，在國家指定或指揮的大婚節，以抽簽法去選擇他們的配偶。柏氏辯明道，國家的治者，用這種方法配合配偶，把那些較強壯及智慧的男子，集合攏來，然後照他所想的，决定他們的子孫的品格。他說，「社會要想維持其最高級的地位，就得使最優秀的男子，配合最優秀的女子；低下的配合低下的。例外愈少愈好……這樣，他們就會產生同樣的子孫了。」（註二八）兒童生下來就與父母分離，若果准他活下去，便立刻送到國家的育兒所，由公衆的保姆去撫養。這些爲她們的職務，她們曾受過特殊的訓練。被奪的母親呢，柏拉圖（要知道這個理想家是獨身的）以爲他們可以發達溫煦的親子的感情，安慰自己，她們想：一切同時出生的孩子，都是他們的孩子，柏氏把決定那個孩子應當撫養，那個應該拋棄——如孱弱的孩子，就當拋棄，因爲他們會變成不健全的國民——的事情，交給國家的特設官員。凡未經國家裁可的夫婦所生的孩子，都被拋棄。（註二九）由是，可見柏拉圖，世界第一個善種學者，全無忌諱地主張婚姻生育和撫養等事，與國家有重大的關係的事情了。

關於兒童的幼稚教育，古代著作家中，沒有比柏拉圖提倡的更盡力了。他了然於青年人腦筋感受印象的力量，及幼年的觀念習慣的永久性，所以他對於文學和音樂，小心審定。他相信兒童自幼就要生活於藝術、建築、文學、及道德的美的環境裏。

亞里士多德比之他的老師，較少空論，較爲科學的。他受當時環境的影響，所以是較偏於保守。在這個哲學家的著作中，並沒有主張推翻或破壞家族的論調，然而他却相信國家干涉婚姻是對的。因爲他主張「政治家當注意兒童的身體；讓他們盡力發展到完全；」故此「他最要注意婚姻大事，國民該當在相當的時候，相當的境地締結婚約」（註三〇）他明明白白的要求國家規定男女結婚的年齡，他對於因早婚而生產弱小兒童很悲傷，他希望兒童的父母須達到身體的完全，才好緜延子嗣。法政家應該監督孕婦，得充分的操練，就是督促她們「每天崇拜婚姻的神。」亞里士多德和柏拉圖一樣，沒有跳出當時拋棄孩子的觀念，所以他說，「說到兒童的拋棄和撫養，要有一種法律禁止殘缺兒童的生存……」（註三一）這個蔑視人生價值的邪說，完全與市府國家的公益相吻合。

柏拉圖最激烈的見解，不用說是以女子和男子一樣，有同一的天性，同一的貢獻和能幹；故此他主張她們當受同等的教育，從事同等的工作，及公衆事業。「這麽，我的朋友，」他說，「在國家管治之下，女子不是女子，男子不是男子，什麽的特殊的機能，對於兩性的稟賦都自然是相等的一切男子的事業都是女子的事業大體說女子只是一個較弱的男子吧了。(註三二)很奇怪現代急激發動的論調，柏氏在差不多二千三百多年前，就抓着了。他的呼聲，僅僅是「野有聲呼云」地對當時不留心的羣衆，說不當說的話罷了。希臘人當然不能接納——他們的太理想的理論，更不必說實行了。

但是希臘的哲學家雖然這麼熱心討論家庭的問題，可是他們對於婚姻和家族生活的習俗，却沒有什麼影響。希臘的改良家直到五世紀末，確然努力替女子要求更多的自由和勢力。(註三三)但他們的奮鬥，却至終沒有得到完滿的結果。

(註一) Op. Cit, Morley's Univ. Library (trans. by Robert Patter), p. 240.

(註二) De Coulanges，古代的市府，頁五一，五二。

(註三) 法律論 (Jowett 譯本) 五章，頁七二九。

(註四) 政治論 (Jowett 譯本) 卷一，頁一二。

(註五) DeCoulanges，古代的市府，頁八一至八二。

(註六) Ibid., p. 90, citing Diogenes Laertius, I, 55.

（註七） 亞里士多德政治論，卷二，頁九。

（註八） Life of Lycurgus (Bohn's Classical Lib.) Vol. I. P. 8.

（註九） 政治論，卷七頁一六。

（註一〇） ed. by Bohn, p. 81.

（註一一） The Works of Xenophon (trans. by Dakys, 1897) Vol. III, part I, p. 228.

（註一二） 同上。

（註一三） 柏拉圖法律論(Jowett譯本)，五章頁七七一至七七二。

（註一四） Euripides Hippolytus, Morley's Univ. Libr., pp. 290-91.

（註一五） 莫雷譯本頁一五。

（註一六） Bohn's Classical Lib., Vol. 5, p. 272.

（註一七） 學者對于 Pericles 和 Aspasia 的婚姻問題，都不贊成，但他和一個著名娼妓生的兒子，却因一種特殊的法律，而變成合法的兒子了。

（註一八） Becker: Charicles, p. 248.

（註一九） 同上，頁四九七。

（註二〇）同上。

（註二一）Life of Lycurgus，卷一，頁八二。

（註二二）參看 Gulick: The Life of Ancient Grees, p. 125.

（註二三）參看 Becker: Charicles, p. 289.

（註二四）參看 Gulick: The Life of the Ancient Greeks, p. 229.

（註二五）Milligan: Greek Papyri, p. 81.

（註二六）共和國，卷二，頁三七七。

（註二七）同上，頁三二五。

（註二八）同上，頁四五九。

（註二九）同上，頁四五七至四六二。

（註三〇）政治論，七章，頁一六。

（註三一）同上。

（註三二）共和國，頁四五五至四五七。

（註三三）亞里斯多芬的喜劇 —— the Lysistrata, Ecclesia Zucae (Bohn'sClassical Lib.), London, 1853, Vol. II.

第五章　羅馬式的父權家族

羅馬家族史的分期

古代羅馬的家族史，與希臘不同，性質上亦有顯著的進步；所以要把羅馬的家族史，分爲兩個時期敍述，因爲這兩個時期的理想和風俗，都是判然兩途的。第一個時期，自羅馬稗史的發端起，約莫至布匿戰爭（公元前七五三——二〇二）的終局止。這個時期一般人對於婚姻和家族生活的理想，都是很嚴肅的，簡單的，完備的，雖然也是嚴厲而且苛酷。第二個時期，從布匿戰爭的終局起（紀元前二〇二年），到四世紀止。這時候基督教的勢力，對於羅馬的婚姻和家族的風俗，漸漸發生了影響。

羅馬初期的家族（公元前七五三——二〇二年）

父權的特質

當羅馬未開始侵掠四鄰，改變四周各國的一切社會制度之前家族的體制，最爲完備歷史上稱之爲父權式的家族。古代羅馬的家族，由妻子、（有時還包含孫、及奴隸、）組織而成，牠是一個宗教的、法律的、及經濟的單位。牠的特質之所以能夠長久保存，是因爲最年長的男性家長掌握一切宗教的法律的及經濟的權力，在宗教上他是家族祖先崇拜的祭司；在法律上，他是法律所承認的唯一的「個人」；在經濟上，他是家族財產動產還是不動產——的唯一的所有者。羅馬的風俗和希臘不同，家長對於未成年的男子的權威是永續的，一直延長到家長的畢生。給雅斯（Gaius）在他的羅馬的法制（Institutes of Roman Law）上說及羅馬家族的各員，絕對隸屬於家長權之下，道，「要知道那些屈服於他人的權威之下的人——奴隸、兒童、和婦女，不能依公道取得什麼東西，因爲這些人沒有財產，我們可以斷定他們沒有權利從法律上要求些什麼。」（註一）但家長所操的大權，究竟是一種委托的權威，正如希臘一樣。羅馬家長的權力，不是像絕對的專制者一樣，卻是在祖先崇拜上，做家族的代表。只有他一個人才懂得因襲的儀式，以媚事祖先的幽靈，以轉禍爲福；也只有他纔能做家庭的祭司，把這種重要的知識，傳給長子，故此就得勢了。

從家族制度的團結這一方面看來，羅馬的家族和現代大相反。現代的家族，以個人組織而成，個人在法律上差不多都有相等的權利，並且有取得那些權利的根據，因此家族生活的統一性便減弱了。離婚和家族的分裂，與擺脫家庭的約束而各立門戶的青年人的數目一同增加；他們一經自立，就脫離父權了。這都是現代家庭的個人主義的精神的表徵，爲古代所無。在生活簡單的時代，個人在家族之外便無立足地——特立獨行，不服從家長的人，是社會共棄的。時代向前推移，羅馬的社會跟住發展，風俗亦隨觀念而變遷，家族也漸漸染了個人主義的色彩，及至帝國時代已有好些方面，和現代美國的家族，大致相似了。

父權——父權（patria potestas）是十二法標（Twelve Tables）（註二）所公然承認的，其權力之大竟掌握生死之權。家長（pater familias）可以鞭撻他的兒女，賣他們做奴隸，放逐他們出國外，或竟至把他們置諸死地。只是他對於兒女之法律的審判，和處分的權力，卻有點兒限制。要是兒女犯了重大的罪過，家長要召集親族，即大衆的成年的男子，開會商議，方能宣佈他的罪狀，科以奴隸或死刑。但要是他的意見，和大多數相反，卻可照己見而行。十二法標雖然明白承認父親賣兒子的權利，但歷史上卻沒有實行這種權力的事實。男子經「解放」的(emancipation)隆重禮式——就是假作發賣，照例要舉行三次的——便脫離父權，不復為家族之一員了。但因為兒子是家族宗教的維持者，父親很看重他，故此這種儀式很少實行。他方面說，採立嗣子，在羅馬和希臘，都很盛行。沒有兒子的家族，家長就採立一個靑年人，以隆重的禮式，納入家族，把聖火及家神(Lares)的崇拜，通傳授給他。雖婚後的兒子，也仍然屈服於父權之下；孫兒也一樣生下來就隸屬家長的治下。父親在生時，在人權下的男子，不能夠支配自己賺來的財產或進款，也不能立遺囑。所以羅馬的家族，由妻室、子孫及奴隸組成。一切都受治於家長：這就是共和時代以前的特質了。

夫權：羅馬婦人的地位——羅馬男子，對待妻子的權威，叫做 manus（夫權。）野蠻時代，及共和時代的羅馬婦人，即使有法律上的權利，也是很少的。我們知道，婦女不能支配財產。所以在法律上，並不是當作個人來看待的。她出嫁時，丈夫取得她的裝奩，對於妻的資產，有完全的管理權，及享受全部的利益。婦女只不過是從父權轉到夫權，要是她犯了重大的罪過，丈夫就是審判人了。丈夫在未定她的罪之先，要召集本家，及妻家的男戚，開一個會議，研詢她的案情。但是這案情一經提出於家族會議之後，丈夫就可以照己見處以死刑，以懲罰她所犯的大罪了。要是他撞破她與人姦通，他可以立刻治死她，不必召集親族會議。羅馬的男子，也有權以體罰去糾正他的妻，而且要是妻子犯罪，連累丈夫繳納罰款，——照法律，妻的行動，要丈夫負責——他即使不賣掉她，至少也可以賣掉她的勞動力，以抵償他所受的損失。（註三）他又可以把妻交付控訴她犯罪的原告人，以開脫他對她的行動所負的責任。（註四）伽圖御史（Cato the Censor）是一個嚴肅的舊人物，他在所著的 De dote 關於夫權有下述的幾句話：「夫是妻的判官，要是她犯了罪，他懲罰她；倘若她渴酒，他責罰她；倘若她犯姦淫，他殺戮她。」（註五）然而古代羅馬婦女的自由雖受這些限制，但她們在家族上，國家上，都很受尊敬，並且佔一個尊嚴高貴的地位。她是家庭的主婦，丈夫是主人。她嫁時，一跨入夫家的門檻，就遵照古代的條例、與丈夫對立說：「爾爲主人，我爲主婦，」（Ubitu caius, ego caia）這的確不是徒托空言的具文。羅馬的婦人，並不像希臘的女子那麼樣，被關閉在深閨裏。她在中庭（atreim）家庭生活的中心，行使她的職責；坐在那裏紡織，及指導家庭的工作。屋子裏放着一張新婚床（lectun genialis 或 adversis），那是可愛的婚姻生活的開端和表象。羅馬婦人是家事的監督者，所以她得到顯著的尊敬，並且是丈夫教育兒女的助手。在一切家族崇拜的儀式中，她在祭壇的旁邊，輔助她丈夫當女祭司。她有若干的自由，可以到周圍去。限制她的行動的是風俗，而不是丈夫的命令。當她穿起婦人的長外衣（stola maternalis）出現於狹窄的街道時，男子要讓路給她，以表示尊重婦女的意思。從古代遺留下來的繪畫，我們可斷定羅馬的婦人，和丈夫同席吃飯，或者參與宴樂。婦女既沒有法律上的地位，所以她大約總不能出席法庭控告他人；後來因爲濫用這種特權，政府才命令廢止這種特權。（註六）但不論如何，這種權利，在上古時代很少實用，而且與剝奪婦女在法律上的人格這種法律的意見和先例，似乎是恰恰相反的。

這樣看來，羅馬的妻和母，一方面受尊敬，同時又被壓迫。她是絕對被尊重，可是卻差不多得不到一點法律的權利。白來士（Bryce）說「照我們所知，古代羅馬的婦人雖然有自由，有體面，有勢力，但我們卻不能想像出一種被壓抑更甚的人。」（註七）

古代家族的財產權

在有史以前的時代，塞維阿·塔力阿（Servius Tullius）改革之先，土地的產業大概爲氏族公有。但遠在十二法標成立之前，財產已成爲私有了。家長爲各員的利益，保管這些財產；家長死後，他的財產，爲隸屬於他的權下各分子均分。所以寡婦和未婚的女子，和男子一樣，要受均等的部分。長子繼承制，似乎非羅馬人所有。可是有些學者，卻以爲這制度已經存在，爲的是使財產永遠保留在家族之內，不致於分散。（註八）此外還有一種較近理的解釋，說在下列兩種情形中，財產大都是共有的：（1）由繼承人許可；（2）遵照先父遺囑的預定。已婚的女子，就完全丟掉承受遺產的權利，這種法律，直到查斯丁尼（Justinian）時代（紀元後六世紀）也還存世。要是死者沒有直接的繼承人，他的財產，就由他的近親——男系的共祖的親族——瓜分。要是沒有親族生存，遺產便旁落於死者的宗族——大都是由遠祖或神話的祖先派衍下來的宗族——之手。和希臘一樣，氏族以兩種方法去管理一個人的財產，（1）土地不能賣出於氏族之外；（2）繼承遺產的女子，沒有得到氏族的同意，就不能結婚，也不能將她所得的土地，發賣或以別法處置之。她父親死後，就由氏族指派幾個人做她的保護人（tutor）。在上古時代，這些保護人對於女繼承人的財產，嚴密監視及支配，她們還要極謹慎地主持她的婚事。

古代羅馬的婚姻

公正的婚姻，與不公正的婚姻——社會階級相等的男女，才可締結有父權及夫權的婚姻。這種婚姻的形式，使丈夫和兒童，得到完全的權利。所以叫做「公正的婚姻」（matrimonium justum）。上古時代的貴族，不能與平民通婚，但這種限制，到紀元前四百四十五年，已經由法律撤消了。羅馬還有一種婚姻形式，叫做「不公正的婚姻」(matrimonium non justum)，這是下等社會階級間的男女的婚姻。夫權與父權，雖然是法律的及道德的約束，但這類婚姻，不能得父權及夫權。從這種婚姻產生出來的兒童，也不能成爲完全的羅馬公民。不公正的婚姻，可以有夫權，也可以除掉夫權；在前者的情形，婦人轉入於夫權，在後者的情形，她仍留存於父的權力之下。太初時代，婚姻大多數舉行 cum mano。這樣一來，便把婦人放在丈夫的女兒的地位，而成爲他家族的一個完全的分子。羅馬人和一切古代民族一樣，把婚姻看作一種神聖而一重要的事情，獨身是公論所反對的，因爲對家族，對國家，都有不利。國家需要協助者，家族要求兒孫去延續家庭崇拜，故不容人獨身。

訂婚禮及結婚禮——羅馬與希臘不同，行聘的儀式，並不看作兩方的法律的約束。訂婚首先要得到女子父親的同意，及商定新娘攜囘夫家的妝奩。不論那一方面，都可以取消婚約，不必遵照什麼法律的手續。在上古的時代，許字的女子不貞，或者被看作姦通，要受刑罰的。

比方兩個門閥相當的家族，愿意締結有夫權的公正的婚姻，那麼，這種婚姻所當行的儀式是什麼呢？第一，要有正式的 consensus ，即雙方的同意那是一切正式婚姻必經的階級。其次因爲要想婦人從屬夫的權威，就得舉行下列的三種禮式之中一種：（1）confarreatio（2）coëmptio（3）usus 。第一，是一種莊嚴的宗教儀式，通常是貴族階級所採用的。當奢麗的儀仗，（deductio）由火炬照耀着，把新娘從母家抬到夫家，進入門檻之後的那天晚上，就在夫家舉行 confarreatio 式。在這種情形之下，女子移立於丈夫，宣示上面已經引過的莊嚴的句語，說：「此地爾爲主人，我爲主婦，」以喚醒她知道她在夫家處於主婦的高貴地位。接着就舉行 confarreatio 式：新娘和新郎，要吃以古代羅馬的「far」（註九）所做的聖餅。這個簡單的儀式，在祭司長 Pontifex Maximus 大神朱匹忒的祭司 Flamen Dialis 和十個證人之前舉行。其後，這一對新婚夫婦，互相握手，或者由祭司指揮。這儀式之後，又繼續舉行占卜，以一隻草羊，在家族祭壇上供犧牲；這隻供祭的羊的皮，鋪在新郎新娘的兩個坐位上，以表示他們互相結合，在家族之內各自履行他的責任。經過新婚夫婦及集合的來賓享婚筵之後，新娘的隨從（pronubae）領她到新婚的床，這張床在結婚之日起就放在中庭了。他們站在新房的門前，唱起古代的詩歌，以贊頌婚姻。這些詩歌，在近代人聽來，不用說是粗俗的，或覺是猥褻的。這些新婚歌，也一樣通行於希臘，及一切亞利安民族中。

有夫權的婚姻，也可以採用 coëmptio 的儀式。這一層，兩方正式的同意，也是必經的階級。同意之後，接着就舉行一種叫做 coëmptio 的儀式，及幾種 confarreatio 的儀式，——如火炬照耀的儀仗，把新娘抬進夫家的門戶，宣示「此地爾爲主人，我爲主婦」，占卜，及握手等等，但是男子買妻的象徵，卻代替了吃聖餅的宗教儀式。通常所使用的，是一種價值小的貨幣，而買賣純粹是把婦人交給丈夫的掌握的象徵。有人說這種奇怪的風俗，是買賣婚姻最後的殘跡。此說法雖不正確，卻也頗近理。

此外還有一種方法，把婦人移隸於丈夫的權威，那就是 usus 的古俗。一個女子，表示她的同意，而且與丈夫發生婚姻關係一年之久，在這時期內，離家不過三次，那麼，她就自動的隸屬於夫權之下，成爲夫家眞正的分子，而對於本家的分子的關係，便從此斷絕了。這種婚俗，在古代羅馬史上，很常見，不過多分行於平民階級罷了。因爲牠缺乏一切宗教的裁可，或莊重的儀式，所以在貴族中，就不通行。過了很久，方才有人採用。

蓄妾制——古代羅馬的一夫一妻的婚姻，比之希臘，保守得較爲嚴格。如大多數古代民族一樣，蓄妾是一個公認的制度，但國家卻小心規定之。蓄妾制是合法的結合，叫做不公正的婚姻。這種婚姻，是一個公民與地平卑微的女子同居，但不能締結公正的婚姻。此外還有一種兩性關係，不爲公論或法律所裁可的，那就是一個男子和幾個婦人共棲。第一種結合，是法律和風俗正式裁可的，但這種結合的子女，不是家族的分子，所以不能繼承他的財產。至於第二種結合，卻是古代羅馬共和國的輿論所極力反對的。因此之故，在布匿之戰以前，娼妓比較的稀罕。

離婚

上古時代羅馬的男子，有休妻的權利，這是無可疑的；就是十二法標也明白承認。但在共和時代的初元，這種特權，可就慎重規限，而且很少使用了。行confarreatio式的婚姻，實在是很難分離的；只有一個法子，就是把結婚時的人，都請回來，舉行diffareatio的儀式——即打破婚約的儀式，這才可以分離。離婚正當的理由，是重大的罪過，就是：姦通，和喝酒。喝酒在羅馬常常受嚴厲的懲罰。有一個著作家在這些上面，還加上一條，說，主婦偽造匙鑰，也是離婚的一個很好的理由。（註一〇）可是婦人雖然明白犯罪，丈夫仍要召集本家及妻家的男戚，開一大會議，把案情提將出來，這才可以省去諮詢家族會議的手續，立刻結果了她的性命。關於這一層，伽圖御史說「倘若你拿着妻子與人姦通，你不待研訊而殺掉她，那還情有可原；但若果你給她捉獲，她可就不敢傷害你，其實她也沒有這種權利。」（註一一）十二法標關於離婚有一條規例，說「保存你自己的產業罷」（Tuas res tibi habcto）有時還繼之而下「逐客令」（foras exi）。古代男子，雖然有離婚的唯一權利，除了兩方同意的離婚，但這是很罕見的。可是他若因法律及風俗所不承認的原因，而行使這種權利，他就大受輿論的非難，及官長嚴厲的申斥了。故此，離婚是很罕見的。波盧塔說：露格(Spurius Carvilius Ruga)的離婚案，(公元前二三〇年)是羅馬人出妻的「破天荒」這話與事實不相符。歷史家都以波盧塔所說只可算是依據上述三種原因而出妻之第一人罷了。這件史事是因爲無子而出妻，這是人所共知的。可是雖在那時候，社會對於男子這種行動，仍深致不滿哩。

由上所說的看來，可見古代羅馬的離婚，大都是個人的私事；人民雖然違反風俗，離婚的風俗，惹起國家的干涉，但至多不過由御史申斥一番罷了。所以羅馬和別的古代民族一樣，認定結婚和離婚，都是關乎家族或個人的利益的事情。

爲經濟的單位

希臘與羅馬國民性最顯著的差異，也許就在乎對工業的態度了。在布匿戰爭之先，羅馬是一個嚴厲而純樸的民族，非常看重工業；希臘則不然，照上面所說的看來，對於必需的實際的手藝，及一切商業，都抱一個極端蔑視的態度。當共和時代的初元，羅馬還沒有捲入開疆拓土的侵略爭戰的漩渦，各個家族的奴隸的數目，都是很少的。正如希臘一樣，奴隸不只是家族中不可缺的人員，(註一二)主人對他們，雖然有無限的權威，可是他們與家族中的自由人卻有某種親切的友誼關係。波盧塔在所著的加圖傳上道，全家族都一塊兒吃，不過奴僕卻坐在放在其他的家人所坐的臥床(lecti)脚下的橫凳罷了。(註一三)這些家奴，代替富貴人家婦女做煩苦無味的家庭工作，婦女只從事紡織這種很有價值的特殊事業。

古代的羅馬，差不多每個自由人都有幾 judgera (註一四)的地，他們常常在那里耕作，或者僱一兩個僕人來幫忙，這個時代的羅馬人，大多數是農夫，他們穿着毛織的內衣，駛着銅鑲的犂耙在田地上操作。他們最高的人生觀，就是做一個好的農夫；最高的母性觀，是貞操勤慎的主婦，織羊毛至夜深還不歇。例如新新納圖(Cincinatus)，就是這樣的一個人。當羅馬與舍布賴那人(Sabines)和伊快人(Æquians)戰爭失敗時，他在田裏，被召去說領全軍。共和時代的優秀男子，都很滿意於這種單調的農人生活。發利立阿斯．馬克息邁那(Valerius Maximus)(註一五)告訴我們，「這個時代，金錢很少，奴隸很少，每家耕地七 judgera；國家供給喪葬費於貧窮的家族，嫁女不必賠妝奩，但是輝煌的公使館，可驚的獨裁制，不可勝數的勝利——這就是古代的寫眞了。」

古代羅馬的家庭，大多數是自給的——父親供給穀米、菜蔬等類的食物，及提供羊毛及苧蔴的原料給母親和家奴操作。分工制度，除了以性的區別爲基礎之外，在布匿戰爭之前，狠難說已經成立。家庭之中，沒有一個奴隸精於烹飪的。專門的炕餅師也沒有，直到亞細亞戰爭之後，方才發生。(註一六)所以烹調炕餅等工作，都由主婦担任。可是在上古時代，已經有幾種工作，在家外舉行了。羅馬的婦人很少在家庭洗衣的，只把一切衣裳，送到專門的洗漂工人處，讓他們放在充滿鹼水的大盆裏去洗淨。早幾年發現一幅壁畫，繪着一間在潘沛依(Pompeii)的漂廠，從此可以窺見洗衣業的一斑了。這些工人，不特洗濯衣裳，就是從織機織出來供縫衣之用之布疋，也都送給他們去洗漂。(註一七)染業、皮革匠、打銅匠、及打金匠等等，老早就發展成「colleges」(行業)了。波盧塔在所著的奴馬傳(Numa)——相傳他是綸繆拉斯(Romulus)的後裔——上說，通行的傳說都把發明這些原始的專門「行業」，歸功於奴馬王。

羅馬的家族是一所學校

自羅馬城建立（紀元前七五三年）以來，凡數世紀，家庭均為教育青年人唯一的機關。家庭是一個莊嚴的所在，是爐火的女神味斯塔（Vesta）祖宗之靈雷里茲（Lares）及守護倉廩之神皮內提茲（Penates）之聖地，他們以嚴肅的率直方法，去訓練他們的孩子，教他們以工業上的耐苦的德性和習慣，以及家族與國家所視為極有價值的自治力。從現代的立脚點看來，此等訓練雖然是偏狹的，可是羅馬家族生活的眞精神，卻已遠勝於希臘了。所以然者，因為羅馬婦女的地位，比較的高上而尊榮所致。她不只在幼年時候，小心訓導她的孩子，並且孩子一天留在家裏，她也就監督他們。波盧塔在革拉基（Gracchi）中，記述一個羅馬婦人科尼力亞（Cornelia）的高尚的品格，及她給所施於兒子的智識的照料。她的高尚品格，為國人所共仰，故國家特為她建立一個石像，去紀念她。（註一八）

從古代著作家關於拋棄兒童的各種記載看來，可知羅馬人也和希臘人一樣，把他們所不悅納的孩子，拋棄出外。不過我們很可以相信，此事並非很隨便的。男孩生後九天，女孩生後八天，就舉行 lustratio 的儀式，那是家族的一個喜慶日。這一天，孩子從地上抱起來，父親給他改名，此後他的父親、母親、親朋，送很多禮物給他，有的後來給他掛在頸項上。布拉 (bulla) 是一種金牌，起先只有嫡出兒子，才可以掛。他們之所以拿這個東西挂在小孩子的頸項上，不用說是祛除妖魔了。經過 lustratio 禮之後，這孩子的名字，就列入羅馬的册籍，保管的很謹愼，因爲各個人的年齡，及社會地位，都載在這裏。

羅馬的父母，並不像希臘人那麼樣，把他們的孩子，交托僕人去照管。古代羅馬的婦人，人人都要親自提攜撫育她自己的孩子。在那些嚴肅而醇樸的時代，教育顯然是在母親的膝下，她們很小心的看管她們的小孩子，不讓他聽汚濁的言語，就是僕婢也要小心他們的言語和動作，男孩起先由母親教育，後來就交由父親，他把那時候家族的及公民的節儉、自治、端莊、孝敬、勇敢、及盡忠於國家等美德，教訓他。因爲這些在古代羅馬是頂重的。羅馬的婦人，把他的可欽的祖先，對國家怎樣的忠勇的故事，及民族英雄的傳說，說給他聽，以灌輸民族的道德觀念。每個貴族家庭的中庭，都供着祖先的偶像，及蠟製的面具。

兒童自幼就懂得尊仰他們的祖宗豐功偉業了。其後大加圖替他的兒子作傳，記述開明羅馬的光榮的功業，及這個國家可稱揚的風俗。這時候，理智教育是很少的或者簡直沒有，可是爲父者，都要領他的兒子到公所去，叫他默記十二法標的法律。這些嚴厲的法規，是他的公從的及私人的生活的南針。初等學校——他們叫做 ludi（註一九）——在紀元前四百五十年前，已經成立了。但是照字面看來，卻是不大鄭重的。學校教育主要的科目，只不過隨便授以讀、寫、及計數的知識，其後兒童從一種研究可就懂得怎樣使用他們的手指爲工具了。

經過幼年在母親膝下受道德的教育之後，男子約莫在六七歲時，就成爲父親的長隨。父親履行田場上、獵場上、或公所裏的責任時，領他一同去，所以羅馬人在人生的學校裏受訓練，等到責任一經壓在身上，便立刻担負起來了。他們從實際的動作上，習會趕牛、牽犂、及監督田場上的工人。他在公共體育場，健身室的操練，變成一個耐勞的兵士。他出席公所、法庭，要是父親是元老院之一員，就出席元老院，看住他父親，以學得法律的、處理及公共的事務的手續。當一個偉大人物死去之時，父親領他去聽表揚死者的功德的哀悼的演說。波盧塔的加圖，及發祿（Varro）的蒙尼歐斯（Monnius），都把這個時代的簡單而勞苦的訓練，表現出來，大加圖說他一生下來那一年，就受節儉、勤苦及無疑問的服從的訓練。他長得耐勞而且強壯，因爲他在薩賓（Sabine）境內家族的田場上做奮勉的工作，那里的土地是瘠磽的。波盧塔記述小加圖的教育說，他的父親「在他兒子面前，不敢說一句粗俗話，正如在味斯達爾女神（Vestal Virgins）之前一樣。」（註二〇）

少年男女的宗教訓練，也知道德的及實際的教育一樣地注重。當她們在幼年的時候，父母就教他幫忙家族崇拜的祭祀和儀式，以預備做贊禮者的能幹。有人說，男孩之所以能夠穿着連邑宰及祭司也不能隨便穿着的紫條紫斑白衣（toga praetexta）的原故，是因爲他們參與家神的崇拜。

男子約莫達到十六歲的時候，就除去小童穿的衣服改穿紫條紫斑白衣，以表示他已達到成人期。同時，在Liberalia日——十六歲那一年的三月——舉行一種莊嚴的禮式。這一天，先在家族祭壇上祭祀祖先，這個青年人，把兒時的恩物，放在祭壇上，他兒時受好的玩具，及在改名那一天開始帶上頸項的金牌也都在內。也許成人的寬袍只在家中穿着，但在這些小小的禮式之後，立刻便繼續在公所裏舉行一種更嚴重的儀節。這個弱冠的男子，被一羣顯耀的親朋及僕從，簇擁到公所去。其後又到京城舉行公祭。經過這些禮式之後，這個少年要受一年的試驗，公衆的官吏小心巧察他的品行；同時他的生活，已經是更自由、更開明的了。他在操坊（Campus Martius）依法實習，並且常到法庭和公所去預備過社會的生活。這時候，羅馬人很小心地把成人的責任教導他他們的刻苦的努力，和現代國家所用的碰彩的方法，對比起來，有益得多了。這些家庭的和公衆的禮拜，以及他們直接參與公衆事務，在弱冠的少年腦子上，必然的留下一個深刻的印象。他們從此就覺得眞實的羅馬國民生活的責任和尊嚴了。（註二二）

羅馬的著作家，對於古代女子的教育，很少說及。但她的確也受謹愼的家庭訓練，準備將來担負主婦及母親的責任。她們特別學習紡織及縫衣，因爲這個時代的婦女，担負供家人衣着的全責。歷史家李維(Livy)曾經提及一個平民的受女維基尼阿(Virginia)被送去學校時，中途爲亞皮歐斯・革老去(Appius Claudius)所刼奪，卽此可見女子也有時入私立的初級學校讀書的；這種學校乃專爲中等階級的女子而設，也說不定。雖然女子進學堂，不是普遍的風俗，但是她們並不致像希臘女子那麼樣，全無知識；她們在家裏，至少也學點讀書寫字。

布匿戰爭終局至帝政時代末葉羅馬的家族

婦女地位的變遷

布匿大戰(註二二)羅馬奮勇和一個古代的勁敵狠命爭持，到底得完全的勝利，她的勁敵征服了，所以很爲得意。但是戰事延長到三十多年，大多數體魄強健的男子，都到沙場服務去。丈夫離家經年，於是家族和財產的管理權，旁落於婦人之手；所以有很多婦人，都歷練自立的能力，責任上也就佔一個優勝的地位。這種教育，發展她們健全的人格，以適於運用權威，這是毫無疑義的。這樣的婦人，當丈夫從戰地回來時，日常的生活和興趣，又復受限制，就覺得很難過了。夫權不用說是一種暴虐的苛政，西班牙、希臘、和亞細亞等役，男子渡海從軍，開拓羅馬的彊土。這時候，事情沒有改良；過因爲交通不便利的原故，丈夫在征服的地方，担負軍事的或政治的責任，當然很少得到妻兒的消息，而且有的竟暫時遺忘了他們了。

這種情形，在家族的習俗上，發生重大的影響：第一，財富開始從征服的地方，流入羅馬，而聚積於富貴之家。父親自然不特不願意把豐厚的妝奩給女兒粧嫁，而且她們婚嫁後，就轉入於丈夫的絕對的支配，所以雅不欲以禮物及遺產給她們。所以在第二次布匿戰爭之後，沒有夫權的婚姻，就漸漸地發達起來了。這種婚姻，婦人在名義上仍隸屬於父權之下。他常常在兒女的個人的或社會的事業上，設法干涉她的動作。若果父親死了，已婚的婦人，就由指定的監護人去支配，管理人給若干的自由。自從沒有夫權的婚俗成立之後，享有大宗粧奩，及有獨立的能力的婦人，就利用這個時機，向丈夫要求機會的自由，或從來夢想不到的平等了。有好些婦女，非常富有，所以國家相繼頒佈兩種法律，限制她們的財產和奢侈費。（公元前二百一十五年頒布）的奧匹安律（Oppian Law）限制女子粧飾的價值和種類，並且限制他們所穿的服裝。但是這種法規，大受婦女方面的反對，所以在大加圖的生時便廢除了。Lex Voconia（紀元前一百六十九年頒布）禁止任何的婦人享有十萬亞失（註二三）或繼承多於這個價值的產業。但是這種法律，一到有組織信托人替婦人管理財產的方法，就免避過去了。第二，戰爭差不多延至紀元前第二世紀，羅馬男子的人口，有顯著的低減，死的死，被擄爲奴的被擄，在職時失踪的失踪；男子的人口，既然低減，失踪男子的權力，就移交於他們的婦人，於是乎婦女的社會地位，也就大大的升高了。她們的權威，確是委托的，所以家長若果從戰陣中回來，便立刻要雙手奉還了。但是這並不能妨止其必然的結果——婦女升高到有責任有權威的地位，她們自覺個人的價值，而且毅然要求更廣大的機會和勢力。大加圖氣忿忿地說道：「所有的男子，支配女人，我們羅馬人，支配所有的男子，但是我們的妻子，卻支配我們！」（註二四）第三，希臘被征服的結果，輸入很多學者和教師於羅馬。不特羅馬的男子，從這個更高的文明的輸入，得到利益，而婦女方面，也顯然漸漸受到影響。羅馬的婦女，很想成爲有教育的聰明人。在西塞祿(Cicero)時代，(紀元前一〇七——四三)克羅狄亞(Clodia)和森普洛尼亞(Sempronia)帶領一班顯而且肆無忌憚的婦人，她們不只熟悉當時的學問，並且操有政治上的一種權威。後來朱味那爾(Juvenal)對於這種婦人大肆抨擊，他發出下列的精警透闢的句話：「不要讓和爾同衾共枕的女人具有堅定的雄辯，或發出有根的省略了前提的二斷論法(註二五)的句語啊；也不要讓她熟習一切史事啊。我憎惡那些時常披覽及研究巴里蒙(Paleamon)的著作的女人，她們從起有干犯文法的法則原理，她們精於古學，引用我不懂的句語，修改她們朋友的句調，成爲男子所不注意的老格式書中的事理，不要讓她們全懂啊；男子應該有做不合文法的句子的特權啊！」(註二六)

婚姻及家族的風俗的變遷

婚姻及財產權——我們已經知道自由的婚姻——沒有夫權的婚姻，在侵掠戰爭後，已發生於羅馬，到其和時代末葉，且成爲確立的風俗了。到帝制時代，把婦人放入丈夫的尊權之下的 Confarreatio 婚姻的宗教儀式，除了祭司的婚禮以外，差不多完全消滅了。把婦人拉去婚姻約束的 coëmptio 的禮式及 usus 的風俗，也是一樣。婚姻至是完全托根於男女兩方正式的同意。所以羅馬有一句格言道：「婚姻只能由同情而締結。」(Nuptiae solo consensu contrahuntur) 正式的訂婚，包括新嫁娘妝奩之口頭上的磋商，仍要循例舉行。以火炬引導的儀丈及新郎家中的婚筵，仍是通行的風俗。前者尤爲要緊，因爲這是夫妻二人以同意而締結婚姻的證據。雖然照例要請證婚人和祭司來觀禮，及舉行占卜，可是這時代的婚姻，已成爲純粹個人的私事，不必遵行什麼宗教的儀式了。因爲婚姻沒有夫權，婦人仍隸屬於自己的家族，所以她差不多和丈夫並肩而立，丈夫對於她的品行，只有些微的，或竟直沒有法律的權力。她的妝奩，雖然爲丈夫管理，享受牠的入息，但絕對的所有權，名義上是屬於父親，實際上卻是屬於婦人。雖是丈夫拖欠債項，也不能拿妻的妝奩去還給債權人。而且女兒出嫁時，父親給己私財，聲明爲獨自的使用，這種習俗，已成爲普遍的慣例了。

到帝制時代後期，又發生一種婚姻的財產，叫做「婚姻的賈禮」(donatio propter

nuptias）丈夫割出一部分產業給妻子，這些產業仍屬他的產業的剩餘，受他的支配。但是倘若丈夫拖欠債項，她卻不能拿妻的「婚姻賓禮」去償還債主。但是自由婚姻的結果，不是完全有益於已婚婦人的，因爲帝制時代的婦人，不能爲丈夫家族之一員，所以若丈夫死後沒有遺囑，她繼承財產的權利，是有限的。由兄弟以上的親族瓜分剩下的財產，就爲寡婦所有。固然，在紀元六世紀，查斯丁尼設法把沒有遺囑繼承財產的親族範圍，推廣到婦人，只是在必要時，才把丈夫財產的一部分分給她。哈德良（Hardain）及馬卡斯·奧理哈（Marcus Aurelius）的法律，可就承認母子間的密切關係，所以都有繼承的交互的權利。（註二七）

這樣一來，羅馬的婦人，很想自由支配她自己的動作，並且在某個範圍內，支配她的財產。在帝制時代，當家族生活還沒有發生什麽罪惡之先，我們要明白了解共和時代末葉所流行的有價值的婚姻觀念。這種觀念，若不從各方面去研究，就不能了然牠的高尚的可貴的性質了。這種婚姻觀念，把夫妻放在平等的地位，而且承認女子權威之全般的自由的發展，把她看作有責任，有特權的個人。有一個著名的法理學者，考究這種自由的婚姻說道，「這是完全人生的結合，共享神聖永久的權利……」（註二八）我們知道，這種異教的婚姻觀，大部分爲現代國家所採用，這是很有趣的。我們指斥羅馬帝國兩性結合的汚點，與其說是因爲婦女自由發展直接的結果，毋寧說是一般的社會道德過分的墮落。有很多學者，極力抨擊帝制時代的不道德，尤其是家族觀念的墮落，未免過火一點。普林尼（Pliny）及其賢淑配加爾普尼亞（Calpurnia）的純潔專一的婚姻生活，足以證明羅馬社會的全體，並沒有沾染大多數富貴階級的顯著的墮落。較古的婚姻觀念，雖然是偏狹的，但在幾方面看去，卻是完全的，也許這時候仍活躍於大多數中流階級及上流階級的個人中。眞幸運，我們可以看見一個婦人（約莫在紀元前八年死的婦人）的碑誌，這是琉克里細阿·味斯皮拉（Q Lucretius Vespilla）給他的妻吐里亞（Turia）勒的；上面說道：「你是我的忠誠遜順的妻；你是仁慈可愛的社會的友愛的；你孜孜從事紡織，你遵照你國家的宗教儀節，而不沾惹外國的禮式，或墮落的邪術；你不愛華裝，也不想炫耀的家庭陳設，你服務我們的全家，可爲表率：你侍奉我的母親，如自己的母親一樣的慇勤；爾具有很多普通的高尚女子的優點，我以上所述的，卻是你的特質。」（註二九）此外現世還有好些從古代墓碑上抄下來的贊揚羅馬婦人同樣的頌語呢。（註三〇）

父權的衰退——丈夫對待妻子的權力既衰退，父權也就隨之而減弱。該撒亞古士督（Augustus）規定在父權之下的兒子，在服務於行伍之時，不論什麽事情都有自主的權利。到哈德良王（Hadrian）便把這種特權，推廣到榮耀的退伍兵士了。其後在父權下的兒子，可以己意去處理與軍役有直接或間接的關係的事情。根據正義的自然法，是帝制時代初期法律觀念有力的根基，法律的原則，須得模擬牠，與牠相符。這個可以說明帝王限制父對子的權的顯著趨勢。父母仍可以拋棄他們的孩子，但父親不能在家庭有裁判或執行的權力，置兒子於死地。亞歷山大·西弗拉斯（Alexander Severus）在位時，（紀元一九一——二一一）父親對於兒童的權力，被限制到懲罰的上面；兒子犯了重大的罪過，就要送到正式的法庭受審查。父親賣子的權利，亦以青年兒童爲限，而且只有在極端貧窮，無法供養的情形之下，才可以賣他。可是兒子除了在軍伍中所得之東西之外，其他一切入息，仍歸家長，他是正當的所有者。

獨身的發生——當共和時代末期，及帝制時代，婚姻率有顯著的減低，這個現象，多分與政治家有關於婦女的財富和勢力的增進，也是一個原因。羅馬男子對於財產多於他們的婦人，取得家庭的權力，因而有管治的趨勢，很爲忿恨。關於這些婦人，波盧塔說，「娶財產超過他們的婦人的男子，在不知不覺之間，常變成爲她們的奴隸而不是她們的丈夫了。」(註三一)所以有些羅馬人，對於有學識的婦女並不比詩人朱味納爾更懷好意；也不想招引勤勞的婦人爲他們的內助，因爲他們可以並且有時實行運用治理男子的權力，去指導政治的問題，把丈夫陷於重大的困境。關於帝制時代的婦女的政治活動，近代一個歷史家說，「這些女英雄，在潘沛依的牆壁上張貼佈告，以援助她們所贊助的候補者。」(註三二)已婚婦人，到處都有一種間接的勢力，去支配帝王的政事，而那不常常是好意的。

但是這些新解放的婦女的聰明和支配性，只足以說明共和時代末及帝制時代初獨身的無限增加的一部分；這種趨勢，根本上由於古代家族觀念大大地衰退。這個一部分又是由於羅馬在伸張勢力的戰爭之後，道德標準大大地衰落所致。掠奪和賦稅，輸入多量的金錢；戰勝後，奴隸的增加；二者聯合攏來，一方面產生奢侈逸樂的游惰階級，他方面又產生無數的失業男子。因爲他們的田畝被富人侵奪，以擴充他們的領地，小地主漸漸消滅，困苦的小百姓，日日增加。他們大多數不能自給，因爲這時候大多數工作都落在奴隸之手工。這種情形，當然不能發生政治生活及家族生活健全的觀念，男子和女子，一樣地沾染自私自利，及狂暴的厭制欲的毛病。因此他們把古代家族責任義務的宗教觀念，看作討厭的，不合時宜的東西。婚姻的動機，多分是謀利，或僅僅是個人的享樂。上流階級的人們，很少把婚姻看作對國家，對祖先負嚴重的責任的事情。蓄妾制和娼妓制，飛躍突進地發達起來，因爲男子都想滿足他們的色欲，而不欲負婚姻生活的責任。這時代男子的罪孽的黑幕，朱味納爾在他的第二本射他爾（Satire）裏，揭發出來。婦人受其傳染，因而產生帝國時代的馬薩林納（Mass.linses），朱理亞斯（Julias）及普菲亞斯（Pophalus）來。這些婦人生息於極端的道德放縱及政治陰謀的空氣裏，成爲「太初時代最殘暴的，最放蕩的婦人。」

獨身的罪惡，這麼利害，所以紀元前一百三十一年，墨的拉·馬其東尼加斯（Metellus Maudonicus）御史，公然強迫羅馬的男子結婚，以維持國家的元氣。在他的常被人引用的演說詞中，他冷嘲熱諷地說道：「倘若我們不必有妻，也可以生活，那麽，我們很願意避免這宗討厭的事；但是自然已經派定我們沒有妻子就不能過舒暢的生活，實際上間接不能生活，所以我們與其過輸快的生活，毋寧顧及永久的利益。」（註三三）但是這個名人的演說，對於婚姻的增加，沒有多效果。該撒朱理亞（Julius Caesar）雖然在位不久，卻也設法獎勵婚姻。亞古士督亦在公元九年，也是一樣，在著名的 lex Julia et Papia Bppaea 上，他發出極嚴厲的命令，去禁止獨身；對於已結婚而有三個或以上的兒童的夫婦，給以實際的利益。這種父母，可以繼承遺產，不在受繼承遺產的限制的獨身者，或沒有子女的夫婦之列。在已定的年限之內，還不結婚之人，不能繼承遺囑上任何的產業。至於沒有子女的夫婦，只能領受遺產的一半；其餘收歸國有。(註三四)這些法律，似乎有點效果，所以塔西佗（Tacitus）在他的國史年紀說：「有人想廢弛亞古士督晚年所頒有的Pappaea Poppaea律——可是再進一步，加重獨身者之刑罰，增加國庫的收入。然而婚姻與育兒仍不常見，一個無兒童的國家，多多驚心動魄啊！」(註三五)

不生育——照上面所說，獨身的蔓延，不是當時社會唯一的罪惡。即使上流階級的人們結婚，夫婦兩方，都不願意設置一個家族。不願意生育的婦人，可以隨便墮胎，或既生之後，立刻殺掉他。這是羅馬帝國的一個重大的社會罪惡，而為基督教所極端反對的。他們顯示異教人的一般的傾向，蔑視人類的生命，在似乎必要時，就結果了他。朱味納爾在第六本射他爾上，極力攻擊當時拒絕担負母職的責任，及墮胎棄兒的、流俗的婦人。

無子的罪惡，在富人階級，非常顯著，採立嗣子，以繼承家產，就成為普遍的風俗。採立嗣子，要經過一種與lustratio相似的儀式，採立初生的嬰孩，入家族團體裏。(註三六)這種風俗產生很多惡果貧窮的男子，靦然人面的去依靠及諂媚富貴之人，希望他死後，即使不能繼承財產的全部也可以接受一筆大宗的遺業。安密亞那斯·馬塞利亞斯(Ammianus Marcelinus)（註三七）在公元四世紀，對於這種可憎的風俗，說「有的人把在京城外所生的一切物事，除了不生育及不結婚之外，都看作沒有價值，而種種不生育的諂媚的男子，卻爲人所愛重，那是無可諱言的。」（註三八）遺產的追求，是無賴子所最愛的事業。

普林尼在致卡爾味沙斯(Calvisius)的信上，描寫這樣的一個人說：「這個流氓得到遺產了，他取得這些遺產，反以爲是應得的樣子。」普林尼在別一封信記述這個勒究拉斯(Regulus)怎樣把他的兒子開脫去他的權力之外，使他接受他母親遺給他的一宗產業。他開脫了他兒子之後，「對這個青年人，特別的表示愛好的心理，以乞憐於他。」其後他的兒子死了，普林尼以嘲罵的態度，去描寫這個追求遺產的父親，接受這個青年人的遺產之後，那一副矯扭做作的痛苦的神情。

雖然離婚在羅馬史上古時代是罕見的事，但一到公元前二世紀，也就不是稀罕的，

帝國時代的離婚

偶然事了。因爲婚姻止以兩方的同意而結合，所以若兩方默許就可繼續下去；反之，若有一方面不想繼續，就立即解體了。這不用說是婚姻任意分離的意思。行使這種自由的人，本當有高尚的道德責任觀念，但從上面所說的看來，我們已經知道當時的倫理程度，非常衰落。當着這個道德衰落的時代，一切社會制度，都受到影響，但受害最多的，也許就是婚姻和家族的生活了。波盧塔的傳記，充滿了這種隨便的結合，及這種鬆弛結合，容易破裂的例證。著者在伊密力阿斯（Æmilius）傳中，關於當時多數男子對於離婚問題的態度，給我們一個可貴的記述。有人問伊密力阿斯爲什麽離棄他的妻佩四里亞（Papiria），他伸出他的鞋子，答道：「這不是美麗的嗎？這不是新的嗎？但是爾們沒有一個人能夠說出困苦我的地方在那裏。有的人的確是因妻子有顯著的大罪而丟棄她，可是脾性不投，及習慣所生的雖然是小，卻是永久的刺激，大體上雖然不是世人所知，但是已婚的人，卻由此漸漸發生不能和洽的齟齬了。」這個說法，很明晰牠表明個人主義的精神，與古代引人爲社會的及宗教的目的而結婚的政治及宗教的觀念顯然的衝突。況且這種精神，給男子以婚姻去滿足自己的快樂，在婚姻不能達到個人的目的時，就廢除牠的權利。這一層，婦女方面更爲明瞭。共和時代末，及帝制時代的婦人，是優越的，他們和男子一樣希求權力及享樂與及美滿的生活。這種獨立的婦女，厭惡索然無味的婚姻，也不減於她們的丈夫呢。

離婚的習俗，蔓延得很快，到亞古士督時代，便成爲一個普遍的汚點，亞古士督設法限制這種行動，凡欲離婚的人，便在七個完全的羅馬公民的證人之前，宣示他的或她的宗旨和目的。(註三九)但是這種限制，雖載在法典五百多年，然而對於遏止離婚的潮流，止有很少或竟直沒有效果。男子在社會生活上，對於婚姻大事的態度，也不減於個人生活。該撒(Caesar)和他的妻潘比亞(Pompeia)離婚，只不過因爲她有品行不端的嫌疑能了。西塞祿在中年時，廢棄他的妻忒稜西亞(Terentia)，去娶一個年青而多金的女子，好做她的財產的管理人。這種不適意的婚姻，在開始時已經是不快的，所以不久便分離了。龐培(Pompey)的婚事，更能把羅馬的顯者蔑視婚姻的義務的心理，充分的表現出來。一個著名的羅馬軍官兼總督薩拉（Sulla），很想報答龐培在戰時所立的功勳，但同時又不肯放棄他自己的財產利益，故此他勸龐培和他的妻安提西亞（Æntistia）——那時他正在丁父憂——離婚，而娶他的養女伊密力亞（Æmilia）。她不祇是羅敷有夫，並且是一個候補的母親。這宗可恥的買賣，雖然成立，然而悲劇卻立刻開幕：安提西亞的母親自殺，伊密力亞于歸龐培不久，便生產而死亡了。（註四〇）

以上面所說的看來，這個時代的婚姻，往往以純粹政治的或經濟的原因而結合，等到特殊的目的已經達到，不出幾天便分離了。例如一個羅馬的財政長（註四一）因國家公共官吏的規制，須已婚的男子方能當選，所以他在發表官職之前兩天，娶一個女子爲妻。但在任命發表之後一天，便棄了她了。後來竟因此被提底留帝（Tiberius）革退。辛尼加（Seneca）說及當時的婦人道：她們不是以總督的任期（譯者按：總督任期一年）計算年歲的，卻是以丈夫去計算的。朱味納爾審判這一種的婦人，往往挖苦她們，他對於那些在門前的鮮花還沒有凋謝就和丈夫離婚的婦人，抽她的稅。這個說法，不用說是言之過甚但是他們似是有事實上的根據和上面的證據一樣的眞實所以公元前十九年的總督味斯比拉(Quintus Lucretius Vespilla)在他的夫人的墓碑上刻上這些句語:「婚姻很少在死亡之前還不離異的,但是我們的快活的婚姻竟還續到四十一年之久。」(註四二)要牢牢記取那些安份守己,沒有佔染這些陋習的中流階級,那是可為欣幸的;只不過限於靠財富來過侈靡生活的富貴階級能了。要是我們相信離婚的罪惡,遍佈於全社會的一切階級,那就大錯特錯了。

自亞古士督之後,國家制定法律,科有罪者以罰金,以限制離婚。這些法律,規定婦人不貞離婚時,丈夫可以沒收其妝奩之六分之一。要是她犯較小的罪,丈夫可以取去妝奩的八分之一。每個孩子多加六分之一。——但不能超過一半。兒童歸父親監管,因為他是家長;兒童的贍養費,由犯罪的婦人供給,反對來說,要是丈夫有罪,便立刻要把妝奩的全部退還。

羅馬社會,經過侵略戰爭之後,引起極大的變動。不特社會的及道德的生活,起了急

帝制時代的家庭經濟

激的變化，就是家族的經濟生活，其變化也是一樣的急激。當西塞祿時代，土地仍是唯一的富源，土地多的自由人，才配稱治人階級的公民。在加圖御史時代，（紀元前二三二——一四七）古代羅馬簡單的農家生活，已開始消滅了。從前工商業的大部分操在自由的平民之手，現在卻漸漸移歸奴隸之手了。這些奴隸，大多數由戰爭時掠奪得來。帝制時代，羅馬及拉丁市府的工商業，大都由奴隸或自由人去經營。前者提供富貴人家的用品，後者則開設商店，販賣貨物。凡屬富家的或取得社會地位的人，至少有兩個家庭——一個在都市的第宅，一個是村鄉的別墅。少普林尼很粗心很詳細地描寫他在羅稜坦（Laurentium）所建的雅緻堂皇的別墅；在另一封信上，又描寫他的在多斯加納（Tuscan）村的華麗第宅。（註四三）城市及村鄉的房屋，愈加廣大奢華，管理家務的奴僕也愈要多。當古代村鄉的田場變成貴族的采邑時，更加要有大幫無家可歸的勞動者來作家僕，派定在鄉村的別墅的奴僕叫做"familia rustica"。服役於城市的第宅的叫做"familia urbana"。

分工——羅馬帝國富貴人家的一個特徵就是分工太細微甚致於失了原來的目的。在別墅之內除專務耕作、播種、收獲、及管理葡萄橄欖的果木的農奴之外，還有園丁、養雞、圉人、及蜂巢魚池的管理者。最大的釆邑，就得要僱幾千奴僕了。故此羅馬富人的別墅，不只是優游暢適的天堂，並且是大多數日用品的來源——一個完備的經濟組織，不必仰給於外面的工場的供給。府第之內，奴隸的分工，尤爲微細。這裏有一班熟練的工人，經營差不多所有的工作。有一部分奴隸，專做食堂的事務，而隸屬於一個頭目，叫做（tricli-narchus）（註四四）的指揮之下。別一個部分，司理臥房及廳堂。廚房裏也有一班精細的奴僕，包括普通的廚夫，做點心及餅食的廚師等等，因爲帝制時代的富貴人家，大多數都有很大的廚房。有很多家族，家內有縫衣匠、織造者、紡紗者、及理髮匠、外科醫生、與內科醫生，亦常在大家之中。這些，大概是奴隸或自由人，他們的主人，特地訓練他們來行醫施治的。每個府第、都有私人的建築師、祕書、文藝家、及精嫻的音樂家、魔術家、優伶等，以待奉主人和他的賓客。有時竟有哲學家居於其家，把斯篤亞及伊璧鳩魯派的學說，教授他的主婦。城市的府第，或別墅的進路中 ostiarus（司閽者）坐在那裏，看守門戶，來賓門客，先得他的許可，然後交由傳達的僕人。最大的采邑的奴隸更多得很，所以必須把他們分開來，以十人爲一組 (decuriae)。每組置一個頭目，叫做 "ordinarii" 他們的職務，就在督率奴僕作工，及禁止他們高談大笑，侵擾主人。

富貴之家，奴隸亦甚多，做主婦的，除了自己願意之外，大可以不必孜孜從事古代光榮的紡織業，或督率奴僕作工了。所以現代最常見的務逸樂的太太，就發現於羅馬。她們除了講究粧飾、打扮，看馬戲、去戲園、及赴筵席之外，差不多就無所事事了。比較精明強幹的婦女，卻不滿意於這種空虛的快樂生活。所以就想取得政治的勢力，做詩詞的作家，文學批評家，或科學的研究者等。波盧塔對於科尼亞革拉蘇之妻，後改嫁龐培——說，她不只絕色動人，並且有音樂、地質學、及文學的學識，並且還念過哲學。從前羅馬的婦人，以中庭爲活動的中心，主婦被她的婢子兒子圍繞住，在那裏紡織。但是現在可就改變了，現在奴隸挪在後面的房子，宗族的祭壇，已遷到較僻靜的地方，家庭的祖先，也堆在一個特殊的地方，叫做“sacrarium”（聖地）家臘不復在火灶旁邊擺設，卻是在家中別的地方的會食室了。中庭漸漸成爲接待來賓的地方，可是新婚的床——現在只是一個象徵——仍留存在原來的地方，而著名的死者的偶像，蠟製的面具及他的忠義的遺跡，仍掛滿了牆壁。

但是雖然富貴顯赫的婦人，已成爲奴隸的生產物的消費者，然而中流階級，以及貧苦人家的婦女，仍從事古代的家庭工作，以自己的力，或幾個奴僕的幫助，備辦家人的衣服和食物男子設立碑記，以紀念他的妻，及表揚勤勞婦人的盛德，仍極盛行。其中有一塊刻着道：「直捷了當地說；站住，看看罷，這塊石頭之下，一個可愛的女郎，在那長眠，她的芳名叫做克勞狄亞（Cloudia）她很愛她的丈夫，替他生了兩個兒子；——她吐屬風雅，舉止大方，看守家門，從事織做，完了，跑罷。」（註四五）

家庭教育

幼稚的家庭訓練——家族的生活和觀念，起了重大的變化，已如上述，兒童的撫養和訓練，當然也受到重大的影響。帝制時代的父母，正如現代的一樣，不特不做子女唯一的教師，反而把他們的責任，推到僕人和教師的身上。第一世紀的文學對於無價值的父母，充滿了刻酷的非難，和誠懇的忠告。波盧塔勸告做父親的道：「要想產生高尚的孩子，就不當和名譽不好的婦人接合，……」要是不願意兒子作酒奴，就不可「樂酒無饜。……」又轉過來催促爲母者要親自撫養她們的孩子，不要生下來就委托婢僕。普氏又說要是僱用乳娘，就要請那些「有訓練的希臘女子，」因爲「最要自幼就訓練他們，使他的性情品格，有和諧的發展。」於是又繼續嘲駡當時人們選擇乳姆的行爲道，「現在很多男子所做的，都是極端的謬誤。他們從在田裏作工或航海的工人中，選擇幾個人出來看護他們的小孩子。他們挑出一班人來料理家務，又挑出別一班人去管理錢財；但若果有一個好飲好食，一點都不中用的僕人，他們就把看護孩子的責任，付託他了。」（註四六）

但不幸父母的缺點，並不在他們選擇保姆的不謹慎。父母在幼兒之前，放浪形骸，出言粗俗，及撫養兒童的奢侈，一樣地惹起當時的著作家猛烈的抨擊。所以昆體良（Quintilian）說：「敗壞兒童的道德的，不是我們是誰！他們正在稚齡，我們因奢侈而使他們長得脆弱了。等到他們成人之時，那種奢侈，他們不隱飾，誰不向華麗上爬！他們沒有發育之先，老早就出言粗俗了。他們在轎子裏面長起來，他們和地面接觸，兩旁的看護，便拉起他的手支持他。他們說無禮的話，我們反引以爲樂。亞歷山茅利里（註四七）的貌如女子的青年所不敢說的話，我們聽到他說，便笑着而且和他接吻。這個一點也不奇怪，這是我們教給他們從我們這裏聽到這一類的話，他們看見我們的放蕩，我們男性愛的對象，所有會食室，淫詞艷曲，大凡難於啓齒的壞事，時常浸淫着他們。這種行爲，變成習慣，習慣變成自然了。這些不幸的兒童，在不懂這些惡行之先，早就學到這些惡行了；柔弱和奢侈，皆從此發生，他們並非在學校沾染這些惡習，卻是把這些惡習帶到學校去。」（註四八）波盧塔也有同樣簡明的句語：「那些過常受公論批斥的生活的人，連他們的奴僕也不能糾正，兒子益發不成了。」

學校教育——可是鄭重的道德訓練，及以誠意，去做成幼年人的純潔性，在富貴人家也不是沒有的。賀拉西（Horace）因父親很關心他的學業所以發憤求學，去報答他。「可是，」他說，「倘若我的污點及瑕疵是有限的，倘若我可以稱贊我自己，我的生命是純潔無瑕的，而且得朋友的愛慕，那麼，一切都是父親的恩典。他雖然不是富有，因爲他的田地是瘦瘠的，卻不會送我到夫雷維阿斯（Flavius）的學校去，那是那個城的第一等靑年百夫長的兒子，及那裏的大人物所進的學校；……但是他有這種精神，當我還是一個孩子的時候，便領我到羅馬京城去學習騎士及元老院的元老的兒子所學習的藝術。……他對於我的學問，時常指導我。何必再說呢？我的禮文道德的第一粒種子，他保存於不壞不滅，那不祇是由於實際的染色，並且由於染色的傳說……」（註四九）由此可見羅馬教育的變遷，是受了希臘的影響。在布匿戰爭時，培育演說家及政治家的文法學校，和修詞學校，都是效法希臘的制度。雖然很有勢力的保守黨，極力反對，但這些制度，卻已在羅馬「開步走」了。在賀拉西的時候，綿延的戰禍，已經終止，羅馬的教育，大都在家外學行。性質上亦漸漸帶有文學的及理智的色彩了。和現代一樣，家庭把養成靑年人的智力及道德的責任，推到學校教師的身上，而學校也指斥他們的缺點，不受家庭的協助而完成牠的責任。

女子的家庭教育——在完結之先，還得說一說羅馬帝國的女子教育。女子在幼稚的時候，受保姆——有時是一個希臘的僕人——的看護。過了這個時期，女子的教育就開始了；或者只有上流階級的姑娘，才能受理智的教育；這些女子，多分是在家庭中跟教師念書。馬細阿爾（Martial）和奧維得（Ovid）對於女子的教育的性質，大略說及她們的教育，與男子相同，屬文學的居多，言語學，及希臘羅馬的作家的詩歌和散文，也都注重。音樂和跳舞，是女子教育中重要的部分。奧維得對於那些純熟的七絃琴的彈奏者，及精到的跳舞者之合拍的動作，就稱讚不絕。聖哲羅姆（St. Jerome）的時候（公元三三一——四二三）音樂仍是女子教育中不可缺的部分，因爲這個拉丁神父固執道，「基督的女子，不應該聽風琴、簫、七弦琴、及琵琶。」只有中流階級的女子，才受使用紡織古式的教育。可是在帝制時代初葉，該撒奧古士督的女兒，不以織縫她父王及其家族所穿的衣裳爲恥，這種風俗仍留存於舊式的家庭，就是富有之家亦然。直到紀元六世紀，奧索尼阿斯（Ausonius）（註五〇）仍提及他母親的忙碌的紡錘。息麥基阿斯（Symmachus）（註五一）卻感謝他的女兒親手替他織一件大袍。（註五二）

女子一到十三歲，她的父母便替他擇配了。十九歲才出嫁的女子，便算做「老女。」到二十歲還沒有生產合法的子女的女子，就要受奧古士督的lex Julia（註五三）所規定的罰款了。法律雖然規定婚姻要取得女子的同意，但除非她公然反對，通常是任人擺弄的。實在父母的意志是絕對的，他們的選擇，以財產及家族的利益爲標準。女子往往在幼年就許字給人，這事以商業式的手段出之，而以專門的媒婆，或婚姻的經紀供奔走。拉丁語確實沒有一個字相當英語「求婚」這個字。

經過婚姻大典之後，貴族階級的少婦，就嘗到自由生活的滋味。這種生活，和在家時，小姑居處，雖羣索居，而且受父權支配的生活，對比起來，眞個有天淵之別。已婚婦女的一切企望和行爲，和丈夫一樣的自由。夫里德楞得（Friedländer）說，「在大家族的小乾坤裏金玉滿前，僕從如雲，門客麕集；她可以隨便作威作福，生殺予奪，……不論她愛好什麽、才雋呀、優秀呀、教育呀、她的地位，都使他成功做到。」——（註五四）她終日流連於宴飲，戲院、和馬戲場之間，且可以在社會上和同年的朋儕，自由的往來交際。女子被帝王提拔到執政官的地位者，也着實的不少。這種婦人的特權很大。praefect（註五五）階級的男子的社會地位，是否超出於她們之上，還是一個疑問。治人階級的已婚婦女，結成一個會社，叫做 conventus matronarum，那是一種女議員。有些國王，把國家不正重要的問題，諮詢這個團體議。（註五六）

羅馬帝國婦女和現代美國婦女的比較

研究羅馬的家族史，很足以幫助我們了解古代及近代的風俗的分歧。羅馬及太初時代的婦女的而簡單的家庭生活，和後世社會及經濟差不多沒有限制的婦女，兩者之間，眞是判若天壤。帝制時代的羅馬女子，與二十世紀美國的解放女子大體上較相似，比起羅馬共和時代初元的女子，還要相同得多。羅馬的婦女，法律上、經濟上、教育上及身體上的權利，都被共和國的法律所限制，恰如美國婦女受治於英國的普通法時一樣。但羅馬自布匿戰爭之後，財富和文明，都大大地發展，父權的觀念亦一天一天的消失；於是婦女的權利，便逐漸擴張。美國婦女權的擴張，和制限的消滅，有很多原因正復相同。安逸與反省的機會，往往跟住財富而來，這些使她們發生觀念和禮化的改善。此外還有很多同點；羅馬的女子，很想在社會上找機會去發揮她們訓練過的能幹，以及理智和政治的活動；現在美國的女子，也是一樣。羅馬帝國的貴族婦女，對於生理的責任，及育兒的時間和能力的苛刻的要求，非常討厭。今日美國有限多女子也都如此，她們想爭取生活的絕對自由，在家庭外發揮她們的天才。美國智識階級婚姻率的低減，和羅馬帝國又復同。這一國離婚之顯著的增加，又如那一國相似。但是從他方面看一看，可就不同了。現代美國的婦女，常受實際的認識和社會的結果的教訓，她們對於勞動階級運動的興趣、和生活狀態的改善，可就遠勝於羅馬帝國初元的苛酷煊赫的婦女了。並且現代的社會意識，比之古代，已達到一個很高的程度，這一層從現存的目的自許的精神，及希求適於將來的美好的物事的欲望，表現出來。尤以家族——社會的基本制度——爲尤甚。近代家族之不安及顯著的崩解，也許就是較美好的文化狀態——更適於二十世紀的家族生活——的徵兆吧！

（註一）上書，卷二頁九；Couch 在古代羅馬法律上的婦女（見 Harvard Law Rev. VIII, P.43）所引。

（註二）十二法標，是約莫在紀元前四百五十年頒行的。

（註三）參看 Becker, Gallus, p.156.

（註四）看勃來斯（Bryce）的羅馬及英國法律上的結婚與離婚（見歷史和法理學的研究，頁七九〇）。

（註五）看Cato's Quae Extant (ebl. by H. Jordan, Leipsic, 1860)p.68.

（註六）Gallus, p. 153.

（註七）同上，頁七九〇。

（註八）參看 De Coulanges, The Ancient City, pp. 94ff.

（註九）這是一種類似法國小麥的穀類。

（註一〇）參看 Lyton, Fortightly Review, Vol. 42, p.43.

（註一一）Fragment, De Dote, in the Quae Extant (Leipsic, 1860) p.68

（註一二）羅馬「家族」一語，最先是專指家庭奴隸。

（註一三）靠着吃飯，是後來的風俗。

（註一四）jugerum相當半畝強。

（註一五）Maximus 是 Tiberius Caesar 時代（紀元前一四——三七年）的一個學者。

（註一六）參看 Becker, Gallus, p.452.

（註一七）仝上頁四四九。

（註一八）Plutarch: Life of Tiberius and Caius Gracchus (Bohn Lib.), I,95.

（註一九）Ludus的意思是一種體操游戲，也許羅馬人把智識的教育，當作一種消遣，不在莊重的生活之內吧。

（註二〇）Life of Marcus Cato (Bohn Classical Lib.) II,119.

（註二一）Fowler: Social Life at Rome, pp. 192—3.

（註二二）第一次戰爭，從紀元前二六四年起，延長到二四九年止；第二次戰爭，自紀元前二一九年起到二〇二年止。

（註二三）亞失(as)是當時羅馬的一種銅幣，約值美國的七・九彌耳（Miel，值一cent之十分一）。

（註二四） Plutarch's Lives (Bohn Lib.), II, 105.

（註二五） 這是一種不完全的論法；省略了小前提的三段論法。

（註二六） Juvenal, Satires (trans. by Evans, 1890), Satire VI, pp. 55—56.

（註二七） 參看 Bryce: Marriage and Divorce under Roman and English La in Studios in History and Jurisprudence, pp. 790—8.

（註二八） 勃來斯在此書頁七九八所引。

（註二九） 此數語 B Fowler 從斷碣殘碑中得來，而加以意譯；載於他的羅馬的社會生活一書，頁一六六——一六七中。

（註三〇） 參看 Friedländer: Roman Life and Manners, I, 264—66.

（註三一） Plutarch: The Education of Boys (Syracuse, 1910), p. 82.

（註三二） Dill: Roman Society From Ner to Marcus Aurelius, p. 81.

（註三三） quoted by Fowler, Social Life at Rome, p. 150, from Livy, Espiotle 59.

（註三四） 參看 Muirhead: Historical Intro. to the Private Law of Rome, pp, 285—6.

（註三五） Op. cit &. (trans by Church & Brodribb), III, 25.

（註三六）看本書一六九頁。

（註三七）Marcelinus 是羅馬的歷史家，約莫是三百九十年死的。

（註三八）Quoted by Davis, The Influence of Wealth in Imperial Rome, p. 298.

（註三九）此律載在紀元前一八年頒佈的著名的 Lex Julia de adulteriis 之中。

（註四〇）Plutarch's Lives, Vol. II, pp. 203—4.

（註四一）每年委任財政長二人，以管理沙圖（Saturn）廟堂的產業。

（註四二）Friedländer, op. cit, I, 243.

（註四三）Letter (Bopanquet, ed.) Bk. II Letter XVII; Bk. V, Letter VI.

（註四四）餐室這個字是從 triclinium 來的。

（註四五）參看 Friedländer, op cit, 1, p. 265.

（註四六）Plutarch: The Education of Boys, pp. 47—64.

（註四七）羅馬第一世紀時的一個文法及修詞學的教師。

（註四八）Institutes of Oratory, (Bohn Lib. Series), ch, II.

（註四九）Satires of Horace I, in Monroe: Source Book in the History of Education, p. 397

（註五〇）Ausonius 是一個著名的修詞學教師。

（註五一）Symmachius也是一個有名的修詞學家。

（註五二）Friedländer, op. cit, p. 230.

（註五三）見本書一七五頁。

（註五四）op. cit, I, 240.

（註五五）Praefect 是一個拉丁都市的治者。

（註五六）Frildländer, p. 240.

第六章 初期基督教對於羅馬帝國之婚姻和家族的影響

教會神父的婚姻觀守貞和婚姻的可貴

初期基督教神父對於婚姻關係的觀念，大受聖保羅(St. Paul)的思想的影響，這實沒有可懷疑之處。這個大人物的教條，盡人皆知，所以這里只就其影響較巨者，略說一說。他說道：「但是要避免淫邪，就得讓男有家，女有室。」(註一)但在這懷疑的裁可之後，他立刻繼續說道：「可是我這樣說，只是特許，而不是命令……因爲我愿意你們都學效我……所以我對鰥夫和寡婦說，你們最好和我一樣；但若你們不能自持，就讓他們嫁娶吧。。。。因爲與其慾火難堪，就不如結婚了吧」(註二)

從這些章節及別的有相似的精神的句語看來，可見得保羅對於婚姻似乎是用來代替一個更壞的狀態——兩性的結合。婚姻自然比姦淫好一點，但畢竟是兩弊相權取其輕吧了。在保羅的著作中，及後來教會神父的著作中，顯然都沒有暗示婚姻之精神的和肉體結合的意味：沒有了前者，後者便成爲不可能的意思。初期的神父，對於婚姻的觀念，的確比後世的更有價值。亞歷山第里亞克力門 (Clement) 說，婚姻「是神聖的表象，不是讓那些壞點玷污了牠才好。」(註三) 易格內細阿 (Ignatius) 在他的達波力卡普書；及阿忒那哥利 (Athenagoras) 在他的 "Plea for Christian" 都主張婚姻的純潔。(註四) 但是後世教長著作的著名註解，都默認婚姻之肉的基礎。他們以嫌忌的態度，去認定牠的必要，——這種採納，和禁慾主義，在基督教國裏，漸漸成爲嫌惡的了。第三世紀初葉，忒滔良 (Tertullian) 在他的寄內人書上說：「固然，我們不能禁止男女們結婚，上帝祝福他們去培育人種，以彌縫世上的缺憾，及維持宇宙；所以我們應許是應許，但卻是局部的。」後來忒滔良根據基督所說的見女子而起淫心的，便是行淫的話，說：「但是以婚姻的觀念去看視她的，有做過這個沒有？」他答覆一個批評家的問題，姑勿論他是否破壞單一的婚姻，他毅然答道：「就算有理，(要是我是這樣) 骨子裏已可算是姦淫了。」

同時他對於一個已婚婦人說「……雖然她以此做達到婚嫁的手段，及用別的相同的手段，（她成爲）已是一個淫婦了。」——（註五）這些話分明不了解眞正婚姻的興奮力——藉此促起及弄深一切有價值的情緒。所以研究初期教會神父的婚姻觀，實在是索然無味的；現在讓我們轉到別一個方面去吧。

可是若單就二十世紀的立脚點去批判自忒滔良至聖哲羅姆及聖奧古斯丁（St. Augustine）時的著作，那顯然是不公允的。要知道初期基督教的黨爭非常利害，他們雖然竭力在世間去認識他的主的純粹論理的教訓，但他們置身於紛擾墮落的社會裏，他們的領袖，從好些事實看來，是全無羞恥，放蕩無度的。上章已經說明羅馬帝國兩性關係的鬆弛，及離婚的盛行了。羅馬社會生活的重大罪惡，當然大受明達的道德家的攻擊，但我們卽使不去糾正，仍要解釋一宗建基於殘缺不完的社會的事實，那就是基督教教會領袖對於兩性關係的態度。他們注全力去洗滌品行，正如洗滌內在動機和觀念一樣。他們把當時大多數可羞的惡習，歸咎於兩性的互相吸引，愛飲食，殘暴的爭鬥，及各種現象。

這些目前的結果，固然是不良的而且足以引起獸性，這個在戀愛的領域中，至少常常發生無檢束的性交。所以歸根到底，性愛在教會的神父看來，雖不是一切罪惡的淵藪，卻也是很多罪惡的根苗。

但是這個仍沒有完全說明後世教會神父對於婚姻之不充分的裁可的原因，在教會史上很早的時候，童貞的觀念——基督所喜悅的貞潔狀態，已開始植根於基督教徒裏，並且大受神父的讚許和鼓舞。倘若兩性愛不只對重大的不道德負責任，並且吸收世間的家族生活的快樂和愛顧，以代替不可見的精神世界，那麼牠能夠與對世間事不要求這種忠實的童貞狀態，立於平等的聖地嗎？後代的教會神父，衆口一聲地否認這個疑問。可是他們沒有而且不能懲罰婚姻，因為基督曾經認可婚姻，聖保羅也懷疑地承認牠。況且神父們從人種的繁殖的立脚點看去，也不能否定婚姻的必要。還有一層，被派定去服務基督的童貞者，他們須得為教會所裁可的婚偶的結果。故此基督教的教師，從沒有公然責罰或禁止人們結婚。但是他們把婚姻的人，放在聖潔的基督徒的第三位，並且是最低下的地位。最高而最好的，是絕對的童貞。其次就是不完全的及徭期的守貞。可是結婚後夫妻兩方有一個死了，就不得不過獨身的生活了。（註六）

聖哲羅姆在第四世紀末的著作中，發揚他對於獨身的美德的見解，使讀者深信不疑。在他給一個把生命獻與基督，永守童貞的羅馬青年女子歐斯達邱斯（Eustochium）那一封著名的書信上，他訓誡她道：「不要和已婚的婦人來往，也不要探訪高貴的人家。……要知道聖潔的榮耀，要知道你勝過她們。」又說：「表明童貞是自然的，而結婚只足以產生罪惡吧了。結婚所產生的童貞的肉體，根本上所丟掉的，現在卻得回果子了。」他回駁非難他的婚姻觀的人說，「我稱讚結婚，但這是因爲婚姻能替我們產生童貞的人。」（註七）但在著名的駁佐芬尼亞（Against Jovinian）那篇論文上面，他卻容許他的生員中，不滿意於婚姻狀態的，去找尋充分的發表。他參證上面引出的聖保羅的「結婚較慾火焚蒸爲佳」這句話，說，「婚嫁是好的，因爲慾火熾烈是不好的。」而且在這個使徒所說的，「這種人（結婚的人）將來要受肉體上的痛苦」，這句語之上，更進一步嘲罵說，「我的愚見，以爲結婚至少會令肉體上生出快樂來。但是若果結婚的人，肉體上也感着痛苦——這似乎是唯一的快樂——那還有什麼動力去催促女子婚嫁呢？因爲除了精神上，靈魂上感着困苦之外，更加上肉體上的困苦了。」(註八)

但是贊美童貞，並且把婚姻置在道德的第二位的，實不止聖哲羅姆一人。安布洛玆(Ambrose)在他的寡鵠論內面說道，「這個使徒對於婚姻所說的話，還不澈底。因男子在守身時遏止他的熱情；他原想獎勵他永遠守身，但實際上他只提出反面的補救法吧了。」聖奧古斯丁也是熱心守貞生活的人。這種熱情，從他的書牘(Letters)上表現出來。他在給朱理安夫人(Lady Juliana)——她的女兒誓愿守童貞——的信上說：「她可以結婚，但是她不締結人世間的婚姻，這不只爲她個人，也是爲你；因爲她使你的精神更豐富，你雖然有這一點兒增加，她仍在你之上，你仍低下於她。因爲你結了婚才生她出來。」在另一封信上，又贊美這樣的一個女子名叫底米忒里阿斯(Demetrius)道，「侍婢們，可以效法你們的主母；低級的人們，可以仿效這個高貴的閨秀……」(註九)

禁慾主義的勢力

這些立在高尚地位的基督徒領袖的教訓，產生了他們的必然的結果。他們拚擊婚姻的精潔和尊貴性，直到中古時代末葉，還不竭不休。在教會史的初期，教會眞個就不顧事實，宣佈婚姻爲聖禮。這種教條，到十二世紀中葉，就完全成立了。(註一〇)禁慾主義播佈於西歐，獨身的獎勵愈強烈，對於婚姻的輕蔑亦愈甚。正式的或非正式的僧侶，要終生過純潔的生活，教會不准他們結婚，但再過一世紀，方才完全成功。僧正及其他的獨身教徒，對於一切婦女——連最親密的家族中的婦女，也都在內——看作不純全的，或竟是好色貪淫的。他們只從性的生理方面去觀察婦女。他們責備婦女，爲的是肉體的快樂，和她們所暗示的誘惑。關於中古時代婚姻觀念的惡果，一個近代的歷史家說：「一切歷史，都明明白白地指出禁慾主義者及俗家的僧侶的強迫獨身，兩者所得的利益，遠不及以緩和婚姻的觀念的罪惡作性慾的保劑。」教會的當道，實在想把破壞婚姻的聖潔的男子和女子，一律處以相當的懲罰，雖然這條公正的原則，沒有載在基督教的法則裏，從另一方面說，獨身又產生輕蔑女性，及攻擊家族的事

實（註一一）

再醮與續絃

基督教會對於重婚，老早就極力反對了。式滔良在上面曾引用過的著名的寄內人書上，開列教會對於重婚的教條：「重婚怎樣妨害誠信，怎樣妨害聖潔，在教會的規律和使徒的指令中，已經宣示出來了。他們不許重婚的男子出現（於教會內。）婦人若非從一而終，也不許入會，因爲在上帝的壇前，是應該清潔的。」哲羅姆躊躇的允許寡婦再醮，以妨陷於姦淫之罪。他申明他的理由道：「女子與其嫁幾個男子，毋寧從一而終之爲愈。」（註一二）重婚是狄奧多西教王（Theodosius）和他的後嗣所極端反對的，最後甚且沒收再醮婦人的妝奩賞給前夫的子女。（註一三）

教會的著作中，有很多贊成續完婚姻關係的，而基督教獨身的教徒，廢棄的也着實不少。勒啓（Lecky）在他的歐洲道德史裏，從聖徒行傳中，輯集十二種或以上的事件（註一四）結婚後片面的貞操的要求，在家庭內自然要產生很多精神的痛苦及放棄，這個使思想清明的教會領袖，大爲驚詫，所以後來就規定夫婦戒絕性交以適合獨身的流行觀念，但須得到兩方同意才成。

初期基督教對於婦女地位的影響

婦女在聖經故事中，實佔一個顯要光榮的地位。伯大尼的拉撒路的姊妹，馬利亞和馬大，是基督最親愛的朋友。耶穌向撒馬利亞井上的婦人講演最重要的眞理，我們知道耶穌復生後所顯示的第一個人，是抹大拉的馬利亞。可是基督對於婦女的性質，地位，和勢力，卻沒有新的見解，他只採納猶太當時的婚姻狀況，及除了姦淫就不許離異的規定而已。男和女「不是分而爲二，卻是合成一體的」基督教領袖中，對於婦女的地位，發表有力的意見的，要算使徒保羅爲第一人。他在哥林多前書指令婦人蒙首，否則就要剪除她的頭髮了。「因爲男子實在不必遮蓋他的頭，因他是上帝的模型和光榮；但婦人卻是男子的光榮，男子不從屬女子，女子卻從屬男子。男子不是爲女子而造的，女子卻是爲男子而造的。」（註一五）聖保羅直捷了當地表示他的婦女必爲卑下的信念。他又說，「讓你們的婦女在教會裏守緘默罷：他們是不容置喙的；她們只要服從，法律也是這樣說。」（哥林多前書十四章三十四節）這個使徒所說的話，分明是堅信自來希伯來人所主張的父權家族觀念。女子當「穿着嫻雅的衣裳以爲飾，畏羞而貞靜，」因爲受毒蛇誘惑的不是亞當，卻是婦人，所以她陷於罪累。（提摩太前書二章十四節）夏娃的原始的罪惡，一切女子都有份——一切都沾染同樣的罪惡，連累到男子，於是世界便發生罪惡了。所以婦女當服從她的丈夫，而丈夫仍以「對待弱者的敬禮去尊重她。」這些話及其他的話，忠實的表現保羅對於婦女的態度；基督教亦以此爲決定婦女地位的標準，歷數世紀之久。

可是當這個使徒寫這句語的時候，羅馬帝國的婦女，在社會上，經濟上，和智識上，都占一個自由的地位，這是前章已經說過的了。基督教徒卻從新限制婦女的生活到極狹隘的範圍，只限於家庭和教會。這種偉大的反動力，不用說是大受保羅的影響。在基督時代初元，婦女的確做過重要的教師和預言者，但這種活動，不久便中止了。其後她們除了殉義這宗榮耀的功績，就是公然服務於教會，當寡婦和女執事。基督教會起先供養她的貧困者，及不能自立的孤兒寡婦；教會叫寡婦幫忙這種事業，指派她們去探訪病人，幫助貧窮的婦人，及照料孤獨的孤兒。但至少有六十歲的寡婦，方能充任。這種婦人，經過小心的選擇，品行和技能都要好的。她們的責任，是明白嚴定的。按照保羅誠懇的誥誡，她們不能宣講教理。有許多寡婦還不能當女執事。有人說這種變易，一部分是由於「寡婦投身精神的市場，而守貞的事實，亦已發生了。」(註一六)這也許是眞的。但到第三世紀中葉，女執事的職位，已經成立了。但不要以爲這些婦人在教會裏佔一個自由的責任的地位；反過來說，她們的任務，差不多和寡婦一樣的狹隘。神父的著作，表明女執事是爲浸洗禮而立的，男執事以油塗於受洗的婦人的頭部之後，就讓女執事塗抹其全身。女執事也負照管病人和貧人之責。寡婦就不能公然在教會講道，她雖有職守，可是卻沒有得到精神的機能。忒滔良在他的洗禮論力言婦女不能執行這種聖禮。他援引保羅的名言「大凡不許婦人習於姿無忌憚的男子，而給她們宣道及施洗之權，那是多麽可靠」去證實他的論見，他說，「讓她們緘默吧，在家庭持家吧。」

獨身的婦人，在教會內的活動，已如上述。一般的婦女——姑娘，及妻，母——的地位，又怎麽呢？在教會的初元，教會就承認男女之精神的平等了，男子和女子都爲救世主所救贖，他們的靈魂，在上帝看來，都是珍貴的。所以亞歷山第里亞的克力門，在他的執心信徒的日常工作中說，「男女的本質是相同的。凡過公共生活的人，都有公共的恩惠和公共的訓練。」（註一七）可是在同一的論文中，他複述保羅的告誡道，「但到底我們要避開女子的視線才好，因爲不只撫摩她才是罪惡，就是看一看她，也是罪惡啊；至於受過正當訓練的人，更要避免這些事情。」（註一八）忒滔良是常常咒罵婦女的，他詰誡夏娃的女兒，在男子面前走過時，要知道羞恥。在他的婦女服裝論中，他破口大罵道，「你們不知道你們（各人）就是夏娃嗎？上帝對女性的話，到現在還活着呢！罪惡也還活着呢！你是魔鬼的來路，你是揭那棵（禁）樹的封皮的人，你是違犯神聖的法律之第一人，你就是說服了魔鬼所不敢誘惑襲擊的人。你輕輕的破壞了上帝的模型——男子。因爲你的刑罰——死亡——連上帝的兒子，也要受死啊！你曾經想把你自己的體膚，遍加粉飾嗎？」

（註一九）這兩段話，發出後世教會論婦女的著作的主要音弦來。因爲她是男子的誘惑者，是男子被逐出埃田的主因，所以女子要約束自己，穿着朴素的衣裳，蒙住她的臉面，很謙恭在地上行走，約當武滔，或者早些的時候，他們就禁戒已婚婦人，深居閨中，做主婦及祈禱的責任了。

從上面所說的看來，自基督教建立以後，已婚婦女在家族中的地位，實較不自由。保羅對於婦女從屬丈夫的話，落在沃壤之中，而產生數百年的菓子。從理論上，實際上，卽不爲羅馬法律所制，亦復再漸漸回復到服從丈夫的侍婢的地位。丈夫就是她個人和事業的主人。克力門在他的教育論（Instruction）上承認體育的必要，他准男子到健身室去，以助長他的健康。女子也需要體育「但是她們不要角力和賽跑，卻是以紡織去鍛煉她們的身體。在必要時還要主任烹飪。她們要親自到店裏取我們所需要的東西。她們不宜到磨坊去。」（註一〇）婦女——主婦和內助——若不做烹調的工夫，以適合丈夫的口味，就得挨駡了。

基督教會的婚律

教會在第一、二、三這三個世紀，並不像羅馬那麼樣，干涉結婚和訂婚的風俗，牠只設法限制血族通婚的世代，同時又強迫基督教的僧侶和俗人行單一的婚姻(Single marriage)豪厄德在他的大著婚姻制度史說「起

訂婚和結婚禮

先教會採納並且裁可當時世間的婚姻體制，這是很可注意的一宗事，牠以全力去推行婚姻的禁例：如限制親族及血統接近者結婚，及限制離婚與重婚的自由，主持婚姻的法庭等等。」(註二三)這就是說，教會起先裁可羅馬的訂婚和結婚的體制，正如蠻族侵入之後，承認北方各民族所流行的風俗一樣。這樣看來，基督教的婚姻，許久許久，和異教人一樣，是托根於當事者兩方的自由意志，而且不必就要行宗教的典禮。訂婚實際上並不是婚姻的開端，和條頓民族一樣，只不過是一種許諾。不論那一方面反約，都沒有以法律去糾正的權利。

可是基督教雖然採用當時的婚俗，但教會仍有權給訂婚者以上帝的祝福，使婚姻更加隆重。初期的基督教領袖，沒有要求婚姻要在教會之內舉行，他們也顯然沒有這樣做過。基督教在最初幾百年間的確沒有正式的婚姻禮式，就是非基督教徒，也沒有採用宗教的儀式。但是教會卻強以請求祭司祝福訂婚及結婚者的責任，加到教徒的身上，還也許在第一世紀就已成爲頗爲堅牢的風俗了。到第四世紀安布洛茲就說，「婚姻當有祭司的加冕和祝福，使成爲聖潔……」但這並不是說缺了這種儀式的婚姻，就是不合法的。當時的婚姻，也很少實行這種儀式。但自聖奥古斯丁以後，新婚夫婦在私自舉行婚禮之後，就得在教會內舉行宗教的儀注。大家舉行聖禮，並且受祭司祝福。他們的婚姻生活，豪厄德教引用一封有趣味的信，這是約莫在紀元八百六十年尼古拉斯教王寫給保加利亞，答復他們請教基督教的婚姻儀式的信上說，「他們（新婚夫婦）首先要拿禮物到教會，由祭司獻祭於上帝。最後他們接受祝福和加冕。」（註二二）由此可以斷定婚姻在教會舉行的風俗，在第九世紀時，已盛行於羅馬，不過還沒有普及罷了。上面所引「加冕」這個名詞，還得加以解釋。面幕本來是基督徒行訂婚禮時所用的，許字的及新婚的女子，都要帶上，但後來加冕的儀式，似乎只限於結婚的禮式了。東方的教會，以花或橄欖葉的花冠，加上新嫁娘之首，以代替西方罩面幕的儀式。

不許通婚的世代

非基督教國古代對於中表的結婚的限制，已經消滅。就是從兄妹也可以自由結婚了。(註二三)但這種自由，卻被教王禁止。狄奧名西一世，以焚燒的酷刑禁止從兄妹的結婚。其後這種刑罰取消了，但西方的教會，仍極力限制。康士坦丁之子，更變本加厲，公然限制男子與亡妻的姊妹，及婦人與亡夫的兄弟結婚。查斯丁尼教主(Pope Justinian)也採納這種限制。這些初期的規制，是後世通行很久的中世紀教會會議所發的相似的禁令的濫觴。那些禁令，禁止七代同祖人結婚。教王英諾森三世 Innocent III 在一千二百十四年所開的拉忒藍會議 (Lateran Conucil) 廢止這種限制，只禁止四代同源的人結婚。凡在這個世代內的結婚，不只被禁止，而且是無效及作廢，這種禁令，在宗教法庭上，不絕地發生糾紛，及困難的案件。有一個近世的歷史家，研究這些教會的禁令底效果說「當教會把婚姻看作不成形的契約，（托根於雙方口頭上的同意的）忽略世間的情形時，便增加了妨礙正式婚姻發生的機會。」（註二四）

初期基督教對於異教國的家族生活的罪惡的態度

姦淫

基督教會從始就宣示貞潔是一切道德中最主要的一個，而扳起鐵石般的臉孔，去反對異教各國通行的婚姻的瑕垢了。教會的神父，三令五申地宣佈百年偕老的結合，是教會所裁可的唯一的婚姻體制。不貞潔就要受不可名言的刑罰，男子和女子都負對婚姻忠實的責任。聖哲羅姆更明白說道，在基督徒中，凡婦女所不當為的事，男子也受同等的限制。（註二五）克立索斯吞（Chrysostom）也有相似的話。聖奧古斯丁更進一步，主張男子不貞，其罪較大於女子。所以基督教令對於這一層的教訓，是堅決的，並且是公允的。教會自始以來，就立定道德的單一的標準了。但有很多人說，這種教條，沒有成為基督教大多數的公意。也許道德的二重標準，在異教國，不如基督教民族那麼恆久，現在差不多還存在着。所以教會的理想，卻不能在教徒的行為中實現出來。很有趣，異教國思想較清明的人，已經認定要婦人忠實，而往往容許男子不忠實，是不公平的。安托奈那·庇護帝 Antoninus Pius 對一個男子懲罰他的犯姦淫的妻時，說道，「你的生活須給她一個忠實的榜樣。丈夫要人忠實，自己卻不忠實，那是不公道的。」(註二六)希臘的亞里士多德，和羅馬的波盧塔和辛尼加也都主張互相忠實的公理。但是這條原則，只限於純粹的理論，主張的人，只不過異教人中一些高尚的人。就算依法實行，也是很希罕的。可是基督教會在最先的三個世紀，還能保全聖潔無瑕的精潔和忠實，並且要他的教友遵守單一的道德的標準，以拒絕入教，參與聖禮等，去懲罰有罪的男女了。

墮胎殺嬰及棄兒

基督教對於道德的發展上，貢獻一個最大的功績，那就是主張生命的重要，增進更溫柔更利他的感情。他們自始至終都主張生命的神聖不可侵犯，因為生命是基督的血贖回的；所以教會中的領袖，對於羅馬帝國當時最盛行的墮胎，殺嬰，和棄兒的陋習，加以嚴厲的處罰。異教人這種態度，與其說是由於慈悲，無寧說是由於自私自利，及個人的喜樂。母親的墮胎，或生後不久，便殺掉兒童的動機很多。極端的貧窮，或兒童的殘缺，都是最不值得的。而耽於虛華，畏避痛苦和撫育，及極端的放蕩等等，都是道德程度低下的人的動機。起先基督教的教師，以墮胎與殺嬰的罪惡，沒有分別，兩者都是犯罪的。父母終生被擯斥於聖禮的光榮之外。照教會的教訓，未成熟的胎兒，不亞於已入世的嬰孩，兩者都是不朽之靈的殿堂。要是未行施洗之滌罪禮之先，殘忍地結果他的生命，就得終生受罰。教會說及未受洗者的永刑的教條，做成一種懲罰殘殺兒童的重要動機，這是沒有疑義的。

最良善的異教人，雖欲懲罰殺嬰，而異教的法制家，也設立法律，去制止牠。可是輿論和法律，都寬恕棄兒，故此這種罪惡就盛行於羅馬，每年所拋棄的嬰孩，不可勝數。他們或陷溺於罪，或爲人長養後，陷身於娼妓和奴隸的火坑。教會對於這種罪惡，非常震怒；懲罰的嚴厲，不減於殺嬰。拋棄嬰孩的父母，一經被人察覺，就得宣誓極嚴厲的糾責，而予以懺

悔。教會還誠懇地諧誡他的信徒，鼓起他們對於這種動作的罪惡性的觀念

教王的法令——教會施行這種宗教的訓迪，還不滿足，所以更運用他的權力，頒佈禁制殺嬰，棄兒，及販嬰孩的法令，我們知道非基督教國的法令也懲罰殺嬰，但不能遏止這種陋習。直到紀元三百七十四年，教王發楞廷尼安（Valentinian）才公布殺嬰者處以死刑，而且施行法律去禁止牠。拋棄嬰孩是一種很難拔除的惡俗。康士坦丁王在三百三十一年，頒布一種法律，想增加收養棄兒的機會。這種法律規定：（1）救護棄嬰兒者，可以保留他做他的財產，收養他做自己的孩子，或令他做奴隸都可以（2）拋棄孩子的父親母親，永不能再要求他。勸啓證明這種法律，不論用意怎樣的完善，卻顯然是法律上的一個退步。因爲從前特雷眞（Trajan）曾決定不論如何，不能令棄兒做奴隸。康士坦丁的法律，雖然增加了棄兒生存的機會，反把他「陷於莫可挽救的奴隸地位。」（註二七）然而這種法律，卻施行很久。直到查斯丁尼才規定：（1）父親對於棄兒，失卻一切權力；（2）拯救棄兒的人，不能剝奪他天賦的自由。不幸這種人道的法律，只適用於羅馬東部。所以自

是以後，凡數世紀，西部一帶，都可以把這些棄兒作爲奴隸，

康士坦丁還有一種不幸的法規，這是他在位時慘酷的政爭時所頒布的。這種法規，使極窮苦的父母，有權賣掉他們的兒女，發賣自由的孩子，早爲以前異教王所批斥。戴克里先（Diocletian）且公然責罰這種人。不過這種惡俗，在康士坦丁王之前，或者還沒有拔除吧了。康道塞斯大帝（Theodosius）想減輕康士坦丁的法律的效力，所以他規定被父母賣掉的孩子，服沒有報酬的義務若干年，就可以恢復自由。這種法律，顯然沒有得到一般人的贊同，因爲發楞廷尼安三世又重申禁令。自是以後，再沒有教王設法限制非人道的販賣孩子了。基督教的羅馬的法律，遠不及教會神父的教訓，例證很多，這不過是其中之一罷了。

基督教對於羅馬的離婚風俗和法律的影響

教王的法令——初期基督教既已採納異教的婚姻是個人和世間的事的觀念，所以對於離婚的私人性和非宗教性的流行觀念，也不背逆基督教的。羅馬的法律，完全承認已婚者自由解除婚約，毋須求助於教會及國

家。離婚不必有充分的理由又沒有離婚的登記。可是基督教傳播婚姻是神聖的結合的教條，百年偕老的觀念便從此而生了。教會的神父頗思疑離婚後的姦淫行爲，尤其是妻的方面。但他們「沒有怎樣宣布一切別的離婚，都是罪惡……」(註二八)離婚的習俗，深入於羅馬民族中，所以初期的教王，沒有禁止離婚的意思。他們只努力加增犯罪者的金錢的損失，以減低他們離婚的欲望。小心謹愼的著作家繆耳亨德 (Muirhead) 說教王的離婚法，「是法律史上最悽慘的一章」他又道，沒有一個教王「忙着去辦理這宗事的，他不採用先進者的法律，而用自己的錯亂無價値的；他們以古代的原則，去論理離婚，所以以爲離婚和結婚有同等的自由，不受法庭的制裁或判決的縛束。」(註二九)自康士坦丁至查斯丁尼，對於下列兩項，頗覺躊躇滿志：(1)增加從前責罰犯罪的離婚者的罰金；(2)隨意離婚者，處以罰金。關於第一項，基督教的法律規定：犯罪的丈夫，要退還妻的妝奩全部。犯罪的婦人，就丟掉 "donatio" 那她丈夫貢給她的財物的全部。若果有兒女，這些財產的絕對所有權，就落在他們手上。他們對於離婚，是無罪的，所以只有他們才配享受一雚子利益。要是沒有妝奩或貢禮，那麼，犯罪者就得獻出他的或她的私財的四分之下。關於第二項，法律規定：隨便離婚的人，是道德的罪人，並且要繳出上面所說的罰金。

及至查理丁尼教王時代，（註二九）又規定在下面的情形之下，可以由一方單獨提出離婚：（1）有一方面想解除婚約，以便出家修道；（2）丈夫在外國爲奴五年，（3）因生理的不完全，以致沒有子息。第三個原因是很有趣的，由此可以證明基督教的法律家，採用古希伯來及異教國以生產子嗣爲婚姻必要的目的的思想。依照上述三種理由之一去離婚，不特不受懲罰，並且稱之爲"divortium bona gratia"即有體面的離婚。但基督教初期的法律，還進而承認以相互的同意而解除婚姻的權利。這種離婚，叫做"divortium communi consensu"（同意的離婚。）要知道遠在基督教未成爲羅馬主要的宗教之前，羅馬早就承認離婚有若干的自由，不受懲罰了。因此聖哲羅姆，及其他的教會領袖的著作，都充滿對於離婚常見的感歎聲。哲羅姆說，他親眼看見一個羅馬男子，和他的第二十一個妻子同居。這婦人亦曾經嫁過二十二個丈夫了。阿米西（Amasia）的大主教，約莫在查斯丁尼前四十年的著作中說，男子更換妻子，正如更衣一樣的容易；而新婚床從中庭遷移，就如市場的貨攤那麼容易而常見這種過分的事實，也許是例外。可是卻足以證明風俗和法律，對於離婚，都是很寬大的了。

查斯丁尼在位的時候，這個苛刻的教王，極力說法遏抑當時離婚的自由，他的 Novellae（註三〇）中，有一條說：沒有充分理由而離婚的夫婦，都要被迫去修道院，並且要獻出財產的三分之二給他們的孩子；要不然，這宗婚事，就歸於無效作廢。但是這種修訂，卻引起民衆的極不滿意，因為與羅馬的學理和風俗，大相剌謬。況且經驗已證明僧尼的生活，並不能提高修道院裏的道德的程度。因此查斯丁尼二世（查斯丁尼的姪兒及繼位者）就取消這種不滿人意的法規。所以東羅馬的離婚自由，直到九世紀教王哲人利奧(Leo the Philosopher) 宣布同意的離婚（註三三）為無效，方才消滅。

基督教會對於離婚的觀念

以上大部分敍述教王的離婚法令，但是羅馬法律所承認的自由與教會的神父和議會的教訓，恰恰相反，這是不可爭的事實。我們知道古代的神父，雖然對於因他們表示反對因姦淫而離婚，頗爲躊躇，但他們卻宣佈一切別的重大罪惡的離婚，可以由長久的徹底的懺悔來補救，所以羅馬的寬大的民律，卻與教會頑固的教條，大相逕庭。這種教會的和世間的法規的二元，直延續到中古時代。教會雖然自來就以出教的嚴刑對待離婚的人。但民律卻直到十二世紀，才與禁止離婚的教法完全一致。關於教會對付離婚的禁例，勒啓說，教會的限制，「不是發生於基督教國家的利他主義，卻是托根於婚姻的神聖性，婚姻是基督與教會永遠結合的象徵的信念，及福音書中著名的章節，這三個基礎之上的。」（註三三）我們還可以加上一句：教會神祕的教條，阻遏離婚之可驚的努力，完全沒有利他主義的動機。他們誠誠懇懇的叮嚀告誡，並且以逐出教會，排出於得救範圍之外，去脅持牠的分子呢。

離婚後的重婚——重婚既爲教會的神父所反對，所以對於離婚的人，在對手方仍然活着的時候再婚，尤其指謫的利害。在他們的眼中，這種婚姻，較之姦淫，只差一點罷了。聖哲羅姆有一封信援引羅馬書，把婦人在丈夫生時再婚，看作姦淫，他說，「丈夫可以爲姦通或愛男色，他可以沾染各種罪惡，也可以因犯罪而離開他妻，可是他仍是她的丈夫。他一天活着，她就不能改嫁別人。」——(註三四)這種教理，直通行到中古時代。雖然環境迫住教會人修正這條教條。婚姻可以而且常常被宣佈爲無效及作廢，爲的是違反教會的法律。例如在被禁的血系世代內通婚，這强迫的婚姻，就是在這種情形之下，因爲教會不承認爲合法的婚姻。所以雙方都可以另結絲羅。但這決不能算作得到離婚的裁可。

基督教對於改正羅馬的家族法觀的影響

在康士坦丁王還沒有承認基督教爲國教之前，教會對於羅馬婚姻及家族關係的法規的影響，不甚顯著。但自第四世紀以後，教會對於家族的法規，可就發生有力的影響了：(1)有很多法律發出來，不許基督徒與教外人，或被逐出會的人通婚。教會老早就不喜歡，並且反對混雜的婚姻，——即基督徒與非基督徒結婚。這種反對，在狄奧多西治下的羅馬法上，反映出來。(2)羅馬重申"Lex Popia Poppea"(註三五)的法規，懲罰獨身者及無子女者，而獎勵有子息的婚姻，也是直接受了基督教的影響。禁慾主義勃興，教會人把獨身看做美德，而不是社會的罪惡。故此這種懲罰，由康士坦丁在三百二十年撤消了。（3）跟尋起來上面所討論的離婚法，也是受了基督教的影響。（4）我們知道重婚是教王所不滿意的，所以狄奧多西法典規定這種婚偶，就要獻出妝奩及聘金給第一次結婚生下來而活着的子女。（5）給新嫁娘以養口業的風俗，在羅馬王國末期，就已發生，且爲狄奧多西及發楞廷尼安法制上的條文。但到查斯丁尼王，才在他的著名的法典內，小心規定妝奩和養口產業的手續。若果妻有妝奩，夫就得有養口業；倘若這一種在結婚時增多，那一種也應有相當的增加。尤重要的，就是丈夫逋久債項時，妻可以要求移交妝奩和養口業給她。不論如何，她有權使用這些財產，去供養家族的法定的義務。在別一方面看來，查斯丁尼的法規，是有利於妻的方面的，因爲他規定丈夫死後，或沒有正當理由廢棄她，她就可以收囘妝奩和聘禮；而且在某種情形之下，母親終生有管理兒女的法定權利。這些法規是受了基督教的影響無疑了。這些似乎是較古的異教女子脫除一切經濟的不利的趨勢的直接的結果。

父權的衰落

遠在基督教未建立之前，羅馬的夫和父，對於家族各員的威權，已經衰退，並且大有每況愈下之慨。基督教佔優勝之後，這種趨勢愈發達進行得很快，繆耳喜德說，「教王發生的結果，家族觀念最後的痕跡，已經消滅，非若從前以個人及財產集合體而受治於家長絕對的支配權之下了。」(註三四) 夫與妻在法律上立於平等的地位；繆耳喜德還說妻的保護及寬赦的特權，還要多些。約當查斯丁尼時代，古代父權的觀念大受剝奪，所以只是空有其表能了。拋棄嬰孩，是查斯丁尼法典，以嚴刑酷法取締的。殺害已長成的孩子，與謀殺者同科。（女兒與人姦通被捉住時，與奸夫一同處死的，不在此例）除了極端貧苦之外，父不能賣兒子去做奴隸。卽因貧而賣，亦只以嬰兒爲限。父親立於審判妻兒的地位，及生殺的權力，這種古俗，早就消滅了。在查斯丁尼治下，父不復能把兒子給有害的人，希圖洗脫殺害兒子的法律的責任。繆耳喜德說：「查斯丁尼的法規所保留的父權，是現代制度所裁可的：糾正過錯的相當權力，以遺囑指派監護人，把兒子給人爲嗣，對兒女婚姻的同意。後者若沒有理由，就可以拒絕他的

「硬派官差」式的干預。」(註三九)父對於子的進款的權利，已被奥古士督(Augustus)所限制。哈第林(Hardrian)及後世的異教治者，更推廣這種限制。教王已推進這種正在進行中的進趨，剝奪父對子的財產的所有權。但下列兩種財產，不在此例：(1)父給予子單獨使用的財物所生的利潤；(2)他給兒子的遺產。查斯丁尼在他的小說集有一章保證一個兒子，生是他自己的子，後來卻是他的生命，保留一切財產的利潤——除了peculium profecticium，即父給子使用的財物的利潤。法律限制父對子的財產權，非常嚴密，要是兒子死後，沒有遺囑，也沒有直接的繼承人，父親才可以以繼承人的名義，接受他的產業。

由上所說的看來，可見羅馬家族法規的改訂和妻與母的權利和特權的擴張，都是異教君王的法規的趨勢的繼續罷了。但是混雜的婚姻，離婚及重婚，以及限制結婚的世代，及撤消制裁獨身者的刑罰等事，基督教的確在羅馬的法制上，放一異彩。

(註一) 哥林多前書七章二節。

（註二） 同上，七至九節。

（註三） 參看Ante—Nicene Fathers, Vol. II, 377–9.

（註四） 同上卷，頁九五；卷二，頁一四七。

（註五） Ibid, Vol. XVIII, p. 14, An Exhortation to Chastity.

（註六） Tertullian, Exhortation to Chastity, in Ante—Nicene Fathers, Vol. XVIII, p. 2.

（註七） Letters of Jerome, in a Select Library of Nicene and Post Nicene Fathers……, ed, by Schaff and Wace, Vol. VI, pp. 28—30.

（註八） Library of Nicene Post Nicene Fathers, Vol. VI, p. 77; Against Jovinian, I, 13, Italics Mine.

（註九） Nicene and Post Nicene Fathers, Vol. I, pp. 504, 549—50.

（註一〇） Peter the Lombard在一一六四年，首先明白承認婚姻爲教會七聖禮之一。

（註一一） 蒙尼德婚姻制度史，卷一，頁三三一。

（註一二） Letter to Pammachius, op. cit., p. 70.

（註一三） Muirhead, Historical Introduction to the Private Law of Rome, p. 388.

（註一四） Op. cit., Vol. II. pp, 324—5.

（註一五） 哥林多前書十一章，七至九節。

（註一六） Donaldson: Woman; her Position and Influence in Ancient Greece and Rome and in ear'y Christianity, p. 139.

（註一七） The Instructor, in Ante—Nicene Fathers, Vol. II, p. 211.

（註一八） Ibid., p. 291.

（註一九） Ibid, Vol. XI, p. 305.

（註二〇） 古代的石磨，是以一塊重石，放在別塊石之上，用手推動的；這平常是給奴隸作的工。

（註二一） Op. cit., I, p. 291.

（註二二） 婚姻制度史，卷一，頁二九五。

（註二三） Ta:itus, Annals, XII, 6.

（註二四） Pollock and Maitland: The History of English Law, Vol. II, 383 et seq.

（註二五） L.tter LXXVII; op. cit.

（註二六） 參看Lecky: History of European Morals, Vol, II, 313, who quotes St. Ausgus fine.

（註二七）同上，卷二，頁三十。

（註二八）同上，卷二，頁三五二。

（註二九）Historical Introduction to the Private Law of Rome, p. 356.

（註三〇）加斯丁尼安是五二七——六五年的羅馬王，在位時，都於康士坦丁堡。

（註三一）加斯丁尼安的新律（Novellae）是跟住大法典之後而頒布的政制，用以糾正前錯此之誤及補足其遺漏者。

（註三二）Muirhead: op. cit., p. 356

（註三三）Op. cit., Vol. II, 353.

（註三四）Letter LV, op. cit.

（註三五）該撒、亞古督在位時始頒布。

（註三六）Historical Intro. to the Private Law of Rome, p. 387.

（註三七）Op. cit., p. 390.

第七章　中古時代的家族

蠻族的寇掠

自第四世紀末至第六世紀，北方的游牧民族，縱橫於該撒的領土，擾亂羅馬的統一，並且佔據他們的土地。汪達爾民族（Vandals）奪取非洲的北岸；西哥德族（Visigoths）佔領西班牙；法蘭克族（Franks）佔領高盧（Gaul）的沃壤；而凶惡的勃艮第人（Burgundians）及阿勒曼尼（Alemanni）則不時的蠶蝕他們東部的邊陲。東哥德族（East Goths）侵入意大利，到第六世紀，才被查斯丁尼的軍隊驅除淨盡。但意大利自是之後仍不絕的受蠻族的寇掠。自公元五百六十三年查斯丁尼死後，野蠻的倫巴人（Lombards）便侵了入來，佔領保河（Po River）流域的北部。這一塊土至今仍稱為倫巴底（Lombardy）法蘭克的東西兩部，則為弗里西安族（Frisians）薩克森族，朱特族（Jutes）和盎格羅族（Angles）的領地，這些民族的文化，與白種人到美洲時的伊羅魁印第安 (Iroquois Indian) 的文化不相上下。第五世紀初羅馬的軍隊從不列顛撤回，不久，那些海島就爲盎格羅朱特族，和薩克森等族所蹂躪；後來他們居然趕走該地的土著布立吞 (Britons)。公元五百九十七年，奥古斯丁奉命到不列顛，他看見這些侵掠者已在他們所征服的海島上堅立起來了；這就是第六世紀時西歐野蠻部落的地理的分佈的大概情形了。

關於蠻族的家族的資料

關於日爾曼民族在基督紀元第一世紀的家族生活，最有價值的資料，要算羅馬大歷史家塔西佗所著的日爾曼尼亞 (Germania) 了。此書對於半開化的條頓族的家族生活和結婚形式的風俗，都有簡賅的敍述。塔西佗說，「他們的婚姻關係，……是很嚴的；在他們的儀態中，沒有比這事更可稱贊的了。這些野蠻人，除了很少不能自持的人之外，差不多都誠心以一妻爲滿足；但因爲他們的結合是根據於階級，所以他們也實行多妻制。」(註一) 塔西佗有一句話，表明他對於條頓族的婚姻，有點誤解。他說，「妻並不帶妝奩到丈夫處，卻是從丈夫處接受妝奩，父母和親屬，集合攏來，接納他們的禮物，——這些禮物，不是投子女之所好，也不是妝飾新娘，卻是牛，裝飾的戰馬，矛，盾，及刀等。」塔西佗誤以為禮物的品物，其實是購買新娘的代價，是野蠻人送給女子的父親，以交換娶她及支配她的權利的。

在日爾曼尼亞之外，該撒所著的高盧之戰(Gallic War)對於研究公元前五十五年時不列顛的家族狀態的學者，也有點貢獻。這個民族在這個時候，一定仍在野蠻段階的最低級，因為該撒敘述他們的家族關係道，「他們普通都是十個或一二個男子，共享幾個公妻；尤以兄弟和兄弟，父親和兒子最多。要是生有子女，他們就以為是屬於婦人所嫁的第一男子的。」(註二)

關於日爾曼族在基督紀元首四世紀以後的婚俗，最重要的資料，就是各條頓族各部落的民間法。最初的法律是第五世紀立普亞里亞法蘭克族(Ripuarian Franks)的法律，第六世紀的勃艮底亞族的民間法；第七世紀的西哥德族的民間法，第八世紀的撒爾族和薩克森族的法律；第九世紀弗里西安的法律——所有這些習慣法，輯集起來，都足供研究家族關係及婚姻體制的參考；爲研究自第五世紀至第十世紀條頓民族的家族風俗最有價值的資料。

盎格羅薩克森族及日爾曼族的血族團體和家族

我們首先要把存在於日爾曼族的大家族，即「血族，」及各立的家庭，分得清清楚楚。希伯來希臘，及羅馬有「宗族，」及氏族，條頓民族也一樣有「血族，」歐洲大陸的薩克森族及弗里西安族叫他們的血族團體做"Sippe"，而盎格羅薩克森族卻叫做"Maegth"。這兩個民族的血族團體，皆由兩個公同的鼻祖的孫的苗裔組織而成。所以「血族」不是從元始的祖父母發生，卻是從第三代——他們的兒子的苗裔——派生出來的。雖然每個"Maegth"或"Sippe"只包含有血族關係的分子，或正式採納的嗣子，但各個人的「血統」都是由父系或母系的血系摯的分子。這樣看來，日爾曼的"Sippe"和羅馬的氏族大不相同。條頓民族從父與母兩方去派衍血統；所以每一對夫妻的子女，是兩個血系摯的分子。羅馬就恰恰相反，他們只從一個共同的男子祖先（父系制度）派衍血統；所以氏族只包含家族有體面的祁先傳衍下來的男子。其次，日爾曼的血系尊是網一般的交錯的，而羅馬的氏族，卻因爲不懂從母的血系，所以就彼此分立了。

日爾曼的大家族（即Sippe）是私法(private law）的根本制度這個部落——後發展成爲國家——全靠「血族」去保持和平，及懲罰族中的罪犯。所以大家族對於各家及各家的分子，都有極大的權力。「家族」的全體簡直可以保護一個孩子脫出父親的權力。族中各員，是孤兒寡婦的保管人，管理孤兒的財產，到他們長成。就是疏遠的親屬也可以阻止出賣或割讓家產。因爲他們也可以爲繼承人。家庭中的每個分子都受Maegth或Sippe的一般法律所約束，正如家庭的特殊的規律一樣，所以夫與妻及親與子的關係，很受這宗事實的深強影響。父及母的血族，對於婚姻及新建立的家庭，都有同等的權和義務，不過父系的宗族對於個人的權責，稍爲大一點罷了。婦人于歸之後，仍隸屬於她自己的大家族。這就是說，她的宗族對於她犯罪的罰金負繳納之責，而且負復仇之責——即若果她備受虐待，或被殺害，就得設法報復。

宗法

家族或血族的分子資格——照他們宗法，沒有結婚所產生的子女，不能享受繼承權，因為他不是父族所承認的分子。但他有受保護的權利，要是她被害，他的「優卹金」——盎格羅薩克森族叫做 Wergild（註三）——一部分繳交國皇，一部分給予父系的宗族，就是嫡生的子女，在父親還沒有正式承認他的時候，仍不能為家庭的真正分子。殺戮嬰孩及拋棄嬰孩，在中古時代到十一世紀之間，非常盛行；這不用說大部分是由於生存的困難，及不了解自然律的野蠻人常常遇着飢荒所致。但是家族法卻限制人殺戮未吃糧食的孩子。要是乳或蜜一經入到或接觸兒童的嘴脣，父親就要容許他加入父系的血族。這種分子資格，使個人得戰爭不已的時代所需要的保護。要是他被殺害，宗族就替他復仇，或要求凶手賠償優卹金。反過來說，要是他殺害別個宗族的一個分子，盎格羅薩克森族中的父族就得賠償優卹金的三分之二，母族三分之一。要是父親在兒童沒有長成時死了，父族就負一切財產的管理權。但在盎格羅薩克森族中支配兒童的實權，仍在母親手中。這個可以從第八世紀伊涅（Ine）的法律看出。「要是一個自由人（Ceorl）及他的妻有一個孩子，而這個自由人死了，母親可以保管她的孩子，並贍養他給六個兒先令給她作撫養費夏季一頭母牛，冬季一頭公牛；宗族要照料他的家庭到他長大。」（註四）宗族若妄用或虧空他的財產的任何部分，孤兒在長大時，可以追還。

除了上述的權責之外，還有一種權責，就是Maegth或Sippe對於各個人的品行負責，尤其是無恆產的男子。這些男子勤勞守法的生活，遠不及較富裕的族人，他們都傾向於游離浪蕩及和鄰近的團體發生衝突。所以盎格羅薩克森族最初的警察權，是附屬於家族的。但在被諾爾曼人（Norman）征服之前，這種責任已移交於有組織的法庭了。

血族既掌握保護及管治的權力，所以家族團體的分子資格，在中古時代，對於各個人都是極端重要的。個人從刼掠攻擊或侵佔得來的東西以及社會地位和勢力，差不多全靠他宗族的勢力，人數，及財富而定。雖在某種情形之下，准個人退出血族，但一經丟掉分子資格之後，就會遇着可怕的危險，所以輕於嘗試者實是很少。

家法

在家族集羣的法律之外，還有一種家庭的規律，規定夫與妻及親與子的關係。這種私人的法律和 Maegth 或 Sippe 的一樣，差不多完全是風俗的產物，而隨着時代之前進，而逐漸受公同的法律的發展的權力的限制和減縮。要知道從古代希臘和羅馬到現代的一切家族法律史都是如此；現代重要的家庭關係，完全由公共法律所規定。在現代和古代父對妻兒的身體的和財產的權力，都已淡得像黑影一般了。

父權——在大多數野蠻種族中，父對於子的權力都是屬於保護的性質，這種權力盎格羅薩克森族叫做"mund"。上面討論宗法時，已暗示出父權不是絕對的了。孩子一經被父親承認，宗族對於他就有保護的權力。盎格羅薩克森族的父母在子女到七歲時，就不能賣他做奴隷，而在七歲之前也只有在必要的情形才可以。但歐洲大陸的日爾曼族，卻顯然沒有這樣減削父親處分子女的權力。有一個著作家告訴我們在十三世紀時，日爾曼人在飢荒的時候，仍可以賣掉他的妻兒。(註五)

雖然家族限制父親殺害或賣掉子女的權力，但他的權威，從現代看去，仍是偉大的。父親可以隨便懲責他的子女，但這種特權，不能常常濫用。朱特族的法律，許男子拿一根重棍鞭撻他的子女，但不能傷害他。

直到十一世紀，盎格羅薩克森的父親，還可以不恤女兒的意志，給她結婚。英國大主教狄奥多（Theodore）在第七世紀的著作"Paenitentiale"上說，十六七歲的子女，仍在父母權力之下；過此之後，父親就不能違反她的意志，把她嫁給人了。（註六）父親處分女兒婚姻的絕對權，大概是在丹麥王克努特（Cnut）的時候消滅的，在他的所謂人道的法律說：「人們不要強迫婦人和女子嫁給她所不喜歡的人，或因金錢而賣掉她……」

可是父親把子女送到修道院，要她終身做僧尼，這種權力，也許是無可辨難的。這種辦法對於無助的子女的生活，一定會發生無窮的痛苦，因爲他們不適於修道院的生活。英國從第六世紀至十二世紀，教會握有一個女子由父親把她關閉起來，但等到她們能夠自決的時候，她常想設法從尼院跑出來（註七）。有數世紀之久，父親在法庭上是子女的合法代表;要是子女犯法,法律處以罰金,他就要代子女繳納;要是他們遇害,他就領取優恤金。末了,父親對於子女受自母族的財產,有管理權;因管理權就生出使用那些財產的利潤的權利——即暫享權。但在盎格羅薩克森族中,父親永遠不能支配兒女的入息。

成年兒童的局部解放——中古時代的民間法和羅馬不同,這時代承認兒子在成年時有更多量的自由。兒童的成年期,在各條頓民族中,各有不同,而且時常變更。在塔西佗的時候(紀元第一世紀)男子在能夠執戈矛時,就可以脫離父權了。日爾曼的青年,恢復身體自由的年齡——大約是十二或十五歲罷——在現代看去,當然是太早。盎格羅薩克森族沒有「解放」的禮式;成丁期起先是十歲;但到十一世紀克努特有一條法律說:「我們希望十二歲以上的自由人,誓願永不做賊,或做盜竊的勾當。」這樣看來,盎格羅薩克森的男子,完了十二歲就成為自由人,自己負法律上的責任了。

男子達到成丁期,父對於他的權力,就為家法及風俗所限制;也許再不能隨便打罵他,或以強制的手段,阻梗他的婚事了。不過在好些例子看來,他的不贊成也許,或竟實在是有效力的。有的歷史家還說，成年的男子，對他父親割讓土地，有否決權。這是一種頂重要的特權，因爲有好些日爾曼部落，兒子結婚（常在幼年）後，就繼之以分立家產，使這個青年人能夠建立他自己的新家庭，但是父對於成年的兒子的行動的支配權，並不是完全消滅，卻是以較柔和的形式繼續下去，直到這個青年結婚，建立獨立的家庭。還有一層，在盎格羅薩克森族中，沒有證據證明父對於成年的兒子的遺產有法律的權利。

女子和男子一樣，到十二歲就算達到成丁期；但她所得的自由比男子少得多了。父親對於她的財產，仍享有暫享權，並且還有權在法庭上代表她，他仍然可以用他以爲適宜的手段去懲責她或糾正她。但到十一世紀，至少在理論上他已失掉違反女兒的意志，處分她的婚事的權利了。因此，締婚的兩方的自由意志就成爲不可少的。父母仍有權在七歲時替他們子女訂婚，這是眞的。但倘若父母或子女願意在十歲時訂婚，那也可以做到而不受處罰。要是子女在十至十二歲之間打破婚約，罰金就歸父母負責；但在十二歲之後，就要請了兩方共同担負違反婚約的罰金了。

中古時代初期的婚俗及法律

掠奪婚姻及賣買婚姻

在基督紀元前，掠奪婚姻大概是日爾曼族普遍的風俗。這個在威爾斯(Wales)某種ㄗ式的婚俗中，可以找得一點殘迹。豪厄德說，一世紀以前，威爾斯的新郎，騎着馬，偕同他的朋友去要求他的新娘。女家那一方面也是騎着馬，不肯交付新娘，於是玩意兒般的戰爭就開始了。後來新娘爲她的近親挾去，新郎和他的朋友，緊緊的趕來，直到人疲馬乏的時候，他們就許新郎取得他的新娘，打起得勝鼓，領她囘去了。接住就是平常的婚筵(註八)。但是到基督元年第一世紀，掠奪婚姻已爲買賣婚姻所代替了。這一層在塔西佗的著作上可以看出。在古代的民間法中，直到第十世紀，一路都有很多證據，表明婚姻中婦女是公然買來的。約莫在公元六百年，盎格羅薩克森的阿忒爾柏特(Æthelbert)有一條法律說：「要是有人想買一個女子，他若果是一個公道的顧客，就得給她以身價；但若有欺騙的情弊，讓他送囘她家，收囘他所給的身價罷」(註九)。這些古式的婚姻，完全沒有愛情或浪漫的興趣，這個阿弒爾柏特的另一條法律上表現出來：「倘若一個男子奪了一個自由人的妻，讓他拿自己的錢再買一個來送給他罷。」(註一〇)女子要是強壯而且合理的被尊重。她自然也可以這樣做了。爲避免誤會起見，第九世紀的薩克森的法律，規定買妻的價錢爲三百先令。外因霍爾德(Weinhold) 在他研究日爾曼婦女的著作中，引用當時一個農人的話道：「那不是女子嫁男子，只是田地嫁田地，——果園嫁果園，——牛羊嫁牛羊罷了」(註一一)。這就是日爾曼農人買妻的遺跡。「買妻」這個名詞，在中古時代，完全通用於日爾曼不過實際上買妻或者在第十世紀時已經停止了。

結婚的方式 Beweddung 及 Gifta

在一切條頓民族中，締結婚姻的手續有二(1) Beweddung (訂約；(2) Gifta (交付。) 訂約是女子的父親與求婚者立約，訂明身價，以牲口，兵器或銀子交換他的女兒，Gifta 就是「交付，」即父親把女兒交給她的丈夫。在最初的時候，這種買賣是立刻成立的，女子同時過付。但時代一路演進，訂約與過付相隔的時日就一路延長，直到中古時代婚期，訂約變成訂婚禮，而訂婚通常在幼稚兒舉行，所以結婚就要等好幾年了。在十世紀前訂約或訂婚的儀式又有變更。(1)新娘的身價不是立刻交付，卻是代以亞爾哈(arrha)給女子的父親一些銀子，以保證結婚時交付身價的全部。有好多時這些亞爾哈是交給新娘自己；後來也許是受了羅馬的影響，又代以約指的形式——近代的訂婚約指了。(2)他們不止以各種形式把亞爾哈交給新娘，並且在第六至第九世紀時，買妻錢已漸漸變成丈夫給妻子以財產，以爲他死後的贍養費了。自第十世紀後，訂約禮只不過是正式的契約，或把財產給妻，以爲夫死後之用，締婚也以某種不甚隆重的禮式出之，如新人交換草把，或兩人打破一塊錢，等等就算事了。到中古時代末葉這些形式都爲「握手」——在證人面前緊緊的握手——所代替了。但不論結婚的禮式是什麽，訂約禮是一切日爾曼人結婚的第一步，所以女子不貞，就作爲姦通，要治以姦通之罪。(註一二)

照上面所說，婚姻的第二步手續就是 Gifta 卽是女子的父親或管理人把她交給新郎。在古代時，父親把女兒和別的品物如刀帽子或外套等一同交給她的丈夫，這是把支配女子的個人的權力，從父之手移交夫之手的象徵。在某種條頓族中，丈夫接受這些東西時，輕輕的踐他妻的足，表明他開始接受權威；但後來這種男子取得支配權的形式，已改用別種形式，比方拿拖鞋或靴子給新娘就是。這些婚俗，表明在中古時代末葉以前，結婚純粹是個人的私事。直到第十世紀，還是父親主持女兒的婚事；過此之後，習慣上都是由女子選擇一個保護人，她的父親，別的近親，或一個朋友把她嫁出去了。這個辦法雖然為教會所反對，但這是十三世紀普通的風俗。而且簡單的婚禮，通常由選定的管理人主持。或由新婚夫婦自動的主持，他們按照自己的目的與志趣而婚嫁。英國及美國的婚姻的普通法，就是由這種"Self gifta"（自主的婚嫁）生出來的。(註一二)

晨獻

自第七世紀至第十世紀之間，發生一種新風俗：新娘若為丈夫所寵愛，在結婚的第二天早晨給她一種賞禮。女子一經接受丈夫愛寵的表記之後，便立刻起床，結起頭上的散髮，表示她現在是一個受寵的女子，她丈夫再不能因不滿意之故，把她送回娘家了。晨獻的價值起先似乎是很少的；但時間前進，牠的價值繼長增高其尤甚者，竟超出女子的身價了。在第十世紀之前，男子的晨獻和結婚時的禮事一樣爲法律所規定。貴族及王孫公子都以奴僕馬匹教會的稅收及更大的產業貢獻給新娘。歷史告訴我們，盎格羅薩克森王阿忒爾斯坦（Athelatam）的妹子厄德及斯（Eadgyth）從她丈夫，日爾曼王鄂圖（Otts）處接受馬加特堡（Magdeburg）作爲新婚的晨獻（註一三）。自第十世紀以後，有好幾個這樣的例子遺傳下來（註一四）。有好多時，早晨的貢禮完全併合禮事之內，等到丈夫死時，才給她做養口業。

教會對於婚姻的干與

但我們不要以爲教會對於上述的婚姻的私事概不顧問，自第五世紀至第八世紀，日爾曼民族皈依基督教之後，教會的僧侶，運用他們的能力，推行關於接近的宗族及近親的婚姻的宗教法於這些野蠻民族中。教會極聰明起先並不反對日爾曼的婚姻形式，就是買妻也不反對。正如牠從前採納羅馬的婚制一樣，牠也採納蠻族人的婚俗。自第五世紀至第十世紀基督教的僧侶把婚姻的神聖性灌注於條頓人的腦中。爲達到這個目的，教會極力勸告結婚者請祭司在婚禮時祝福他們。有許多時新婚夫婦在結婚之後一日舉行彌撒祭，成爲慣例，不過初時這種習俗還沒有成爲普遍的罷了。而且新娘的彌撒祭也是婚禮中不可缺的部分，婚禮仍在女子表示同意之後，由父親或指定的管理人交給她的丈夫。可是彌撒祭的大典及祭司給新婚夫婦的祝福，已有很多人看作使婚姻成聖的適當的禮式。很有趣，第十世紀之後，新娘的彌撒祭中，除了祭司的祝福之外，沒有別的婚姻禮式了。第十世紀懇替士（Kentish）的訂婚契約明白規定：「在婚禮中，須依法有主祭的祭司，他求上帝祝福，這對夫妻生育繁昌。」（註一五）英國的婚禮，祝福時，使新婚夫婦立在親友在四角拿起的幕下，這似乎是採納羅馬相似的風俗。這不用說是受了羅馬的影響，因爲我們知道在第十世紀時，英國南部很受羅馬的影響。還有一種風俗，就是以石榴和橄欖的樹葉編成花圈給新娘戴上，這也是淵源於東羅馬的基督教新娘加冕的風俗。

蠻族的文化愈進步，教會就愈發擴充牠的勢力於婚禮之上，到第十世紀，結婚禮照例要在教堂的門前祭司的面前舉行要好的記取婚姻的動作——兩方願意過夫妻的生活——仍被看作私人的事，因爲婚禮不是在教堂內舉行，而主持婚事者是派定的管理人，不是祭司。豪厄德給我們一個樣本，這是約莫在十二世紀末約克（York）人使用的婚禮（註一六）。這個就是證明遲至這個時代，英國的婚禮，仍然在教堂的門前舉行。新娘的妝奩，在這里交付，祭司在這里問道：「誰把這個女子給予這個男子呢？」新娘的父親或管理人正式「交付」之後，祭司就祝福這對新夫婦。只在這個時候，新娘的親屬才進入教堂，參與新娘的彌撒祭，獻祭之後，就祝福散會了。

基督教會老早就妨止蠻族人重婚，正如基督紀元第一世紀時在羅馬一樣。僧正之所以不贊成重婚，不用說是眞心的；可是我們很可以說此外還有一個動機，就是教會想取得富有的寡婦的財產，所以僧侶在婦女的丈夫死後，陷於痛苦的深淵時，鼓舞她「誓願守寡。」此後寡婦就進入附近的庵堂，穿着朴素赤褐的衣袍，及帶上一個戒指，表明她立心守節。修道院當然接受這個新尼姑的一切財產，但許給她的自由卻比之誓願禁欲的人太得多了。我們可以推想當未亡人的愁苦開始減退時，未嘗不可以撕毀守節的誓約。因爲這種事情流行於盎格羅薩克森族中，所以克努特王下令禁止寡婦「在心腸未定時」誓願守節。在僧侶一方面，也以沒收寡婦的妝奩的刑罰禁止寡婦在丈夫死後那一年再婚，這個目的也居然達到了。直到諾爾曼人征服英格蘭之後，才把沒收的財產給予亡夫是近親。但過此之後，教會堅持這是宗教上的罪慾；所以主教奪取犯罪的寡婦底土地以增益教會。(註一六)

已婚婦人的社會地位及財產權

婦女在家族中的地位

日爾曼的婦人並不加入丈夫的家族，卻還是她本族之一員，所以女子的宗族對於她出嫁後的罪過負責。照例婦女的親屬在她的嫁時，要保證她結婚後的品行。要是出嫁的婦人過害，就由她的家族或宗族出面要求賠償，因爲她仍受她們的保護。關於第十世紀懇替土人的訂婚法有一篇論文說：「倘若男子想領新娘到別的地方去。那末，她的朋友就有權與對方立約保證她不過着患難；倘若她犯罪而沒有款項賠償，他們就得支付。」（註一七）但事實上，女子嫁時，差不多完全歸丈夫支配，所以他有全權以體罰強迫她服從。只有極端的苛待或無理的離棄，宗教才出而干涉。雖然古代的民間法，沒有剝奪她的法律的保障，或竟把女子的優卹金在某種情形之下超多於男子，可是這時代的婦女在法律上並不是當作個「人」來看待的。父或兄弟或管理人在法庭上代她出堂，及替她繳納罰金。這一層反古代羅馬及一切父權家族的風俗。歷古皆然，在中古時代初期，丈夫在體罰不生效力的，可以賣掉他的強項的妻子。游惰的婦女是盎格羅薩克森族最討厭的，她要受家長的嚴責。在 Exeter Book 中所尋出的珍貴的格言詩句說：

恰巧有個閨女在她的席中；
她是一個發言紆曲的女人，
常常被人指斥她的錯過，

男子很蔑視她，
常常給她耳光子喫。

婦人若想將她所受的侮辱回敬她的丈夫，那就有禍了。在某種條頓民族中，打丈夫的婦人，衆人就迫她騎上驢背上，穿街過巷，背向後，手執住驚逸的牲畜的尾巴！日爾曼族夫的最高無上觀念最爲強烈，所以男子若靦然爲婦人所毆辱，有一天他的鄰居就要集合攏來，拆了他的屋子的瓦蓋，其意以爲不能保護自己於妻子的果子，不當住在能蔽風雨的地方。（註一八）

可是已婚婦人的地位，雖在民間法最粗鄙的時候，仍不像一般人所想像的那麼卑微。雖然大家都責望他服從丈夫，但有時妻的人格卻是很強的，在這種情形之下，要求法律推行丈夫的最高權，就是怠惰了。婦人藉精力的優秀乃道德的勢力，毫不懷疑地執行她的意志於家庭的日常生活中，正如今日一樣。她在家族中的地位，不完全靠她的心理及品格的能力。歐洲大陸大多數貴族人，在婦人的範圍內，給以若干的自主權。丹麥的婦人，監管家庭的鑰匙；當丹麥王克努特做英皇的時候，他推廣這種特權到盎格羅薩克森族的婦人，並且給她們以保管倉廩，夾箱及碗碟橱的權利。這是一種不可侵犯的特權；因爲這時候若男子的家中丟了東西，他的妻可就要挨罰了，但是新的法律卻規定要是所丟的東西不是在妻所管理的地方，或宣誓她不知道這竊案，就可以躲過殘暴的刑罰，或上天降給竊賊的刑罰。有能幹的妻，若能好好地管理煩瑣的家務，她的命運就變得好些，就是丈夫也覺得很有體面。有很多男子知到若給妻子以家庭上的自由，她就能做更好的工作，全家也得好處了。

條頓民族的原始宗教，對於婦女地位的改善，也有點影響。在基督紀元之先，或在塔西佗的時代，野蠻的日爾曼人，崇拜家神，就如亞利安族在這個時代或那個時代所做的一樣。祖先崇拜能夠約束婚姻關係，及使家庭變成神聖。塔西佗告訴我們，日爾曼族相信「在婦人身上住有一些神聖的及先知的神靈。」在婦女具有這種威嚴，所以他們相信神托她說話，或者從婦女可以得到神靈的庇佑。

基督教對於婦女地位的影響——大概說來。基督教的僧侶，運用他們的勢力，去改善已婚婦女及女子的地位，而且緩和夫與父濫用他們的權威。可是歷史家來特（Wright）雖然這麼謹慎，但他仍毫不躊躇的說，僧侶之所以努力減輕父權的勢力，只不過爲他們的利益起見，他們想以教會的勢力，代替家族的權力罷了。有很多婦人，被祭司的勢力，從家庭拉出來，和基督締結精神的婚姻。當盎格羅薩克森的政治的末期，有人告訴我們：宗教的房屋，充滿了棄離丈夫，及拒絕嫁給父親派給她的男子的女子，（註一九）但不論如何，教會對於文化的貢獻，就是抹除存在於盎格羅薩克森族的多妻制最後的痕跡，而且由此漸漸的改良禮文，及提高婦女在家庭的地位。在第十及十一世紀的時候，婦女——至少是盎格羅薩克森族的婦女——的地位，已經大大的改善。這個從一種珍貴的印刷物着來。這種印刷品，表現在一個時代，妻不復在桌間待奉她的主人，卻是莊重的坐在他的身旁了。上流階級在社會上的地位，已經改善，這是很明顯。公元八百五十六年，厄忒爾胡爾夫（Ethelwulf）王在結婚時給他的妻朱狄斯（Jubith）加冕。自是而後，英國的皇后都加冕，而且有時坐在帝王的旁邊。還有一層，這時候的婦女還得到一種無價的權利，就是對於父親給她的極不滿意的婚姻有否決權。眞的，要是她這麼倔強，她不特遇到鞭撻的危險，並且被送到庵堂去——尤其是年紀小的姑娘。但我們很可以相信憤怒的父親，不常用這種刑罰。婦女的命運之所以這樣緩和，大都分是拜基督教僧侶之賜。貴族的聰明女子所得的教育，也是受了教會的影響。亞爾弗勒（Alfred）王的文學興趣，也是母親振作起來的；而亞爾弗勒的女兒在那時候所受的教育，可以說是最高的了。十一世紀懺悔的愛德華（Edward the Confessor）——薩克森族最末之王——的皇后，亦因學問淵博而芳名大噪。關於這些事實，Thrupp說，「婦女在盎格羅薩克森文化的末期所得的高等教育，及獨立的地位，使她們與男子立於同等的地位；更加上她們獨具的慈善端莊的態度，就成爲後世豪俠的尊敬和愛護的基礎了」（註二〇）。但是要記得這個歷史家所說的話，是專指皇族或貴族的婦女而言。社會階級較低下的婦女的地位，比之高貴的女子，卻卑下得多了。

已婚婦人的財產權

在封建制度未發生之前，歐洲大陸和英國的已婚婦人所得的財產權比封建制度成立以後所得的還要多些。古代的民間法可爲明證。在歐洲各種族中，妻的財產權是：（1）身價（自給女子而不是給父親的風俗成立以後）；（2）晨獻；（3）"gerade"上面已經說過身價及晨獻，後來併合的婦人的贍養業，在訂婚時約定，在結婚時着定。里普亞里族，弗里西安族，威斯特發里亞的薩克森等族的法律都規定：要是婦女生有男孩，她就丟掉晨獻，卻享受家庭的半數。日爾曼族女子的家族，常常給婦人以私人的產業，（註二二）這不用說是幫助她成家。這宗財產，只限定她一個人使用。連"gerade"也都在內，這是家庭的繡品，傢私，裝飾品，金錢，有時竟有未嫁時所畜牧的家禽及她手養的草羊。這些私產只限定傳給女繼承人。

條頓族的已婚婦人，對於她所享受的財產，有多大支配權呢！關於這一層，歷史家的意見並不一致。但"gerade"分明是屬於婦人，那是沒有分別的；要是這是一大注產業，那麽，日爾曼的婦人大可以經濟獨立了——尤其是各自保有她的入息的時候。但在這些利益之外，在某種族中，一切財產除了gerade——即晨獻和繼承的財產——丈夫在生時統統歸他支配，各族對於已婚婦人所得的財產的支配權，法律和風俗都不相同。但有一層，日爾曼族是一致的。除了西哥德族在羅馬的勢力之下外，一切條頓民族都不許婦女享有田地。

可是日爾曼婦人的財產支配權，雖略有限制，但寡婦所受的限制，卻是很少的。丈夫死後，婦人就終生享有早晨的貢禮，而且接受遺留給她的私產。上面已經說過威斯特發里亞，薩克森族有子的寡婦所享受的，不是早晨的貢禮，卻是家產的半數。她終生享有這些產業，其後就遺傳給丈夫最親近的繼承人。初時日爾曼的寡婦，轉入丈夫的宗族保護，也可以回到自己的家族的支配，不過要出相當的代價來交換管理權罷了。但後來這種風俗消滅，在封建時代之前，寡婦似乎有某程度的獨立了。

以上只討論大陸各族已婚婦人及寡婦的財產權。英格蘭的盎格羅薩克森族的同樣的特權，又怎麼呢？盎格羅薩克森的婦女，對於早晨的貢禮，有絕對的所有權；除是她丈夫在婚約上聲明限定有生時使用外她可以遺傳給她以爲適宜的人而且倘若婦人生有兒子，按照厄德爾柏特（584——616）的法律她享有家產的半數要是丈夫沒有早晨貲禮給她盎格羅薩克森通行的法律給她一種權利去享受「丈夫的財產整整的全部。」丈夫未得妻的同意不能割讓他的土地，還有一層，在遺囑及實據上，可以證明自第九世紀起至諾爾曼人入主之時止，盎格羅薩克森族的婦人和丈夫共享家族的財產。忒吉爾（Thurkill）及他的妻伊斯基夫特（Aethgifft）送給教會一段地，他們在契據上面說，這一段地的所有權「在我們死後，和我們享有時一樣地完全而且自由。」（註二二）盎格羅薩克森族的婦女繼承土地的權利，似乎不像大陸的那樣受限制。這樣看來，盎格羅薩克森族的兩性是平等的。父親要是願意，可以把他的不動產公平分配給他的子女。

盎格羅薩克森的寡婦起先受最親的宗族男子監護。第六世紀的法律就是這樣。但在十世紀阿忒爾累德（Aethelred）在位之時，寡婦在各種事實上都可以自由行動。她不止享有早晨的貲禮和繼承的財產，並且有絕對的管理權；有時在記敍上顯出她們可以不徵求兒子的同意割讓或遺傳她們的產業。當丈夫死後，妻和子女往往仍同居於家庭裏，共享產業。在這種形情之下，寡婦出賣土地，就要徵求兒子的同意了。

中古時代的離婚

民間法和風俗

在有史以前的時代，出妻也許是各個野蠻種族的一切男子的特權。但這種特權，要好好的使用，爲的是恐怕會惹起血戰，或無理廢棄，必致引起婦人的親屬要求賠償。勃艮底亞的民間法，許可雙方同意的離婚，這不用說是受了羅馬的影響。別的部落也漸漸把這種權利給一般的夫妻了。這些習慣法，在夫婦所犯的通姦罪上，分別得很淸楚。已婚的男子若犯了姦淫罪，的確要受懲罰；但他的罪並不是對不起妻子，却是「侵犯別一個男子的權利。」（註二三）他方面說，塔西佗論及中古時代的日爾曼人說，犯姦淫的婦人，要在各村落遊刑，以至於死，因爲她對丈夫不忠實。大體說來，基督教限制男子出妻的理由的趨勢，對於古代的民間法，很有影響。僧正柏特

(Bed) 在他的教會史(紀元七一三年版)上說,不生育,愛喫酗酒,愛鬥口,游蕩等都不是出妻的充分理由。西哥德族的法律是很進步的,他們限制男子的離婚的權利,以姦淫爲唯一的原因,但要是丈夫犯了「兩種大罪,」妻也可以和他離異。可是西哥德族顯然不承認丈夫的不忠實是這兩種「大罪」中之一。從此可以證明基督教一體厭惡男女犯姦淫這條原理,還不能改變蠻人沒觀念或習慣法了。

中古教會對於離婚的影響

中古教會對於離婚的影響,其歷史是很有趣的。我們首先要把教會僧侶所主持的婚姻不可分離的理論,及在蠻族社會所磋着的事實,分別清楚。在第五世紀加太基(Carthage)的會議,早就宣佈婚姻關係的不可分性,而羅馬教王亦三令五申的禁止離婚後的再婚。可是這條教法,若沒有公正的判斷人要想實行,就很爲難了。我們知道亞格得會議(Council of Agde)公元五〇五年並不革除休妻的男子,只是在他們未再婚之前斥逐那些不能在區主教之前提出離婚的理由的人們。但大陸和英格蘭的Paenitentiales(註二四)卻承認幾種離婚的理由,並且准人再婚。大主教狄奥多的 Paenitentiale（註二五）給男子以休棄犯姦須罪的婦人及再娶的權利。就是犯罪的婦人，若刻苦修行五年，也可以再醮。被婦人離棄的男子，若得到主教的許可，也可以娶別個女人；丈夫因犯罪而下獄的婦人也可以再嫁。狄奥多的 Paenitentiale 所認可的別的離婚及再婚的理由，就是：一個皈依基督教，別一個仍爲異教人，及丈夫或妻在戰時被擄掠。沒有一處的公判人的精神，教會強制蠻族的社會情形較之較多的僧侶最先或可兩方同意的離婚了。這裏不止爲特收英格蘭的懺罪例所許的特權，就是法蘭克人也繼着效法之呢。（註二六）

這就是第九世紀以前的事勢；此後教會的議會，對於離婚，持一個不公平的態度，當時行用的懺悔狀，也小心修訂，使基督教的教理與婚姻的不可分性一致。再過三百年之後，教會的法律大家，如格累細亞 (Gratian) 及倫巴德的彼得 (Peter the Lombard) 才把一切結婚與離婚的宗教法律編纂起來，以調和教會神父衝突的意見。這些法典，通行於一切基督教的民族中，教會對於一切婚姻及離婚事件權力的拓張，已可概見了。但是這種權威是慢慢發展的。我們知道教會在習於以離婚於私事的人中，要想推行牠的婚姻觀念，當然會遇到實在的困難。基督教僧侶以為對於這個問題，唯一的解決，就在乎由他們的團體操掌支配離婚的全權。他們老早就據此去爭取最高無上權，並且從政治中奪取審判權；但他們的努力卻沒有功效，直到第十世紀，主教的法庭才在日爾曼族中成為受理離婚案件的正式法庭。但這種情形早就通行於基督教國中了。

教會施行婚姻的不可分性的教義，雖然成功，但事實上主教法庭在兩種情形之下，也准人離婚：第一，教會採用"divortium a vinculo matrimonii"（離婚約。（在下列的幾種情形之下，婚姻就宣佈為無效及作廢（A）以現在式的云謂詞說出先定的婚約；（B）七代以內的宗親；（C）浸禮會所主張的精神結合。例如曾經做過一個孩子的保證人的男女，教會就當他們有精神的血統，所以他們不能結婚。第二，教會許夫婦分居(divortiuma mensa et thoro) 原因有三：（A）姦淫，（B）崇奉異教或反對，（C）苛待，在這種情形之下，教會給予離婚狀許夫妻分居。關於有權勢有金錢的人，往往利用離婚約作宣佈不適意的婚姻爲無效的手段，於是乎欺騙之門，就大開無疑了。關於此點，豪厄德說，「在宗教改革之前，根據預約或禁止的親族世代精神的結合，血族或別的宗教的口實而廢棄虛僞的婚約，已成爲莫大的恥辱了。」——（註二七）一個英國法律的歷史家說，「開始檢查他們的譜系，要是他們不能發見 impedimentum dirimens，或可以撤廢婚約原因，就是大不幸了。」——（註二八）金錢在中古時代後期的宗教法庭上，顯是很有效用的。推營（Thwing）在他著的家族論上，類分婚姻的廢除說是「中古教會最多的事情。」又說，「教會權力的運用，其受制沒有甚於金錢，或較之產生更多的恥辱的了。」

中古時代初期的家庭生活

古代的家庭

塔西佗對於第一世紀日爾曼族的生活有名的研究——上面所常引——對於他們家庭生活的形式，也略略說及。他說每個家庭的周圍，都有一塊空地，其故或爲避免火警，或因不懂建築技術。他們實在不懂坎皿和瓦的用處，他們不論造什麼都用粗陋不成形的木材，完全沒有審美的觀念……他們挖掘地窖，上面遮滿了糞土。這就是他們冬天的隱藏之所和倉廩了，因與他們的性格是溫和的：在敵人侵入來的時候，這些隱處都原封不動，或因爲敵人不知道，或不願去搜索。」條頓族的祖先，就在這些鄙陋的家庭裏居住。他們所穿的衣裳只有一種，塔西佗叫牠做"sagum"這是一件短而四方的大衣，以毛茸茸的物料或獸皮造成。婦人的衣服和男子的極相似，不過，塔西佗說「她們常穿着繡上紫色的錦衣，她不弄長上衣爲袖，讓手臂及胸部的一部分暴露出來。」（註二九）

英格蘭在盎格羅薩克森時代，每每享有土地的自由人，都在分派給他的土地上圍以圍籬，並且在土地的四周挖下一條溝洫。在地界之內有一塊空曠的地方叫做庭園(geard)這里建造一間粗陋的房子，那就是盎格羅薩克森人的家庭(ham)了。主要的房子叫做"heal"（大堂）。這一家的主人就在這里招待探訪他的忠實的客人，他的朋友及人客，晚間就在鋪草的地上睡覺。富有的貴人在大堂開設盛筵，款待他的朋友，他的夫人獻酒於她主人的賓客。就是盎格羅薩克森的皇后，也常常離了她在帝王身旁的座位，傳杯換盞於忠心的臣下之中。貴人及他的夫人，在中堂或中庭施捨衣裳和麵包給窮人；所以英文的"lord"和"lady"這兩個字，就是由"blaf-ord"，（麵包所有者）和"blaf-dig"（麵包的施與者）來的。這樣看來，"lady"這個字的話源，是從可貴的慈悲心生出來的，古代的人以爲這是富貴人家的婦女的特殊責任及可貴的令名。在大堂之外，建立間隔的房子，以爲家族中婦女起居之所。每間小房子，都與大堂相聯，叫做"bur"，從此就生出我們的"ladies bower"（婦女的閨房）這個名詞來。貧苦階級的家庭，更加鄙陋，臥房很少，或竟沒有。來特說：「我們入到簡陋的房子，家人都在那里一塊兒喫喝起居，連遮蔽的樊籬也沒有——這就是我們的普通的屋舍家宅的原形了。」（註三〇）格盎羅薩克森族家庭的建造和佈置，到薩克森時代之末，還是一般無異，也沒有樓，只有地下一層就是了。村鄉的家庭，建在高地上，各方面都很開張；所以在戰時就得小心保護了。

家庭爲工業的中心

中古時代初期的家庭，和太初的巴勒斯延一樣，是社會工業生活的中心。野蠻的條頓人，日以耕種田地，狩獵野獸，制造簡陋的工具，以及去打仗爲事。在太平的時候，他躺在家中，或呼朋喚友去喫酒。他的妻卻從事各種生產的職業。塔西佗說，「所有勇敢的戰士，都把照料家庭，主持家務及田地的事務，通通交給婦人，老年人及家庭中的弱者，自己卻耽於逸樂……」這句話最足以表明在基督紀元的第一世紀，農耕仍是條頓婦女的事。這種事實在今日野蠻及半開化的人羣中，仍然存在。男子只開闢土地，其餘的勞作，如耕耘種植等，都交給女子。而且縫衣的各種技能的工作，也都還全在婦女的手中。坎特布里(Canterbury)的大主教狄奧多在他的Paenitentiale中，常常禁止婦女在禮拜日剪羊毛，梳羊毛，打蔴，洗衣，紡績，或縫級等等。雖然這只是這時代忙碌的主婦的活動的一部分，但可以證明第一世紀的絲蔴織造業，完全由家族中的妻女去做。在十二世紀時，織造還沒有成爲男子技巧的職業之前，也是如此。這時候，預備的手續，如梳羊毛，紡織及繅紗等，仍在女子手中。(註三一)同樣，一切與預備食物及飲料有關的工作，都是家庭的事業，都由主婦主管。這個時代，婦女是廚子釀造人及烘餅者，到中古時代工業的基爾特發生，久為家庭工業的釀造業和烘餅業才被男子侵佔了。但這時候的婦女仍沒有完全被摒逐於這些混合的工業之外，萊因城的都市册籍，及美因河邊之法蘭克福（Frankfort-on-Main）都有很多的證據。（註三二）而且婦女的工作，並不止此。當油燭發明之時，製燭就成為家庭工業——忙碌主婦的新職業，製皂業也在主婦的手中；我們很可以說，當製革業還沒有成為男子的工業之時至少有一部分是婦女在家庭的工作。

中古時代的婦女，最可稱羨的手藝，就是刺繡，盎格羅薩克森族的婦女，最精於這種技術，所以最精巧的刺繡及女紅，在十一世紀的歐洲，以英產為最著名。有幾種古籍，也說起過刺繡的技術，是婦女專門的職業。在英國輿地全書（Domesday Book）上，曾說及薩克森伯爵葛德文（Godwin）把一塊地送給一個姑娘名叫亞爾維德的（Alwid）以報酬她教授他的女兒以金來顧繡。克努特的皇后亞爾基華（Algiva）親自在一幅嵌有實石的珍貴的布上，精妙地繡上一幅畫圖。有人說，在英格蘭中，再不能找出別的跟牠比相的刺繡了。(註三三)阿德赫謨(Aldhelm)主教，在第八世紀，著了一本極好的書，稱贊童貞女，內容兼非議盎格羅薩克森的婦女之專務虛榮，她們「設法弄成她們蓬飄的捲髮，或用人工法拿捲針捲成，以安的母尼抹紅她們的兩頰。」我們現代所常見的妖冶的打扮，歷史實在很古代了。但這個有名主教，卻不能有充分的證據證明婦女能把羊毛的原色，變成紅色或紫色——這種改變，顯然是更好的。但他的非議，卻是以證明在很早的時候，婦女就懂得染羊毛的法子了。塔西佗也說，這是第一世紀日爾曼婦女最普通的工作。

婦女與紫爾特——自從幾種工藝如縫衣，補鞋，做馬鞍和織造等事，脫離婦女的支配，成爲男子的事業之後——自十一世紀至十四世紀之間完成了的一個進化，但這些工藝的性質，仍是家庭的。(註三四)各人都在一個師傅的屋子裏作工，他可以僱用有限度的學徒和職工。這些工作的首尾，就由家族中的妻和女去做。中古時代的婦女，在家外做獨立的工資勞動者的很少。可是婦女孤苦無依，不得不自謀生計的，亦所在多有。在鄉村的州縣中，基爾特的組織頗覺發達，無家可歸的婦女的問題，很易解決，因爲有很多家庭事業，等任她們去做。故此鄉村的孤女和寡婦，在近親遠戚之中，儘可以找到藏身之所。但在中古時代後期的都市中，無家可歸的婦女，可就壞了，這不止是因爲她們不能在多數工業的基爾特中作工，而且她們還覺得家族工業這個觀念是不可缺的。這就是說，他們把熟練的手藝看作家庭的工作，要在家庭中舉行；那里有師傅去指導他的妻兒及基爾特許他僱用的學徒去作工。况且中古時代的基爾特，不只是工業的社會，並且是運用法律，政治，軍事，及管治的權能的組織體。要想做一個行業基爾特的一個眞分子，全靠服務行伍及參與政治生活的能力。婦女自然被屏於這兩種活動之外，所以在好些例子看來，不能加入基爾特。一般人的觀念，都以爲婦女是要結婚的，女子工作的範圍，完全限於料理家庭。可是在屏棄婦女於合作的職業，也有例外。有些基爾特在師傅死後，他的寡婦，要執行他的職務。不過有時要再嫁給同行的師傅，才可以加入基爾特罷了。到處的婦人，尤其是大陸的，可以成為幾種行業的基爾特的獨立分子。布勒門（Breman），科倫（Cologne）但澤（Dartzig），斯皮耳（Speier）斯特拉斯堡（Strassburg）及烏爾穆（Ulm）的記載，都充滿了這種例證。十四世紀慕尼克（Munich）城有一條法律說道，「凡屬織造工人，或女織工主人，都可以——要是他願意，有一個男學徒和一個女學徒，但不能再多。」（註三五）在科倫法令中，也有關於打金和織金行業的有趣的考證。每個基爾特，不只有一個師傅，還有一個「師母；」他們的責任就在監察分子作工。有一條法律說，「打金匠的妻若為織金工人，就不能有三個女兒以上做織金的工；反過來說，織金女工的丈夫，若是一個打金工匠，卻可以有四個女兒去織金，但不能再多。」（註三六）這種法律是有趣的，由此可以證明基爾特工業的家庭性，到底有多大了。照基爾特一般的法制，子女常為父母的學徒。

中世紀的家庭撫育和教練

在中古時代初期，小孩子生下來的時候，父親以家長的資格決定撫養這個脆弱的嬰孩不撫養。我們已經知道殺嬰和棄兒在這個時代，很是普遍，爲的是生活困難。教會雖然極力反對，凡犯這種罪惡的人，就要重重的罰，並且行長時間的悔罪修行，但窮苦的父母在戰爭或糧食缺乏之時，仍拋棄他們的孩子。就是在十一世紀，什列斯威（Schleswig）的居民，有時仍把他們不歡迎的孩子拋落海中，不過這也許是很少發生罷了。（註三七）這種殘忍的風俗，發現於女孩身上，較男孩爲多，因爲他們靠男子延續宗祧。並且是父母老年時的靠山。在日爾曼北部及斯干的那維亞（Scandinavia）諸國之中，倘若孩子受水灑及命名之後，或嘴唇喫過蜜糖之後，就不能殺害或拋棄他。拋棄孩子的風俗，漸漸受文化的約束，及婦女的地位改善以後，她們本能的愛和仁慈，加增決定她們所生的孩子的重要。在弩連堡（Nuremberg）這個壯麗的古城中，當中古時代，生有孩子的貧婦，受一點津貼費，這也許是妨止殺嬰或墮胎的意思。一切兒童，差不多都由隱婆接生，她們很喜歡替貧苦的貧人預備臥床，及一切分娩時的必需品，在必要時，還要看護她。她每年報告於市財政局，領取她們的報酬。

日爾曼北部，埃斯蘭（Iceland）和斯干的那維亞各地，初生的孩子，放在父親足下的地上，他就決定宜否讓他活下去。倘若可決，就把這個小客人交給穩婆給他洗浴和裹紮——用布把他從頭至脚緊緊的裹起來。跟住就灑水，及由父親命名。這時代的保姆和穩婆，都很懂得巫術，和各種因襲的儀式，他們相信這些可以幫助這個小客人進入人生的迷途。有時把一隻生卵——多子的象徵——放在小孩子的浴盆；或用一個鍋子，以保證他有充分的謀生手段。洗完澡之後，就把小孩子親密的放在母親的左邊，他們相信她可以去除一切病症，去除兒童病，瘋癲及癲癇等。市府的法律有時也出而禁止穩婆所行的巫術。舉一個例十七世紀臯塔(Gotha)的法律，自給穩婆敬畏神祇及指導基督的生活之後，繼紛說，「反過來說，一切邪術及妄稱上帝之名……如使用寫下的字，繪魚手勢及劃十字，以某種問答切斷臍帶……在洗澡之前或後灑水等等都被禁止，要是她們在別人身上行使這些非基督徒的及可羞的行為，他們就得勸止他們；並且報告每宗事件於祭司或地方官。」(註三八)

小孩子在很年幼時，要受施洗的聖禮。這雖然是中古時代最重要的事，所以市府的法律，規定牠的費用。十四世紀弩連堡的法律，禁止施洗的禮服，以金，銀，或珠寶來做文飾，違者罰款兩個弗羅林(florins)，施洗禮時，不許有十二個以上的來賓，這些來賓之中，不許有三個人以上赴「湯餅會。」就是款宴，法律也限定用香料飯和酒。法律即減節父母在洗禮時的費用，還不滿足，又進而減節教父教母及親朋所獻的賀儀到三十二個彭尼格(Pfennig)。(註三九)

在基督紀元的初期，條頓族，及盎格羅薩克森族的男孩，都是赤身，而且骯髒的在簡陋的家庭中生長出來。他們的訓練，多分是走，跳，學習使用刀槍，標槍，及舞劍；再後就是狩獵和爭鬥。在某種條頓族中，男子到八歲便定婚了。如上所述，盎格羅薩克森族的男子，到十二歲時，便脫父親或監護人的支配了。日爾曼的男子，到十六歲，都被看作能執戈自衞了。過此之後，在族人集會之中，或酋長，父親，或宗族中的人，把自由人的權責交給他。此後，他在法律上，便對自己的行爲負責了。

中世時代初期，兒童的理智教育，沒有什麽可說。這種教育，除了由父親指定過修道院生活的人以外完全是例外而不是常規在聖王亞爾弗勒時代(第九世紀)把小孩子置在有名的貴人及王子的家中受教,己開始成爲風俗。可是亞爾弗勒兄弟,既不懂讀書,又不能寫字,其他的貴族兒童也都如此。這種文弱無男兒氣概的技術,是僧侶及婦女的事。其後,才有人把青年人送到諾曼第(Normandy)去學習騎馬,狩獵,角鬥,養馬及在諾曼的堡壘的食桌間服役。到十一世紀,封建制度改變社會的風俗,始以服從和服務爲騎士的性質。

這樣看來,中古初葉的男子的家庭教育,多分是生理的,道德的;教會不用說也和家庭合作,施予簡單的宗教教育。從野蠻及半開化時代的教會,可以表現西歐民族所達到的文化程度的低下了。

中古時代後期家族法律及風俗的變遷

教會干涉結婚與離婚權力的發展

要記得基督教會在第十及十一世紀時，已設法增進婚姻的神秘性，堅持祭司在教會門前參加婚禮，並且要新娘在教會內舉行彌撒祭，由祭司祝福新婚夫婦了。自十二世紀以降，自己過付——即女子自己或指派管理人把她交給男子——已成爲普遍的風俗。這樣一來，教會就出來干涉，把婚姻完全牽入自己支配之下。當父親或近親以管理人的資格把新娘交付新郎時，僧侶並不干犯他們的天然權利。但當新娘所指派的第三者能夠執行婚姻中最重要的手續時，基督教的祭司就奪取這種職能了。他們復進而以出教的嚴刑，懲罰給女子主婚的俗人。所以自十三世紀以降，歐洲大陸的婚姻式，以僧正爲重要的脚式。把女子交付男子的，不是父母，卻是祭司，交付時，以莊重的拉丁語說：「我托聖父，聖子，聖神之名，使你們結合，亞們。」(註四〇)但英格蘭卻沒有這種風俗。個人主義的盎格羅薩克森人直到現代，還保全主持女兒婚事的權利。從英國教會僧正所說的「誰給這個女子與這個男子呢？」這句話就足以證了。

祕密結婚——教會之所以實行把婚姻的莊嚴性，推行於結婚男女身上的動機，是因爲牠是教會七種聖禮之一無疑了。這種教義宣傳已久。到一千一百六十四年倫巴的彼得在著名的神學著作中才正式宣傳牠，叫做 "Sentence" 但教會收管婚姻的理由，又已改變了。第九世紀之初，基督教即開始攻擊日爾曼民族婚姻是世間的契約，不是宗教的禮式，這個深強的觀念了。我們知道這個觀念在英格蘭更加強固，不過他們是受了大陸的影響罷了。當教會正在極力設法擴充牠支配婚姻的權利，有好些人很痛恨教會的舉動，並且力主婚姻是世間的私事，其性質永遠是秘密的。當時的風俗，准男子與女子，以現在的語法，彼此相結合，例如：「我取你爲妻……」等等。這種世間的私人契約，就是英美「普通法的」淵源。有時這種簡單的禮式，還在證婚人前舉行，有時簡直不容第三者的參與。後一種婚姻，在第十三世紀時非常盛行，大爲社會所垢病，因爲他們往往鬧出重大的社會罪惡來。已婚男子，可以，並且實行隨便放棄結婚時所負擔的責任，而他的妻兒，遂爲社會之累了。可是教會卻誓願宣佈這種結合的無效，因爲這種行爲，會使不幸的兒童，成爲私生子。故此教會的婚姻法，按照倫巴的彼得所宣佈，把合法的及無效的婚姻分別淸楚。不通知教會的婚姻，卽使不是無效，也是非法的。這種婚姻，會遇到教會的嚴罰，卽悔罪修行。但他們並不宣佈無效作廢，也不強令夫婦分離。自諾曼入主之後，有很多法律禁止私人的婚姻，交由祭司執行。教王英諾森三世（Pope-Innocent III）在一千二百一十五年所開的第四次拉忒藍會議（Latern Council）上，設法遏抑祕密結婚的潮流，他要求一切基督教國家頒布禁令。可是男子與女子若以現在的語法（per verba prasenti）來結合，教會就讓他們繼續爲夫婦。這就是說，只要以私人的云謂字的契約，如「我取你爲妻」等等來結合，宗教法就維持他們，不必經在職的祭司公佈。教會這麽一來，遂大開方便之門，直到十六世紀，才起來設法矯正。

封建制度對於婚姻及家族的影響

自封建制度完全成立以後，西歐遂分成或大或小的采邑或領地，他們設置軍隊去保護這些采邑以及地主和個人。小地主，享有權勢的貴族領土的一部分，他們要盡忠於他，並且要替他服務。末了，貴族中最有勢力的，享有帝王賞賜他的采邑，受帝王的封禪。於是乎土地的貴族制便從此發生，對於接近的受封者具最高的支配權。

這種社會制度，對於婚姻法的影響，實是深重，而且是很廣遠的。

婦女的地位及財產權——我們要囘憶起在封建制度沒有成立之先，婦人已經得到某種財產權了。歐洲大陸的婦女，對於她在婚嫁時家族給她的私產，有完全的支配權。她便可以不待丈夫的同意，割賣她的私產。要是她取去若干部分，她就可以經濟獨立了。妻也享有晨獻及各自的入息。在丈夫生時，她是否支配這些財產，這不是要點。雖然有些法令傳下來給我們證明婦人把處理事務的權力，委托丈夫，（註四一）但也許不是的。這似乎反足以證明妻能支配自己的財產。日爾曼的寡婦，不論如何，對於晨獻，畢生都有獨立的管理權。我們又知道，盎格羅薩克森族的婦人與丈夫，共享家族的財產。後者不能割賣她的資產；而且，按照法律，她是晨獻的絕對所有者。要是沒有晨獻，她就享有丈夫的財產整個部分。丈夫給她的土地或財產，出賣時，要她簽約方才有效，盎格羅薩克森族的婦人在丈夫死後，對於人家贈送或遺傳給她的財產，及早晨貢禮，有所有權和支配權。除了法律上的行爲之外，她不受誰人的管理，而且有時顯然在法庭上答辨自己的案情。在諾曼入主的一世紀，英國有一個寡婦名叫文弗雷德（Wynflaed），親自到庭答辨她的案件；她不祇以貴族命婦的資格去指證，而且按之法律，婦女的供證是有效的。（註四二）

但在封建制度之下，所有這些都改變了。封建制度還減削婦人的財產權，並且降低她們的地位。幸而有一種敍述英國顯理二世（Henry II，1154—89）的法律和風俗，爲盎格諾曼法律大家格蘭微（Richard Glanvill）所得。這種有趣的 Tractate 非常有用，因爲牠把差不多行到近代的英國法律慣例的綱領提敍出來。條文上說道，這時候盎格羅薩克森時代的早晨貢禮，已變成諾曼的“dower”——寡婦養口業，或在結婚時終生享有丈夫的私產三分之一，不理後來是增加了還是減少了。格爾微在他的法律上還說，這宗產業還可以由夫妻的同意增加其分量。丈夫不能把住屋給他妻做養口業，因爲這是屬於他的繼承人的，由此可以明白根尋出行用到現代的長子繼承權及限制遺產法，這兩個觀念對於土地財產的勢力了在養口業特權之外還准婦人終生享用丈夫私產的三分一。但當丈夫活着的時候，盎格羅諾曼的婦人不能支配她的養口業，也不能以任何的方法干涉丈夫的處理。她的地位這卑微，卽使丈夫賣掉她的養口業的土地，在丈夫死後就算她能證明在出賣時她曾提出反對，但仍不能要求得什麽。她的不利還不止此。丈夫死後，寡婦要完盡很麻煩的法律手續，接收她的養口業。要是亡夫的繼承人安心拒絕她的要求，她就要托一個戰鬥士以強力執行她的權利。不能找得戰鬥士的不幸的女子就有禍了！她的財產在世上就大受"Manmade"的痛苦了。但在格蘭微後世的法律上有兩層關於養口業較緩和：(1)顯理三世在一千二百一十七年准寡婦接受丈夫死時所有的一切不動產的三分之一爲養口業；(2)到愛德華四世在位時，丈夫要是願意，可以把不動產給予她終生享用。但這種特權分明是很少實用的。(註四三)

關於產業的繼承，封建時代的英國婦女，處於更不利的地位。在盎格羅薩克森時代，女子可以與男子同享同等的繼承權，沒有法律的禁阻。但一到諾曼王，就成立一種新風俗了。關於婦女的繼承權格蘭微說：「倘若有一個人有一個兒子和嗣子，還有一個或幾個女兒，男子就繼承遺產的全部；因爲女子不能和男子分享遺產；除非在特殊的城市，那里的風俗才有特殊的例外。」（註四四）在封建時代還發生一種羅馬的風俗，就是在女兒出嫁時給與妝奩。這種財產，婚姻一日存在就屬丈夫。要是妻先夫而死，夫就享有終生的利益。但要是丈夫先死，寡婦就終生享用她的妝奩和養口業了。

婦女在封建時代的法律地位，也覺得低一點。格蘭微說，「夫與妻合成一體，夫就是主體。」這自然是說，婦人完全受丈夫的意志和管理所約束，在法庭上以他爲代表，格蘭微說，「當她在丈夫權力之下時，不論如何都不能背逆他的意志，所以不能違逆他的意志，以顧全一己的權利。」（註四五）法國有一個著名的著作家對於英國封建家族不平的法律說，牠具有「原始的野蠻法律的苛刻性。」（註四六）

封建制度一成立，英國婦女的權能更受制。寡婦再也不能監管自己的子女——這種權利是古代薩克森族的法律所保證的。享有大宗遺產的孤兒，往往歸上級的貴族監管，這個管理人有時因「包辦」這個孩子的料理而致富。他設法使自家的男子或女子和這個青年的繼承人結婚。要是這個孤兒是一個獨一的女兒，因而成爲一個繼承人，上級的貴族就小心執行他的權利，把她嫁給他替她選擇的男子，或最可靠最忠於他的男子。寡婦也是這樣。她要得到上級的貴族的同意才可以再醮，否則她的養口業就被沒收了。而且上級的貴族往往和有意取得支配有錢的寡婦的財產的權力的騎士或紳士行有利的買賣，十二世紀開幕時，上級貴族勒索孤兒婦的情弊，惹起顯理一世的憲法。在這種有趣的法律上，顯理說，「在我的男爵中要是有人想給他的女兒姊妹孩女或同族的婦女結婚，讓他告訴我！但除非他把她和我的仇敵結合，我就不取分文，把結婚狀給他，也不要止給予此。要是我的男爵或別的男子死了，他的女兒爲他的繼承人，我就照我的男爵的請求把土地給她。要是丈夫死去，遺下一妻，但沒有兒女，我就把她的養口業和婚姻給她，除非她愿意，我決不給她一個丈夫。」末了，他還警告他的男爵「一體看待他的子女或臣下的妻子。」（註四七）

方才所說的封建制度的不利，其原因不難找出。自軍隊保衛土地的風俗成爲普遍，婦女的權利也跟住減縮。因爲封建時代，看有勇力的男子的事業的價值高出於婦女在家庭中的服務之上，其次，貴族閨女的求婚者，往往在女子父親的領地內服務，以取得她的妝奩，這自然使男子覺得他在女子的財產中取得某種權利了。末了，要記得倘若一個婦人享有大宗產業，上級的貴族自然以軍隊保衛她的采邑。帕特喃(Putnam)夫人對於貴族婦女的有趣的研究說，中古時代的騎士的土地「上族貴族以軍隊的服務填抵賃金。每畝地的價值，以戰士的名義而定，只有騎士在必要時才能復集分額及產牲們。要是這個騎士在沙場或枕上死了，遺下一個寡婦及一個幼子，或幼女，做他的唯一的繼承人，那就是不給賃金的好機會了。上級的貴族，有權以對於一事的利益爲前提，使采邑不致無主；換句話說，就是立刻把寡婦或死者的女兒，嫁給剛強人，因欲取得這個采邑而願意娶這個女子的武士……其實，我們可以說，貴族婦女和農奴一樣，「與土地同歸於盡。」她自己也很明白這一層。在Girars de Viane那篇小說裏，部戈尼(Bourgoyne)的公爵夫人來到國王處說：「我的丈夫已經死了，悲悼有什麼用處呢？給我一個強壯的男子，做我的丈夫吧，我要保衛我的領地呢！」」（註四八）

城堡中的家庭生活——讀者不要以爲封建制度下的女子，永是悲慘的，而且是被壓制的。事實上的確不是如此，在歷史上再沒有比這事更普通的：就是男子和女子都很歡迎經濟的及社會的不合格——要是這是久爲慣例的和不受非難的。其次要記得在封建時代後期，歐西的野蠻種族已陸逐得到文明人的風俗和觀念了。盜刼之風稍息，戰爭亦日益減少了，封建時代的騎士或男爵更有機會去改善對於婦女的禮貌，並且習得一點斯文人的性質，這都是和平的產物，這種文化的發展，對於婦女在家族中的地位，極其有益，她們在采邑的城堡中的生活，也有進步。自諾曼人入主之後，盎格羅薩克森時代的簡陋的家庭，已經消滅，封建時代的城堡代之而興。騎士和貴婦，在這個鞏固的安樂窩中，經過極孤寂的日子，使男爵們不得不在戈矛不用及煩悶中實在刼掠或有思想的冒險。但這些互相隔絕的家族分子，卻很想有更親密的同情。基佐說（Guizot），「在別種社會中，決沒有一種家庭，能夠產生最簡明的表現，夫妻子女都非常親密，彼此互相擁抱，拋棄一切權利的，敵視的關係……不論何時，男子立在某種地位，他適應這個地位的道德心，也在心中好好地發生出來，他不是被迫而循例地困處家中和他的妻兒的觀念和感情相和諧，就不能不取得一個大皇帝君臨其上。封建的社會就是如此。」（註四九）還有一層，當城堡的主人和他的僕從從出外刼掠，或保護他的權利時，他的夫人就留在城堡中，做采邑唯一的管理人。在和平的時候，她爲管理者，被侵襲的時候，就是守衞者。這種權力，與尊嚴的地位，在中古時代貴族婦女的思想上，品格上的發展，當然有極深强的影響。正如羅馬侵略時代一樣，男子不在家時，羅馬的婦人就設法發展她的威嚴和功能，同樣的情形，也發現於封建時代的夫人的感想中。這種自動的自我批評，若與眞實的才能相聯合，必然增進女子在男子目中的地位。而且男子不在時，女子就成爲大宗產業的繼承人。女子享有富庶的采邑，實在是很常見的；她們的地位也比較地自由，而且有權力了。

十三十四世紀婦女的地位已經大大的改善。貴族婦女在出嫁時，得到豐厚的妝奩，及丈夫死後，又得到土地和遺產，那就儘可以獨立了。這種婦人，若可以不再嫁，就可以享有城堡和封邑。這樣一來，就可以得到武士對上級貴族的權利義務了。我們知道，當感情和禮貌改善之後，婦女在采邑的城堡中的地位，愈加尊貴。"courtesy"（屈膝行禮）這個字，就足以表明貴族及其夫人在家庭及宮庭中流行的禮儀。在采邑的家庭及城堡之外，另有一種對婦女的儀文，通行於數世紀之久。來特在他的婦女論的名著中，引用十三世紀的古詩的一節，這是行吟詩人表白屈膝行禮的起源及其對於婦女的影響的：——

我們應該尊敬婦女
是很有理由的；
因為我們除在婦女之外
很少遇見嫻雅的人。
我很知道因為婦女之愛情的原故
鄉愚粗漢也變為文雅的。（註五〇）

扈從和侍女的教育——在封建時代，有一種奇怪的風俗發生。低級的騎士，都把兒女送到顯赫的貴族的城堡中，及教士處受教育。城堡的王公，管理這個孩子，施以完備的教育。第一級，他們履行某種卑下的服務，如在桌間聽差，伏侍命婦，看管貴族的馬匹和兵器等等，以學得服從與忠心。再進一步，就是學習斯文人的儀態，例如媚悅婦女及馳騁的技術等。到十四歲時，這個侍從就成爲追隨婦女的扈從。再過七年之後，就學習戰爭，及在家庭中或疆場上侍衞他的主人。等到這個青年紳士完全浸淫於武士道的觀念——忠於教會，主人和他的夫人——之後，舉動堅剛，就得到他所想望的特出的騎士之職了。因爲中古時代的武士，不是生下來就有榮耀，而是從辛苦中得來的。

正當男子在城堡中學習各種事業和思想的時候，女子也在城堡中貴婦的手下，接受她們以爲適於她的教育。她們整天坐在城堡屋裏，在貴婦之前，學習紡績，縫衣，刺繡衣帶及衣服；有時還刺繡精美的繪景。最可貴的就是織造封建時代最珍奇的錦繡帷幕。在下午或黃昏的時候，她們到圍繞城堡的幽雅的花園去，侍從和紳士也都在那裏和她們相貝。從傳遞下來給我們的手抄文書，我們可以斷定十三世紀的閨女是很端淑的。從這時候起，已有人開始創作女子的嚴肅的禮儀了。法蘭西最古的法典叫做 Le chastoiment des Dames（註五二）這本書教導青年閨女在男子之前，要彬彬有禮，說話不要太多，行步要溫柔，不要太快，否則就會超出於同伴之前了。橫行時，切不可轉左或轉右。最要緊的就是不要讓男子和她接吻。這種教訓，使我們思疑中古時代城堡中一般的侍女畢竟和現代的女子極相似。

這些青年女子，大多數學習讀，寫和法語。但即使她們不學這些，教士也極力使她們懂得當時的文學——戀歌，小說，及發揮女性美和武士的勇武的史詩。還有一層，中古時代的貴族婦女都學做看護和醫師。青年的侍女，老早就學得止血法了。她們學習裹紮創傷，從草木中提煉藥物及「扶助她們終身依靠的男子。」這個時代的小說有很多證據證明女子富於看護及治療的技能，製煉藥石的知識。藥方已有從中古時代留傳下來，證明女子是家庭中重要的醫生。

武士道對於家族生活的影響

我們知道十二世紀發生一種社會規律，那就是武士道。這個給後世散文時代的小說家以很豐富的資料。最好的武士道，給中古時代的貴族以最重要的觀念，就是盡忠於教會及臣下的主人，對於弱者的勇武的行爲，及對於他們所鍾情的婦女，施以精神的戀愛和服務，在意中人的眼前，顯出超人的果敢和忍耐。這個觀念成爲很多精壯武士最高的理想；此外還可以老老實實地加上句，就是對於很多美麗的「侍女」的愛情的「公開祕訣。」有一個貴族的女子，老實不客氣的說，除了「貌美，勇敢，純全及一切基督教國人中體質上英氣勃勃的人」我就不肯下嫁，所以她的管理人，特開比武會，以這個女子和她的產業爲勝利的獎品。

城堡中貴族的婦女，化很多工夫去替她們心愛的武士織造腰帶和花邊，以修飾他們的甲冑。有時高貴的女郎，屈身替她的戰士拉馬進賽馬場去。這個男子也安心在那裏做夢和美的奴隸。所以在那個時代，就發生流血，劫掠，強者欺負弱者，及浪漫的愛情來。這些風俗，在異教國中，的確是很稀罕的，在中世紀開幕時，差不多不懂這是什麼一回事。但這種風氣，卻瀰漫於基督教國的全境，顯出是一種極大的文化勢力，當一個閨女在她的愛寵上定下精神的價值時，當武士歡喜喜地以勇毅的服務去支付這種代價時，戀愛就升到純粹官感的平面之上，而且在心坎中流露出來。浪漫的愛情發生於布羅溫（Provence）——詩歌和小說的發祥地；立刻傳播到法蘭西，由這個時代的行歌及艷伶傳播於歐洲的封建之社會。求愛的確是武士和閨女最重要的事情；作詩以贊頌貴族女子的才能，也是當時最貴的事功。吟作的伶人，和行吟的詩人，是一切城堡及貴族的家庭最歡迎的客人，他們常常唱熱烈的而是聽慣的詩歌，給城堡的命婦聽。在十二十三世紀時，古典主義達到最高潮，學習亞里士多德的邏輯的知識組織，也是當時最流行的理想。所以適應感嘆的戀人的戀愛常規，發生得很快，那就不足爲奇了。帕特喃夫人引用這些著作中之一首說：

「每個戀人都很想在所愛者之前柔嫩，
只有有道德的人才有戀愛的價值。

戀人的一舉一動，都只計及所愛者的心。

有眞摯愛情的人，除了他以爲足以取悅於所愛者的事情之外，全不計及。」（註五二）關於詳細教戒怎樣對待戀人的禮貌，有很多這一類的話。在二十世紀的人看去或者以爲是不合理的；但是我們要知道武士道運動在男子中所生的精神，尊敬及愛護婦女，甘心服務於女子，及懂得精神的愛和獸性的大界限——這些都有可驚的價値。

以上敍述武士道光明面；武士道也有黑暗面，是無可諱言的。已婚的婦人，煩悶而寂寞，在她丈夫的社會中，只能得到很少的相好或伴侶，及要求戀愛的權利。婚姻事由父母主持，是一種責任；戀愛是一種自由的贈品和享樂。前者使男子得到一個內助；婦女也取得一個社會的地位；男女兩方都要允許生子，以延續宗祧，及繼承產業。但戀愛是一種精神的結合，牠的尊榮，就是服務的報酬，是眞熱情的極峯。可是這種理想的愛的哲學，常爲過去的幻想，或不能自制的色情所侵奪。男子對於妻子的私事，也許閉目不理；他們在別個女子身上，尋找眞愛情，而不負煩重的婚姻責任去了。在烏爾立喜·樊力喜騰斯泰因

(Ulrish von Lichtenstein) 的詩中，(註五三)我們驚奇地考究出十三世紀一個武士對於一個鐵石心腸的女郎的熱情。這個奧大利的貴族，若不是在這個女子身上做功夫，他就已到羅馬做香客，並且到威尼斯 (Venice) 女皇的治下了。這個武士，分明是安心冒無目的底險，其結果，他穿着瘋人的服粧，去探望他的意中人。他整天坐在城堡的大門外，女子的侍婢給他東西喫。最後，他的祈求被注意了。他被用一條被單來吊到他的意中人的深閨的凸窗去。這時，他歡天喜地地入內，看見他的意中人坐在床上，丫頭圍在四邊。當他向這個婦人求愛時，他的希望竟被打得粉碎！她說，「不，你望奢望不要太高，要我把你放在我的旁邊……要是我除了我的主人之外，還愛上別一個人，他就死不瞑目了，因為(雖然我不是怕上帝及我的榮譽)我的主卻緊緊的監視着我，……」那個烏爾立喜聽見她的回答，還不肯干休，他轉過來對為這宗事的媒介的嬸娘說，「怎麼好呢？難道我這一來撲了一個空，我就垂頭喪氣了嗎？……」當他實行冒險時，他果眞是垂頭喪氣了。這個貴婦在這個好色的武士的身上鬧了一個可怕的玩意兒。她哄到他叫他從握住她的手的窗子下來，賞他一個接吻，烏爾立喜說：「我很快快地放了她的手：可是我立刻掉下來；上帝沒有和我在一起，我微微的扭傷我的頸項。」過了不久之後，烏爾立喜撇開這個無情的貴婦，以更溫婉的愛情來安慰自己了。(註五四)

城堡中美麗的侍女和夫人，不用說是很多浪漫的詩詞和艷佾的戀愛歌的興奮物。中古時代城堡的生活，兩性間很少有隱私的快樂和極端的親密。主人和主母的臥床放在大堂，只以帷幕和公衆集合的地方相間隔。侍從和紳士睡在上面的房子，侍女卻睡在另一間房子。入睡房訪人是很普通的風俗。高壓的感情及行吟詩人的詩歌，或朋友的模範，都足以減弱婦女的慾念；有很多女子不敢招惹天天和她發生密切關係的少年。來特說，「封建的社會，是磨刮得很燦爛的，但卻是不清淨的。」他還得加上「不忠實」這個字！因爲當求愛遵照法規，及行吟詩人與艷佾的浪漫詩歌平凡化的時候，矯扭做作就逐漸破壞武士和貴婦的愛情了。舉動都成爲自覺，要遵守煩瑣的教訓，所以缺乏忠實和純正。可是當武士道還沒有爲別的秩序所代替的時候，武士道對於男女貢獻理想的戀愛的有價值的意識的幻念。時代前進，這種戀愛就愈發與婚姻相合了。

封建制度下平民的家庭生活

以上只論列貴族男女的家庭生活——他們的生活，較之卑下的臣僕貴得多，感情的修養和禮貌，也都發達。可是一個民族的人民中，永以勞動者爲主要的支柱，而且佔人口的大部分。在中古時代，這些平民可以分爲三個階級；（1）生活於發達極速的城市的工商階級；（2）自由農民；（3）農奴，他們株守於田園，並且要替地主做確定的勞動。這兩個階級，都住在村野的州縣中，農奴是很倒霉的；自由農民享有小小的田園，有時成爲很富裕，連貧窮的武士也要娶他們的女兒爲妻，以補救他喪失了的幸福。工商階級，組成城市的居民及自由的公民階級。他們努力通過學徒和織工訓練的過程，而成爲他們的行業中的「名師，」要是他們有錢，可以繳納昂貴的經費，那就可以加入特殊的職工基爾特，做一個完全的分子。於是乎他就到「師傅」的榮銜，他的妻就成爲「師母。」近代德模克拉西的稱謂「先生」和「夫人」就是從此生出來的。

在公民階級和貴族階級之間有一度很深闊的鴻溝雖然商賈和熟煉職工代表理智的第三階級，他們就莫不能成爲富貴之人也可以成爲很富裕的；雖然有些人有十三四世紀商路的都市中發生出來的公民學校中念書可是這個階級的男女，說話非常粗鹵，儀表也缺乏斯文氣，這些都從這個時代普通的文學中看出。這些民間故事和詩歌，都是無價之寶，因爲從此可以窺見小百姓的生活。很可惜，十四世紀城居的婦人表示得很不好。這些文學描寫她們說是缺乏教育，脾性不好，說話和儀表都很粗俗。男子也是很粗鄙的，他們對待妻子非常強橫。婦女分明是自理的，她們要深居簡出，擔負家庭的責任，及無盡頭的織造工作。約當十四世紀，紡紗車已經發明，這時代的表現就是明證；但是只有富裕人家才可以使用牠。所以大多數紗線，都是從古式的手紡車紡出來的。這種工作，可以合羣來做，或單獨來做；所以無怪乎女子「四圍游蕩」，和隣人集合談天，及常在城市的客店中了。男子對於這種社會的耗費，常常反對而且以鞭撻去禁止她們。因爲這些時代的法律，許丈夫鞭妻子，要她服從。但又不能傷害她或挖了一隻眼睛！──來特描寫十四世紀法國的一齣活劇，描寫得很可笑。一羣男子，忽然出現於他們的妻子集會的客舍中。他們想以憤怒的言語驅逐他們家去辱罵無效，他們就動粗了。婦人們也極力反抗，他們大演「全武行，」亂打一陣就閉幕。(註五五)

但是通俗的文學，雖然表現鄙野的城居民或自由農民的家族，與貴族階級更溫雅的社會的界別，可是有很多地方，足以證明這個界限，已經溝通了。當城居人得到財富之後，他們的權勢大增，於是就可以向帝王及貴族絞取重要的權利和特權。他們開始在商埠中建設堅固的樓房；他們游歷各地，精敏的觀察各地的人和物。他們送女兒到庵堂受教育，而且以城堡的貴族婦女華麗的衣裳給他們的妻女穿着。這些財富的增長，和文雅的表徵，不能逃過這個時代「把他們的實物浪費於放蕩的生活」而致貧的武士的注意。這些奢侈的斯文人，不得不知這些公民的女兒結合，拿榮銜和社會地位，交換豐富的妝奩和新娘的着實不少。這種結合——和鄙視，不滿，及貶下男子和女子結合——不用說是很美滿的。可是在某程度打破中古時代階級間嚴厲的界限，使中等階級陸續懂得

溫文爾雅的感情及儀表——那是封建城堡的花

(註一) The works of Tacitus, Oxford trans., N. Y., 1884, p. 308.

(註二) Cheyney's Readings in English History, pp. 15, 16.

(註三) Wergild即是俗例所規定的殺死人命的償䘏金。

(註四) 揚格的盎格魯撒克遜族的家族法載在亞丹士的盎格魯撒克遜的法律論文集頁一八〇。

(註五) Gummere的日爾曼民族的起源頁一五四。

(註六) Young: Anglo-Saxon Family Law, p. 163. Poenitentiale可在Haddan and Stubbs' Councils, Vol. III, pp. 173—213中找出。

(註七) Thrupp: The Anglo-Saxon Home, pp. 113, 114.

(註八) 婚姻制度史卷一頁一七三。

(註九) Gummere, Germanic Origins, p. 152.

(註一〇) 豪厄德在所著的婚姻制度史卷一頁二五八——二七二中對於"beweddung"曾加以極詳細的討論，學者可以參考。

(註一一) 關於"gift,"亦可參考豪厄德的巨著卷一頁二七二——二八六。

（註一二）Thrupp: The Anglo-Saxon Home, p. 61.

（註一三）參看Young: Anglo-Saxon Law, pp. 17. 1—2; Howard: op. cit. Vol. I, p. 270.

（註一四）Young: op. cit., p. 172.

（註一五）Op. cit., Vol. I. pp. 303—4.

（註一六）Thrupp, op. cit., pp. 36,37.

（註一七）Young, op. cit., p. 172.

（註一八）Buckstaff: Married Woman's Property in Anglo-Saxon and Anglo-Norman Law, in Annals of the American Academy, Vol. IV, p. 238.

（註一九）Womankind in all Ages of Western Europe, p. 72.

（註二〇）Op. cit., p. 74.

（註二一）這種產業，名叫Aussteuer。

（註二二）Buckstaff, op. cit., p. 247.

（註二三）象厄德：婚姻制度史，卷二，頁三五。

（註二四）這是主教們所作的私人的典儀以教授其治下的僧侶及其與教會中人的關係者。

（註二五） Theodore 是第七世紀中葉 Canterbury 的主教

（註二六） 參看 Haddan and Stubbs: Councils, III, 199.

（註二七） Op. cit., Vol. II. p. 69.

（註二八） Pollock and Maitland: History of English Law, Vol. II, p. 391, foot note 1

（註二九） Tacitus, Germania, Oxford trans., pp. 306—8.

（註三〇） History of Domestic Manner in English During the Middle Ages, p. 11.

（註三一） 參看 Karl Bücher, Die Frauenfrage im Mittelalter, p. 15.

（註三二） Bücher, op. cit., p. 19.

（註三三） Wright, Woman kind in all Ages of Western Europe, pp. 60, 61.

（註三四） 參看 Bücher, op. cit., p. 19.

（註三五） Ibid., p. 16.

（註三六） Ibid, pp. 13, 14.

（註三七） Boesch, Kinderleben in der Deutschen Vergangenheit, p. 12.

（註三八） Ibid., pp. 18, 19.

（註三九）Boesch, op. cit, p. 28.

（註四〇）Howard: op. cit., Vol. I., pp. 309—12.

（註四一）Buckstaff: Woman's Property Rights in Anglo-Saxon and Anglo-Norman Law, p. 236.

（註四二）Young: Anglo-Saxon Family Law, in Essays in Anglo-Saxon Law, p. 182.

（註四三）Bucketaff, op cit., p. 26.

（註四四）Ibid., p. 254.

（註四五）Ibid., pp. 252—3.

（註四六）Laboulaye: Résherches sur la condition des femmes, p. 276.

（註四七）Wright, Woman king in all Ages of Western Europe, pp, 100, 101.

（註四八）Op. cit., pp. 116—17.

（註四九）Histoire de la civilization en France, tome, III, pp. 343—6.

（註五〇）Wright: Womankind in all Ages of Western Europe, p. 161.

（註五一）這是 Robert de Blois 在十三世紀六十年左右著的見， Hentsch: De la Litterature didactique du moyen age s'addressant spécialement aux femmes, pp. 75—80.

（註五二）The Lady, p. 142.

（註五三）Service of Woman.

（註五四）Coulton: A Mediaeval Garner, pp 303—402.

（註五五）Op. cit., pp. 269—70.

第八章　文藝復興時代的家族

文藝復興一般的性質

「文藝復興」這個名詞，常受現代歷史家的批評，以爲牠暗示創造力的突然的發洩，歐洲各國對於社會，政治，經濟和理智的興趣，均發生急激的變動。這個見解顯然是不對的。在中古時代一代，歐洲半開化的民族，已經漸漸懂得支配文明社會的原則——尊重財產和法律，體恤弱者，及討論人生更善美更精神的價值。偉大的民族，如倫巴，法蘭克和條頓等，正如意大利中部或南部的居民一樣，他們都是新秩序的急先鋒，受國家，教會以及日常的經濟要求和社會生活的教訓，達到與希臘羅馬的文化「相接觸」之點。先意大利次北方各國，工商業開始發展，財富源源輸入，使他有餘暇去修養心靈和情感，於是乎就解決人生最急切的經濟問題了。經濟的發展和強有力的中央政府——民族的，在意大利則爲市府的——的設置和工業發達同時並進。這些政府，設法約束貴族人在城堡及采邑的非法行動，開發國家的富源，增進尊重法律和秩序的觀念，保護都市的公民階級，使國家的商業和工業有顯著的發展。所有這些勢力，數百年來已暗中活躍。文藝復興只不過是收穫的開始罷了，這些效果我們現在還在收穫着呢。所以十五十六世紀理智和美學的復活是好幾種勢力合成的結果，所有這些勢力都放大人們的眼光，叫人們睜眼看看人類的性質，和人的生活的奇特，複雜和興趣。希臘和羅馬的文學所顯示的「人本主義」(humanism)——人類獨具的事業和活動的研究——也是這個時代最動人的興趣。這種研究，足以提高個人的權力，和個人的價值的觀念，也是太初野蠻時代在思想自由及不受破損的生活中，所開放的個人主義精神的鮮花。

文藝復興運動對於婦女地位的影響

這種理智的及社會的解放運動，當然會影響到家族和婦女。所以文藝復興時代的婦女，從某方面看去，物質上已有相當的改善，不過還有好些事情沒有改變，要待後代的別的勢力去完成解放的功業能了。

於社會的影響：宮庭中較自由的社會生活

法國和意大利，法國和英國治人階級的婦女，的確在社交上得到比之中世還要大得多的自由。有名的作家卡斯提略涅（Castig ione）在十六世紀發表他的名著"The Courtier"表明意大利宮庭中的社會生活是很舒暢，優雅而且自由的。意大利和法蘭西王公大臣的城堡和邸宅的社會，是文明燦爛的，尤以給婦女以重要的責任最稱重要。她們充分的參與機智，學習談話；她們樹立禮文和道德的標準；她們研究這個時代的典籍，熟讀名家的小說，正同男子一樣。貴族的王孫公子都熱心盡力地去服務宮庭中的淑媛，並且徵求她們以什麼爲最適宜最可愛的言行。薄伽邱（Boccacis）（註一）的故事極力鋪敍貴族男女的自由的社會關係，及證明現代社會所不許的說話的隨便。這個時代實在是最可注意的，人們的言語和禮文極其溫雅，但其中卻夾雜着好些罪惡。意大利的卡斯提略涅，薄伽邱和法之馬加勒特(Maryaret)(註二)描寫文藝復興時朝中治者階級及王公王子的「儀表」的說他們說話敏捷而嘹嘵，敏捷機警的忌避，並且充分的引經據典。

已婚女子所得的自由，在南方的國族中，有好些推廣到可婚的女子。在意大利大多數都市中女子並不像從前那麼樣，深居於寺院或家庭中。法國的貴族女子，到十三四歲時，就以為受足了教育，她們從此就進入社會，和現代一樣了。進入社會的方法有二：一種是把處女送到王族階級婦女在宮庭中所開設的「禮文學校」去侍候她們；一種是由母親領她到社會去。舊式人家，及思想較頑固的男子，例如英國馬麗公主的管理人微未斯(Vives)對於這種容縱，很不以為然，他們堅持女子在未嫁之前，應當與一切社會勢力相隔絕。這是他們的青年，在「化美俗良的古代」的風尚。但是法意兩國的潮流，卻極力反抗這種嚴肅；只有威尼斯人把女兒關閉在寺院的四堵牆裏，不許她與男子相見；直到後來相當的快增要了這個尼姑般的女郎回去建立他們的家庭。

北方的國家，法國和英國，都很缺乏意大利和法蘭西所有的燦美的宮庭社會。這些民族，離優美溫雅的社會生活還很遠。顯理八世和愛德華六世的朝庭，很缺乏孟都亞(Mantua)非拉臘(Ferrara)，米蘭(Milan)和佛羅稜薩(Florence)的宮庭的優美，慧智知社會，就是大伊利沙白的黃金時代，一般人的說話和儀表還是很粗魯的宮庭的說話及對於女子的溫柔，這些文雅的勢力慢慢的滲透到英國和一切別的國家的公民階級去。我們知道英國的工商階級，一到十五世紀，就漸漸地發生自重及尊嚴的觀念，這個觀念，在裏面鼓動起禮貌的熱情。自一千四百三十年以降，英國陸逐發現禮儀的書籍，供斯文人及普通人之用。「禮儀」的確成為「最關心的事物，」因為難道富庶的公民就不能因女子的婚嫁而進入斯文人的階級了嗎？有人曾把這些最初的禮文規範編輯起來；在這些著作中，有一本名叫基督教青年必讀(The Young Christian's Book)(註三)在一千五百年刊行，可見這時候已很需要關於在桌間或一切別的地方所應守的禮儀的教訓了。在貴族的府第，或在自己的父親的城堡中當扈從的男子，不能吐痰涎於食桌之外或之上，也不能捺背於地上。還有一本出版較先一點(一千四百七十五年)的書，名叫訓蒙書(Babes Book)教訓孩子們不要在桌上搔癢，不要拿食物塞進滿了的口，或拿小刀去剔牙。此外還切忌地教訓他們不要把肉食蘸入公衆的器皿中，或放刀在口內及不洗手就離開食桌。(註四)所有這些規範，都表明人們已漸漸計量到人生的雅潔，會重他人及改善家庭和宮庭的生活了。

柏拉圖主義及精神的戀愛——研究文藝復興時代的社會遷變，必須提及柏拉圖的學說，及其對於流行於男女間的兩性戀愛觀所發生的重大的影響。柏拉圖說，戀愛是向住美而奮鬥的，是從世間的戀愛過渡到上帝本體的完全永久的美和善的階梯；這種學說大受當時有溫雅精神的人的信服。就是卡丁納爾·本波(Cardinal Bembo)也信服這個學說，他極端渴望男女間有精神的，不受肉慾縛束的愛情，這麼一來。使這個學說有可驚的動力。約當十五世紀末，有人告訴我們「每個溫文精練的男子都選擇一個女郎做他的僕役。(註五)婦女受這種學說的感動，更加利害。有很多女子，稚齡時就嫁給他們不認識的男子，有很多青年女子，在十六歲就做了媽媽，而她們卻不懂戀愛是什麼一回事。她們的心靈從來沒有爲她們常常尊稱爲『夫子』的丈夫及主人所佔據，她們署名於家書，常自稱爲『妻和從屬，』或『你的謙卑遜順的侍婢和朋友。』」這種超世間的，排除一切肉慾的渣滓的戀愛說，對於這種幻像消失及心靈空虛的女子，發生極有力的運動。法國的馬加勒特伊利沙百達（Elizabetta）烏爾卑諾（Urbiro）公爵夫人及很多別的貴族婦女，都成爲崇拜精神的戀愛的領袖。特·摩德（De Maulde）叫這些婦女做「不快活的戀愛的愛好者。」她們想以忠實誠懇超脫人間世的色情與心愛的人，心靈的靈魂的結合。

可是雖然有些婦女，如米開蘭基羅（Michelangelo）的朋友維多利亞·可倫那（Viltoria Colonna）以灼燒的衣通過非肉慾的戀愛的火刑，但仍有很多人支付以火爲戲的代價。從這個時代的文學看去，道德的廢弛，正不減於純潔和戀愛的高尙理想。男子受柏拉圖主義的影響不如女子；從很多例子看來，這個學說已經被野心的和無思想的人利用了，他們以此爲取得貴族女子的好感的手段。其次，男子之中一定有很多自命為柏拉圖主義者的人覺得精神的戀愛是虛渺不可捉摸的。這種冷淡的心腸，可以從一個青年人在法國馬加勒特宮庭中所說的話充分的表現出來：

「馬丹，當我們的夫人，在大堂或集會之中，幽嫻貞靜的坐着，和我們的審判官一樣，我們就跪在她的面前；我們戰戰兢兢地領她們出來跳舞；我們先意承志地殷勤伏侍她們，我們這麼小心去奉承她們，我們切望替他們服務，讓旁人看見也要替我們難過，而且往往估量我們簡直是愚蠢之尤。……但當我們獨居時，只有戀愛這個字足以表出我們的神情。這時候我們才知道她們是女子，我們是男子，而命婦這個字已為情人一字所掩藏了，侍役這個字已被戀人一字所掩遮了。」所以戀愛的殷勤服務，從高尚的尊崇中，降到時髦的消遣。十六世紀發生一個柏拉圖學會，這個會在很多方面看來，只不過是一個戀愛的會社罷了。一般好色之徒，在那里浮華的高視闊步，穿起適身的禮服，在趨承公主及皇宮的尊貴女郎之前換去 Petrarchistic 的悲哀。（註六）

柏拉圖主義對於十二三世紀的運動的貢獻，和武士道的戀愛，侵入人生哲學而成爲正式的制度，極之相似。這兩種運動的起點，都是鼓舞起精神戀愛的感情。兩者都墮落到矯揉做作，從很多方面看去是不忠實的，幻想的。但是我們不要像前人一樣，輕忽了拍拉圖主義在高尙男女的靈魂裏面所創造的精神戀愛的眞純實現。各處的男女，逐漸得戀愛與結婚不一定是相對的；大體說，雖然婚姻可以爲社會的及經濟的契約，而又不是戀愛的結合，可是在某種有幸福的精神中，牠可以成爲純潔的究極，濃漫的愛，因而成爲人生的華冕。卡斯提略涅在他的庭臣中喊出這種感情：「要是我的貴族女子不結婚，而一定要戀愛，我願意她的戀愛能夠娶她的男子；要是她不把戀愛的表象顯示給他，我也不說那是錯誤……。」（註七）這是十五世紀的學者所採取的一個更進步的步驟，他還沒有把捉住戀愛與結婚是不能兩立的這個流行的觀念。實際的情形，由薄伽邱的粗率的描寫中現出。「人人都會承認」這個難得的小說家說，「在他的心坎中沒有一個妻，只有一個是命運所給予的。」在很多時代，人們很看不起女子，這可以從普遍的俗語看出。這是一般人，並且是開明的人所主張的。波倫亞（Bologna）有一句話，說「女子是肉體的天堂，靈魂的地獄，金銀的銷金窟；」這句話頗足以表現大多數男子對於婦女的感情。可是朝庭的詩人歌訟女子的美麗純潔，贊美她們精神和靈魂的貢獻，這不只刺激高尙的女子，教她們堪當這個高尙的贊美，她們並且着實的幹下一些事業，提高女性的觀念。這樣看來，種子是從播於意大利，慢慢的結實，到十九世紀方才收穫。

文藝復興對於婦女法律的地位的影響

妝奩，養口業和財產權——要是較高貴的女子的社會地位，在文藝復與時巳經升高，就算她們受過教育，較為受人看重，可是解除她們在中世紀時經濟上及法律上的制限，這一層卻沒有多大進步。一般人都以為女子帶來的妝奩是可以染指的。父母斤斤然爭論妝奩的品物，就如當時處理商業一樣的分開，一點不覺得羞恥。在意大利，妻的妝奩，在舉行婚禮時便馬上交付給夫家，他寫回收條給女家。妝奩的管理和利潤，完全屬於男子，他們常常拿來做發展事業的資本。但是法律卻規定在離婚或夫死時夫家要把妝奩退還給婦人。在後為的場合，妻不過是受委托，替女子保管妝奩能了。意大利婦人的妝奩似乎得到相當的保障。花費了這些財產的男子，依法律要照原數賠償，有時還要三倍奉還。他方面說，意大利卻沒有把亡夫的財產劃出一部分來做寡婦的終生使費的風俗。但英法兩國的法律卻規定男子死時要遺傳不動產及私蓄的三分之一給妻子。這卽是普通法律上所說的「寡婦養口業。」但到十六世紀初元，英國有很多地方不使用給婦人以丈夫的私有財產三分之一的古俗了。這就是說，在英國大部分地方立遺囑的人，毋須留起動產及所有物的一部分給妻兒，卻是可以把一切私有財產遺傳給他所喜歡的人。（註七）

英國的已婚婦女絕對沒有自己處理的財產。只在一種情形之下才可以寬弛這種嚴的法律。要是有人給婦人以一種財產，讓她單獨使用，她委託一個信託人替她保管，那麽「衡平法（註八）就可承認這種信託，阻止丈夫以妨害婦人的利益的態度去算度這宗產業。」要是財產委信託人保管，但不是給她單獨使用，那麽衡平法「得依照法律許男子收歸己有；可是除非他許以相當的資產代替這宗產業，那就不當贊助他的要求了。」（註九）就是個人努力的結果，如衣服，珠寶，金錢，傢私等等，不管是她在出嫁前享有的，還是嫁後人家遺贈給她的，都是丈夫的絕對財產，但是寡婦的臥床衣裳及妝飾品，這都是她的嫁妝要是丈夫在生時沒有賣掉，就得交回她。

從這些和旁的拒絕妻子的締約權，以及不得丈夫的同意，就不能享受遺傳財產的法規看來，足以證明英國婦女在法律上的人格差不多完全爲丈夫所抹煞。這並不是英國唯然。意大利也是一樣，女子到十四歲就不能不顧父夫，或信託人而處理法律上的事務。在意大利好些都市中，婦女以自己的名義去訴訟，或親身到堂去起訴，這等權利也被剝奪。這些普通的態度的緣由須向歷史上去尋找。在無法無天的中古時代，兇惡的爭鬥力對於保護財產和個人權利是很有用的，婦女們就不能不借重父親，兄弟，及丈夫做護符了。這時候，女子的愛和平，主持家事及慈悲的施主等特質，若和體力比起來，就會降低他們實際的社會價值了。所以人們都把婦女看作柔弱的依靠父與夫的人；而關於婦女的法律和風俗，自然反映出這種普遍的觀念了。況且一般人都相信，人類要想聯合攏來從事一般的企圖和生活，若不緊握遊際，就不能得到快樂。這樣一來，權力就難望其分散了。卽使文化進步到較和平，較有秩序的段階，如文藝復興時代一樣但古代的法律和風俗仍然維持下去這個大概因爲牠們都是對付各種情形的普通方法，所以得到長久使用的裁可。

教會與婚姻的關係

文藝復興的潮流在北方很快的與宗教革命——卽耶穌教的改造——的狂瀾匯合攏來。德之路德，法蘭西與瑞士之加爾文（Calvin）及蘇格蘭之約翰諾克斯（John Knox）鼓吹革命，領羣衆去攻擊教會的措施失當結果不得不完全脫離母會，設立幾個耶教的宗派代替以前之統一的基督教會。自十六世紀以後，「教會」這個名詞，既可以適用於羅馬的加特力會，也可以適用於德國新興的路德派，瑞士荷蘭及蘇格蘭的加爾文派，以及英國的英國教會。英國與羅馬教會的分離較德國爲漸進，其成功也沒有經過公然的革命。

羅馬教會與家族

前章已經說過教會主張以現在語法的文字訂婚，雖不算得是合法的婚姻，卻也是有效的，這時候已預下了好些複雜的問題了。十二世紀時，倫巴人彼得曾經說過(註一〇)"per verba praesenti"（卽現在語法的文字，例如「我娶你」等等）的夫婦，可以組織有效力有約束的婚姻，但是"sponsalia per verba de futuro"（卽未來語法的文字，例如「我要娶你」等等）卻沒有這種約束力。這樣看來，教會規定動字的區別而生出可悲的結果，這個著名的學者實尸其咎。男子與女子（或男孩與女孩）以現在語法的文字互相結合，是永不可分地約束着，就如在教會內，證人前，依法記册並且實行內體的結合的婚姻一樣。婚約寬弛，證人少，或竟直沒有證人的婚姻，當然是很容易反口的。無恥的男子不難於找人在宗教法庭上宣佈他實在沒有和某個女子結婚，只不過和她發生隱私的關係罷了。況且自十二世紀以降，秘密的婚姻一天一天的加多。這種結合通行於尙蘭葡萄牙意大利德國和英國。豪厄德說，「瑞士的法律這麼嚴厲去遏抑這種罪惡，直到中古時代末年，就是無罪的人也被控於法庭，說他們以恫嚇的手段去執行婚姻的權利」（註一二）在很多被離棄的妻兒中發生無窮的困難，所以十五世紀及十六世紀前五十年的主教法庭，都忙着審判這種婚姻的案件。還有一種困難，就是英國德國現在及未來的云謂字的區別，在日常的言語上沒有明確的界說。馬丁路德率直而有力地指出這個事實，他說：「他們（註一三）在現在及將來的語法上鬧出很多愚笨的笑話來。因此拆散了很多合乎他們的法律的婚姻，而非法的都發生起來……我實在不知道鄉下人怎麽應當或能夠，以德國話訂將來的婚，因爲一個訂婚一定是現在的，鄉下人的確不懂『我取』及『我要取』這種簡便文法的分別，所以他們依照我們說話的方法說『我情願要你』『我要取你，』『你當屬我。』這時候『是』這個字便馬上發生，一點也不爲難了。」（註一四）

十六世紀的特連特（Trent）會議以快刀斬亂麻的手段解決這個糾紛的問題。這個著名的會議議決：因爲從前的婚姻只以云謂字的同意而訂立，不待父母的裁可就算有效，但自今以後，一切婚禮若不在一個祭司及兩三個證人之前舉行，就算作無效及作廢。羅馬教會根據這條議決案除去一切祕密的及非正式的婚姻的罪惡，並且決定把婚姻變成公事。公佈婚約這種手續，的確在一二一五年就開始了。這一年教皇英諾森三世規定結婚要在舉行婚禮之前，三次公佈於教會。但這條法令沒有嚴厲執行，雖然文藝復興時代一切婚禮都包括謹愼指導的問話，及公佈婚約的手續。特連特會議雖然決定各處都要履行公佈婚約的手續，但沒有決定這種佈告爲合法的婚姻所不可缺的手續。所以貴族的人不難向主教取證書而不履行公佈婚姻的手續。(註一四)

關於婚姻事情教會仍保持中古時代大部分時間的態度。婚姻旣是上帝所制定的聖禮，牠就是一種不可分的結合。祇有締婚男女在被禁止的血統關係內或有「精神的關係」才可以取得離婚約。其實這不是離婚，只是教會所主張的，從來沒有發現過的指派的結合的廢除而已。還有一層，要是能證明姦通，拋棄，虐弱或極端苛待宗教法庭就准原告人分居，祇此才是合法的離異。前章已經說過，在中古時代，有財有勢的人可以想法廢除不滿的婚姻，沒有多大的困難。顯理八世的確不能和亞拉剛（Aragon）的加他林離婚；可是他的妹子馬加列君鐸爾(Margaret Tudor)的「婚姻的冒險，」顯然是成功了。她不但得教王許可她與詹姆士四世結婚，其實她們還有法律上所禁止結婚的血統關係，並且取得和第二個丈夫離婚的證書，她詭詞說詹姆士四世在夫羅登非爾特(Flodden Field)之役後三年還在世，所以在她第二次結婚時還活着。(註一五)但自文藝復興時代以至於今日，羅馬教會仍極力堅持眞實婚姻的不可分性。

英國教會對於祕密結婚的態度

不幸英國教會對於這種現在語法的非正式婚姻，並沒有反對的意思，像羅馬的加特力教會那麽樣。因此英國直到十八世紀中葉還大受這婚姻所生之罪惡的擾累。在一六八六年出版的有一本英國古籍名叫配偶論那裏，可以找出這種只以口頭上的契約的約束性之有趣的證據。這本名著的著者討當時以現在語法所訂的婚姻，不論在那里都是有效的：

「但是那個女子和那個男子以現在語法而結婚的（例如我取你爲妻或我取你爲夫，）不能用任何的同意解拆了……；故此若果有一方面想和別人結婚，以肉慾的交合及產育兒童去完成，這種婚姻可以認爲違法而廢除。但結婚的男女卻要受姦通罪的制裁，他們的子女就陷於私生子的危地了。」(註一六)

裴民發爾(Furnivall)在他的討論「童婚」「離婚」及「批准」的名著中，也提出證據證明由這些寬弛的口頭上的婚約所產生出的罪惡。這些證據都是搜集自一五六一年至一五六六年的主教法庭及省長法庭審判時的口供。這種搜集充分的表明現在語法的婚姻的常見，尤以普通人爲最多。牠又表明主教法庭所受理的案件大都是請求廢除這種結合或請求強迫夫或妻承認這種婚姻。(註一七)

當一五四〇年時顯理八世想以一種法律去矯正這種罪惡，但不幸爲愛德華六世取消了。斯文本(Swinburne)對於這種法律說，「所以英國有名的皇帝顯理的法律條文(婚姻要在教會締結而以肉體的知識或子女而成就，這種婚姻算是合法的，不可分的，不必理會什麼還沒有以肉體的知識，來完成的預定的婚約)的確是很有價值的，而且這條文具有充足的理由，他的合子愛德華六世卻把這(他父親所頒布的)法律取消了。因爲現在的婚姻雖然沒有完成，究其實已是眞的婚姻了。所以除了姦通之外，應當永刼不分……」可是這種契約雖有約束力，但著者繼續說，「現在的婚姻沒有很多由婚配所生的法律的效力……。」（註一八）簡單說，結果就是這種沒有婚禮爲繼的婚約，使婦人在夫的土地中沒有養口業的權利，而且使她的子女變成私生子。但關於這一層，英國教會和國家的法律就不一致。這一點斯文本說得最明白：

「說到他們的子女，照宗教的法律的確是合法的；但照此邦的法律卻是不合法的——雖然父母可以在教會補行婚禮。同樣，照教會的法律，上述的子女可以繼承田地……但此邦的法律就不是這樣，因爲隨後補行婚禮的子女既不是合法的，所以他們不能繼承父親的田地；……」（註一九）

既然英國教會的法律須經國家批准，所以發生糾紛的事件，仍然須根據國家的法律來判決，所以有很多私生子，他們的父母仍受口頭上的契約所約束，彷彿和由僧正所正式撮合的婚姻一樣牢固。父母在兒童出生之後補行婚禮，仍不能把子女變成合法的。

這樣看來，這一層教會的法律比之政治的法律顯然是公平得多了。蘇格蘭對於這宗事情的辦法和現代一樣，所以補行婚禮可以把子女變成合法的子女。

英國教會不特要這兩個以現在語法而訂婚的人結婚，並且以法律強逼這種人結婚。若果這兩個人有一個要拒絕「這樣做，他或她就是違抗命令，就要被逐出教會了……。」要是過了四十天仍然頑抗，執法官（註二〇）就請求「國家的官員幫忙他，把出教的文書照會地保，叫他捉拿這個人逐出教會；捉到後，送進監獄，一概不許保釋，等到他或她低首下心服從執法官的警戒……。」若肯這樣做，教會就滿足了，執法官就可赦免這個人，把他釋放出來。（註二一）

路德及新教徒的婚姻觀

英國教會改造的結果，在婚姻的禮制上顯然沒有多大的改變，德國也是這樣。但是耶教徒對於婚姻性質的觀念卻大大地改變了。他們不復把婚姻看作神祕的禮式，反把牠看作人間的契合，社會所必需，上帝所寵愛的。路德對於這一層的態度往往不甚明瞭。因為他極力說婚姻是「最精神的」狀態，是上帝親自制定及設立的。據這個德國的改造大家看來，婚姻和家族是人類社會的基礎沒有牠們，社會就會「打得粉碎」了。可是他雖然這樣重視婚姻，但他仍把婚姻看作「世間的事情」教會不應干涉，卻是應該「把牠交給城市國家的慣例和風俗支配。」(註二二)大概說來，路德極端贊成婚姻為人間的事這個觀念，應由國家規定或由執政者主持；因此，正如豪厄德所說，他是主張人間的婚姻最有力的一個。(註二三)路德之所以這樣主張，不用說是因為他相信教會支配婚姻，就會發生極大的毛病，這個弊端和強迫祭司獨身一樣，是極惡大罪。他和當時很多人所主張的一樣，說教會的管轄產生不能忍耐的負累及祕密結婚的糾紛。因為把現在語法的婚約變成有效的婚姻的就是教士之所為。因為他看出僧侶不守獨身的誓言及很多人「每年繳納年稅於主教而畜妾，」(註二四)所以路德極力提倡僧侶結婚的權利——這權利是很據自然和聖經而來的。他不只宣傳這種主義，並且在一五二五年毅然實行這種教義，給從 Nimbschen 庵逃出來的尼姑波亞(Katherine von Bora)結婚。他的弟子漸漸從他的行動中發現第一次衝鋒，他們採納祭司結婚權的主張。過了不久，英國也得這個觀念，在一五四八年以法律撤廢僧侶結婚的障礙，雖然法律說，「最好他們願意努力永遠守身。」(註二五)但這種法律在加特力教的瑪麗位時(1553-8)撤消了，到伊利沙伯時還沒有恢復，因爲她最嫌惡僧侶結婚的主張。一五五九年有一個結婚的僧侶寫了一封信給坎特布里的大主教，從這一封信可以窺見這個時代很多的結婚的僧侶所處的不安的他位。「女皇陛下將閉目不理牠(指上述的條令)，但不以法律去設立牠，那不過是把我們的子女變成私生罷了。」直到一六〇三年詹姆士一世徇一般清教徒之請才恢復愛德華六世的法律。

耶教徒的革命——不止德國一隅，一切新教的地方都有；——所成就的一種偉業，就是打破中古時代羅馬教會所設立的婚姻的障礙。一般人都以爲所謂「精神的血統」應當打破，這個人可以在血族的三代內通婚。但不幸德國和英國都想在古代的利末法律中尋求結婚的障礙，(註二六)這樣一來，使英國利害的雄辯家有權娶亡妻的姊妹，不幸這又傳襲到現代。還有一層，路德對於這宗事情的觀念雖然是很自由，但各地的耶教徒起先都依從母會的辦法，積極禁止基督徒與非基督徒通婚、這種結合叫做「混雜的婚姻；」——德國關於婚姻的著作對於這種結合的弊端有深刻的討論。

訂婚和結婚

流行的風俗

文藝復興時代的婚姻和中古時代一樣，以訂婚約爲起點。學者研究這個時代的訂婚和結婚的流行觀念和風俗特別要注重下列四項：(1)關於婚姻性質的普遍觀念；(2)父母處理婚姻的主要部分；(3)在幼年舉行訂婚及結婚的禮式；(4)訂婚是一種有約束力的契約，其不可分性次於結婚。關於第一項，我們可以說這個時代對於婚姻的觀念比之中古時代後期沒有多大進步。他們乃把婚姻看作緜延種族及增進當事人的社會和經濟地位和利益的社會處理。不但浪漫的愛情，不常和結婚聯在一起，因新娘與新郎在訂婚前往往沒有見過面，而且一般人都相信這兩個人沒有公共的東西。十六世紀法國的馬加列說：「結婚，不是一個完善的辦法；

讓我們承認牠，不過是一種可稱贊的權宜之計罷了。」（註二七）還有一個社會學者進而描寫文藝復興時代的婚姻，說是「一種商業的合夥，一種利益，階級及社會責任的重要的結合，爲這對夥伴的親密的接觸所淨化……其中參雜着戀愛心或智的絕對重大的熱情者，只是預防一個人的不幸，至少是某種失望罷了。沒有愛情可以保護結婚經驗的無味，單調及致命傷，婚姻可以拿出什麼來和愛情對抗呢？某種的平等是愛情的法則；牠所要求的是兩個互相吸引，胳合無間的兩人美滿的結合。在沒有人命令別一個人的場合，婚姻生活將變成什麼呢？現代所稱贊的婚姻原則雖然是保護的，卻是嚴厲的，這原則如下：丈夫就算是一個弱者，瘋子或蕩子，也得永遠掌握威權；女子生下來就要服從，男子是命令人的。」（註二八）這是文藝復興以後在西歐各國流行甚久的婚姻觀念。這樣，我們讀下面的十七世紀英國婚姻法庭的佈告，就不致於大驚小怪了：

「孟第維爾爵士（Lord Mandeville）的長子與馬葵士爵士（Lord Marquis）的同宗沙珊・希爾（Susan Hill）於禮拜四日在宮中結婚。基拍（Lord Keeper）替他們在主上的寢室主婚。基拍很高興，而且脫下一隻鞋子給新娘祝福。這件婚事的主要動機，除了好話及應允之外是交還壹萬鎊金或抵押品，這一筆款項是孟第維爾爵士（新郎的父親）在受封爲庫藏大臣（Treasurer）時借出。有人說，馬葵士爵士指定地價爲五千鎊多些；他（指新郎）可以在宮中（他們這樣叫他）設一席有十種菜式及bouche（註二九）的筵席。自結婚之日起直到他有更好的運命才止。他的確要些補助；因爲他曾捨棄了和克里温太太（Lady Craven）的女兒的婚姻和預備給他的二萬五千鎊的款項」（註三〇）。

這樣看來，這兩個抵押品，青年的馬第維爾和巴家汗公爵（Duke of Buckingham）的女戚，他們結婚爲的是償還欠新娘父親的一筆債；而這個青年人也因爲犧牲了一宗更好的婚姻買賣而受朋友的弔唁啊。只有那些貧窮階級當休暇時在鄉間的草場嬉游跳舞才有婚姻的自由選擇。然而他們仍受經濟觀念的限制哩。

關於文藝復興時代的婚姻，第二宗可注意的事實就是婚姻大事由父母做主。一般人都以爲青年的女子和青年的男子——也許男子不及女子那麽甚——若想避免法外行動的刑罰，就得小心謹愼，不要固執着他們自己滿意的婚姻。婚姻是最重大的事，應該審愼地——不是嚴厲地——由父母及親屬主持。這不祗是一切男子的主張，就是當時最能幹的婦女，如瓦羅亞(Valois)的馬加勒(Margaret)及法蘭西的安尼（Anne），——路易十一世的長女——也都這樣說。一個十六歲的女郎葛蕾(Lady Jane Grey)的未婚夫，是她父母給她的，一句話也沒通知她，並且吩咐她說他們所下的與他有關係的命令應當傳達給她。反抗父母的婚姻計畫的女子很少很少。可是在一五七九年袞紮加（Margherita Gonzaga）十六歲就嫁給比她年齡大得很多的兩次喪偶的男子名叫法拉臘的愛哥爾第二(Ercole II of Ferrara)，她寫了一封信給她的父親，說及她的妹妹的婚姻道：「聽說波里辛拿(La Polisena)和邁奴爾多(Gian Francesco Mainoldo)的婚事正在進行中，我很想對你說幾句話。我求你不要違反她的意志給她結婚。你總會回憶到當我在孟都亞(Mantua)你問我是否相信她滿意時，我的回答是：『袞紮加知道怎樣忍受別人所難堪的。』」（註三一）

大多數女子在婚姻上所顯出的馴良，不用說是由於家庭規矩的嚴厲。但不要忘記英德兩國出家熱情的衰退和寺院的關閉，使女子唯一的事情就是嫁人。不結婚卽等於極端的落伍者及終身依靠家族，無怪乎女子一想及這種生活便爲之不寒而慄，寧願採取較輕小的禍害了。

這個時代的風俗，第三宗最惹學者的注意者就是小孩子的訂婚和結婚有權勢的人家都想增進他們的社會和政治的威勢及加增他們的財富，於是這種婚姻就最通行。上等階級的孩子有時還沒有離開搖籃，他們的親屬就替他們訂婚了。意大利的貴族有時請冰人前往通知一個女孩的或入選的青年男子的家屬在婚姻市場中談判婚事。訂婚往往在女子三四歲時舉行。天才的女詩人維多利亞·柯倫那 (Vittoria Colonna) 就是在這時候許字貝斯加拉的馬葵士 (Marquis of Pescara) 的，不過到十七歲才結婚，這在當時是很少有的。有很多許字了的女子，到十二歲就結婚，這個年齡是歐洲多數國家所認爲合法的可婚年齡。這個時代的醫學家雖然證明爲女子的康健計，都要等待女子達到十六歲才好結婚，但是沒有用。大多數爲父母者都很想趕快把他們的女兒打發出門，因爲他們以爲女兒在十六七歲還沒有嫁人或未許字是大大的沒有體面。還有一層，因爲他們以爲女子終身的全部機能就是爲妻爲母，因爲她們多分在夫家過日子，所以爲父母者都覺得女子應該在可受規範的時候，趁思想行爲的習慣未成形之時去到她的新家庭，使她易於受丈夫的意志的陶冶。但是要記取丈夫多分不是與幼妻同年的。青年男子在未伸首入婚姻的羈勒以前要求一個自由的時期。所以男子往往在三十五歲放蕩的行爲已過於與十四歲女子訂婚。有時男子和女子一樣，在幼年就訂婚了。斐尼發爾（Furnivall）在早婚且斯特的離婚等書（一五六一至一五六六）（註三二）列舉在主教法庭審時的口供及劄記州長的記錄，關於英國且斯特的訂婚和結婚的事實。所有這些都足以證明英國，意大利及法國的孩子，在幼稚時期就由父母給他們訂婚或結婚了。伊利沙白·哈爾斯（Elizabeth Hulse）就是這樣，她在四歲就嫁給十一歲的佐治·哈爾斯（George Hulse）。她在主教法庭要求離婚的理由是：「她絕不能寵愛他，她也不願意這樣……」這個孩子是在諾辰斯福(Knotisford)教堂結婚的，主婚人問她——那時她還是很幼稚——懂不懂這件事，「她說不懂，但照她父母說她嫁他爲的是她的朋友以爲她可以依依爲生……；」(註三三)這宗不幸的婚姻沒有成就，因爲雙方都抵死不肯履行婚姻約；也許終於爲宗教法庭撤消了。羅蘭•特敦(Roland Dutton)也是一樣，他九歲就和馬加勒•史坦利(Margaret Stanley)結婚，而她只不過是五歲罷了。照例，這兩個孩子結婚後要分居，等到成年才同居。完婚的時候來到時，這個男子說：「他決不取馬加勒爲妻；他也不承認童年時所締結的婚約……。」十六世紀英國的男子顯然有胆量反抗父母的意志，不肯與不中意的人結婚。但這些事情不用說是溫良馴善的風俗的例外。法庭常常收到請求許童婚的男女到「成熟」期同居爲夫婦的案件。約翰•斯達基(John Starkie)和亞里斯•特敦(Alice Dutton)就是一個例子。他們在十歲結婚，四年之後就請求担負夫妻的責任。(註三四)

文藝復興時代第四種風俗爲學者所注意的就是婚約的約束力。這自然是中古時代傳襲下來的，那時候訂婚就等於結婚，已經許字的女子不貞，所受的懲罰和姦通一樣的嚴酷。訂婚是一種儀式的契約，要想反約，非經絕大的困難和喪失體面不可。意大利的已許字的女子在簽押婚約之前不能給男子瞧見。文締安(Venetian)的女子穿起白色和孔雀藍的衣裳，披散頭髮，被引到家人朋友及陌生的夫婿及公證人集合的屋子去。女子順順服服的跪在父母之前，受他們祝福。於是就很鄭重的簽押婚約，簽好了之後，由公證人拿去多格斯宮 (Palace of the Doges) 公布。可是十六世紀婚約往往宣佈無效——這是個人主義的表象。但德之路德卻因盡他的能力贊成習俗的觀念，說婚約的莊嚴性和不可分性不減於結婚。

結婚的儀式

在貴族階級中，尤其是意大利，儀式很是鄭重，而結婚的儀式尤為鋪張揚厲。特·摩徠說：「婚姻生活的開幕和後來一樣的莊嚴燦爛，但他方面卻可以看出牠的慘淡無色。」(註三五)新婚夫婦在煊燿的儀仗中從家庭步行到禮拜堂，祭司就在那裡接見這對新人。他——祭司——站在門檻內考問他們道：

「你願意要這個女子做你的妻嗎？……」及「你願意要這個男子嗎？……。」當「我願意」這句話說出之後，就拿清水洒向一對新人，婚姻的儀仗就通過大堂，進到祭壇的欄杆之前。就在那里唱起新婚奠祭曲歌來並且宣讀祝詞。接住就肆筵設席，開展覽會，音樂會，唱戲，跳舞，整整鬧了一天。那時候曾有人描寫意大利婚姻的盛筵。我們讀過凱旋門，宮殿的結綵，豐美的筵席，金的杯碟及非常浪費的綵飾，演戲和音樂的節奏；我們又讀過快樂時的詩詞，這都是文學上的光彩。可是貴族女子的吉日不常常是快樂煊耀的。由代理人主理上流階級的青年人的婚姻，這種風俗頗爲盛行。所以烏爾卑諾（Urbino）的少年公爵由代理人主持他和里奧諾拉·袞紮加（Leonora Gonzaga）——孟都亞公爵的女兒——的婚姻，他對於他的新人的興味這麼少，所以他很想借意描摹她的美和德去探望她。斯福擦（Bianca Sforza）的經驗更加委屈，她由代理人把她嫁給馬克息邁利亞（Maximilian）王。這個欽使本想在Innsbrück把這個公主交給他的丈夫，怎知卻見有宮女在那里等候；卻不見他所盼望的光榮的衛士。這個欽使體體面面的辦理這件事，給她開幾次跳舞會讓她得到一點光榮於是他立刻趕到維也納去找尋這個新郎經兩個多月勸諫才能使國王取他的新娘，而她仍在 Innbrück 委屈地等候担誤的佳期呢。

我們知道文藝復興時代的結婚不完全是宗教的和儀式的。在特連特會議（1543-1563）宣布這種結合爲非法及無效之先，有很多人自己成婚，在一兩個證人之前只握握手說，「我娶你爲我的妻，」及「我要你爲我的夫」就算了。在意大利一定要有一個祭司或地方官或公證人爲證婚人，因爲這些人精於此道，能證明婚約的效力，以允諾及交換約指來結婚，這風俗的確在特連特會議之前就有了。不過若沒有證婚人，男子就很容易拋棄他的妻了。（註三六）

這時候有很多奇怪鄙陋的風俗流行於下流階級之中。在意大利的毗隣新娘在出嫁之前要放聲號哭，有些學者以爲這是掠奪婚姻的殘跡，意大利還有一種奇怪的風俗，也許就是賣買婚姻的殘跡，那就是"serraglio"當新娘去禮拜堂時，在路上被一班青年男子阻擋；其中一個送她一個花球，她就拿一隻戒指爲酬謝，才放他們到禮拜堂去。在繼開的婚筵上接受戒指的人再獻一束花給新娘；這時候新郎被逼的拿銀子贖回，這班人就拿去大喫大喝了。特・摩德給我們一幅法國鄉民的寫實的畫圖：「在法國鄉村地方赴席者在席上忽的立起忽的坐下，或在榆樹之下跳舞。轟飲，戀愛，門口，高談，大笑，奇怪的風俗如 jus primae noctis（註三七）等，或渴酒 match 等，爲鄉下青年所因襲，這些都變成狂暴的快樂。只是苦了新郎了，因爲在中流及下流階級中，照例要盡力請人來赴席，……晚間來到仍沒有休息的權利；種種痛苦的經驗在等候他；早晨的時候，他還要繼續說笑，接待來賓，及承認他是世界上最快樂的人。」也許有人疑心他的命運是否比新娘更壞，她這時退處粗俗的歌唱及粗俗的戲謔之外。因爲那時候曖昧人的衝動和風俗還不受斯文的感情的過抑，新人通由朋友把他們放在床上，又繼之以特別的玩笑和太過的戲謔，使有感覺的人爲之生厭。現代的婚俗——往往不甚尊重——就是文藝復興時代的末流了。

夫與妻

夫的威權

自婚事完了之後，夫與妻就開始過日常的婚姻生活了。年少的新娘有很多機會發現她的路程絕不是佈滿玫瑰花的。十六世紀一個法國學者敍述妻對夫的態度說：「端莊嚴肅的崇奉丈夫就如對主人及治者一樣。……什麼事都要服從，循規蹈矩，……屈身遷就丈夫的習慣和脾性，就如有用的臣僕一樣。臉上透出忠誠，沒有自己的宗旨，嗜好或思想；……一切事情都聽命於丈夫……和他洗足及看管他的房屋。」(註三七)當父權家族的觀念在歐洲佔優勢的時候，對於夫妻的關係，沒有比這一說說得更滿意的了。這時候丈夫執行自己的主意，要人服從的方法不用說是脅迫，毆打及禁錮在家裏等。「不論好醜的婦人都要鞭打，」這是古代多斯加納(Tuscany)有名的古語；而這句成語卻完全實現於西歐。只有妻的身體大受損害法律才出來干涉。就是佩脫拉克(Petrarch)也贊成間中懲罰婦人；他對於婦人的殷勤及毆打妻子的風俗的不適宜的觀念並不比當時的人高明。

在一切事情上面，男子以為他們不論如何都是出乎女子之上的；所以要她們履行服從的責任。卡斯提路涅廷臣（The Courtier）託加斯怕爵士（Lord Gaspar）的口吻說，「一切女子都想生為男子身，」因為男子「比之女子完全得多。」但綵理安諾（Magnifico Giuliano）答道「這些可憐雖想做男子，並不是想得到完全，卻是想得到自由及擺脫男子支配她們的權威。」（註三八）正當這兩個廷臣討論婦女的柔弱及地位，順利進行之時，加斯怕爵士說：「有很多男子屢屢尋死，為的是「他們的妻子受痛苦。」

朱理安諾答道，「婦人能給什麼痛苦給丈夫，或丈夫施於她的那麼難受呢？——她若不是為愛，至少也因恐懼而順服丈夫。」

「一定的，」加斯怕答道，「她們的小小的好處有時是從恐怖中生出來的，因為在世界上在祕密的心坎中不恨丈夫的是很少的啊。」

這個豪爽的朱理安諾再批評女子道：「婦人愛丈夫差不多常常過於丈夫愛她，

……」雖然他知道有很多女子「在世上感受痛苦，說是她的地獄。」（註三九）

有時這些婦人從家中逃走出來，避免丈夫施於她的難堪的虐待，但她卻被她的父親或兄弟送回去，「好像是男子的可驚的規矩會制定的結果一般。」

夫妻間的愛情

可是我們不要臆想十五十六世紀的夫妻，只有憎惡和冷漠的感情。在歷史上可以看出有些夫婦是富於愛情的。湯麥斯，莫爾爵士（Sir Thomas More）的愛情，誰敢懷疑呢？路德及其他二十個男子對他們妻的愛情，誰敢非議呢？替女子選擇夫婿的親族，有時比青年人自擇的更好。一個意大利人名叫佐凡尼·律舍黎（Giovanni Rucellai）說及他的亡妻道：「她是我最愛的女子，好的主婦及母親，和我同居很久；她活了五十五年，在一四一八年四月二十四日與世長辭，這是我最大的摧折，或者可以說是從來沒有受過的痛苦。」一世紀之後，伊薩伯拉·基察第尼（Isabella Guiciardini）寫信給她的丈夫說道：「要知道我所處的地位，永遠記念住我不能見你，……你知道我多快活和兩個小丫頭有時看小說及談天，但多少是寫字，游戲，談笑及保管我的簿記。」（註四〇）法國馬加勒對於她的忠誠的丈夫亨利・達亞布勒（Henri D'Albret）久已傳爲美談了。我們可以老實說一句，不論在生時，他令她怎樣難受，可是他明明以燦爛芬芳的愛情給他的嬌妻，她死時也着實的悲悼。所以當時有一位歷史家描寫他的悲感道：「皇上失了他的馬加勒，我們覺得怎樣呢？他再不走強健的行爲了。他似乎是一個左搖右擺的人，居恆悲傷愁苦，就如不懂於這海上行走的人，從一隻船跨過別一隻船而欲不掉入水中一般。這個不幸的王子也是這樣的四圍流蕩。」（註四一）

有的夫妻愉快舒暢地活下去，他們雖然很少見面卻也有甜密的愛情。這種婚姻很少碰着不適意的壓制。婦人在必要時履行爲妻爲母的責任，有時且嘗到自由人的滋味——自由研究，以自由的方法治理她的家庭和子女及參加宮廷與城堡的社會生活。同時她的丈夫也享有自由，航海，投軍，服務於國家，及常常從一個宮廷到別個宮廷，從事對於美麗女子的武士道的服務。意大利的商人婦也享有一些自由，因爲她們的丈夫有時離家出外經營商務。但這種婦人往往爲夫族嚴密監視，他們依照意大利古代的風俗，住在隣近而爲家族的集羣，監視這個無人管束的婦人的行爲。這時代英國婦人所得的自由也許比歐洲大陸的多一點。十六世紀一個荷蘭學者很推奬英國婦人的自由說：

「這時的婦人並不像西班牙的或別的地方的那麽樣被深閉固拒起來。也不像內特蘭及別的隣國的婦人那樣被禁錮。她們到市場購買愛喫的東西，她們打扮得很漂亮，很愛過安閑的日子。一般人都把料理家事及奴役交給婢僕……在一切讌會中她們是最尊貴的賓客。……她們耗費其餘的一切光陰於散步騎馬，玩紙牌或探望她們的朋友，湊隊兒鬥趣，和她們的同輩，她們叫做淸談家的，及隣人談天。在生子，聖誕日，禮拜日及喪時就和她們湊趣兒；所有這些都是丈夫所許可的，因爲這是一種風俗。雖然她們的丈夫常舉她們喫苦，從事日爾曼或荷蘭婦女的事業——這兩國的婦女在家庭，商店中做男子所能做的事，但這些事業在英國都是專由男子做的——但婦人們仍維持她們的習慣。這就是人們叫英國做已婚婦人的天堂的所以然了。未婚的女子比之低級國家的禁錮還要嚴密得多呢。」

但讀這個英國婦女生活的研究時，不要忘記這個荷蘭人的觀察只限於上流階級的婦女。這個研究不能適用於屬於中流以下的階級的忙碌的主婦。此外還要牢牢記取，這時代英國理想的婦職可以從當時的一個詩人托馬士·奧味柏立爵士（Sir Thomas Overbury）的詩中表現出來。他在一個妻子那首詩中說：

賜給我第二種好處，一個明白的妻子，
賦性聰明，而非精嫻文藝的，

家庭職責最適於女性，
連續不輟的事務把住她們的心，
沒有空閑的工夫來作幻想，
毀壞婦德的正是她們的空閑，

要不然，免脫一切的醜惡，
她們到天堂的路便比我們接近了。
書籍是男人的特權的一部分。

對於婚姻的不忠實

文藝復興時代所流行的道德標準正如現在一樣，是二重的。但是那個時代公平的男子已經懷疑這是否公道了。大概說來，夫對於婚姻約束的不忠實是小事，懲罰亦輕，但妻的姦淫有時卻會被殺——至少要被監禁在意大利的牢獄中了。卡斯提略涅曾在此時精敏地替道德的二重標準辯護，但他的雄辯卻碰着反對者的不能反駁的理由。加斯怕爵士立在正面的地位說道：

「故此……制這定這個是很好的，除了羞恥事之外，婦人什麼事都可以失敗，……達到能夠使用她所有的能力去保存貞潔的唯一的道德；否則她的子女就不能認定屬於那個人的，於是乎以血統及各人對子女的自然的愛，這種約束全世界的約束就會解體了。」

對於這一層朱理安諾同答得很得體：

「但是告訴我，爲什麽放縱的生活，男子和女子的不都是壞事，若是男子的性質是更有道德，更有價値的，他們也就能夠更容易的繼續實踐這種道德了；他們的孩子也不致於來歷不明了，因爲女子雖然不貞，她們還能夠自持……計及生子，如果男子能節慾而不參與女子的不貞。但要是你說眞話，就是你也知道我們男子握有權威，擅給我們的特許，所以我們堅執地說，同等的罪惡在我們是很平常的，或者有時是可稱贊的，而且女子除非施以可恥的死亡或至少萬的臭名，就不能算做充足的懲罰了。」（註四二）

歐洲南部，意大利，法蘭西等處男子的不道德是公開的，不過也許沒有及英國和德國那麽常見罷了。法王佛蘭西斯一世公然宣佈道，沒有姘婦的男子是「蠢才」；但這個名詞的確不能適用於男子。在威尼斯市場購買塞加西亞（Circassian）韃靼（Tartar）及俄國的女奴的風俗，在文藝復興時頗覺盛行。大名鼎鼎的科斯摩·德麥第奇（Cosimo de' Medici）培育了許多學者和藝術家，也有一個美麗的塞加西亞的女奴，她爲他的老婆，而且成爲卡羅·德麥第奇(Carlo de' Medici)的母親。因爲這些女奴價值極高，所以除了她們的主人沒有一個男子敢玷汚她們，否則就遇到罰款，監禁或在被捉住時處以死刑的危險了。近代一個歷史家說，意大利的家族中有一個女奴兩年之內生了七個孩子。意大利富庶的公民以女奴爲妻爲妾，這種罪惡不減於貴族。有錢的中等階級表面上是僱用這些女子爲保姆及僕婦，實則主人對他們可以爲所欲爲。這種違法的交合在家族中不用說會發生很多惡感；可是意大利女子卻很少以此爲離婚的理由。這種行動一定會惹起羣衆的笑罵和鄙視。婦人要是得到一個愉快的家庭和合意的丈夫，爲什麽不心懷不平呢？這個時代有很多賢妻對於丈夫的私生子的態度，在現代的研究歷史的人看來，以爲是可驚的慷慨。她們往往接納這些小孩子入家中和自己的孩子一同撫養。科西摩·德麥第奇的庶子就是在家中長成的。烏爾卑諾公爵夫人伊利沙西達撫養她的私生的侄女；絲央昆拉(Bianca Maria visconti)照顧她的私生的姪女加特林那·斯福擦(Caterina Sforza)當孩子的父親再娶時，接納他的新寵，並且把她的孩子和自己的一同撫養。加特林那有同樣的豪概，把丈夫的庶子和自己的孩子一同養育。

她們之所以對於這種不幸的孩子，施以自由的待遇，大概是由於意大利城市中競爭權力和優勢的緣故。因爲家中多一個孩子，不論是嫡出的，還是庶出的，都足以爲增進家勢。因爲包括血族的家族是一個很有力而且很重要的社會單位，勝如今日的家族。此外還要記取在特連特會議之前，婚姻關係都是很隨便的，所以蓄妾制離合法的婚姻地位不像今日那麽遠。因爲這兩個原故，私生子並不像現代一樣作爲恥辱——至少意大利是這樣。他們所受的教育和所處的生活，差不多和嫡出的兄弟姊妹一樣的完美

可是男子犯姦通也會碰到懲罰。在意大利北部，姦夫要丟了一隻眼，要是有人拉他出來受審判他就要賠很多的罰款。在意大利別的地方，強姦和姦通的男子都是罰款。基督教國家的有勢力有手段的婦人，可以到宗教法庭請求與不忠實的丈夫分離；但這種分離在南方是很罕見的，不過在英國富裕人家中頗爲通行罷了。

但是不論這些過失怎樣，婦人永遠是盡忠於丈夫嗎？顯然不是的。在很年幼年就嫁

給不相識的男子的熱情女子，爲愛情所誘惑而發生戀愛，這事一點也不奇怪。在法蘭西和意大利的宮庭中，墮落的柏拉圖主義者重視快樂的戀愛而兩性關係的命題，極其自由而且不欲的討論。在佈滿了缺點的空氣裏，忘記婚姻誓約的青年女子着實不少。有時不忠實的丈夫在妻子的行動略有分寸時就假作癡聾。但是古代羅馬嚴酷的法律，再現於倫巴之中，妻在姦通時被捉獲。丈夫可以把她處死。傲慢的孟都亞米蘭（Milan）及非拉臘的公爵夫人，有好多是由姦通而致死。英國的顯理八世設立一個委員會，存在了二十年，殫精竭慮的報告考查宗教法的改造。這本報告書主張 divorces a vinculo（給予再婚權）於因姦通，故意抛棄及冰炭不相容的反目而分居這種合法的離婚，卻不給予再婚權，應當撤消。但英國卻沒有預備實行這種急進的步驟，幾年之後，在教會法庭取得合法的分離者，只有因姦通而離婚的才可以再婚。

文藝復興時代的家庭

工商業的發達和財富增加的結果，中等以上階級的家庭的建築和家具都有顯著的改良。意大利首先發生美滿愉快的家庭的欲望，而北方各國還嗜好中古後期不舒服的城堡及莊院的家庭。意大利的宮闕中最宏麗的一個是斐德力科·往蒙忒菲爾脫羅公爵（Duke Federico di Montefeltro）所建的烏爾卑諾宮。卡斯提略涅描寫牠道：

建築及家具的改良

「在他的可稱贊的事業之外，他還在烏爾卑諾崎嶇的地方建築一所宮殿，在很多人看來，是意大利得未曾有的最華麗的建築；建築內容的佈置這麼完善，使人幾疑不是宮殿，卻是一座宮殿式的城池了；他佈置着的不只是常人所用的東西，如銀花瓶，金質或絲質的貴重簾幙及別的相似的東西，並且於各種華飾之外還加上無數古代的大理石像，黃銅像，精心選擇的繪畫，各種樂器，至於那些平凡的東西就不收進去了。此外還花了很多錢去搜集很多名貴的希臘，拉丁和希伯來的典籍，所有這些都飾以金銀，這大概是他的大宮殿中最珍貴的物品了。」（註四三）

這一段話不特使讀者窺見文藝復興時代王侯之家的豪奢並且可以表明這時代美學的及理智的嗜慾已經發達。中古時代的貴族，誰肯拿他們的金錢花費於圖畫，雕像及外國稀少的典籍來粧飾他們的城堡，及增進他們的智識呢？現在封建時代已經過去了，貴族的家庭也不復款待一羣門客及在大而樸素的大堂中，款待他們了。各個要人的家庭都僱用精敏的僕人，僕人的數目，說來可驚；十六世紀一個菲羅(Ferror)的貴族婦女向人誇說她自己有四個秘書，一個侍書，七個心腹的使女，六個管臥房的丫頭以及醫生和馬夫等等，一共計起來，差不多有二百個。文藝復興時代法國和意大利的貴族婦女被這羣僕人圍繞着，生活於極美的環境中。精心雕刻的傢私，雖然是硬朗而且不舒服的；華美的杯碟及鏡片，裝璜華美的臥床，上面鋪住織花的被蓋，絲織的帳子及金的邊緣，雖然是優雅的，卻是不合衞生的；精細的羅幙和皮做的掛布，牆上畫滿了大藝術家所繪的驚奇的壁畫——所有這些足以表明王侯之家的窮奢極欲。

但是我們不要以為這幅畫圖沒有黑暗的方面。這些宏麗的宮殿缺乏清明的佈置，使人寧願做現代的中等階級。他們還不懂拿玻璃去鑲窗子，以上油的織綉品去遮蔽風雨，所以常常被破毀及玷汚了。菲拉臘宮中的端莊的扈從，只給以一隻梳及一個銅製的洗臉盆，他們就用這些去梳洗了。貴族之家的確不是常常使用鉛錫做的杯碟，除非款待高等的賓客，平常只喫簡單的食品罷了。到處都使用奢侈的橡皮靠手，那是骯髒的而且舒服的。

顯理八世，愛德華六世，馬梨及伊利沙白時代英國貴族的家庭，已漸漸成為安樂而且豪華的所在了。十六世紀勒斯特邑史(A History of Laicestershire)（註四四）的著者描寫大貴族及很多僕役看管的家庭。因為英國的貴族還未盡離中古時代城堡及來邑的半野蠻生活，所以他們覺有設立煩瑣的家法去管束家中的僕役，使他們不致由管家而變成酒保的必要。公爵及伯爵有時也擺英國宮庭的架子。中古時代城堡簡陋的會食堂，已為高貴哥斯式的殯室所代替了。教堂在大府第的附近設立，天天在那里開音樂會，直到宗教改造後很久才止。精心雕刻的天花板和盔甲，到處都可以找出和家庭的成語及製品相輝映。隱居差不多是中世城堡所不懂的，現在卻大受稱贊了。貴人和貴婦不復在城堡的大堂睡覺，他們各有上房睡房及侍候的紳士及扈從等貼近傍邊。

英國都市富裕的中等階級的家庭也有相當的改良。一到十五世紀布里斯它爾(Brisltol)及別的都市的商人，就開始建築三層高的洋房，至於好大自誇的人家，還有一個塔，把銀做的杯碟通收藏在這裏。地下則有大的地窖，上面蓋住十字拱的上蓋，酒和皮酒都藏在這里。最下的一層，通常是用作貨倉或商店，商人和師傅都在這里從事職業。上面就是家人的住房和臥房，有的在後面設一所雕樑畫棟的精緻廳事。有錢人家的牆壁都掛滿了壁畫，和貴族人家一樣。但中等階級中，沒有人，即使有也很少能誇示一間藏書樓的；因為當時英國的商人都是偏重物質，很少有精神事物的興味。(註四五)

從此可以證明英國家庭的建築和改良，不一定是保持「古老的善法」了。哈禮孫(Harrison)莎士比亞青年時代的英國一書，朦朧地描寫這個時代變遷說：

「但是，看哪，改變，當我們的房屋是用柳條建造之時，我們就有櫟樹的男子；但在現在我們的房屋是用櫟木造的，我們的男子不但是柳條的，並且很多經過波斯的精品爬將進來，統統都是草的，這是一個可悲的改變啊。……我們現在有很多烟突，可是我們的柔弱小子卻訴着淚涕，感冒及冒充醫生的苦說。那時我們祇有火爐之後壁，可是我們的頭總沒有病。因爲那時候的火烟既是以鞏固屋架，所以我們便視牠爲使我們脫離冒充的庸醫——那時這樣庸醫是很少見的——的最好藥料。」

你可以問這個憤世的文人對於家庭的改良，除了上代輸入的烟突之外，還發生什麽感想——例如以玻璃蔽窗代替油紙或綉品，以蓺褥代草墊，以毛枕代古代中空的木頭等。但不要想像顯理八世或伊利沙白的黃金時代，英國的家庭全得到今人的推許。我們英人的祖先的家庭和身體都充滿了穢物，這是和我們講究的嗜好大相反的。有人告訴我們，顯理八世的廚子，極其骯髒襤褸，所以在一五二六年制定一種法律，規定「主廚不准和現在的那麽樣，赤身及穿Vilenosse的衣裳，或沒天沒夜的睡在廚房的……」違犯者，每年罰以二十馬克。這條法律的目的，據他說是「去除帝皇家中的喧呶和不潔，以

免發生傳染病的危險……」。（註四六）

行方便是這時候很缺乏的，就是貴族人家，若介紹些不忠之客，款待他就得犧牲了修飾的附屬物，因爲這里不夠用！伊拉斯莫斯（Erasmus）描寫英國瘟疫之常見，說是：「一部分由於不適宜的方式及各家拋棄廢物，充滿了街道及家內的不清潔。」他說：「地面常常是泥土的，充滿了碎物，古代集合的麥酒，脂油，穢物……及種種污穢的東西。」（註四七）

家庭工業

雖然中古時代基爾特的發達，足以把從前婦女獨佔的工業移交於男子的手中，可是仍有很多生產的勞作，留給忙碌的主婦去做。就是高貴的婦女也要花很多時間去指揮大羣僕役作工，及小心計量家庭的種品和消費，製造糖果與藥材，並且要好好的收藏在貯物室裏。一切食物，如牛油，乳酪，麵包，皮酒及葡萄酒等在未交給僕人之先，要小心稱過；貴族婦女往往親身做這些事務。米爾公爵的夫人加脫林那斯福擦以善於治家而得名，她在生時搜集了許多有用的方子。哈禮孫描寫「古式的」及伊利沙白時代青年貴族婦的工作道：「除了古代貴族婦人避免閒游散蕩的手藝之外，她們運用纖指去縫紉，或編髮網，或紡絲，……還有很多精於外科術，蒸溜飲料，以及各種修飾身體的手術……雖然，以上只大概而論。至於單就各個人而論，她們也有些很有機智，能在社會上保持其地位；但到回家時，卻也能夠幫助下人做廚房的尋常工作，弄各種適口的珍饈……。」（註四八）

有大宗產業的貴族的妻子不只是履行治家的責任，並且在丈夫出外時修補房屋，督率田裏的工人及補充倉廩。諾森伯蘭（Norlhumberland）伯爵亨利·柏息（Herry Percy）說：「英國的婦人治理我們的事務往往出乎德國人的想望之外。」（註四九）早晨的時候，貴族婦人費很多工夫去蒸溜飲料。十七世紀有一本敍述「英國主婦」的名著，著者列舉二十二種蒸溜的飲料，如薄荷，牛膝草，蒔蘿等等，不可勝數。

貴族婦女既然整天忙着去督率婢僕製備飲料及糖果等等，青年男子及商人的妻子又怎麼樣呢？真的，她們在夏天的破曉及冬天早晨五點鐘就忙起來了。他們以為一家的繁昌，大部分依靠賢主婦的治理。英國的韻文詩最足以表現這種感覺：

丈夫哭

家婦睡

他梯上努力爬

難到昌盛區。（註五〇）

這樣看來，德國的 Hansfran （主婦）和英國的「賢妻」都執行各種家庭工業，如燻製肉食，釀造皮酒，製造蠟燭，肥皂，炕麵包及一切烹飪的事。十七世紀有一個著作家詳細敍述炕麵包的手續道：「炕房有篩粉的房子，篩箕 Tronghs to lay Leveniu，搓麵的桌子，捏粉的盤及壓麵的「生麵薄片」大磚爐是庖廚部的中心」（註五一）要是這個賢妻想做白麵包，她先把粗麵放在「石磨」上以很好的老法子磨碎牠，拿好的篩箕篩過牠，然後開始做其餘的一切手法。

英國主婦的著者對於製麥芽的技藝說：「這宗事務，特別是屬於主婦的；雖然有很多妙手的男子的 Mulstor，可是這是婦女的工作，因爲那是一種家庭工業，通通是在家內做的，婦人就是這些事務的主幹……。」

但是這些不過是婦人工作的一部分罷了。食物或飲料預備好之後，主婦就轉到織機上去，手不停織的做下去；或撕大蔴和苧蔴，梳羊毛，滌紗或漂沙。毛織品或蔴織品織好，漂好或染好之後，她就拿來縫衣給衆人穿著。這時候織布大都在家庭之外，僱用鄉村的織造匠及有限的學徒和師傅去做。他們織好了送回來，有錢人家，照例就送到鄉村的裁縫匠去裁縫，或僱用裁縫匠在家中。財富和消費的增進，使鄉村的人不滿意於舊式家庭的產品，而尋求大都市職工制的更好的貨物。這些精巧的技師侵奪久爲主婦所有幾種工業。小帽，手套，襪子，鞋子及腰帶等等，大都爲工匠所製，他們專門的技術很高，各行都組織基爾特。梳羊毛者，縫衣匠，織造匠，漂布匠及染布匠都各自從事於特殊的手藝，也各有其基爾特組織，婦女——尤其是英國——不許加入。

和中古時代一樣，穩婆都被僱去當接生的重任。只有在極嚴重的情景下才請男醫生來幫忙。文藝復興時代從古代承襲一種奇俗，就是為母者生子不久之後，接受親友的慶賀。賓客來賀者川流不息地出入於產育房，恭賀父母，贊羡嬰孩。這時候，他們常常拿禮物送給母親和嬰孩。家族大責任重，而又在

家庭的撫養和教育

少年就開始担負育兒的重任的婦人，她的健康很易變到損害。幼年的婦人往往在十六歲就做娘親了，例如伊斯特(Este)的青年馬桑涅斯(Marchionles)就是這樣，她向摩德拿(Modena)的人誇說，在一四九九年「這年三月二十五日十點鐘蒙上帝莫大的恩寵，我們讓兩個食量很大的學生女兒見到陽光了。」但幼年夫妻所生的孩子不常常是「食量大」的。這時嬰兒的死亡率高到可怕的程度，這些孩子日與醫藥防腐劑，養生藥等為伍。女孩雖然是不常被人歡迎的，尤其是顯著文家；而男孩卻是一般人所渴望的。關於伊斯特美麗而優秀的伊薩伯拉(Isabella)，有人說她給男孫預備一個金搖籃，但當一個女孩來時，她卻放過一邊了。關於這種可悲的事情羅楞索・德麥第奇(Lorenazde'medici)着實的寫了一封弔唁的信給失望的父親。(註五二)

分娩幾天之後，產婆仍看護母親和孩子。她們都是愚笨而迷信的婦人所有的技術都是從根深蒂固的學說所生的習俗學來的。約莫是一五八〇那一年，魯斐(Rueff)發表一本珍貴的書供德國穩婆之用。關於看護兒童的事，他勸告她們道：

現在且留心我對你說的話，
嬰兒應該每日
在溫暖的水中洗澡，
一洗完了你便應該
用玫瑰油來膏他，
使他成爲壯健。
同時你又應該
把他的四肢上下伸張
直到他可以自己伸張爲止。

你也可以當他柔弱之時
隨你的意思把他們
精緻地屈撓，
這樣，便可以令他們形成完美的樣子。
同樣，你可以當耳朵尙屬柔軟之時
把牠們小心地弄好，
把鼻子弄到
輪廓淸楚及平滑的地步。

魯斐還提出一種還沒有完全忘卻的習俗，就是拿珊瑚挂在孩子的頸項和手臂之上。他說，「這可使小孩子變成強壯，並且使他快樂及有道德。」中古時代裹紮孩子的風俗仍流行於歐洲各國，這大都等小孩差不多有一歲才解除。但是有人問，這種對待——今日仍流行歐洲南部——爲什麽不使小孩的臂和腿失了功用。

因爲加特力教的教條說不受洗禮的孩子，將喪失一切天堂的幸福，而受地獄痛苦的刑罰，所以小孩子一到可能的時候便立刻領他去受洗了。富貴人家極欲把受洗的儀式鋪張揚厲。威尼斯貴族的孩子去教會時，伴以煊赫的儀仗，放在彩亭或鑲金的椅子抬去。有很多教堂建有宏偉的施洗壇。小孩子的父母和教父母及親朋等，穿起最豪華的絲絨衣裳和錦衣集合在那里。教父母要送很貴重的禮物給小孩子的父母和受洗的孩子，他們因爲這種風俗花了不少的錢財，所以意國和德國都制定法律取締這種風俗。父母款待施洗人的筵席也是極浪費的。一五八三年馬德堡（Magabeug）的法律禁絕孩童受洗時一切的應酬，只許給穩婆以簡單的飱食。（註五三）

雖然文藝復興時代普遍的風俗要母親撫養孩子，可是這種習俗卻很少實行。富家的婦人不顧醫學家和有識者的反對，很想放棄這種責任，把孩子轉託精明的保姆。十五世紀一個意大利的道德家對於此種風俗曾痛加抨擊，他說把孩子交託韃靼和薩拉森（Saracen）的野人及別的化外的女子的母親就是憎惡她的孩子。卽使母親親自哺乳孩子，但意大利富家仍僱用外國的奴隸去看護幼兒。他們往往把小孩子送給鄉中的乳娘，等他過了嬰兒時及幼兒時搗亂的時期才領回來。這種風俗在法意兩國比之英國尤爲通行。英國人選擇保姆頗爲謹愼，而且常川在家中照管孩子直到完全長成。她在這家族中的地位是很尊嚴而且很有責任的，她往往得到撫養的小孩子的愛戀。莎士比亞的羅密歐與朱麗葉中的多言的保姆就是一個例子，她的確是她所愛的孩子的乳娘，在第一幕她說：

上帝視你爲他的恩惠！
你是我所養護過的孩子中之最美麗的；
我也許可以活着看你結婚，
這便是我的願望了。(註五四)

家庭的訓練

文藝復興時代和一切過去的時代一樣，卽使僱用保姆，而兒童幼稚時的教育和訓練都繫於母親之手。她以愛護之法養成他的言語，禮貌，道德等，並且施以最初的宗教教育。這個時代有一個著作家很恭維非拉臘的婦人，說她們「的確具有稱頌的性質她們訓練小孩子的儀容禮文，這是各處的婦人所當效法的。」十五十六世紀有很多著作出現，勸告一般爲父母者要極其謹愼去撫育兒女，尤以宗教及道德的訓練爲最要。加特力教和耶穌教都爭往去提倡家庭教育，力求父母勉盡爲親的責任。一四九八年德國發現一本書名叫"Seelenführer"卽靈魂的南針，這是一本手册，內容都是對於爲父母者的忠告。著者極誠懇的說，一切基督的教訓都以家庭爲起點。「所以爲父母者應當使子女從小到大就敬畏基督。家庭就是最初的學校和教會。基督教的母親，當你們擁抱你們的兒女在膝上的時候，應當在他們的前額，嘴唇及心上畫十字，他是上帝的型像，等他一經能夠說話便立刻教他祈禱。要依時領他去懺悔，並且教訓他在懺悔時所當說的話。父親母親都得做子女的模範，領他們赴彌撒祭及聽禮拜日的宣道，愈多就愈好。」（註五五）約莫同時科爾德（Diedrich Coelde）也有一本教學書鼓勵爲父母者教兒女念祈禱文，聖徒的信條及頌讚聖母的詞句。他們在早晨晚上祝福他們的孩子，並且教他們跪下感謝上帝。小孩子在飧後當說"Benedicite"及"Gratias"，喫喝都規規矩矩的，在街上尤當莊重。世上最重大的罪惡都是由父母的家庭教育不良釀成的；所以規則一定要嚴勵，不要過於愛惜。

路得對於家庭教育的見解較爲廣遠些，他承認「上帝設立三種管治權，」——國家，教會及家族——他說家族是其餘兩種的基礎。從第四誡看來，可見上帝以服從父母爲最要緊的事。「若果不是這樣，就不能有好的禮文，更沒有好的政府了。……」家族的管治權是其他一切管治權的根基。「因爲要是家庭中沒有服從，世上就不能有實在的權力了……一個好的政府的幸福了……倘若現在根本已經動搖，要想有牢固的樹，或好的果子，是枉然的。」（註五六）說到婚姻這件事，路德對之，和對於父母的權責一樣，非常熱心去討論牠。「上帝所特賜的產業是他腳下一切財產中最高超者，所以他不特教我們愛父母，並且要尊敬他們。」爲父母者也得切實担負他們的責任，「爲社會爲教會去撫育兒女……」「故此人人都要知道在一切事情之上，最要的就是負起他的責任，

（否則他就丟掉神的恩寵）教導他的子女使他們知道並且敬畏上帝要是他們有天才，就得施以「自由的教育使男子能夠幫助政府及一切必需的事業。」路德把當時社會罪惡的大部分歸咎於家庭教育不良或忽略。所以他很誠懇地說，「倘若一個人不能夠以十誡和福音去教導子女，以養成基督徒，他便不能做父親，但是有很多人結婚時還不能念主祈禱文，他自己一無所知，絕不能教育子女。」因為父為家長，所以他至少每個禮拜一次考驗子女的「十誡」「信經」及「主祈禱文」兒童夙與夜寐時要背誦這基督教的根本原理，而且在他們沒有完盡這種重要的責任之先不要給東西他喫或喝。（註五七）

十六世紀所施於兒童的宗教訓練比現在多的多，這是無可疑的。當時宗教對於個人和家族的生活所有的勢力，比之這個世間的思想更有力的時代重大得多。貴族的家庭差不多都有一所禮拜堂，家族各員天天集合在那裏，聽祭司或牧師宣講彌撒祭或改教家的事業。那時代的規矩極嚴，教會也告誡為父母者不要忽略了棍棒。雖然有證明意大利已開始使用較柔和的方法，但北部各國卻不是這樣。兒童天天跪着受父母祝福，以最尊貴的名詞如"Sir"及"Madam"等去稱呼他們，很少得在父母面前坐下的。英國愛德華六世的時候就是已經完全發育的姑娘定省父母時，也要站在屋子的一邊，除非母親愛憐她，給她一個跪墊跪下。這些小女兒要是小有差池，母親就隨便拿起一把大扇去打她——就是在衆人面前也是如此！（註五八）我們可以找出很多證據，證明嚴肅的家法不只是當時的風俗，並且是這個時代所採納的原則。西班牙文藝復興時的學者微末斯，亦即馬利公主的管理人，（註五九）催促爲父母者正惟愛子女，所以要「隱藏他們的愛心，否則子女就嬌縱起來，妄作妄爲了。也不要因爲愛就不懲罰子女的過錯。此外還要以聰明的方法增長他們的身體和知識。」（註六〇）父母不須人勸告已是很嚴肅的了。對於子女的規矩的著作和研究使今人讀之爲之慘然，而且那時代的人在子女的人格和自重上也似乎離得太遠了。約當十五世紀中葉巴斯敦（Paston）的一個朋友說起阿格涅·巴斯敦（Agnes Paston）對待他的青年的女兒道：

「她的痛苦再沒有比今日更甚了，她不能和男子……也不能和母親的僕人對談，祇是含蓄不表己意；前後活節時她差不多每個禮拜被打一次或兩次，有時一天兩次，她的頭已經傷了兩三處了。」（註六一）

羅哲爾·阿斯坎（Roger Ascham）曾爲伊利沙白公主的管理人，他在他的名著"The Sonolemaster"告訴我們眞葛雷夫人（Lady Jare Grey）怎樣長育，她自己說道：

「上帝給我最大的恩賜就是最嚴肅的父母及一個溫婉的教師。因爲當我在父親或母親之前說話，靜默，坐，站，行，喫，喝，快樂或憂愁，做針計，游戲，跳舞或其他的事我都要做，這些事的重量，分量，數目這麼重大，差不多和上帝創造大地一樣，要是我不做，我所受的打罵這麼嚴厲，所受的待遇這麼殘暴，眞的，有時抓些；鉗鋏，輕打及其他的方法，這些都使我忘記了所負的尊貴，這樣沒有分寸的虐待使我如置身地獄，直到我有機會去愛爾麥（M. Elmer）處，他溫柔愉快地教我以最好的引導我學習，使我和他在一塊兒時一切時間都過得很容易。當我要離別他時，我就哭出來了。」（註六二）

理智的教育

從前理智的發展和文藝復興一同實現。到處的顯者之家對於男子和女子都極小心地以當時的古籍教育他們。理智教育的勃興首先實現於意大利，其後輸入阿爾普山北面的國家。英國和德國是受新文明重大的影響最後的國家。就是遲至一五〇〇年理查·佩爾(Fichard Pale)還描寫在英國一張殞檯上關於兒童教育的談話。有一個人正說要找一個好的教師去教育他的孩子，別一個卒然道，「朋友，為什麼說無意識的話？我咒罵這些愚蠢的學問；所有讀書人都是叫化，……我由上帝的身體咒罵，我寧可勒死我的兒子也不叫他研究學問。因斯文人的兒子只須能吹號吹得好，精巧地狩獵及智慧的養鍊獵鷹。學問的研究只能使人變成粗鄙了。」(註六三)

但可幸後來大多數英國人沒有這種中古時代的見解。貴族人家都請有教師在家中教育他們的子女，他們不只學習希臘及拉丁的古學，並且學習音樂，「書法及耍刀槍及計數。」他們也常常跟教師到各處旅行，考察別國——尤其是法國的語言和制度。把兒童送到顯者及政治家之家受教育這種中古的風俗在十六世紀的英國還沒有消滅。一五一一年諾森伯蘭伯爵府中有幾個「靑年學子在他們的“Fryndes fynding”」卽是由親族供給他們學習文學禮文及伯爵城堡中的戰爭，其後更進而在宮庭或別的地方肩任要職。再過五十年多些厄色克斯（Essex）伯爵把他的兒子送去受教育，一部分在伯力爵士（Lord Beerliegh）之家，一部分在寨塞克斯（Sussex）伯爵之家。在他給伯力爵士的信中，他表明他使兒子受教育的目的道：「這樣，他就能夠……因你的智慧和尊貴而尊重你的地位了。……」及「在終生的行動都仿效我的塞塞克斯爵士的模範及傾心於 Warres 或貴族人的禮制了」……。（註六四）這種風俗並不限定於貴族階級，英國的勞動階級也常常送學徒的兒子到別的人家去學習手藝，使他們能好好的經營將來的利益，這也是一種普遍的事實這種風俗在顯理七世更加普遍，那是英國父母大受批評的基礎。“The Italian Relation of English”的著者說道：

「英人對於子女的愛情的缺乏是很明顯的；因為兒童在七歲或九歲之前都困處

家中，此後就把他們男的女的送到別的人家負重大的任務，約束他們七年或九年……，很少人能避過這種命運，因為不論怎樣有錢的人都把孩子送到別的人家，等他回來時才接納這個客人進入自己的家庭。」

文藝復興不只給貴族及紳士的兒子以自由的教育，並且把光明的幸福推廣到女子方面。這種人格和能力的敏銳的感覺——這是這個時代的特色——使人們認識他們的女兒的能幹和天才，所以他們施以希臘羅馬的方言和文學的教育，和男子所受的沒有兩樣。有很多人贊美這個時代有教育的婦女所做的文學。卡斯提略涅描寫他理想中的宮人：「我希望這個貴人有文學，音樂和繪畫的知識，並且懂得跳舞及娛樂……」(註六五)這個觀念是很多為父母者所同具的，不只意大利，就是法國和英國也都是這樣。近代一個著作家描寫這種教育道，「拉丁的小女孩由母親親自哺育……，當她們不能學習甚麽，只是學行的時候就給她請一個教師，到七歲時，人們都希望她能夠和人談話，到十三歲就要完成她的學問，預備出嫁了。」(註六六)著者在這里所說，大部分是專指法國和意大利的女子，她們成熟得很早；可是這個說法只要略加修改便可以適合於北方各國的女子了。有人告訴我們馬利・斯圖亞特(Mary Stuart)十三歲就能操拉丁語演說；而薄命的真葛雷夫人十五歲就熟習四種方言，而且能讀並且了解希臘拍拉圖的著作了。一般人都請教師到家中來教育他們的姑娘。有時兄弟姊妹共同從一個老師。這似乎是意大利專制時代的事實。加他林那斯福擦是和她的兄弟一同念書的；科斯摩・德麥茅奇大公(Grand Duke Cosimo de' Meccici)和孟都亞公爵的女兒都是這樣。

但不要臆想這些女子所念的通了是古典的學問。法國和意大利的女子都很喜歡讀薄伽邱和法國的小說，並且摹仿牠們。這些女青年印受這些小說，在道德上一定發生極不良的影響。她們想，戀愛不一定在婚姻中才有，就是在婚約之外也可以找到的。

以上略述文藝復興時代男女的教育，沒有一句話說及普通人的理智教育。這個原因不難找出，因爲這種教育很難說是存在。大多數婦女對於十五十六世紀的文明之再興沒有多大的興趣。在好多例子看來，德英法意有名望的公民的婦人差不多完全沒有受過教育，她們也不覺得無學問是可恥，因爲沒有人把這看作不體面的。她們的教育就是家庭的責任，我們可以說，這種訓練是很繁瑣的而且很完全的。預備出嫁的女子沒有不懂紡織，縫衣，補衣，烹飪，釀酒及看護病人的。就是高尙的貴族女子，多少也受點這樣的訓練。微末斯只不過明白接納當時的意見罷了。他提倡爲母者要小心訓育她們的女兒，「使她在念書之外還要教她做女子的事業；如處理羊毛和苧蔴，紡織。縫級及治理家庭等等。」(註六七)

文藝復興時代家庭敎育和現代的對比

文藝復興時代的家庭訓練和教育非常猛進，也許從此可以表明那時候家族所負的責任比之現代重要得多了。父母居家的時間比之現在工廠辦事所及俱樂部討生活的父母多得多了；他們訓練女子的宗教，道德和事業的責任，因勸告和模範而引起他們的注意。文藝復興時代女子的家庭教育和現代女子所受的差不多極端獨特的家庭訓練，其差異尤爲顯著。現代美國受過良好教育的女子自七歲至二十一歲她們的活動和興趣大部分時光是費於家庭之外的；而在正式的教育終了之後，再也不必學習爲妻爲母之責任了。文藝復興時代的規矩非常嚴肅，有時簡直是苛虐；可是國家卻很少限制父母對子女的權威像現代這樣的。政府侵佔古代的家族權利分明還沒有開始。十八世紀個人主義的精神及個人權利的尊重這麼發達，不只輿論責難嚴刑酷法，而且必要時國家還出來拯救兒童出於父母之手。所有這些和很多別的變更，都足以證明自十六世紀以後革命暗中活躍影響到家族的權勢了。

（註一） The Decameron.

（註二） 她是法王佛蘭西斯第一的姊妹，是法國智慧婦女中的一度燦爛的光華；著有小說故事甚夥，Heptameron，皆取法 Boccaccio 的 Decameron。

（註三） 參看格林的十五世紀的城市生活，卷二第一章。

（註四） Furnivall, The Babees Book, p. 17.

（註五） Babees Book, pp. 4 ff; 又參看Stans Puerad Mensam, ibid., pp. 27—33.

（註六） Boulting, Women in Italy, p. 27.

（註七） Cleveland: Woman under the English Law, p. 173.

（註八） Equity 是當時的一種法制，用以補助及矯正普通法的嚴酷或不公者。

（註九） Cleveland: op. cit., p. 108.

（註一〇）見他所著的 Sentences, Bk. IV.

（註一一）婚姻制度史，卷一，頁三四六。

（註一二）羅馬教會的執政者。

（註一三）Luther, Von Ehesachen in his Werke XIII, 102; quoted in Howard, Op. cit., Vol. I, p. 341.

（註一四）婚姻制度史，頁三六一。

（註一五）仝上，卷二，頁五八。

（註一六）Swinburne, of spousals, (ed. 1686), p. 13.

（註一七）Early English Text Society, 1897, Vol. 118, pp. 56—85.

（註一八）仝上，頁一四一五。

（註一九）仝上，頁二二三。

（註二〇）宗教法庭之判官，以主教或主教的代表充任之。

（註二一） Luther: Preface to the Short Catechism (1529); quoted in Howard, **History of Matrimonial Institutions**, Vol. I. p. 387.

（註二二） Ibid., p. 388.

（註二三） 詳見其大著卷一頁三八六——九。

（註二四） Statutes at Large, Vol. II., p. 283.

（註二五） Howard. op. cit. Vol. I, p. 396.

（註二六） 利末記十八章，六至十九節。

（註二七） Heptameron, Tale 10, quoted in De Maulde, op. cit., p. 49.

（註二八） De Maulde, op. cit., pp. 22, 23.

（註二九） Bouche 作「食物」解

（註三〇） Nichols, The Progresses. . . . . of King James I (collected from MSS, and rare papers), Vol. IV, p. 805.

（註三一） Quoted in Boulting, Women in Italy, p. 58.

（註三二） Early English Text Society, Vol. 118 (1897).

（註三三） Op. cit , p. 42.

（註三四） Op. cit., pp. 49—51.

（註三五） The Women of the Renaissance, p. 37.

（註三六） Boulting, op. cit., pp. 68—72.

（註三七） Charron, La Sagesse.

（註三八） Op. cit., p. 185.

（註三九） Ibid., p. 193.

（註四〇） Quoted in Boulting, op. cit., p. 100.

（註四一） Olhagaray, Histoire de Bearn et de Foix.

（註四二） The Courtier, p. 206.

（註四三） The Courtier, p. 9.

（註四四） Nichols, op. cit., III, 681.

（註四五） Cf. Green, Town Life in the Fifteen Century, Vol. II, p. 8[illegible]

（註四六） Fwruivall, The Babees Book, p. 66.

（註四七） Furnivall, op., p. cit., p. 66.

（註四八） Harrison, in Holinshed's Chronicles, Vol I, p. 196

（註四九） Archœologia, Vol. XXVII, pp. 339—40.

（註五〇） Tusser, A Book of Housewifery (ed. 1812), p. 236.

（註五一） Markham, The English Housewife (ed. 1683), pp. 185—6.

（註五二） Boulting, op. cit., p. 165.

（註五三） Ibid., P. 28.

（註五四） Rome and Juliet, act I., Sc. III.

（註五五） 見Janssen, History of the German People, Vol 1, p. 31 所引。

（註五六） Exposition of Exodus, 20:12, quoted in Barnard, German Teachers and Educaters, p. 131.

（註五七） 參看 Painter, Luther on Education ch. VI

（註五八） Howard, Lady Jane Grey and her Times, p. 110.

（註五九） 亨利八世的長女。

(註六〇) Vives, Instruction of a christian Woman (1523); ed. by Foster Watson, London, 1912, pp 128—9.

(註六一) Paston's Letters, Vol, I, p. 50.

(註六二) Op. cit., (ed. by John E. B. Mayor, 1911). p. 97.

(註六三) Prefatory Letter to colet in Pace's De Fructu; quoted in Furnivall, op cit., p.viii

(註六四) Murdin's State Papers, pp. 391—2, quoted in Babees Baok, P. XV.

(註六五) The Couhtier p. 180.

(註六六) De Mande, The Women, of the Renaissance, pp. 91. 92.

(註六七) Of the Instruction of a Christian Woman, p. 123.

第九章　十七十八世紀英國的家族

十七十八世紀英國的社會階級及社會狀況

封建制度的崩壞雖然減弱了英國種種的社會階級的界限可是這些障隔到十七世紀時還沒有完全消滅。反之，社會階級之見極深，各個階級都各存猜忌之心，保持他們的聲勢，不許較低的社會階級侵入。所以下級的人很難進入高級的社會生活。耕作的工人，獨立的農民及職工等都是很少從卑下的地位到紳士地位的機會，有時有天才的人在文學上或教會上表顯出來，雖然能夠一躍而列入高貴的階級，然而他人對之仍然有點嫉妒，而且這種升級也是很稀罕的例外。個人不特差不多絕對不能升高他自己的社會階級，就是勞動者也很難改變他所處的地位和所執的職業；他一經學習某種手藝，就不能做別種行業了。還有一層，英國殖民的法律強制工人和農人固着於他出生或學師的城市或教區之中，從事他的職業，不許遷移。英國政府的當道，對於這種經濟的縛束，及其對於勞動階級不良的影響，也未嘗不注意到。我們知道十七世紀末「一個下議院議員，想廢弛殖民法，他以充分的知識觀察這種事實，他說，阻止人民到需要的地方尋工，一定要他在沒有資本去供給勞動者的狹險的地方來餓死，這種限制適足以產生貧民罷了。」（註一）但是英國卻完全不能救濟這種罪惡，讓牠在十七世紀後很久還繼續下去。

這個時代的英國人大略分爲下列的幾個階級：（1）貴族和紳士，這個階級在一六八八年有一六六〇〇個家族，入息的總數，每年約莫有六百萬鎊，這都是從土地搾取得來的。有人估計過這些家族的人員約莫有一五四〇〇〇人，其中有八萬是僕役，附着於大家族中。在地主之下的是（2）「高級的自由農民」，人數是四萬，每年約莫一共有三百五十萬磅的進款，平均每個家族每年是九十一鎊的進款。各個自由人的家中大概有兩個僕人，所以這階級有八萬個不獨立的人。再次是（3）低級的自由農民，或稱小地主。人數約莫有十二萬，他們的家中約莫共有六萬個不獨立的人。這個階級的進款總計約有五十萬鎊，卽每個家族每年有五十五鎊進款。這些階級差不多包含一七六〇〇〇個家族，他們的進款差不多完全由土地搾取。人口佔英國總數的五分之一。此外還有(4)職工階級，這個階級由服於政治上的貴族及紳士的人以及海陸軍人，律師，僧侶及醫生所組成；(5)商賈階級；(6)工匠及散工，悲命的學徒階級，可以包括在最末的階級中。師傅對於他們的待遇比之奴隸只略勝一籌。照伊利沙白時(一五六二)的學徒條例，他們定規從師七年。由此可見前三個階級都是從土地搾取入息，後三個階級以自己的勞動力，用某種方法謀自給。這三個階級在一六八八年的約莫佔英國人口的五分之四。

家族的分子資格：家人與奴隸

要知道十七世紀的家族，不只包括一個人的妻兒連婢僕，門客，上自每天在大家族禮拜堂服務的牧師，下及廚房最卑微的女僕，通通包括在內。那時候的主人和主婦對於各個婢僕的道德和身體的健康負責；雖然他們以棍棒治理他們的家庭，管束兒女和僕役，可是他們也得到某程度的涵洽的交際，這是今日極難得的。貴族人家的婢僕，往往從附近有體面的租戶招來的，他們所受的待遇，不是和傭工一樣，卻是和家族中卑下的分子一般，他們的利益和主人一致。十七世紀「奴僕」這個字的確是當作服侍別人解的，所以在貴人桌間聽差的青年紳士和執役於貴婦房中的青年女子都包括在內。關於服務的概念希伯（Heber）主教說：「所以服務並沒有卑賤人的屈辱的意思，卻是貴族人「他家庭中的紳士」接受種種事情，拿最可靠的租戶給家族選取的武士和紳士；至於中等階級的人，妻服侍夫，子女服侍父母，弟妹服侍兄姐，這都是一致公認的責任。」（註二）

大多數英國高貴婦人即使不親自作工，也督率家族中各分子去作工，作工她忙碌的生活的一部分。管理奴僕是主婦的任務；只有最富有的貴族大家族，才把監督及訓練奴僕的責任交給管家。科爾克（Cork）伯爵的家奴這麼多，所以他設立一些規則支配他們的工作，行爲及他們喫飯的桌子。因爲要和得從劃分得極清楚的社會階級和服務等所　的規律支配奴僕，正如治配主人一樣。爲奴僕的靈魂健康計，這個伯爵規定所有的奴僕，除了有公事之外，「都要早晨喫飯前及晚飯後集合攏來舉行祈禱。」管家有權審察及革退「家族中低下的奴僕」他並且很喜歡知道女僕在「房間的女僕的程度」的名字，除了相當的原因並不更換他們管家。"ye gents"，侍役及別的紳士都分桌而食及在大堂上設一張長檯給一切低微的婢僕。（註三）有很多家族的僕役天天舉行家庭祈禱，每個禮拜日守禮拜之後，主婦叫他們來考問他們，以考查他們在宣講中所得的靈糧是什麼，及對於聖經的問答曉得多少，這個目的是很可稱贊的。我們知道倭克爾夫人（Mrs. Walker）——一個英國僧侶虔敬的妻——每天教她的婢僕讀一章聖經，若有人讀得流利，他就拿一本聖經賞給他或她。家禱時全家都集合起來，連田裏的工人也都在內；若有人間斷，他就要受損失了。禮拜日，這個高尙的婦人步行到教堂，子女和婢僕跟從着，晚間的時候又再集合在一起受宗教的教訓。（註四）我們在窩立克的伯爵夫馬利李斯（Mary Rich Counters of Warwick）的日記上有幾句話說：一六六八年十一月十三。喫完飯之後，下午的時間我都花在考驗及鼓舞我的僕人，預備去接受聖禮的事上。我能夠以嚴肅親愛的態度和他們說話，我盡力使他們注重靈魂的事業。

主人和主婦對於奴僕的幸福所顯出的關心，使他們雖受打罵，而對於家族卻很熱心，而且很高興；以現在的僕人對比起來差得遠了。「家奴問題」在查爾士二世復辟以前實在非英國鄉村州郡所知的。政爭時，奴僕跟隨宗長出亡，而且常常記憶他忠心伏侍的主人之遺囑。這種遺囑，尤以年俸自三十先令起至六鎊的奴僕爲最歡迎！

十七十八世紀婦女的地位

關於婦女的法律

十七十八世紀英國的家族形式沒有顯著的改變。在這個長時期內法律在提拔婦女出於家族的低下的地位這宗事上只有很少或竟沒有功力。可是其中也有些法律對於婦女有直接的利益。其中兩種是關於女子的繼承權的。在那個時代，古代封建制度「帝位的承襲」落在享有大宗產業的采邑繼承人身上，待父母死後，就成爲帝王的嗣子，這種風俗仍然存在。治者對於這些兒童沒有個人的利益，但凡適於這種特權及出重價的親族往往得到撫養這靑年嗣子，及在特殊的時候處分他或她的婚姻的權利。否則這個女子或男子仍爲皇族的嗣子。這就是說，兒童的教育就算不致於完全忽略，也似乎是很膚淺了。還有一層，帝王可以照自己的意思處分王嗣的婚事。如馬利·布拉克納爾 Mary Blacknall及她的妹妹就是一個例，他在父親死時成爲他的繼承人，同時立刻成爲宮庭的嗣子。從 Verney Papers 可知她們的四個母戚「從後嗣的宮中取得土地的租約及在未成年時照料她們，並且由二千鎊先給一半，其餘以契約作抵，就可以取得處分她們的婚姻的權利了。這個辦法的目的是爲青年女子取得謹愼的教育和在特定的時期選擇丈夫的權力。這二千鎊銀子在她們的親族看來是很値得的，因爲放在她們的產業就可解除宮庭爲皇室的利益，對於幼稚的繼承人所施的壓力。」不久姊妹死了，小馬利·布拉克納爾那時還是十一歲，就成爲唯一的繼承人了。於是很多人都想娶她，有三個管理人設法使她嫁三個男子中的一個——里卜（Mr. Lilb）是其中之一。但是第四個管理人崴玆曼（Wiseman），卻打破這種計畫，他到嗣子的法庭起訴，於是立刻下令禁止別的管理人的這種行動。過了兩年之後，這個小姑娘送給愛德華·委尼爵士(Sir Edward Veney)的兒子，父親把其餘的一千鎊繳交宮庭。要知道巖茲曼之所以贊成這商業式的行事只是由於她不致破違逆意志強迫出嫁而已。一六二九年這個女子就和拉弗·委尼(Raph Verney)結婚，那時她還在十四歲之下呢，但是這對幼年夫妻不同居者凡數年，拉弗·委尼囘到牛津完成他的學業。到畢業時才囘家討取他的新娘，這時她尚在母家學習治家的技能。這一種純粹商業式的婚姻結果非常美滿。(註五)

但是一切宮庭嗣子的結果不全是這麽可幸的。帝王愛財的慾望使他大大的妄用他對於宮女固有的權能，而惹貴族的憤慨。一六六〇年查爾士二世復辟時，他立刻撤消軍閥的土地保有權，及自封建時代起始的附屬於這種權利的繼承權及婚姻的權利。議會也制定同樣的法律，規定爲父母者可以遺囑指派管理人監護他們到二十一歲。要注意這種法律沒有提及母親，原因是母親對於子女沒有管理權利。但是母親卻分明可以和最親的男戚共同監管子女，因爲瑟堡的赫伯特爵(Lord Herbert of Cherbury)在他的"out obrography"上說，他父親死後，他母親盼望她的兄弟紐坡特 (Sir Francis Mewport)「趕速去倫敦領取他的 (Lord Herbert) 繼承權，取得之後，大家共享。」(註六)

自一六七〇至七一年，又公布一種法律，規定死後沒有遺囑的已婚男子或女子的財產的處置。在這種情形之下，妻若是沒有子女便可以承受丈夫的財產的半數，作爲贍養費；要是有子女，就取三分之一。要是已婚婦人死後沒有遺囑，她財產的全部通給丈夫畢生受用。(註七)

遲至一六六三年，法庭仍主張夫對妻有體罰權。在卜拉德賚 (Bladley) 的案情中，英國法庭「不肯約束丈夫保持和平以遷就他的妻，除非能證明她的生命在危險之中，因爲按照法律他有鞭打之權，」(註八) 但是再過十一年之後，這個觀念已有顯著的改變了。利夫人 (Lady Leigh) 在法庭上證明她丈夫的苛待，總判官嘿爾爵士 (Hale) 發表他的意見道，法律上所說的「溫和的懲罰並不是鞭打，只是勸戒及禁錮在家罷了。

……所以決定丈夫沒有權利以私刑鞭打妻子。」（註九）但是我們不要以爲嘿爾宣佈他的判決之後，鞭打妻子所絕跡於英國。大家都知道這種風俗仍保存於不開明的階級中直到現代。這個一部分是因爲法律的勢力有鞭長莫及之勢，而一部分亦由於婦人怕丈夫或不願課丈夫以法律。

婦女在法律上的地位

英國十八世紀末二十五年有一種關於已婚婦人的法律，當時有一個歷史家對於這法律曾加以澈底的詳論，這里詳細引用他書中的文句似乎是很好的。（註一〇）第一，他小心列舉已婚婦人的特權。這些特權中最主要的是免除她們爲欠債而下獄；在她和丈夫同居的時期內有權享受丈夫的特殊供養，若因苛待而分離，仍有受供養的特權；還有一種特權，要是丈夫妄作妄爲，她有權要求他矯正他的行爲，要是丈夫拋棄她，她可以到法庭起訴，要求賠償婚姻的權利。丈夫對於妻的一切品物財產有支配權，但不能以遺囑把她常用的粧飾珍玉遺贈他人，「雖然有這樣主張，但倘若他喜歡，他可以在生時處分這些東西。」因爲夫妻合成一體，而夫又是法律上的個人，所以「在他們共棲時，妻有違法行動，丈夫負答復的責任，並且要淸還妻在結婚前所借下的債。……妻可以賣掉一種產業，要是在交付之前，丈夫沒有提出抗議就當作默認，產業的交付是好的並且是合法的。熟悉商務的婦人可以在公開的市場發賣商品；這些商品照例爲夫權所及，但無權要求收回。」（註一一）

著者又進而敍述另一種特權，有時婚姻談判時推廣到婦人身上。這種「談判」在十八世紀非常通行，婦人利用牠來免除在財政上依靠丈夫的事實。亞歷山大說：「在婚姻買賣中，妻保留享受及處置財產的唯一絕對權，就如未嫁時一樣，這事在現在不是稀罕的事；由這種不公平的買賣，夫除了對妻個人以外，一切婚姻的權利都被拒絕。」（註一二）這種大量的婚姻談判與其說是常規，毋寧說是例外，因爲誠如名人亞歷山大所說，「不公平的買賣」，是大多數男子着實的不贊成的。可是富有人家的男子每年許給妻子以特定的錢財供個人使用，就已成爲慣例了。男子指定特定的田地和錢財算做所謂「寡婦應得的恆產，」這也是一種普遍的習俗。這種財產和普通法律上的寡婦養口業一樣，用來代替的嚴格的限定妻在夫死後使用，夫的債權人不能過問。所以寡婦應得的恆產或寡婦養口業，都是妻孀居時的贍養費。

以上討論英國婦人在一七八二年所得的特權，其他方面的地位又是怎樣呢？讓我們再聽亞歷山大的話。

「不列顛人許婦人有治理男子的權力，但是按照法律和風俗，我們拒絕他們於一切別的管治權之外，只許她們治理家庭，好像在治理國家和庖廚之間沒有公衆的僱傭似的；婦女可以運用她的天才和能力治理廚務。我們也不准婦女任職於我們的神壇，出席於議會及效命於疆場；我們不許她們做下議院的議員，習專門的學問，及和我們的商業發生密切關係。在處女時及婚嫁後，我們對於女子運用一種差不多永續的監管，差不多只有那些埋葬了丈夫的婦人享有獨立的，才配稱爲自由人。因爲我們摒棄她們於一切事業之外，所以她們以柔媚的手段謀取更多的權力；這些權利若和思想合來便成爲法律上及風俗上所丟掉的權利的彌補。

「一切政治上的賞賚，最寶貴的是財產所有權，而且權威往往跟住所有權而來；我們的婦女所處的最不利的地位就是產業的承繼權，通通落在男子之後，就是父親的及祖先的錢財及努力，當父親生時或以遺囑給她的財產，然而她們所得的往往比男子少得多；要是父親死後沒有遺囑，她就和兒子均分一切個人的財產。要是沒有男子去繼承財產，照英國普通的習俗，長女並不像喪子，繼承財產的全部卻是由一切女兒公平分配。

「但是除了這些妨礙女子取得某種財產的法律以外，婚姻法也剝奪女子實在享有的財產。女子一經結婚，所有的物品和財產都爲丈夫所有，他對於這些財物的權利和對她一樣，因爲她是丈夫唯一的絕對的財產。但夫對妻所享有的土地不動產的權力就不是這麽廣大了。他只能在婚姻延續的時候享受這些土地所生的租金和利潤；但要是她生了一個兒童，卽使不久就夭殤，她丈夫按照國家的恩惠已成爲終生的住戶了。倘若沒有子女，那麽妻死時，這宗產業按照法律就歸她的繼承人所有。但是她的財產與丈夫有關的，夫就有自由支配的唯一絕對權。

「所有已婚的婦人都視爲未成年的人，所以未得丈夫同意就不能訂立關於她的不動產及私有財產的契約；即使訂立，也是無效的。丈夫可以收回她棄去的產業，就如沒有處分一般。已婚婦人在生時既不能處分財產，死後，法律也沒給她這種權力。照遺囑法，她分明被禁止遺傳土地，就是物產，未得丈夫許可也不能遺贈他人，因爲所有這些物業沒有限制，通通是丈夫唯一的絕對的財產；不論是嫁時帶來的或後來勞動工作得來的。

「國家的法律對於丈夫支配妻子個人的權力似乎沒有明白規定，然而妻未得丈夫許可，的確不能出外，或離開家庭和家族；但他用什麽強制的手段去禁止她這樣做，或能否於規諫之外再進而挾制她的錢財，這一層似乎還有一致的意見。

「倘若夫和妻共同享有後死者所享有的房屋和田地，丈夫自殺，她不能享有他應得的半數，這一半爲國家沒收，以爲國家損失一個公民的塡抵。要是夫妻願意分居，夫立約每年給以供給若干；倘若有一天夫寧願言歸於好，領她回家，但她拒絕，那麽，他就不必再供給她了。若有人給與丈夫分居的已婚婦人以遺產，丈夫可以具呈大理院要求遺贈於他的妻的人再給他以利益。

「婦人的身體或財產受損害，她的權力是有限的，所以不得夫的同意及許可就不能實行補救，除了以他的名義外，就不能用別的方法。但要是這種男子離棄他的故國或被放逐，法律就算他死亡，妻子在這場合可以以自己的名義和能力去補救……若寡婦得到若干的田地或房屋，賣了出去，繼承人不只可以從買主贖回，並且可以拒絕交還她或給於別的養口業來代替。照英國的法律，只有父親才有權運用正當的權威於子女身上；母親卻沒有這種權力，子女只不過把她看作有責任的及尊敬她罷了。」（註一三）

研究剝奪及限制已婚婦人的可驚的條文，顯出大部分是關於財產所有權，支配權的。在這幾方面，英國婦女分明是牢牢被縛。這種辦法證明一夫一妻的婚姻及父權家族大部分是爲保障私有財產及男子的支配權和繼承權而設立的。其他的目的不用說都是由這些制度生出，但經濟的目的，自歷史的開端至十九世紀後五十年都是根本的。

英國理想的女性

十七世紀的理想

英國的已婚婦人雖然受盡種種束縛，在家庭及國家所佔的地位也是卑下的，可是若以爲婦女在這個時代給人小看那就錯了。十七世紀初期的人們開始考慮社會生活的情形，這個時代的女性觀頗覺高尚。這種理想可以歸納爲「能幹的主婦」及「女性美」這兩句話，女子最受人稱贊的德性，不用說是謹愼貞節謙遜可是這個觀念推下去是很好而且很有價值的。布拉斯維(Brathwaite)在他於一六四一年發表的名著"The English Gentlewoman"很高興地表揚那個時代的理想的女性道：

「因爲她的戀愛沒有一定的實益的欲望，沒有大榮耀的羡慕，沒有渴望的光榮。她的教育很完備，能夠和你談論一切事情，她能夠精確的評判大多數人及推究一切事情。她對於這個時代的規律很熟悉，所以只想記取那些不甚可愛的，都是最優美的形式；她與那些能夠增益她的智識和品格的人結交爲友；……你可以看出她非常勤力，勸諫非常莊重，交友非常長久，答話非常謹慎。……你要她抗顏爲師，她不肯，這是她的謙遜處；雖然，所有她的一舉一動都可以爲他人追踪效法。……但是，她可以因墮落而驕傲，她的希望就想避免之，提高之。她的主張是家族若沒有高尙的道德就不能算做眞實的家慨。她的生活要從她所自來的界線而前進。」（註一四）再說，「她最討厭那些忙碌的主婦，跑到別的人家，卻忘記了自己的家庭。她不只要做一個好的治家者或 Snayle 似的死守家門；故此她担任供給 Piamire 及處理 Sareptan widow 的一部分；她以爲不存在的天命勝過非天命的存在。……她不輕視無經驗的青年姑娘所以她保存優越的才能和道德。」（註一五）

這幅理想的畫圖的作者對於完美高尙女子的理智訓練。也有提及他們的教育使他們能夠「和你談論一切事情，精確的判斷大多數人及推究一切形式。」（郎風俗）可是文藝復興時代的理智衝動大部分已消失於十七世紀，這是沒有多大疑惑的；因此，男子和女子的教育都不及前代那麽完備。紳士的兒子，的確在家跟教師學習古文或在英國較大的公立學校；但是他們的教育多分是循行故事，因爲求學的觀念已變成不甚熱烈及不甚眞實了。淸教徒及保皇黨人（Cavalier）的確有施女子以完備的教育。淸教徒之所以不願意教育子女，是因爲他們再又傾聽古代教會神父說，女子是罪惡的根源的話，所以應該加以嚴格的約束。保皇黨人卻不是不願意，只是一方面是因爲女子是男子的玩物，女子是最動人的東西；他方面又因爲風俗把女子的教育完全以治家爲限。

自查爾士二世一六六〇年復辟之後，英國的社會精神又起變化——至少在貴族階級間有變化。男子和女子都染着了奢華熱及宮庭中卑劣的道德觀念，並且拋棄鄉村產業的恬靜生活，去找尋倫敦時髦生活的快樂。女子在很多事上，其囂張浮躁往往與男子相同，對於社會生活及觀念所起的變化約翰·厄味林爵士（Sir John Evelyn）在十七世紀末慨然說道：

「你看，靑年的紈袴，求婚的形式和方法，怎樣改變了。……當我們的祖宗（這是不快的回憶，他們雖然是簡單率直的）的時候，他們求愛及選擇一個女子爲妻，是因爲她有禮義有節制，自處深閨，盡婦職及別的有名望的經濟的美德而青年的姑娘在村下父母的家中學習這些，她們帶來的美德較多於金錢，她的愛情比之一個只能拿一百萬給她的，貴重多了。」道德和愛國心在那時候堅固而且有力，因爲「有恆產的男子都學習公衆幸福，並且做出虔敬，忠心，端莊，慈悲的模範來，最大部分的分別是在於作好鄰舍；僞證罪，受賄的證人，休妻的口糧，公然的姦通及過錯（Publickly own'd）在當時都當作怪人怪事。……那個黃金時代的處女和青年閨秀……從事於紡紗，她們也不輕視針黹。她們對父母非常遜順而且有用，她們學習治家之道，準備爲出色的妻子。那時候她們也不看這麽多小說，聽這麽多戲及穢褻的戲曲過游玩消遣的生活。……她們深居簡出時是虔敬，看宗教的典籍。她們的娛樂是蒸溜及對於植物及道德的知識，安慰她們的貧窮的鄰人及家人，對於完備簡明的食料及廚房的生理注意完全的衞生。」（註一六）

十八世紀理想的婦人

要是人生的趨勢，准人在青年時回顧「良好的古代」在老年時反對社會的改造，那麽，厄咊林爵士的話是很對的。在他的時代，社會生活發生極重大而極惡劣的變化；十八世紀的道德調節也沒有改善，這眞是英國史上最虛僞或者最冷酷的時代了。阿狄生（Addisson）在他的"Spectator"（1712）中從Clarinda's Journal選錄出下面的句子去諷刺當時時髦女子空虛的生活：

「禮拜三，從八點到十點，在床上喫兩碟諸古力糖，喫完之後睡覺。」

「從十點到十一點，喫一塊麵包和牛油，喝一杯武彝茶，讀Spectator」。

「從十一點到一點，在我的化粧室試驗一頂新帽子，吩咐叫委尼（註一七）來梳洗，Mem，我穿藍最好看。」

「從一點到兩點半，驅車到交易所，論價買兩柄扇。」

「到四點，吃晚餐。Mem，佛羅德（Mr. Frost）穿起新衣裳走過。」

「從四點到六點，穿衣，探望布力西老太太（Old Lady Blithe）和她的妹妹去，聽說她們在那天出城去了。」

「從六點到十一點，玩Basset,（註一八）Mem再不坐在鑽石形的 ace上了。」（註一九）

在社會生活是輕浮無根的時候，很難希望有莊嚴高尚的女性觀。反之，我們可以老實說，這個觀念已墮落到最低度了。這個時代的著作有很多實例實證表明十八世紀英國男子以俏麗爲女子的品性和機體的觀念。話勢側重於「女性美」和「肉感」以女子依靠男子爲最高的柔媚，把高貴的價值放在特殊性的性質，這個普遍的趨勢都足以使這些著作變成討厭的作品。現在可以引出一些女性觀給讀者看看。格列高里博士在"Legacy to his Daughters"上說：

「女子最美的品性是中和的含蓄，把美好隱藏起來，躲開羣衆的目光及羨慕的注視時的失措……女子不能做出嬌羞答答的樣子就丟掉她最動人的美了。牠所表出的極端的感覺，在我們男子可以爲最薄弱或竟是負累，我也常常覺得這樣，但在你們卻是特別有關的。」（註二〇）格列高里的理想婦人分明沒有一刻是天然的，要記得煩擾的事，很容易損害「女性美，」所以他忠告他的女兒在跳舞時決不可「太過快樂忘卻了女性的美，有很多男子跳舞時心中非常快活，而且天眞爛漫好像發現一種夢想不到的神靈似的。」（註二一）

十八世紀的女性觀大概以堪蔑斯爵士（Lord Kames）的爲最高尙了。「男子說出他所知道的，女子說出她所愛好的；知識是男子所必需的，嗜好是女子所不可少的。盡責任的男子能夠勇敢的非難；女子的行爲要可爲表率才可以得到衆人的推重。稍爲思疑她的貞潔，就會剝奪她結婚的一切幸福了。所以女子教育最有力的動機就是觀察人們將對她說些什麽。」爲母者應當看到這一層，老早就要教訓她的小兒女服從尊長的權威。「這是女性所不可少的。永遠屈伏於一個人的權威，或全體的意見之下。」（註二二）女子成爲「馴良」之後，就得教她知道「做賢夫只是男子責任中的一個旁枝；而做賢妻『是女子主要的責任。』」女子注定是服從人的，所以老早就要約束她任勞任怨，這是一種很難的功課；可是卽使爲自身計，已經是不可少的了：怨恨或致疏遠丈夫；但不要諂媚他的野性，也不要緩和他的暴躁。女子天生成是諂媚的，但不是供人踐踏的；天把她弄成柔弱，但不是受人摧殘的；天給她溫柔的聲音，但不是用來罵人的。……天不給她們以美麗，以致因憤怒而傷殘。」（註二二）

這時代的男性作家也許受了各處的女子不絕的不滿意的行動所激動，所以越發深信女性之必然的卑下。故本涅特（Bennet）在他的（Strictures on Female Education）裏以下列的可喜的說法表現一般人的見解：

「我們大可以公正地推想出她們最初的結構就在生理上的卑微。她實在顯出沒有研究抽象科學的思力。……永存的荳花的珍貴，快樂地把美和優美聯合起來的是很容易被壓倒的。和風救活的柔嫩的樹會被颶風再復推倒或完全摧滅。」（註二三）

就是進化論大家的祖父伊拉斯莫斯・達爾文（Erasmus Darwin）也在一七九七年響應這種論調說：

「女子的品格中應該有柔和與退讓的美德，不當有勇敢或威武的性質；各種超羣的事業有時會損害青年的女子；女子的脾性和氣稟應該是溫柔的，不當爲粗鹵的；當預備受印象，不當決心的表出因爲品性的大顯能力不論怎樣優越都足以震驚男女兩性；這只足以生出崇拜而不能生出愛情來。」（註二五）

十八世紀游歷英國的外人，對於當時女性道德的衰落，曾加以批評。Archenholz說，當時只是倫敦一隅估計起來已有五萬娼妓了，而很多有錢男子所獨佔的「姨太太」還不在內呢，這種流行極廣的罪惡久已爲「禁忌」所盡力禁止，加以討論，或承認牠的存在了。他們更希望婦女緊閉着眼睛，塞住耳朶而走動。父親時常教女兒對於丈夫的放蕩生活假粧不懂。一七〇〇年哈黎法克斯（Halifax）的名人馬葵士在他忠告女子上提出這個商榷：「所以你首先要想想你有時過一種能產生汚點的生活成爲習慣，所以他們也要求得到更大的寬許。」婦女可以維持她所治理的家族的聲譽，以彌補這種重大的過失。「還要記得這一層，次於自己犯罪的危險的，莫過於讓牠發現在你丈夫身上。不要這樣看或聽。……」

上述對於理想的「女性」品格的贊美，當然是男子所說的，他們贊美那些被動的服從，溫柔及男性時常主張的倚賴性。但是，這個時代有學問的女子——這些作家如哈拿·莫爾（Hannah More）及巴波爾德夫人（Mrs. Barbould）等——所主張的女性觀亦極相似，這才是奇怪呢！她們沒有眼光去觀察教育的大機會及不久就為女子開放的職業，她們仍然主張家庭是女性能力所及的唯一的領域。哈拿·莫爾雖然力倡女子要受比當時初級學校所能給予的更完備更實際的教育，但她仍對「有識的男子」說不反對「異性的改善，因為他們必能成功；女性知識的增進很像是杜絕那些一知半解的女子極力主張的無理取鬧的爭論之手段。」（註二六）

可是耶穌教徒中未嘗無人反對這些強制的邪說，女子也着實不少。十七世紀末發現美金夫人（Mrs. Bathsua Makin）的一篇傳誦一時的論說，她極力主張多設女學校，並且須言要是女子得到理智的教育，男子便馬上覺得自己的不學無術的可恥了。後來馬利·阿斯退爾（Mary Astell）又發表她的抗議（註二七）痛斥時下的女性觀及女子教育的淺薄。

法國革命與馬麗·武爾斯頓加勒夫德——但是時間還沒有預備接納這些激烈的學說，所以直到十八世紀末，關於婦女的觀念和習慣依然沒有顯著的改變。不久美洲殖民地的革命發生了，法國大革命也跟着來了；同時自由平等及四海同胞的奇異學說亦輸入英國來了，法國人反抗皇室及特權的貴族的暴動；對於教會壓制思想自由的直接攻擊一切人類共有的根本權利堅決的固執；這些都是大多數英國保守派感覺着的。賀拉西·窩爾坡爾（Horace Walpol）在英法海峽那一邊寄給哈拿·莫爾的信，充滿了可怖的言論，並且極忿怒的攻擊所受的虐待。——這種忿怒很少顧及激動他們的壓制。就是女子這時也研究法人在革命時奉為聖經的社會哲學，於是英國的勞動階級也不絕的發生不滿意的表示。她們大多數和她們的父和夫一樣，為牠的學說所懾，以極烈的憎惡心拋棄牠。因為這些有教育的女子都屬於貴族階級，守舊的保皇黨（Pory）就是從這個階級招募來的。近代一個著作家說：「她們已生就一個成見，以為貧人的責任是勞動，她們不了解貧人凶惡的叫喊，要求爲自己而勞動的權力。」她們也不了解這種德莫克拉西的新學說，就是提高女性的教育和生活最雄厚的勢力。

但是有一個女子卻看出德莫克拉西的最高潮最廣大的內包，恰如她看見而且怨恨當時貴族婦女淺薄的教育及虛浮的生活一樣。馬麗·武爾斯頓加勒夫德（Mary Wollstoncralt）渴望一切女子——妻母及閨女——得到一種新秩序，能運用比之十八世紀壓制之下所能的更高尙的部分，所以她草了她的女權的辨護（Vindication of the Rights of women）。這篇宣言雖然是組織不緊嚴，並且有許多無謂的贅詞，可是這篇宣言在表現於合民族的女子主義的著作，是極動人極有意思的貢獻。拿武氏在一七九二年所發表的熱心的辨論和阿斯退爾在一世紀前的著作比較一下，就知道前者比之立在保守地位的前人進步得多了。「女權」這個字正如命題所說，可以得到這個震人的主張「女子革命的時機到了——恢復她們丟掉的尊嚴的時機——使她成爲人類的一部分去勞動，改造自身以改造世界。」（註二八）這個十八世紀的女子主義者說，讓女子拿高深的學問裝進自己的腦子去啊，拿聰明的職業消磨她們的時間啊，她們的「努力」好好的照料自己啊。已經有好幾處指出武氏對於十八世紀的犧牲女子理性的貢獻而助長性的性質的風俗，下大無畏的攻擊，使她大受「女性美」的宣傳者的懲罰。因爲她想以最簡明的話證明男子與女子一天集中他們的注意於女子的性質，社會的道德就大大的衰落。「想永遠生爲女子身的欲望，就是使女性墜落的意識。」能幹的女子所當跟尋的不是以距大的體力凌駕男子，卻是以有訓練的理性支配自己的天性。（註二八）故此各個女子都應該有一種教育，就是能夠「練習理解力及形成心靈——換句話說，——使個人能夠達到使她獨立的行爲的習慣。凡眞德性不是由理性造成的人而稱爲有德性，實在是笑話。」（註三〇）

武氏的信條中最澈底而最熱望的，就是她相信女子應當被看作有特殊的能力，有她自己的可尊敬的價值，及有可發達的「個性。」所以女性復興的目的就在「發揮她們的能力，及要求有意識的道德的尊嚴。」（註三一）就算女子的責任只限於持家，教育子女及幫助鄰人，也不能完全放棄這些責任，除非沒有「個人的及政治法律的保障；她不該依賴丈夫的恩惠，在生時維持她的生活或死後贍養她因爲自己一無所有的人怎能成爲慷慨叭？不自由的人怎能有德性呢？」（註三二）武爾斯頓加勒夫德大概可以算是當時懂得要開放勞動世界，給女子自食其力，然後女子才得到尊嚴與獨立之第一人了。她大聲疾呼道。「多少女子……耗費了生命不滿足的俘獲品；她們可以做醫生，治理一所田莊，管理一間商店，中立而不倚，以自己的產業供給自己，卻抬起頭來裝接感情的甘露。……完盡責任，賺自己的麵包以完成最完全的美的女子，多麼可敬啊！」（註三三）這些都是在十八世紀最有勇氣的人才敢說的話。

我們不能說這種新宣言在英國的思想刻上一個深刻的印象，因爲他們對於法國革命的原理正驚懼畏避唯恐不暇，並且設法阻止這些搗亂的學說，煽動英國勞動階級的羣衆。因此撤消女子在法律上，經濟上及教育上的束縛，還須等到十九世紀去幹。

十七十八世紀的婚姻

婚姻為經濟契約的觀念的延續

我們可以想見這個時代的婚姻觀念沒有多大改變，根本上還是取得社會及經濟的利益的契約——這契約大都由父母主持。「十七世紀的女子所享受的青春時日是很短促的。她們僅僅達到成人期，仍然在在書房裏讀書，或者仍在育兒室，謹慎的父母已算度選擇快婿了。」（註三四）可憐的拉弗·委尼一身兼做五個孤妹的管理人，很多年焦慮着婚事的磋商，等到最小的妹妹嫁了，方才完了她的責任。他的先父愛德華·委尼爵士（Sir Edward Verney）只留下一個女兒的嫁妝，所以她更加操心，直到最小的妹妹在禮壇上放了出來，方才輕了一身担子。（註三五）

早婚是十七世紀一代的常規，韋勒爾夫人（Lady Marry Villiers）九歲便守寡；布拉克納爾（Mary Blacknall）十三歲便嫁給拉弗·委尼而卓勃里（Cherbury）的赫爾柏特（Herbert）十五歲就娶他的表姊馬利那時她已有廿一歲了。後一對配偶是父親和管理人公平處分的，這樣使那個青年女子好繼承他父親威康·赫爾柏特（William Herbert of St. Gilliams）的財產，因為他指定要他的女兒嫁給一個男子名叫赫爾柏特的才可繼承他的遺產。（註三六）可是有很多地方，十七世紀的父親也有的幾經躊躇而准子女有選擇婚姻的自由。美貌的錫德尼夫人（Lady Dorothy Sidney）就是有意思的許她有選擇夫壻的，一個清教徒女子亞普斯末（Lucy Apsley）也是這樣。就是婚姻由父母主持的地方子女也有否決的權利。

十七世紀偶然發現某種理想以點染婚姻的觀念，——文藝復興時未嘗無此理想，不過到現在才彰明罷了。十七世紀中葉，一個英國文人寄了一封信給賓里（Master Hugh Penry）恭賀他的妹子結婚道，「……我誠心祝賀這宗婚事，願幸福從天而降，因婚姻的幸福是一切幸福的源泉。……」（註三七）這個理想的文人答復催促他結婚的朋友道：

「以重量——即以財富去選擇妻子是 The Custome of Som（卻又是一種普

遍的風俗）——最近索爾兹巴立（Salisbary）伯爵對於此事曾訓誡道，沒有粧奩的美人……就如沒核心的包含的蜂殼；故此他告戒他的兒子老實要從老婆處取得一些東西才好。他的理由就是：因爲沒有錢就不能在市場買到什麽東西。他或她彼此按照自己的性質去謀生，這的確是很適宜的。……但自己夠錢維持妻子，卻還僅爲金錢的原故而結婚，那就未免有點寒酸氣了。」（註三八）

過了五十年之後，馬利·阿斯退爾痛斥以粧奩爲擇配的標準而不顧女子的品性的流行的風俗，她說：「總而言之，我們算一算有幾多人的眼光不出於他們所說的『財富』的；他們並不計及這個女子滿意不滿意，有沒有忠信，只求做她的產業的主人，好有錢去放縱一切不正當的口腹之慾；他們以爲要是能配稱爲法律上的丈夫這個時髦的名詞，那就是再好沒有了的；……你對於這些人可以加上一句：他們對於婚姻完全沒有思想的。還有一層，那是世界的風俗，是前人曾做過的；家族一定要建立，Antient 種族保存，故此他們的慈愛的父母和管理人以自己爲便宜的去選擇，並不商之於青年人的傾向，他們當要滿足或這樣希求，至少是關乎他們的不樂意的痛苦及由此所生的重大的結果，他們的財產的損失這些姑勿論，我恐怕只有很少人以極好的思想結婚的……」（註三九）

但是這個觀念和習俗在過去已經根深蒂固了。一切事情在十八世紀中葉還沒有顯著的改良，這個一點也不奇怪。斯提爾（Steele）在"Guardian"上面對於父母的過錯為之唏噓嘆息，說他們「替子女求婚，全不顧及人生的樂趣及子孫的利益，他們拿商業的原則去判斷子女將來的快樂。」（註四一）可是考究十八世紀的著作，關於時髦女子在戀人中很為難的選擇，（註四〇）可以證明父母處理婚事的權力已逐漸銷沉了。格列高里博士在一七九六年寄給他女兒的信對於婚姻的自由選擇說：

「若是我能夠活到你能自決時，而不突然改變我的思想，我對於你的行為一定和多數為父母者大不相同。我的意見常常是這樣：那個時候來到，親權就消滅了，……要是你不肯順從我的箴規，我並不因此而不把你愛如我的女兒。」（註四二）

男子結婚率的低落

十八世紀的青年男女彼此相見的機會的確比前時多些。他們在家中互相過從，在當代很通行的跳舞會中交際。可是在安尼女皇時，青年男子有避免婚姻的桎梏的趨勢。亞士吞(Ashton)說，「那時代的一切著作說及青年男子有避脫婚姻的桎梏的趨勢。」(註四三)著者對於婚姻中夫死時給予大宗養口金，及生時給與「零星使費」的風俗很覺不滿。倘若「零星使費」的數目大妻在經濟上就可以脫離丈夫而獨立了；所以這種風俗在安尼女皇時及以後都不通行。斯提爾在溫柔夫壻(The Tender Husband)上，代表兩個父親對於這個問題加討論，谷賓爵士(Sir Harry Gubbin)是其中之一，他說：

「替普金先生(Mr. Tipkin)，你看，我的大事就在妻子的反抗——可厭的花費——每年的使費要五百鎊。」

「替普金：「月錢」這個字，哈里爵士只是一個名詞——」

「哈里爵士：是一個名詞，兄弟，我家從來沒有，將來也沒有。把她的寡婦養口業弄得相當的多，但是四百鎊一年卻儘夠了。」

婚俗

（甲）祕密結婚——祕密結婚在十七世紀已經極通行，到十八世紀尤爲常見，因而造成很多重大的罪惡。威廉三世即位（1689——1702）即頒佈一條法令，結婚者須以五先令領取結婚證，沒有結婚證而結婚的夫婦，處以一百鎊的罰金。可是這法律似乎是可以輕輕的躲過。這時候倫敦有幾間教堂擺脫主教的監察和支配，這種教堂叫做「非法的教會」，如阿爾德蓋特附近的聖雅各及聖三一，就是這些教堂的名聲很不好，因爲達到法定的年齡而未結婚的人，可以在這裏舉行婚禮，既無正式的文字，又乏鄭重的詰問。有一次，這些教堂的一個管宰爲上峯所逮捕，停止任職若干年。但是他一經復職，又重理舊業，給無憑證或文書的人結婚了。（註四四）

但是最大的罪惡是在夫利特（Fleet）監獄及皇后判事所（Queen's Bench）所舉行的非正式結婚。在安尼的時候，有好些僧正受沒有文書證書的人的賄賂，替他們結婚，因此被囚於夫利特獄中。但是這些寒酸的文人卻毅然宣佈願因僅少酬報替人撮合。據一六七四年的某記錄在一七〇九年及一七四〇之間夫利特獄中有一個無所謂的僧人，專做速成而有利可圖的婚姻事業；此外還有很多的任職的牧師也從事這種非法的勾當。皇后判事所獄中的事情更壞，因爲俗人和僧人都可以執行這種事業。這種罪惡愈鬧愈兇，所以一七一二年又公布一種婚姻法規（10 Anne, cap. 19），重申非法結婚的人，處以一百鎊罰金，撮合的人罰鍰五十鎊。這種法規仍規定領取結婚證的人須納資五先令。此外還規定道：「各個監獄的管獄人，若果暗中或公然容縱事前沒有發表公布或取得上述的憑證的人，在他主管的獄中結婚，每次處以一百鎊的罰金……」（註四五）

不幸這種法規起先在實際上沒有效果，而夫利特獄中的結婚仍繼續舉行，直到一七五三年哈特尉克（Hardwicke）的法令頒佈才止。（註四六）按照這法規的條文——在下議院爭論極烈——一切婚姻「除了猶太人」，桂格信徒（Quakers）及皇室的人以外，都只能在公佈或取得憑證之後舉行，並且只在早間十點至十二點（教堂啓門時刻）在英國教會或教堂英教會僧正之前舉行。「若以別的手續，或在別的地方或沒有公佈而結婚，除非有大主教的特別憑證，這種人處以十四年有期徒刑，而婚姻亦宣佈無效」（註四七）領取公佈是極端重要的，所以法規上規定結婚時至少要有兩個證人，而僧正也得有精確的登記。這種登記雖在死亡的痛苦之下，亦不能虛報或毀滅。未成年的人，雖然取得結婚憑證，要是未得父母同意，仍然作廢。這種法律雖然是不完全的，卻足以表明國家在婚姻規制及廢除祕密結婚這兩宗事上，比之教會進步得多了。

（乙）私結婚——結婚人雖不欲規避法律，但在安尼女皇時代，私自婚姻的事實，似乎是很普遍的。這種結婚形式不用說是很好的，因爲當事人可以避免十八世紀英國公開的婚禮中的喧呶和浪費的婚筵。密生（Misson）對於英國這個時代的生活，會作極有價值的研究，他描寫「隱祕」的結婚道：

「新郎……和新娘……由父母或在房中服侍他們的人撮合，兩個伴郎和兩個伴娘大家清早起來拿起結婚證書塞在口袋裏，叫醒邱里特先生（Mr. Curate）和他的書記，告訴他們這件事，結婚時聲音很低，連房門都關起來；給牧師一個基尼（Guinea），給書記一個克郎(Crown)靜悄悄的溜了出來，一個人走這一邊，別的人走那一邊，或步行或坐馬車分路去到離家不遠的酒店，或一個可靠的朋友的家中，在那里喫一頓好酒肴；晚上九點的時候靜悄悄的像小羊一般囘家中。要是鼓和提琴一經知道，他們一定在破曉時就來找他們，可怕的鬧起來，直到他們得到辦士才休。最壞的就是一切事都鬧壞了。」(註四八)作者還以淺白的句語描寫伴郎和伴娘的肆意戲謔這對新婚夫婦，叫他們忍受不住，這才安靜的跑了。

這時代已達到法定年齡的人不用說是很容易結婚的。大凡十四歲的男子，和十二歲的女子，要想擺脫父母的管束而取得「自由」的生活，可以花一點錢以婚約永遠的結合起來，不必徵求父母的同意。亞士吞引用罕普斯忒(Hampstead)一間教堂的報告，這是報告無思想的男女所花的費用的：「有很多人在罕普斯忒的錫安禮拜堂結婚，凡在這里結婚的人，只須納五個先令作教會的經費，要他們拿出會議法令所規定的證書。」過了些時，到一七一六年這間禮拜堂很慷慨的免除在這里結婚的人的費用，只要他們「在花園擺設婚筵」教會要求在結婚前發出三次通告這種法律已極不通行往往取得憑證就可以免除了。密生對於通告的風俗說，「很少人願意把事情在公衆地方宣佈出來所以幾內亞的人可以暗中做去，不用張揚我的好朋友，僧正們也覺得不必阻止他們。」

十七十八世紀的家庭

建築及家具

十七世紀英國的貴族和紳士的家庭，在很多方面看來，的確是華美的居室，充滿了莊嚴的氣象，美麗而且悅目。家庭建築的改良，在顯理八世時已經開始，到伊利沙白時仍猛烈的進行。隱居的流行的欲望並不引人建設高堂大廈，卻是推展個人的屋子，如會客室，休憩室及精緻的臥房等。顯理八世時代地上堆積的坭垢，現在已經去除了，地上卻舖了皮造的毯或印度波斯的地氈了。大建築家因尼哥·瓊斯(Inigo Jones)在十七世紀初帶同丹麥的安尼 (Anne) 來到英國，英人的欲望和興趣都受他的勢力所鼓舞。大家都想在家中建設幽雅的處所及適意的家具。貴族的居室在斯圖亞特王時都改良得非常舒適而且優美。可是大貴族的家庭雖然有配板的牆壁，精工的雕刻，絲織的天鵝絨的或顧綉的帷幔，繪畫花紋的鏡框及昂貴的外來像私，卻不及那些低級貴族的住宅建以橡樹的木材，開闢無數華麗的鑲瓦片的窗子那麽重要。斯圖亞特時代鄉村中富人的家庭，大都是自給的，只要外面的工業很少的幫助就夠了。每個人家都有屠宰室，釀酒房，麥芽製造室，有時還有磨坊，研磨土地中產生出來的谷米。而且大多數人家還增設洗衣所，因爲這時候通常定是在家洗滌的。屋子的四周圍以空曠之地，有小路通過，路的兩旁種着堅剛叢密的水松樹。這些小路中有一條路可以通到魚塘，內面養着鯉魚；別一條路通到畜牧場，在畜場的矮籬後邊種滿了刺賢垤爾(lavender)，迭迷香及茴香等植物，主婦很小心的看管。

厄味林爵士精細地描寫斯圖亞特末年一個貴族的私邸，道：

「他們有貯藏古代有用的杯碟櫃櫥，床上全箱珍貴的荷蘭鋪布（白得像滚下來的雪一般）及芬芳的玫瑰和刺賢垤爾，還有很堅的橡木臥床和家庭用的器用足足夠用一百年廳堂和會客室的長檯及 shovel-board 就和不動產一般的固定；除了摺椅，黑色的飲料器，銀盃和木球之外，什麽東西都是不能移動的。……」

「日用的東西是自然，簡單，並且是完全的；沒有多餘的東西，也沒有缺乏必需的東西。……」（註四九）

在豪威爾（Howell）的"Familiar Letters"中也找出一個十七世紀家庭的寫照作者描寫他道：「這樣循循有禮的家庭使我恍如置身於財政府的地方，或和選擇的公司一般，因爲我一生從沒見過這樣優秀的孩子，也沒有見過這樣有規有矩的僕人，更沒有見過這麽整齊的大家庭。……廚房，溝渠及別的噪雜紛擾的所在都在最後的一端，那里有一度後門，叫化子及下等的傭工都在這里出入。馬廐接連住公園，那是玩樂的所在，喂養鹿的樹林和小溪佔大部分；在大屋的對面露台之上你們可以看見他們狩獵時的狩獵品。他們所種植的精心選採的花草，池沼，沙白築成的青草廣場，果園和選擇的各種果

木很少和現在英國的相似……」（註五〇）

貧窮農民的家庭卻和這幅動人的畫圖相反。近代一個歷史家描寫這種家庭，差不多是住不得的。「一支烟突，一個沒有玻璃的窗子，一個鋪草的屋蓋，四堵樸素的牆壁，用來遮蔽夏天的暑熱和冬天的寒氣，這就完了。那里沒有舒暢可言，小小的茅屋沒有地板，只有天然的地土……泥牆只粗粗的塗上一層泥灰；草做的屋蓋之下沒有天花板。茅廬要是有樓上時就要用一把梯或一根刻了許多痕口的柱爬上去。門戶和窗子都不足以蔽雨雪，在下雨天時，不平的泥地上就佈滿了泥濘了。他們的家具和器用都不能跟現在貧窮人家相比。」（註五一）雖在這個貧富階級生活情形大相懸殊的時代，但現代陋巷的住戶是否降到英國十七世紀後農民的粗陋狀態，這還是一個疑問。生活在這些家庭的孩子，都是在無知，污濁，痛苦，沼澤和門口中生長起來，往往因沒有名醫，以致於死亡於瘟疫或天花，那個時代的醫生只配叫做庸醫，他們貧弱的知識只能產生曖昧的經驗能了。

當安尼女皇（1702——14）的時候，英國房屋的建築法又有點改變，其結果遂產生一種人多如鯽，聲達四壁，駁雜不純的別墅，普通都呼牠做「安尼女皇」式的樓房。最近一個學者大胆說，所謂安尼式「除了在近代美學家的腦中和支那狂人中，從來沒有存在過。」（註五二）這也許是的，因爲這些房子的規畫只注重外觀的宏偉，至於內部的安暢和便利還是其次。反過來說，這個時代的家具以簡單精緻及精美的採用每一種於牠能達的目的爲特色。

在佐治時代的初元（至1750年），一個名叫帕拉第奥（Andreas Palladio）的意大利的建築師的羅馬畫則決定一種英國式的建築法。雖然這種家庭的確是精美壯麗的，但意大利的別墅是否適合於英國的灰色的及酷烈的環境，實在可疑。佐治建築在鄉村中的家庭，的確比之很多城市中的房宇，舒暢便利得多了。所以有人很高興地描寫這些堅固的空廣的房子說：「我們個個都知道柔磚的佐治式的房屋，前面有石的照壁，四周圍繞柏樹，……方形的大房子，能夠舒舒服服地容納下箍裙，……前門常常居中，並且常有一個壯麗的三角頂建在上面。屋的四邊均有大的裝框的窗戶，瓦的屋蓋，在欄杆之後

傾斜着，烟突則紛集於四隅。每間屋的後面都有一所廣大而美麗的花園，裏面遍植芬芳撲鼻的古式的花木……」（註五三）

英國的家庭經濟

在斯圖亞特和佐治時代，鄉村家庭的主婦天天忙着去做各種手藝，及闊綽地款待她的賓朋。這些婦人的粧飾及消遣的手段雖不及倫敦和巴斯（Bath）的美人那麼湛深優美，但是注意於各種家庭工業的技術卻是很高的。巴拉斯維特（Brathwaite）在他的"English Gentlewoman"上描寫十七世紀初期理想的治家者道：

「她在家中造成她的幸福；她總沒有想到女性的支配，她只知她特有的事業和職業和職務；人們稱贊她們（他們極尊敬她），愛多於畏。她是一個創始者，我的意思就是說，在她的國度中沒有錯誤的職務，母親很小心教訓子女。……她很少去市場或別的自由集合的地方；因爲她知道若果她東張西望，她的心就不在家了。」

著者在這幾句名言中把當時家庭責任的觀念具體地表現出來。他相信賢妻良母的興趣和活動通通包在家庭責任之內。她的家庭的確就是她的世界。頗奇怪，就是今日的婦女，興趣和職業也是偏狹的個人主義者，卻很少把她們的活動推廣到家庭外面去。觀念太深入了，風俗太牢固了，所以很難改良或變易。

研究十七世紀英國的家庭工業最有價值的材料，大概是馬坎（Gravase Markham）著的那本珍奇的古籍英國的主婦了。但是這只不過是很多有價值的，有教育的，深思的著作中之一而已。著者敍述婦女的道德及「行爲上對於丈夫的態度」以及「做錯或他的意志失檢要使她生反對的思想」這種脾性，及正當的責任之後便立刻轉歸本題，詳細鋪敍主婦在家庭經濟各部分的責任。在她的事業中他把「保存及照料家族的衞生和身體的強健……」置在第一位。要達到這個目的，主婦要懂得「怎樣調劑方子和藥材，……防止疾病的侵入；若果被牠侵入來，又要減殺這種疾病的勢力和禍害。」馬坎亦深知「這種最高越的醫學技術非常深祕，非最精明的婦人所能企及，自然不及專門家，……」可是這種事實並不能阻止他列舉一大堆人類所染着的較微小的疾病，這些疾病都有相當的療治。蒲公英poppy-seed, sorrel, lettuce, "Spinage", elder-leaves, featherfew, 蓍草及艾菊等這些草木只不過是賢主婦應當懂得怎樣製成藥品來療治她的家人的一小部分罷了。（註五四）無怪乎植物園爲這個時代的英國家庭中之一個重要部分了——有些婦人很精於生理的和外科的技術的。哈欽孫（Col. Hutchinson）的妻在她的"Memoirs"說，當諾定昂（Nottingham）被圍時，她看護兩方的傷兵。

馬坎所視爲次要的是烹飪的技術，他這麼重視這個，所以他說「完全不懂這件事的婦人，照嚴格公道的法律說，她不配享婚姻的自由，因爲她實則只履行誓約的一半；她可以活着而且服從，但她不能愛重，實行及保全永遠被責望的責任。」（註五五）要詳敍烹調法所包括的種種家庭勞動，須要很多篇幅。舉要而言之，就是關於各季草木，各種菜蔬，肉汁肉片（fricasseeing），製蛋糕，煮沸，煮肉及烙肉，製各種醬酒，饅頭，調製糖菓，菓醬，醬糊及各種蜜餞品物，炕"brisket bread"及平常的麵包等等。若想得到巧婦的榮銜，就得具有這些實際的知識。馬坎還用了好些篇幅敍述與「備辦筵席」——大殮和家常便飯」──相關的任務，種種精美的肉魚菜，fricassces及"Quelquechoses"都屬於「家常便飯，」以現代的女東道，看來似乎太重了。馬坎說「一桌菜要是沒有二十至三十個盤的，……」就不能算做筵宴。英國的主婦應該親手或督率人去備辦這些菜式！（註五六）

馬坎用了整整的一章，討論「蒸溜法及其效能。」他勸告為主婦者都得有一個錫做的或"sweet earth"做的蒸溜器「在那里蒸溜各種合衛生的水給家人喝；……」接着他又列舉這些藥水的名錄，例如angelica（虎耳草）rosemary water，（霍香水），saxifrage water，及從豆花vine leave，莓果，羊乳，驢乳，茉莉及小牛腿蒸溜出來的水，最後一種，最好用來「使皮膚柔潤及保全臉面的嬌豔可愛。……」（註五七）蒸溜了藥液和洗藥之後，忙碌的主婦就可以注意於製造十七世紀最珍貴的香物及甜美的糖果，及「挑選，藏佇及補救一切的酒了。因為這些在她的手下都是很有用的，稍有疏忽，丈夫就要受重大的損失了。……」（註五八）

「我們英國的主婦自懂得藏佇及供養家人之後，還要自動地學習她應當怎樣做內衣和外衣給家人穿。……起先做羊毛布的，後來就做蔴織的。」（註五九）要達這目的，「丈夫要剪充足的羊毛給主婦替家人縫衣。……」主婦接受羊毛之後就要知道用那一部分來做白的，那一部分該染色。染油，梳及在大的羊毛車上紡羊毛等都得逐一逐一地學習。在交給織造者之先，要分開何者可以為經，何者可以為緯；因為要知道十七世紀的織造業是在家庭之外舉行的。

預備好了羊毛，主婦又要注意織蔴布了。她要想得到正當的方法就得學習種種不同的動作。她要知那里宜於撒播苧蔴及大蔴的種子及當棉樹在地上時怎樣去耘草，採摘及灌溉。第一次灌溉要有很多手法。往後就是染大蔴或苧蔴了。再次，這些蔴要打刷兩次，或以車軏的橫木去打牠，以後就可以開始櫛蔴了。這自然「包含首先以粗而大齒的工具去梳蔴，再次就用好而直的專供梳蔴用的蔴櫛。……」用於苧蔴的蔴櫛應比大蔴的「好得多，直得多，」但手續卻是一樣。接着就是紡，捲，洗及漂那些大蔴及苧蔴的紗線了。做好之後，又要好好地捲成一個球以供織造者之用。但是布織好送回來又要再洗過

然後才可以做成蔴織的衣裳給家人穿著。(註六〇)

主婦在工作閒一點的時候就要進而學製牛油和牛乳餅，照料製牛酪場及撫養牛犢的祕訣，還有一宗要緊事就是要知道怎樣製麥芽，「使家人吃了得到滋養……」這些工業是多方面的而且與釀酒有直接的關係。麥酒和皮酒是英國當時最通行的飲料，而製造這些飲料的手續，又是很紛繁的。(註六一)

這里似乎應該把英國十七世紀的家庭工業，約成一個簡表，使讀者可以知道英國主婦究竟是怎樣的一個有價値的生產者。在這些時代上面所說的複雜手藝，已經完全脫離家庭，有一個或兩個婢僕的教育及興味都是偏狹的婦女，一定覺得時間非常難過了。懶惰是近代婦女界普遍的現象，這個一部分是由於工業革命後財富的增加與流通，一部分是由於工業由家庭的變成工廠制度，又一部分是由於成功的男子的驕傲以閒錢去養他的妻以增其美。這種寄生式的，好逸樂的婦女爲各種情形所造成，在十七世紀末就出現了。但到十八十九世紀方才完成一種形式。

家庭的撫養和教育

這個時代的英國家庭對於撫育及訓練兒童有多大貢獻呢？子孫衆多是這個時代的常規，可是撫養起來的卻是比較的少。若相信這個時代的著作，那麼，兒童的死亡率和現代比較起來的確是可驚的。蕃勺夫人（Ann Lady Fans hawe）在她的名著"Memoirs"說，自一六四五至一六六五年總共生了十四個孩子，生長起來的只有兩個！其中有七個在嬰兒期死的。究其主要，這個時代的爲母者對於兒童衛生的知識不能無疑了。十七世紀裹紮兒童之風已息，盧梭在愛彌爾上對於裹紮兒童的繃帶曾施以猛烈的攻擊，現在兒童可就不受繃帶的縛束了。但是富家的母親施於孩子的照料恐怕比前代還要少哩。保姆是這時代富貴人家的要重人物，所有的男孩和女孩通歸她管理，那就完了，但只此已是很高尚的了。男孩在七歲時就不受保姆的管理，但女子卻往往延長到出嫁的時候。保姆照料小孩子及教他們唱現在集合在母鵝（Mather Gcose）的美歌。老王科爾（Old King Cole）吹簫者之子湯姆（Tom the Piper's son），及羅賓漢（The Robin Hood）這些歌謠，都是當時兒童所最愛的。兒童也時常要保姆給他講十七世紀時就以爲是古老的好聽的故事，——如Boots, Cinderella, Sleeping Beauty, Blue Beard等的故事。這時候英國兒童的游戲種類比現代還要多。那時還沒有現代富家的昂貴的玩物，這些玩物在他們複雜的本源上多少有點反動的再生，但當時英國兒童在他們的想像和富源中對於玩物的要求比之現在大得多，這是無可疑的。小孩子的游戲大都是模仿他們所看見的各種工業。斯圖亞特時代的英國村鄉，有很多足以幫助他們做駕馬具工匠的茅廬，打鐵匠的工場和木匠可愛的店舖都能在家中找出。這些的確是有益的玩耍不竭之源。

十七世紀的家庭規則仍然是嚴肅的，不過温和的規則的侵入都已有了表象了。可是棍棒和禁止給予麵包和飲水卻還自由使用。有人告訴我們以利沙白湯姆非爾特，托爾啓因德夫人（Tanfield），(first Lady Falkland) 等「除了在威嚴的母親足下跪着就決不肯稱呼她。」（註六二）在委尼日記中有封傷心的信，是拉弗·委尼的還未滿三歲的小孩的祖母寫的，她力懇她的兒子不要讓小孩子免強作苦工，除了管理人之外不要讓別人打他。但這也許是一個例外。可幸親子之間已有更溫和的關係了；這多分是十八世紀個人主義運動——尤其是法國——所推進的。英國社會慢慢的受兒童個人權利的觀念的影響，其結果遂生出現代保護兒童的法規，而開明的輿論也都贊成合理的規律了。

英國的兒童在襁褓之中及保姆和母親指導之下卽立下了教育的基礎。在兩歲時，他們就要學習字母，他們常用刻上字母的木片——這是巴拉特爵士(Sir Hugh Plat)在十六世紀末發明的。兒童既完了學習的初步便立刻進而習「幼學書」，這是我們的祖先原始的初步。這種珍貴的發明中通常是以刻上大小的字母的塊板及主禱文，若在加特力的國家，就學"Hail Mary"。這些刻字上面釘上一塊角製物去保護牠們。從這些低級知識的初步兒童復進而誦讀初學書。在十世紀中葉時，學堂課本已經發現了。最先的一種是谷德(Coote)的"The English School Measter"，是一六三六年刊行的。兒童老早就學習計算，以算盤計最簡單的數，這個在十八世紀之前差不多是各個育兒室都有的東西。

這些簡單的學業，及宗教教育，與問答教學法——Anglican或West minister——組成育兒室教育的大部分。但是這個時代的男子所得的利益，卻高出於女子之上，因爲他們做完功課之後，可以到外邊玩；而女子卻要訓練她們的纖指，用十字織針去織畫布，這是這個時代最名貴的東西。可憐這些小姑娘很年幼的時候就被禁錮在家中，把目力和腦力耗於煩瑣的工作上，而且常常耗費未發展的能力於嚴格的支配。這些珍奇的綉帳有的留到近代，卽人們對這種苦心做成的孝敬責任感情是否的確表現這些針線娘的思想和感情着實懷疑。卽使做完了綉幔的日常「定課，」這些小姑娘仍不能逃到戶外去。母親或保姆竭誠教「縫口，」其竭誠之處，在這個不忍耐而忙促的世代中，實足以引起人們的驚嘆。

過了育兒室的時光以後，青年男女（要是有）就開始交托私人的教師施以教育。——法國教師所教的，通常是彈瑟琴，及跳舞，上等階級的女子在家庭學習，而他們的兄弟卻致力於各種拉丁及希臘的文法，預備升入公學和大學。我們知道哈欽孫（Colonel Hutchinson）雖然請了很多精心選擇的教師，卻還親身督察兒女的功課。但這時候仍有人抱怨父母替子女選擇教師的不謹愼。所以皮察談（Peachum）在一六三四年說：「大多數人情願出優薪請一個只能教一隻狗或養一隻鷹的人，而不是請忠實的有學問的，品格好的人來教他們的子女，可不是普遍的現象嗎！」（註六三）

十八世紀的事情也沒有改良。德福（De Foe）以尖刻的譏諷攻擊英國遺傳產業於長子的風俗。他主張把嗣子的教育委托低下的教師；至於較小的兒子因爲要自立所以要小心施以專門的或政治的教育。德福說自由的教育與「保姆和教師的女子文學」的差別在英國家族中明白指出「那里優秀與矇昧分子……有思想和有學識的男子及愚夫之別，往往是這樣：其一是無教育而無用，因爲他享受產業而其他卻要受磨練和教育爲的是要創家立業。……」（註六四）他又說有很多英國的地主不只無學識，無訓練，「並且連家族的情形亦大不相同，而且有很多財產極豐的人卻是債台高築的，……」

(註六五)

十八世紀的父母選擇家庭教師不只是輕忽或吝嗇而已。這時的著作對於時髦女子輕忽母職亦極其忿怒。所以德福說，「在這個富庶的時代，男子和女子的確完全消磨寶貴的時光於逸樂之中。母親若受子女的煩擾，就不是時髦了。他們有了子女之後，只給他穿好衣裳，把他弄得好看，或有時領出來給人看罷了。這個降低有道德的女子在育兒室中爲子女所煩擾，正如減低有道德的文人爲藏書樓所煩擾一樣。」(註六六)

愛社交的母親的女兒，不止固着於育兒室中受僕人照料，當育兒室的教育終了之後，又被送到時式的初級學校，學習些法文，音樂，針黹和跳舞，後者大爲貴重的技術。長成的女子若贊成優美，亦常常忽略治家及烹調的技能及無用的針黹與「手術。」十七世紀的母親小心教訓女兒去「預備更衣室或會客室所需要的一切技巧，如保存，蒸溜及冷的蒸溜所的蒸煉方法，製饅頭，angelot，及其他忌廉的乳酪等……」並且學習各種有用的女紅。十八世紀都市的女子被送到專門製餅學校去取得這一知半解的家庭知識和技能的，也着實不少。亞士呑曾提及這些學校，並且引用一間著名的在 Lincoln's Inn Fields 的告白，那是教授「各種製餅及烹調術（Dutch hollow work）及製牛油的。」（註六七）斯提爾在他的溫柔夫壻一劇裏表現一個姑母責駡她的姪女不懂家計。這個姑母告訴這女子，她的母親「利用時光於更好的學問，你卻不是這樣，他不學矮人和巨人的爭鬥；」卻是寫出 Brother, Cauldles及Surfeit Water 的收條以當一個好的村鄉的高尚婦女。」可是鄉村的家庭至少也繼續給女子以治家的小心訓諫，這是無可疑慮的。

但是，要是有些時髦的母親忽略女兒的家事教育，但她們決又輕忽訓諫她們女兒以交際和找丈夫的最重要的技術。關於此點，休（Hagh）發揮他的意見於"Spectator"之中道：「我們的普通的過錯在我們兒童教育上就是我們注重女兒的肉體而忽略她們的心靈；對於兒子呢，我們設法啓發他們的心靈，卻完全忽略於他們的肉體。……當一個女子安然離開她的保姆，還不能得人生的一些簡單知識之前，她就交給跳舞師的手中了這個美貌的野性東西頸上圍着色布，學習行動的音樂節拍，被迫着以特別的方法舉起她的頭，挺起她的胸，以全身移動；要是不然，就會陷於永遠得不到丈夫的危險了。這個給青年女子以奇怪的想像工作，她時刻都聽說她和這個男子的事，以爲她受教育是專爲他起見的。」——（註六八）有人會問，爲什麼女子的家庭教育不專趨重一方呢？得丈夫十九是英國婦女生存的目的，因爲獨自達到榮耀的經濟獨立的機會非常缺之，所以這事一失敗就是終生的可悲的失敗。有些女子的確願意運用一切媚術去搶丈夫而不願意坐在討厭親族爐火之旁，在不歡迎的老處女之範圍內的！那時候，一個「老處女」正不減於一齣悲劇；因爲女子的生活不論怎樣逸樂總把生活變成空虛沒有大利的目的，並且終身刻上不成功的深刻印象。經濟的和社會的情形是女子流行的觀念及無用的教育所由生；所以由改良觀念和教育必先改造經濟和社會，這一層且留待下章再討論罷。

（註一）見8 and 9 Wm. III, cap. 3; Sydney, 'Social Life in England,' p. 141.

（註二） 見Gregory King, 'Scheme of the Income and Expense of the Several Families in England,' 1688, quoted in Sydney, op. cit. pp. 136 ff.

（註三） Quoted in 'Barnard's Journal,' article on 'English Home Life and Education,' Vol. 26, p. 379.

（註四） 見Bradley 'The English House wife in the 17th and 18th Centuries', p. 132.

（註五） Verney Papers, Camden Society Pub, Vol. 56, pp. 145—6.

（註六） Op. cit., (ed. 1771)p. 35:

（註七） Chapman, 'The Status of Women under English Law,' p. 34; 'Statutes of the Realm,' 22—3, ch. II. c. 10 sec. 6.

（註八） Cleveland, 'Women under the English Law,' pp. 221—2.

（註九） 'Ibid,' p. 222.

（註一〇） Alexander, 'The History of Women,' Loedon, 1782(3d ed)Vol. II, pp. 488—511.

（註一一） Alexander, op. cit., pp. 488—95.

（註一二） 'Ibid,' p. 496. Italics mine.

（註一三） Op. cit., pp. 505—13

（註一四） Op. cit., opening pages of dedication to Anne, Countess of Pembroke.

（註一五） Op. cit., 'Address to the Reader,'

（註一六） 'Mundus Muliebris,' (ed. 1834), pp. 700—2.

（註一七） 她的狗

（註一八） 一種紙牌的賭博

（註一九） 見'Spectator,' No. 323.

（註二〇） Op. cit., (ed. 1796), pp. 35—6.

（註二一） 'Ibid.,' p. 68.

（註二二） 'Loose Hints upon Education,' (ed. 1781), pp. 135—7.

（註二三） Op. cit., pp. 228—9.

（註二四） 'Ibid.,' (ed. 1788), p. 104.

（註二五） 'Plan for the Conduct of Female Education in Boarding Schools,' (ed.1797), p.10.

（註二六） 'Strictures on the Modern System of Female Education,' p. 14.

(註二七) 'Some Reflections upon Marriage,' (4 th ed., 1730); 'An Essay in Defense of the Female Sex,' 1696; 'A Serious Proposal to the Ladies,' 1694.

(註二八) Op. cit., in 'The Humboldt Library of Popular Science Literature,' Vol. XV, p. 60.

(註二九) Ibid., p. 76.

(註三〇) Ibid., p. 38.

(註三一) Ibid., p. 42.

(註三二) Ibid., pp. 153—4.

(註三三) Ibid., p. 156.

(註三四) Elizabeth Godfrey 'Home Life under the Stuarts,' p. 113.

(註三五) See 'Verney Memoirs,' Vol. I. ch. XXVII.

(註三六) 'Autobiography of Edward, Lord Herbert of Cherbury,' (ed. 1771), p, 56.

(註三七) James Howell, 'Familiar Letters' (ed. 1645), sec. 2, p. 33.

(註三八) Ibid., Sec. 2, pp. 89—90.

（註三九） 'Some Reflections upon Marriage,' (ed. 1730), pp. 35—6.

（註四〇） Op. cit., No. 73.

（註四一） Steele, 'The Tatlar,' No. 258.

（註四二） 'Legacy to his Daughters,' pp. 125—6.

（註四三） Ashton, 'Social Life in the Reign of Queen Anne,' P. 25.

（註四四） See Ashton, op. cit., p 29.

（註四五） Ashton, op. cit., pp. 27—32. See also Howard's exhaustive account of Fleet marriages in his 'History of Matrimonial Institutions,' I, 435—460.

（註四六） 26 George II, c. 33.

（註四七） Howard, op. cit., p. 458.

（註四八） Misson, 'Memoirs and Observations in his Travels over England,' (trans. by Ozells, 1719, quoted in Ashton, op. cit., pp. 32, 33)

（註四九） 'Mundus Muliebris,' in 'Literary Remains,' (ed. 1834), pp. 700—701.

（註五〇） Op. cit. (1645), Part II, p. 9.

（註五一） Sydney, 'Social Life in England,' pp. 146—147.

（註五二） Bradley, 'The English Housewife,' pp. 267—8.

（註五三） Ibid., p. 194.

（註五四） Op. cit., (ed. 1683), p. 398.

（註五五） Op. cit., pp. 4—48.

（註五六） Ibid., p. 49.

（註五七） Op., cit(9th ed., 1683) p. 101.

（註五八） Ibid., pp. 49—101.

（註五九） Ibid. p. 101.

（註六〇） Ibid., pp. 112—113.

（註六一） Ibid. p. 122.

（註六二） See Godfrey, 'English Children in the Olden Time,' pp. 62—63.

（註六三） Godfrey, 'Home Life under the Stwarts,' p. 9.

（註六四） The Comp'eat Gentleman, p. 31.

（註六五） Ibid., (ed. 1730), p. 68.

（註六六） Ibid., pp. 104—105.

（註六七） Ibid. p. 71.

（註六八） 'Social Life in the Reign of Queen Anne, p. 24.

第十章　美洲殖民地的家族

最初的殖民

英國人從故鄉移殖於荒野的美洲，始於十七世紀初葉。第一次殖民新大陸的動機，是經濟的政治的及宗教的但經濟的和政治的原因，卻是開闢維基尼亞(Virginia)及後來移殖於新英格蘭(New England)殖民地的主要動機。關於人類離開故鄉而建立新家庭於不曾習慣的曠野的勇氣，這些事實已經有很多人說過。有好些著作，把這些人的勇毅性，及天天困苦經營他們的房屋和種植穀米，時時刻刻防備印第安人，保護他們的家庭，抵抗野蠻人殘暴的襲擊的勇氣等等，都很詳細的告訴我們。但直到近年，以我們所知，這些僑民的婦女所貢獻的忠心和勇敢，卻很少人注意到。婦女對於在新殖民地所常常過着的壓迫和困苦，使人衰頽的失望，以及對創家立業的工作的無價的助力，我們也沒有明白的認識。但是近代一個歷史家卻說，英國殖民所以能在美洲成功是受了一小羣婦女的幫助，「這是美洲最初的歷史上面的一宗最確實的事實。」（註一）他證明男子若沒有妻子或家庭的幫助則在維基尼亞殖民地中便會發生不適意的情景了。舉例言之，英國的維基尼亞公司（Virginia Company）雖有聰明而且有遠見的愛底温·散的爵士（Sir Edwin Sandys）代為指揮，但仍發生不滿意及擾亂之事，並且差不多發生暴動。他明白地看出殖民之所以無愛心，大部分是因為沒有愛情的生活及無家室。維基尼亞公司的記錄，記載他對於他的同事的率直的忠告道：「我們要替他們找妻子，使他們在維基尼亞如在家中一樣。」（註二）果然不久這些殖民便得到妻子了，——她們是青年而忠誠的勞動的女子，離開故土去到新大陸，她們希望找到一個良人和一個良好的家庭。這些勇敢的女子自然受寂寞的殖民熱心歡迎，他們極懇切的想娶她們為妻。只要他能表明有供養一個女人的能力，及償還她的旅費，（一百元及二十磅烟草）他就可以從這一班英國女子中挑選一個新娘了。還有一層，他必定要取得這個青年女子的同意，不能以強迫之法出之。所以維基尼亞的殖民就是用這種元始的方式去取得妻和母的。這些事情對於一切殖民有很好的影響。據編年史家的名言，這時候的男子「在他們所建立的家庭中立起家園來，」他們便不再向古舊的英國要求安慰了。

殖民的婦女不特有不避艱險的精神，她們更着實而有力的助她的丈夫。新英格蘭的婦女幫助她們的丈夫去創立簡陋的小屋。後來她們又作工自給。這大部分是用自己的努力，而以從英國帶來的家財爲津貼。賓夕法尼亞（Pennsylvania）最初的殖民的妻子幫助良人挖掘德爾威亞（Delaware）的高壁的洞窟，作爲最初的家庭。哈德的桂格家庭的記錄中，我們可以看出伊利沙白·哈德對於這種家庭的貢獻。這記述是她的姪女寫的：

「最欠缺而急須設備的是居處。因爲他們彼此相愛相助，所以連婦人也做前此所不須做的工作；因爲最初的殖民中屬於勞動階級的很少，從事勞動更加稀罕。我的姑母以爲在鋸尾幫助她丈夫汲水及做杵臼以建造他們的烟突是合宜的。有時她勞苦太過，她丈夫叫她歇息道:『吾愛,你去料理晚餐罷。』……」但不幸這個可憐女子不懂做飯,所以很灰心的跑了,暗中飲泣。但不久她卻毅然奮興起來,她現在已得到祈求了,很久的意識自由無價的償賜了;於是她跪下來求上帝的寬恕和幫助。這篇記述又告訴我們,她很少站起來尋求食物,當一頭貓出現,口啣住「一隻大而美的兔子,她很感謝的收下了,把牠弄好,如同在英國一樣。丈夫回來吃晚餐時,他們都快活得哭起來,因爲那是出乎他們的意料之外的。」(註三)我們很喜歡知道從此這個困苦的家族,和他們的親人,都變成富戶,享有很多家財,有些還是拜貓兔之賜呢。

美洲中部殖民的艱難,雖然很凄慘,但仍不能和那些住在荒涼的新英格蘭海岸的殖民相比。我們讀文斯洛普雜誌(Winthrop's Journal)(註四)知道他們的牲畜和猪都被豺狼吞噬,他們的手足被寒氣凍傷,血斑病流行,殖民數年來視爲主要品物的印度小麥又缺乏,種種痛苦是很難堪的,可是馬薩諸塞灣(Massachusetts Bay)的殖民的痛苦,仍不及在普里穆斯(Plymouth)的人所受的那麼慘酷。幾年之後,他們已建立堅固的安樂家庭去代替木屋，以爲抵禦嚴寒的永久居所了。一六五〇年，約翰生在所著的錫安之救主在新英格蘭之奇異偉業（Wonderworking Providence of Zion's Saviour in New England）裏面精細地描寫波士頓（Boston）道：「那是一個都市般的市鎮，……羣集於海岸之上，建立大的工業，那些建築都是美麗宏偉的，有的是以磚瓦木石和泥板石做成的。街道非常整齊，以後繼續擴張，遂成壯麗的都市……」（註五）這個熱情的清教徒的記載，不用說是微略有些偏心，以便極力推尊他所極端崇拜的「奇異工作的開創者」但這些草創的房宇中分明有很多是木造的，寬闊而且舒暢。這些創業者的建造術，開後世模範的殖民地樓房的先河。起先大家協力和自然奮鬥，一點一滴的成功，生活之困難有時較甚於樸素的生存競爭。其後殖民的家庭，漸漸得到一點安樂了。這些殖民散布於卡羅來納（Carolinas）至馬薩諸塞一帶海岸，而家庭的快樂與日俱增。在南部的殖民家庭中，在滿哈坦（Manhattan）精緻的荷蘭人家庭中，及新英格蘭殖民的家庭中，都發生種種式式的家庭生活。但一切都有家庭的眞精神。這些新生的世代，都是在美洲出世的，所以眷戀故鄉的感情不及先人那麽強盛了。他們的傳襲，希望和目的全部都固著於他們傲然發展起來的新大陸。

殖民時代婦女的地位

英國普通法的成立

我們不能希望美洲的殖民立刻改變對於婦女的一切習慣的觀念和習俗。這些騎士和清教徒都浸淫於婦女的理智社會的和法律的卑下而有力成訓中；他們自然把這些成訓一同帶到殖民地去。所以英國私法已變成殖民地的「普通法」了，其中只有很少的變更，這一層下面再說，前章已經詳細敍述這些私法的項目了。故此只須回憶已婚婦人身體上和財產上都受治於她們所供奉順從的男子就得了。她們在法律上的地位就是在夫權之下，並且是丈夫的管理物。有時婦人在嫁時得到特許的個人使費，才可以脫離完全的經濟倚賴。就是她的衣裳和粧飾品，在丈夫生時也爲她所有，他可以隨便處分牠們；而她的物業，錢財及各種動產，都是夫的絕對財產，妻的工金亦然。丈夫也是子女唯一的管理人，只有他才能定奪關於教育，宗教訓練，生活的工作准備及子女的婚姻這一類重要問題。

司法官布拉克斯吞（Blackstone）在十八世紀末敍述已婚婦人在英國普通法上的地位道：

「自結婚之後，夫妻在法律上遂成一體；這就是說，婦女在結婚時，一切法律的地位暫歸消滅，至少與丈夫合併爲一了。……在這條原則之上，夫妻的結合體，差不多都寄托於一切法律的權利，責任及結婚時所受的束縛之下。……因爲這個緣故，男子不能拿什麽給妻子，或和她訂結契約；因爲給予或者就是她的分立，而和她立約只不過是和自己立約而已。故此夫妻間的一切契約在互諧連理時確已化爲烏有。」（註六）

可是，要記得妻子雖然丟掉法律上的人格，但仍可以繼承第三者的財產，不過丈夫立刻取得支配權。及在婚姻延續時享受利益罷了。只有夫死之後，寡婦才得到財產的支配權。要是妻先夫而死，夫也喪失對她的土地的利益。若他們生有兒女，可以繼承這宗產業，就不在此例。在這種情形之下，卽使子女在妻死時已不存在，丈夫仍可以取得她的田地以維持自己的生活。這種財產的專門名詞叫做「英國特賜的財產」或簡稱之曰「特賜的財產。」這種英國的風俗，完全成立於美洲殖民地中。

但是殖民時代的男子，於婚姻關係所生的利益之外，也有些是不利的。不論妻在結婚時有財產帶來沒有，夫都要以自己的手段供養他的妻子。美洲殖民在婚姻契約上，正如他們英國先人一樣的確是乖巧的買妻者；他們擇配時，很小心着她們有多少粧奩，清教徒的審判官秀阿爾(Sewall)對於粧奩的錙銖計較，及在婚姻中成功找得三個美麗寡婦的事實，的確是很有趣的。婚姻買賣在兩方面都是公開的，而且不以為恥。(註七)可是要記得法律也要求男子供養妻子，他不只要担負妻在結婚後必需的債務，連結婚前未清還的賬也歸他担負哩。英國法律這種規定在幾個殖民地生出一種"smock-marriage"的粗鄙而奇怪的風俗。這是從母國輸入的。當時有些無知的男女主張要是寡婦只有隨身衣服嫁來，沒有別的衣裳，也沒有首飾，那麽，她丈夫就可以免除賠償她訂婚前的債項很可笑，有很多這些婚姻都新晚間舉行，以顧全新娘的一點面子。阿歷思·愛爾(Alice Morse Earle)在她的名著古新英格蘭的風尙(Customs and Fashions in Old New England)中，搜集這種"smock-marriage"的有趣的事實。這種風俗自然不限於新英格蘭一隅。一七四八年罕先生(Mr. Hahn)旅行賓夕法尼亞之後來說，這種殖民地中有一個新郎從一條大路去會見他的再醮的新娘，在幾個證人面前宣佈道，他自己所穿的襤褸衣裳都只是借來爲婚筵之用罷了。(註八)

婦女不只從普通法上取得丈夫給她的特殊供養，就是給她爲養口業的土地，在全殖民地中也受小心的保護。這樣一來，夫若想出賣或割讓土地的某部分，就得和妻子商議了。

以上敍述妻的財產權。美洲殖民對於已婚婦人的身體也加以相當的保護，使她不致遭鞭撻或咀罵。在大多數殖民地中，男子不能鞭撻妻子，——這是她在英國長久掌握的淫威——也不能辱罵她太甚。固然殖民時代有很多男子兼犯兩種罪過的，但婦人隨時可以反抗。徹斯(Chase)在他的哈佛希爾史(Haverhill)上說有一個男子動手毆打他的妻時，勇敢地說，他所以有打她的權利，是因爲她是他的「僕役和家奴。」但這實在不是一般人的見解，因爲上逃這個罪犯，一定會受到相當的刑罰。在新英格蘭殖民地中，極端的苛待，的確是取得合法分離的充分的理由，若在苛待之後，又繼之以不貞，便成爲完全的離婚。但在南方的殖民中，英國教會在名義上已經成立，因此一切婚姻案情須受宗教法庭的審判。在那里則似乎沒有法律去拯救婦人出於殘暴男子的暴虐了。(註九)

但是妻的身體及行動的權利固受有相當的保障，而丈夫也是一樣。殖民地中如已婚婦人有「咀罵和潑辣的口吻，」便要受木棍，担架或懲罰椅等可怕的刑罰。懲罰悍婦的懲罰椅那種刑具在十九世紀初葉前，在有幾邦中尙沒有消滅。

婦女享有土地的權利

在新英格蘭中，獨立的婦女（即獨身女子和寡婦）所得享有土地的利益是很少的。模蒂(Deborah Moody)夫人因爲賣了馬薩渚塞州斯普斯利(Swampscott)附近的一大塊地，殖民地政府便不甚滿意於她，不久就轉給新內特蘭的荷蘭殖民了。可是波士頓政府卻謹愼地議訂當她們按照數目分派土地於家族；撒蓮（Salem）城在殖民時代初期也准獨身女子以"maid-lotts"。但這種行動都爲恩狄科特（Endicott）省長所反對，他以爲爲避免「一切先前的及罪惡的事情，不當給無人管理的獨身女子以lotts」。（註一〇）

南部及中部殖民地對於獨身女較爲優待。新澤稷（New Jersey）州的哈登菲爾特地方是屬於一個名叫伊利沙白·哈登（Elizabeth Haddon）青年女子所有，她十九歲就獨自來到這里，以顯著的商業判斷力治理她父親廣大的土地。還有一個勇敢的女子名叫馬利·條維（Mary Tewee），她是一個寡婦，在賓夕法尼亞享有很多土地，自己開闢，自己耕耘，但這些女子中最顯著的還是馬加列·布蘭特。她和一個能力不相上下的姊妹馬利在一六三八年從英國來到馬里蘭（Maryland）殖民地。她們倆享有土地，建立第宅，從事各種商務的活動。當這個殖民地的總督，所有主巴爾的摩爵士（Lord Baltimore）的兄弟卡爾味特（Leonard Calevt）一六四七年死時，他指派馬加列·布蘭特做唯一的執行遺囑者，這實在是當時最驚人的舉動！這個女子不特商業學識出乎常人，就是處理殖民地的公衆事務也是很出色的。聽說當一羣小軍隊——這軍隊在一宗亂事上曾立有功勞，卻得不到報酬——正想暴動之時，布蘭特夫人便以自己的能力去解決這宗事情她擅自賣掉屬於所有主的牲畜，以平息這些人的憤怒。所以巴爾的摩爵士便寫了一封嚴厲的信詰責這個「愛管閒事」的太太，議會卻要討好她而起來調停在一封會銜的信上說道：

「說到布蘭特夫人干管你在這里的產業，……我們深信而且良心上覺得那是好的，因爲自你的兄弟死後，殖民地的公安在她的手中較之任何男子都好。」（註一一）

我們讀過這信之後，自然這個不怕奇怪挫折的女子在一六四八年又毅然出席議會了。據記錄說，「她要求議院的選舉權，因爲正月三號最末的法庭，吩咐尊重布蘭特夫人，接納她爲貴族的律師。」我們不難想像議會中的男子對於這個女子的聞所未聞的請求，充滿了男性動物的驚異和反對。他們便把她列在美洲第一個女子參政論者的地位，因為記錄上說，「省長拒絕布蘭特有投票權。而布蘭特卻反對這個議會的一切議案，除非她可以出席投票。」這是何等的一件偉業呵。(註一二)

殖民地對於婦女的態度

南方的殖民地，尤其是維基尼亞在殖民時代初期，女子非常缺乏，所以她們的價值極高，男子要求女子、結婚的亦極懇切。雖然英國的私法已完全成立於這些殖民地中，女子受很多剝削，可是在南方殖民的家庭中卻發生武士的精神，並且尊重婦女。這種態度，早就成為最好的英國武士的特質而這種形式就是產生南方大殖民一部分的原因。

這種精神也由維基尼亞的省長斯波斯武德(Spotswood)的話表現出來了。這是當他的朋友柏德(Colonel Byrd)探訪他的住宅("Germanna"在曠野的邊鄙)時對他說的。這個官吏領着他文雅的妻子到這個邊陲的殖民地而來，而她也很歡喜很勇敢的接納這種荒涼的生活。她丈夫說，當他的朋友譏笑她的丈夫的熱情時說，「不論誰人，領一個不幸的好女兒出於她的朋友的知識而入這種荒涼的境地，若不以一切可能的仁慈去待她，沒有不色然以喜的。」（註一三）總而言之，這個高貴的女子接受若干的仁慈的恩惠，這是中部及新英格蘭殖民地的女子所得不到的。我不是說北方的女子不受愛敬，她們的確也受愛敬。但是嚴酷的新英格蘭中愛情似乎受嚴格的支配，沒有人敢公然表示出來。還有一層，我們知道清教徒嚴守古希伯來，保羅及古代基督教神父的教訓，說女子是下等的動物，要受合法的丈夫及主人支配。要是一個馬薩諸塞的清教徒的後人能在一八七六年附和下述的態度，他的先人將會受人之重責了。

「女性正當的職業有一種是必要的，但從來都被人禁阻的，那就是參與人生的活動。但是敏銳的女子也可以覺得她實在沒有機會去推廣她們的大能力到家庭火灶或社會範圍以外。」（註一四）

因爲新英格蘭清教徒的「社會範圍」在十八世紀的前四十年前是限制極嚴的，所以我們可以說，清教徒女子的生活差不多完全以家庭爲限。每禮拜日到教堂去聽受教訓，但是她們參與宗教集會的自由雖然爲普格否騰（Providence）殖民地爭論的焦點，但法令一經公布之後，再沒有人去討論那個了。文斯洛普說有一個男子名叫味林(Verin)禁止他的妻子出席於她常被邀請的羅哲爾·威廉士(Roger Williams)所開的聚會。所以這里有些男子想叫他來責罵他「但是」文斯洛普說，「阿諾爾德(Arnold)出來，……反對他告訴他們要是他發出這個命令他決不以為這是破壞上帝的法律，如婦人服從丈夫等等，並且舉出實在的理由去反對他。」(註一五)無怪乎這個時代婦人在書信上署名為「你的忠誠服從的妻」了。倘若妻子要規諫丈夫，她們必有像文斯洛普(Dame Winthrop)所說過的話，就是「……你所以為最好的我必永遠依從呵。」

美洲殖民地的婚俗和法律

對於婚姻及家族的流行觀念

在一切殖民地中，都很看重婚姻的價值，婚姻不特是緜延望族的手段，並且因為大家族是繁殖新大陸廣袤疆域所必需的。新英格蘭把婚姻看作一種政治的契約，婚姻的禮式須由政治的官吏主持，中部各殖民地的程度比較低些。而在南方殖民地中，婚姻確是一種聖禮，只能由教會的僧侶來舉行，這種英國觀念在十八世紀時亦極流行於馬里蘭。

父權家族的組織是一切殖民地普遍的觀念；但是以家族爲神聖重要，這個信念，清教徒比起南方的殖民來，卻深強得多。這大部分是因爲清教從申命記和利未記的摩西法律上所探討得來的。故此清教徒援引以色列的家長所掌握的權威以證明家長權的正當。新英格蘭的殖民也毫不躊躇的應用希伯來的法律。所以馬薩諸塞灣，康涅狄格（Connecticut）及新哈文（New Haven）最初的法規都規定倔強的兒童須處以死刑。康涅狄格的法律說：

「倘若有一個桀傲不遜的兒子已經達到已長成及通曉事情的年紀——卽十六歲——而不肯服從父或母的命令，雖勸戒亦所不恤，那麼他親生的父母可以捉住他，送到法庭，控告他的頑固反抗……這個兒子須得把他治死。申命記二十一章二十及二十一節「辱罵或毆打親生父母的兒童，」也得施以同樣的刑罰」。（註一六）

但可幸記載上並沒有一家實行這些法律的事實。但這句話却不過用於由別運引出的法律。淸教徒非常看重純潔的家庭生活，所以他絕不畏縮的規定，若有「已婚的或已訂婚的女子」犯姦淫，就得處以死刑。只有羅得島和普里穆斯兩處把這條法律減輕爲重責，普里穆斯於此之外還加上一層，犯罪者須於衣領上刻上一個紅色的A字，至死方休。雖然殖民地的官吏不欲執行法律上所規定的刑罰，可是馬薩諸塞灣殖民的記錄却證明在一六四四年有兩個人因姦通而被殺，科吞•馬德（Cotton mather）在他的"Magnalia Christi"（註一七）上又指出第三個人來。淸教徒的法律對於兩性的姦通並無異致，這是一件可注意的事實。男子和女子所受的痛苦並無兩樣，並不像摩西法律只限於女子方面。

淸教徒既主張家族神聖及鞏固家族統治的重要，無怪乎他們對於那些未娶者及未嫁者，尤其是當這些無拘束的人，設法過獨身生活而懷疑了。一般人都相信大凡未婚的人應該與有名望的家族相聯，使牠負道德的責任，及要他服從國家及教會的法律。在哈得富爾(Hartford)殖民地中「獨身者的使費」每星期抽稅二十先令(註一八);在賓夕法尼亞一七六六殖民地中未婚的男子有時要雙倍納稅而在新哈文殖民地中,於一六五六年宣布:「獨身的男女以後不能作官吏議員僑居或有房屋也不能在管轄地域內有住房,但可以向法庭或官廳領取憑證,附屬於某個認可的家族……;這家的家主要小心考察這個人的事情品格及行動,看他或她是否常常致力於合法的職業履行家族的責任,上帝的公共崇拜及日間夜裏遵守規則等等。」(註一九)

馬薩諸塞灣及普里穆斯等地也有相似的法律。普里穆斯殖民地規定「以後個人欲過獨身的生活,不能由個人或家族的意而決定,必要得城市的許可而後可……」違犯者,由「法庭治以應得之罪。」(註二〇)這些法律曾被實際使用,因為我們知道一七六二年「亨叟(Thomas Henshaw)及荷爾(Thomas Hall)這兩個獨身男子,不願意生活於家族統治之下……,卻立刻為法庭所迫要他們屈伏於這種統治之下。」「到第二次到庭時拿出他們的證書來。」(註二一)顯然的新英格蘭的獨身者,因結婚而獲得自由,並非因結婚而喪失自由。很多都市的未婚者，會得到結婚的強迫狀指派婚姻給他們建設家庭。在麥德福(Medford)有所謂「童男班列」(Bachelor's Row)就是這種指派的了。(註二二)

有人推想這些忠誠的清教徒這麼着力納獨身的青年男女於家庭統治的規範之內，要是他們能夠活到現代，看見未娶的男子及未婚的女子所得的自由，他們的感想一定不和你一樣。眞的，他們不只極力反對這些規避家族責任的人，得到獨立並且反對現社會的老少獨身女子的數目。聽說在波士頓，一切這樣的「老處女」都被人看作「沒有別的可以比得上的咒罵，並且看作可怕的現象……」可是這個考察新英格蘭的英人卻又躊躇的尊敬這些不幸的處女中之一個。她雖然「現在約莫有二十六歲(他們叫這個歲爲「Thornback」)，可是……從來不穿着青年人的華美衣裳使自己出色當行，也不談論戀愛想及戀愛。……守貞的兩種必要的道德是禮貌和服從，而在她卻很顯著，恰如生下來就沒有別樣似的……她的儀表，言語及全般的行爲非常淸正，要是有人吻她一下，我想她就要立刻尋死了。」著者稱贊這個二十六歲的「老處女」的禮貌又進而稱贊她對於父母的「獨一無二的服從。」這個「推廣到一切屬於好的或公平的事情上，除了非法的命令之外，通通沒有例外。他一面贊美一面說道，她若未得父母的同意，她就躊躇而不敢赴洛克斯巴立（Roxbury離波士頓不夠一英里的地方）這樣的馴服，使作者有機會去暢論父母對於子女的神聖權力，這權力「是毫無疑義的，連上帝也要讓步，不願冒犯最神聖的寄托，我們在民數記第十章便可以看出沒有一句誓言去侵犯牠。」（註二三）我們由這個記載可見這個英人的意見及清教徒對於家長所掌握的威權的觀念分明是吻合無間的了。

求婚的風俗

在一切殖民地中，流行一種風俗，就是求婚之先須取得父母的同意。這種規制在新英格蘭殖民地中尤爲重要，那里時常頒佈很多關於求婚的法律。康涅狄格的第一種法律說，「大凡沒有自主權的男女或隸屬於父母，主人，管理人等等的支配的男女，不論婚姻的動機是什麼，或怎樣適宜，但在沒有通知及取得那些有上述關係的人的同意而結婚，若有不盡義務，不守這條法律的人，法庭得處以嚴格的嚴罰；第三者若干涉這宗事而未先通知他受治的人取得他們的同意，其刑罰相等。」（註二四）新哈文殖民地也有同樣的限制。「凡設法勾引任何的閨女或女僕發生戀愛……而未得父親，主人，管理人，治理者……或（在這種人的背後）最近的官吏的同意，不論是從言語，書信，相會，不緊要的狎習，不合禮的晚間聚會，非法的狎暱等等……」一初犯當處以四十先令的罰金。（註二五）新英格蘭的青年和其他的殖民地一樣，對於戀愛須非常愼重；可是父母若允許他們交際，青年人似乎也得到一點自由。英國旅行家丹吞（John Dunton）說及老處女的話，我上面已引用過了。他在美洲有一次和一個美麗的閨女騎馬作長途旅行，這個女子坐一匹有墊褥的馬上，跟在他後面。這是十七世紀淸教徒的馬薩諸塞的事！可是這種自由的確不是官吏所許的。馬薩諸塞有一條律法明白反對這種「時常乘機步行或騎馬到別城去的放蕩風俗——……男女們往往藉口去演講，但其實……大多是在酒店和飯店恣情酬酒。……」爲阻止這種求愛法，牠訓令「大凡獨身的人只為求快樂而這樣旅行……就是放僻邪侈的人行為不端的人……處以十天的監禁或每次罰款四十先令，」除非他們能「交出二十磅金以保證他們的行為是善良的。」(註二六)此後馬薩諸塞的青年男人若想要他所選擇的女子，首先要保證品行的端正！可是這些清教徒的嚴酷規制，在十八世紀時已完全推翻了。愛爾夫人說有一個軍官赭勒(Geolet)約莫在一七五〇年旅行新英格蘭，屢屢說起"Turtle Frolicks"及村鄉的青年常常和處境良好的美女跳舞。(註二七)很奇怪現代護送的風俗似乎沒有存在了；因為青年男子護送女子去跳舞會後來又送她回家，一個年長人也沒有在旁。

從秀阿爾審判官(Samuel Sewall)的日記，讀者可以得到很多關於新英格蘭求婚的風俗。有一個牧人之子名叫革里士(Gerrish)想娶這個法官的女兒馬利。這男子的父親於是寫信給秀阿爾，徵求他的同意。這法官答應了，請這個青年人到他家在他的日記上記上這件婚事的進行。我們知道革里士的確想依禮行事因為這法官記錄道：「他問我……在他父親未回城時，常常過訪我家好不好。……」這個未來的戀人得到允許之後，卽時犯了一重大錯；因爲約定禮拜五叫他來時，這法官在日記上寫道：「到夜間時，革里士不來；我們盼望他，馬利也打扮好了；但那是最痛心又最不好的失望。」可是「痛苦」雖然是痛苦，這個青年人卻沒有丟掉他的機會；因爲下面又有一行寫道：「革里士來了，告訴馬利，叫她除了禮拜六晚及禮拜日之外，其他各晚都等候他；除非發生特別的事情。」那時候求婚是不能躭擱的，卻要從速辦妥，不要太多感情了。馬利·秀阿爾的婚事就是這樣。因爲六個月之後，我們知道，「禮拜三九月二十四晚間盆柏呑（Pemberton）給革里士先生和我的女兒馬利結婚。他開始祈禱了。」（註二八）

秀阿爾的第二個女兒名叫柏替（Betty），是一個膽小而神經過敏的姑娘，她逃避求婚者的親近。因此她的精明的老父很想替他的女兒擇一個快壻，但他的婚姻計畫卻幾次失望。所以他在一六九八正月九日記道：「Capt. Tuthill來找柏替說話。她躲在馬車上幾點鐘，直到他跑了。我們找了半天，終於找着她，看見她非常迷亂。」可憐嬌怯的柏替終於有了勇氣，把這個不悅意的求婚者支使出來，她的理由是，「她願意知道自己的思想是對的。」但是她的擾累還沒有完哪，幾個月之後又有一個求婚者來了，這是赫斯特(Grove Hirst)。這個斯文人的第一句話，載在秀阿爾的日記上那是一六九九年九月二十八日他從一個短期的行程中回來記道：「我的家族本很安寧，卻被柏替拒絕赫斯特先生而生出騷擾來了。……主是允許給我們的慈悲和愛情的。」一個月之後又記道：「赫斯特先生來感謝我的妻和我，因爲我們垂愛他的兒子，給他在我家走動自由。他似乎以進爲退。」（註二九）但是這個未婚者並不像那個軍官那麽容易灰心，因爲一年之後，秀阿爾在他的日記上這個信念：「一七〇〇年十月十七科香・馬德赫斯特先生和伊克沙白・秀阿爾結婚，……唱詩一二八首。我叫"York Tune"不要參加。」（註三〇）於是畏羞的柏替終於出嫁了。這個老法官又看見這個女兒好好的「立起生活來」很覺快慰。這件婚事的記錄特別的有趣，由此證明清教徒的女子也有一點兒自由，就算父母極端合意的求婚者也可以拒絕。因爲秀阿爾對於柏替一再拒絕她的求婚者，雖然不滿意，可是他卻不強令她同意。

秀阿爾女兒的婚事，要是足以代表一般清教徒的求婚者取得父母同意的愼重方法，正如清教徒中獨立的女子立心去嫁時一般，那麼秀阿爾所經無數美麗寡婦的婚事，都足以證明婚事上爭論價錢的風俗了。秀阿爾的夫人死了不夠四個月，他寫道：「今朝我的心中計算獨身好呢，還是婚姻生活好呢；……」但是他「打算」了不久；就決定等候再娶寡婦得尼三了。她的丈夫正死了，留下遺囑，叫這個法官「證明」如此則不至於無禮的粗率。要記得在美洲殖民地中寡婦可以享獨身的幸福。殖民時代初期的生活是很困難的，所以男子和女子若互相結合，困難就可以減少了。還有一層，寡婦在一切殖民地中的地位是很高的。就是在革命時代，我們知道「寡婦的管治是絕對的；」這個說法也許是指華盛頓，哲斐孫（Jefferson）及美狄孫（Madison）等人的少年韻事，他們都曾受過「寡婦迷惑的感情」的重大的影響。（註三一）

但是得尼三寡婦的婚事進行並不順利。她要是犧牲丈夫遺囑上許多給她的更快樂的幸福，而接受秀阿爾給她的較小的快樂，就似乎辦得不妥了。書中寫道：「我問她，我應當拿什麼給她她不說；我告訴她雖是我先她而死，我願意給她二（百？）及五十鎊一年以供養她。她答道，還是照舊好，以確定的換不確定的；她可以出很貴的使用在波士頓居住。我以爲她有主張，但是沒有。我想及下禮拜四，六號的公佈怎樣。但是現在我似乎拋得遠遠了。我的上帝，你有父親的慈悲心，指示並且幫助我吧！」（註三二）幾個禮拜之後，秀阿爾全無心緒地通知這個漂亮的寡婦道：「這似乎是供給的定度，不能再加增了；……」從這時候起，求婚及錢財的談判暫時停頓。——但不久，秀阿爾再向梯里（Tilly）寡婦求婚，到底竟成功了。不幸梯里于歸後不及一年便死去，於是這個不幸的鰥夫又捲入婚姻的市場去了。

這時候秀阿爾的愛情又移到文司洛普寡婦的身上。但這個婦人拒絕道，她「不能離開她的家庭，子女，隣人和生意。我告訴她，她可幫助，並且供給我。」但文司洛普夫人以再醮不能得到利益。她毫不躊躇的告訴她的老年的求婚者道，她需要一‘Wigg’，並且她的「馬車應該安上車輪，使牠不致生銹。」（註三三）秀阿爾並不爲這些暗諷所嚇退，他仍忍耐勉力在不歡欣的困境中求愛，卒至討論到婚姻的辦法了。「我告訴她我自來對於那些虛僞的人就非常討厭；但沒有說及他們的產業。我願意給與我的財產的一部分。我想她也願意這樣做。說到我最親愛最偉大的朋友拍力惠格(Perriwig)，我不能尋出一個更大的，在我未出世之先就以髮來找我了，他以後還繼續這樣做，我在我的心坎中再不能移到別個人去。」(註三四)再過一會，秀阿爾又記錄道：「我說要是我先她而死，我每年給她一百鎊。又問，要是她先死，她願意給我若干？並且說，我願給她攷慮的時間。她說，聽說我似乎已經把一切遺囑都給了我的子女了。我告訴她那是錯的，坡因特・朱狄司(Point-Judith)是我的，其他還有好些哩。我在英國時也有些財產，我父親希望我傳給我的長子；就是每年二十磅；她想是四十。我想當我想停止固請這個她似乎是想討論牠；一個長的冬天正來了。」(註三五)這個新英格蘭的寡婦分明可以營謀自己的利益，或竟反對這個乖巧的法官。我們又可以推論他不以這個比她還年長的求婚者是「佳偶；」因爲她終於決絕的告訴他道：「她不能改變她的地位。」當他最末一次去見文司洛普夫人時，他對於這寡婦和她的會食堂起了一種非常冷淡的感覺，他記錄道：「火燃到木頭旁的焦炭，終於這些木頭倒散而不可收拾了。」這樣，完全失敗，這老人家跑了。那分明是「好的。」

但幾個月之後，這個老求婚者又寫信給季布斯（Gibbs）寡婦提出婚事了。他的財政的條陳在信中明白列出：「爲你的子女或他們的行爲，在你在結婚前所借下的一切債項，及一切關於管理無關的事情，對於我這一層我已經告訴你（前書）我決意堅持了。要是你生存，我一輩每年給你四十鎊。」（註三六）雖然這封「情書」的口氣是獨斷的，並且顯然有貿易的意味，但季布斯似乎很滿意，因爲過了幾天他們的結婚通告就發表了。實際上我們曉得秀阿爾給與季布斯的金磅，比之得尼三已少若干了。前者的贍養費是每年二百五十磅；而後者卻至多不過四十磅的入息，要是她後丈夫而死。

十八世紀過去了，各殖民地的社會生活也愈加自由了，愛快樂的心亦加多了，新大陸殘酷的生存競爭已成過去，就是新英格蘭嚴厲的清教徒精神亦漸漸柔和化了。南部及中部殖民地的社會的確變得很好，禮文也自由些，但比之現社會來卻又不及那麼珍貴。但是要記得粗魯及無節制是十八世紀歐洲的特質，尤其是英國殖民地的定則和習俗僅僅是採用最流行的吧了。有一個琉辛達（Lucinda）通稱為「維基尼亞的青年女子，」把十八世紀殖民的社會風俗和禮文記載下來遺留給我們。她寫信給她的朋友坡里·布藍特（Polly Brant）說：

「紳士們今天在麥里安柏德先生（Mr. Marionbirds）處用膳。我們已經喫過飯，而紳士們還沒有回來。琉息（Lucy）和我生怕他們喫醉了才回來。姊妹已經把我們的床移到她的房間了。我們正想寬衣睡覺，他們卻回來了，我們都跑了。彼此都醉起來……哈拿和我想在這天晚上去散步，但被兩個討厭的東西——平科德先生（Mr. Pinkard）和華盛頓先生（Mr. Washington）攔阻，他捉住我吻我十二次，不管我極力掙拒他們的確這樣想。現在他們已結婚了，什麼都可以幹了……」（註三七）

在這種風俗放蕩的社會裏，我們信得過青年男女有很多彼此相見的機會，並且舉行那些開始的小戰爭，有時引起重大的爭寵。南方的女子不用說是「在青年時期是憂愁的賣俏者……雖然她們的態度凜若冰霜，後來卻變成可資表率的妻和母，在她們平靜的情場中似乎很少決鬥和沮喪的失意或使他們的心在強壯的身體上跳得很快。」（註三八）

要是我們相信維基尼亞的旅行者威廉·布拉克的話，那麽賓夕法尼亞的閨女很喜歡「談論愛情」及擠迫「異性至於粉碎。」當這些娛樂沒有趣味時，這些女子又去「批評戲劇及其作者了……；」我們可以證實「女子」對於文學的談話在維基尼亞的評壇上不是無效力的，因爲他們明白說「泅泳於批評中的表演似乎要被女性的漁夫捉住，因爲她有知慧的名聲。」（註三九）

Bundling——殖民地中還有一種陋俗，那就是"bundling"，這種風俗若不研究清楚，就很難討論求婚的風俗了。這種陋俗最盛行的地方要算康涅狄格流域和科特開（Cape Cod）一帶村野的殖民地中，但厄賁（Irving）在他的"Knickerbocker's History "of New York" 上說，這種風俗盛行於新納特蘭女子中。他把這種習俗歸咎於這殖民地中的央歧人(Yankee)，他說「在各種惡俗中，他們設法輸入 'bundling' 的陋俗，納特蘭的荷蘭女子素來有愛新奇及外國款式的癖性，所以她們都極之歡迎這種習俗。但是她們的母親在世間的經驗多一點，對於男子各種事情也懂多一點，所以極力反對這種外來的革新。」(註四〇)但至少可以問：這種習俗是不是荷蘭女子從荷蘭帶來新大陸的，因爲在荷蘭村野州羣中早就有一種相似的風俗存在着了。要想了然這種風俗的性質和發展，可以參考豪厄德的名著婚姻制度史(註四一)而斯泰爾茲(Stiles)在 "Bundling in its Origin, Progtress and Decline" (Albany, 1871) 也研究得很清楚，這種可以不必贅述了。

訂婚——新英格蘭殖民地對於古代正式公開的訂婚風俗加意保全並且以法律去規定。普里穆斯「夫婦——若兩個都是未成年的人，就得有父母或管理人的同意——婚姻的允諾須在相當的時間兩個證人之前行之，婚禮須由地方官主持。」(註四二)

馬薩諸塞，新罕木什爾(New Hampshire)及康涅狄格訂婚的禮式亦有很多手續，不過馬薩諸塞沒有法律的設置能了。康涅狄格一六四〇年的法律道：「本地方政府命凡欲結婚者須把結婚的宗旨刊布於公衆地方及公衆集會……至少過了八天，婚約才算成立，婚約成立之後，至少再過八天方能實行結婚。」(註四三)

但是清教徒公布訂婚的風俗似乎是不合道德的。第一，「訂婚的女子照法律和社會風俗，其地位在未訂婚的女子之上，而在已婚婦人之下。」這是關於政治及犯罪律的。(註四四)這樣一來，訂婚的人在婚禮未舉行之先，往往不以爲是正式夫婦，這是自然的結果。的確有人主張「對於顯現於法庭的記錄中的兩性的罪惡負大部分責任，當普里穆斯的民事法庭未成立之先，很多訂婚後而結婚前的『不貞潔』……新英格蘭望族中有很多人犯了疏忽之罪。」(註四五)殖民地政府不用說也懲罰這樣的事實。把訂婚的禮式變成共公的事，及在八日前宣佈婚約，使清教徒的神父立在一個有力的地位，去提高訂婚後而結婚前的非法的兩性結合的價值。政府雖然以罰款及笞簀等刑罰去制裁這種社會罪惡，可是「比較未能訂婚的，刑罰可以減輕一半或不到一半。」在青年的犯罪者看來，自然以爲刑罰愈輕，罪惡亦較小，因此在訂婚及結婚之間的性交自然多了。顯著的罪惡都歸咎於法律對預約的禮式的寬大，但這些風俗和法律却都至少保存到十八世紀中葉。

殖民地的結婚法

美洲殖民地的法律大都規定（1）欲結婚者須有相當的表示；（2）須證明父母同意；（3）須由法律所承認的人主持婚事；（4）由城市或國家的書記和登記官登記一切結婚事件。

結婚文告，通告及結婚證——在一切殖民地中自新罕木什爾至佐治亞（Georgia）都規定結婚須在公共地方標貼三次文告。維基尼亞的結婚文告公布於「三個禮拜日或休假日，聖禮時牧師該管的教會裏，當事人住在的地方，照普通祈禱文書所說一樣……」（註四六）卡羅來納，佐治亞的風俗也是一樣，英國教會在那里至少名義上已經建立了。但在南方殖民地中，結婚的男女須向總督領取結婚證，其後改向州法庭領取以代替公布婚約。社會上有思想的人都歡迎這種特權，因爲他們不願意刊布結婚文告。

中部殖民地的法律關於宣布結婚的規定略有不同。馬里蘭和南方的殖民地相似，結婚文告和結婚證得具備；但賓夕法尼亞結婚的人都要標榜「他們結婚的志願於法庭和地方議會的門前，在結婚之前一日他們住的地方，」並且要從一個有體面的人處取得一紙證書「證明他們的婚事是純潔的。」（註四七）由於桂格教徒的勢力，賓夕法尼亞並不要求文告，也不明白採納發給證書的風俗。新澤稷也要求結婚人在公共地方標貼兩禮拜或在教會宣佈三次。後來這些殖民地聯合成紐約，總督就有權發給結婚證書了。自從一六六四年英國取得紐約的管治權之後，英國結婚文告或憑證的風俗根據於所謂"Duke's law."這種法規明白規定道，但凡沒有文告或憑證或沒有牧師或官吏的結婚是無效的。（註四八）這樣的法律在殖民地法律中再找不出別的來了。其他的殖民地大多數對於違犯公布婚姻法的人處以罰金，或別的刑罰，但不宣布沒有公開宣佈或舉行的婚姻作廢及無效。

新英格蘭殖民地的法律亦規定結婚者須公布文告或標貼於公共地方。羅德島一六四七年的法律規定「自今以後，結為夫婦的人若無契約或允諾都是合法的婚姻……」但這種人首先要和父母在Townsmen的severall集會中宣佈兩次(註四九)新哈文殖民地規定：「訂婚或結婚的人都得在事前三次宣佈，或有公共的文告或在一方或雙方居住的城市的市民集會中宣佈……，或在衆人之前召集大會於集合的地方以便過十四天……」(註五〇)普里穆斯，馬薩諸塞及新罕木什爾等地邊有相似的法律，各種法典都規定「父母亡過」的人就可以不待他們的同意而結婚。

結婚的典禮——美洲殖民地制定結婚的禮式正如制定公布一樣周密在南部的殖民地中，主教制遲早總得成立，所以限定要英國教會的僧正來主持婚姻禮的趨勢很強。一六六一年至一六六二年維基尼亞有一條法律道：「婚姻若不是牧師按照英國法律舉行，就不能結合，在法律上亦不能作為有效。」(註五一)此後過了一百年(其實這已是殖民時代的風俗了)征收的官吏，或違反國教的僧正不能在維基尼亞替人主婚。但在一七八〇及一七八四年經過革命戰爭之後，就頒布別的法律規定這種情形之下「信福音的平民牧師也是合法的……按照他的教會的體制和風俗主持婚禮……」這個退讓足以表明這個時代一切殖民地的信教自由精神。一七八四年的法規又有一個讓步，准將於維基尼亞荒僻邊陲的法庭給那些「端正謹慎的平民」在沒有僧侶的地方依照他們教會的體制和風俗舉行婚禮。所以維基尼亞在十八世紀末已放棄宗教婚姻的原則的一部分，而裁可特定情形之下所舉行的婚姻了。

南部殖民地婚姻規制的歷史和維基尼亞相似，在一切殖民地中英國教會表面上仍是建立他們在名義上仍執行要僧正主持婚事的法律但在一七二八年卡羅林納裁可由任何合法的官吏當英國教會的僧侶不在時，或他所願意時，主持結婚之禮式。長老會的牧師在一七六六年更接近信教自由，牧師是最愼重的人，許他以「有用的習慣之辦法」以締結婚姻。這是一七七八年的法令的先河，這是在革命時頒布的，他賜權於一切「傳道的，各種名稱的正當的牧師……或各邦的民庭法官……按照這些教會的禮儀舉行婚禮。」而佐治亞在一七八五年也頒布同樣的法律。

惟獨是馬里蘭卻是獨異的，這個殖民地在舊政治下，以極端寬大的政策承認宗教的或世間的婚姻爲合法做出發點，於是此地遂成爲英國教會派，舊派和桂格派（或譯朋友會）行困苦的爭鬥，企圖佔優勢了。到十七世紀時，舊教聖公會的辯護士得到勝利。他們取得支配權之後便頒布一七七七年的法令，凡屬英國教會的分子要想結婚，就得「聘請一個牧師來主持他們的婚禮……」但不幸權威仍不止於此，法律家濡染了婚姻由教會牧師舉行才算合法的觀念，所以他們在一七七七年規定以後「除非由英國教會的牧師離棄那個教會，或羅馬祭司的牧者被派定去主持他們所崇信的教會婚禮……，」就不能不在馬里蘭舉行結婚。朋友會只給予世間婚禮的特權很有趣，這條法律卻成爲現代馬里蘭法典的一部分。所以在合衆國中只有這一邦不許民政官主持婚禮。

中部的殖民地沒有一個教會得到獨佔的支配權，信教自由及俗人主持婚禮等等都沒有發生劇烈的爭執。賓夕法尼亞根據威廉·宾(William Penn)的基礎實施信教絕對自由的政策，爲符合這條原則，任何宗教團體的形式所結的婚姻都是有效的合法的。有時他們攻擊朋友會說他們想廢除婚姻，或以最便的不正當的方法去主持婚禮。但事實上並非如此。朋友會的確准他的會員自己結合，這個原因是由於婚姻是「上帝撮合的又是人的。」但這樣的結合是頂小心的，這種禮式要在「公衆地方」舉行，證婚人至少有十二個，事前還得公布。後來又有一種法律，規定上述的法律所要求的十二個證人中，其中之一必爲治安判官。賓夕法尼亞的朋友會分明極重視婚姻，並極力以公布及登記去維護牠的安全。

東西新澤稷一六六八年的法律准「認可的牧師或治安判官在這種規定之內」主行婚姻。所以自始就裁可世間的婚姻了。但到十七世紀末新澤稷與紐約合併成爲一個部分，自此之後，他們設法推行英國教會的婚姻法於民間。可是他們的計劃沒有成功。照一七一九年的法律「但凡這省內的宗教團體締結這個教會的婚姻聖約……」作爲合法。這樣一來治安判官分明去掉主持婚禮的權利，不過後來又得回罷了。因爲一七五二年的公民大會頒布一種法律禁止牧師，法官和別的人給沒有文告或憑證的人結婚，違者處以二百鎊的罰金（註五二）到一七九五年便明白規定「這邦的一切治安判官，一切教會守身的或從俗的牧師，……都有權締婚。」（註五三）

新納特蘭在荷蘭的治下，所以婚姻須由荷蘭改教派信徒的牧師主持。但是紐約於一六六四年公布他的"Duke's law"，既經規定文告的刊布及公布結婚的志願，或向總督領取憑證之後，「照法律主持婚事的牧師或治安判官，便要當事者在牧師或治安判官之前宣誓他們沒有和別人有婚姻關係，以表白自己。」"Duke's law"在一六八四年重新頒布，在革命前已有重要的變更了。

在新英格蘭殖民地中有很多事情似乎是很特別的。自這個殖民地開淵以來，清教徒就極不信任英國教會所裁可或施行的一切宗教體制了。這種懷疑一變而爲不悅意，並且推廣到結婚的宗教典禮上。清教徒自來就極力宣傳路德及克倫威爾的主張，說婚姻是一種政治的契約，所以當由政治的官吏主持，這完全是法律給以權力的新英格蘭的法律和風俗大都主張在治安判官前或別的地方官前舉行結婚，卻不認可由任何宗派的牧師主持的，文司洛普省長在波士頓舉行的一個大婚禮中說，新郎請了一個他在興干（Hingham）母會的牧師來宣講，「但是地方官聽見叫他停止。」其中一個理由是：「我們不願意輸入英國的風俗，要牧師主婚以傳佈這種教訓……」（註五四）可是馬薩諸塞十六年之久沒有法律去執行政治婚姻的流行風俗，否則這法律就與「英國法律衝突了。」但到一六四六年馬薩諸塞的殖民地規定「在這個治下沒有一個人可以撮合別人的婚事只有地方官，普通法庭或補助法庭等才有權代行」新哈文，康涅狄格及羅德島也有相似的法律。

但到十七世紀末，殖民恐怕教會太過濫用管理權，於是他們怨恨宗教的婚禮。所以都德里（Dudley）在一六六八年議會上所提出的命令沒有強烈的反對。都德里是新英格蘭的主席，他授權於牧師及治安判官「結合婚姻，經過三次的公布和從主席或使臣處取得證書。」都德里接任四天之後，「第一次以祈禱書及約指的婚姻，」便在波士頓舉行。妒忌的淸教徒一定是極力反對的。但這種反抗在一切殖民地中漸漸的銷沉，只有羅德島拒絕僧正主始權，直到一七三三年。他們得協約不久，新英格蘭就制定法律，准各宗派的牧師有權舉行婚姻禮式了。

新英格蘭初時本沒有制定結婚的禮式，但婚禮通常在女家舉行，我們知道祈禱，訓詞，唱詩等，的確佔婚禮主要的部分。在審愼洽當的快樂不久，繼之以婚禮之後，十八世紀末葉的新英格蘭往往有快樂的暢敍，就是秀阿爾也不懲責「餅和Sack-Posset」，這通常是在唱詩及祈禱後舉行。

婚姻登記——殖民地的法規規定婚姻登記。新英格蘭的城市書記負保管婚姻登記及生死登記之責。普里穆斯的書記可以徵收每個聲請登記的人三個辨士。（註五五）還有一層，結婚的人須在一個月內報告於書記，否則罰款三先令。若有人控告書記溺職，他就出一半。照一六四三年羅德島的法律，不公佈及登記婚姻的新人要負五鎊金於女子的父母。一切從犯都被罰五鎊，一半歸新娘的父母所得。歷史家已證明羅德島已設立登

記的良好制度，「就和最近想引用的法一樣。」(註五六)

南方各殖民地的婚姻登記也辦得很小心，維基尼亞的牧師須記錄他經手撮合的婚姻，每年六月一日報告於分庭，北卡羅林納在一七一五年總督在居民所舉出的三個自由人中選出一個來，授權他做契據的登記官；在這教區的教會沒有書記之先兼營登記訂婚及結婚的事情，一六九六年南卡羅林納和佐治亞也都規定以後有人在這里結婚須於結婚後三十日內到登記局註册，不則罰款「一個royall」以責其疏忽；而且登記時要向牧師或官吏取得憑證，由六個證人證明。(註五七)中部的殖民地也有相同的規定。照約克公爵法令「各教區的牧師，和書記，要好好的，真確明白的登記這一區的一切生產，結婚和死亡於册籍中以便教會管理人查考。」要是一個家主或一個人在結婚後一個月還不去註册，就要供出五先令的罰金。(註五八)英國的法律也讚助賓夕法尼亞的規定，「父母及證婚人」當拿結婚證到「那地方的登記官處，在他的事務所註册。」(註五九)

提要——研究殖民地的婚姻法規就足以證明最初的殖民極力設立保存婚姻制度，禁止無思想的人們隨便及無正式儀節而結婚。到處要求父母親屬把同意報告於城市或村鄉的書記官；一切殖民地都要求文告或標貼結婚通告及向總督領取證書；婚禮由法律規定；末了，要在城市或村鄉的書記局登記婚事，若在英國教會建立的地方則報告於教區的書記，這也是一種普遍的規矩。殖民地的人不能「私自結婚」（有人叫做普通法的婚姻，那是不對的，）男女私自結為夫婦，沒有法律認可的官吏或僧正在前是不合法的。逹賓夕法尼亞一六九三年的法律也規定婚禮的婚證人，其中有一個必為治安判官。在一切別的殖民地中，由官吏，或僧正，或（在維基尼亞邊鄙的州縣）由平民主婚，由法庭給予證書，是法律堅決的要求，可是與法律相反的「私自結婚」也有時發現於各個殖民地中，這是沒有多大疑惑的。在這種情形之下，除了法律承認這種婚姻為有效之外，犯者治以訂非法婚姻之罪，但他們的結合都不至於「無效」，所以自中世以來就以違法的婚姻為無效及作廢，這一層似乎已絕跡於殖民地的規制中了。就是以非法婚姻為無效的地方，這法律的本身也許是無效的，因為與英國法律不相符。

美洲殖民地的離婚

新英格蘭的法律和習俗

殖民地的法律和習俗，關於(1)絕對的離婚及(2)分居這兩點有顯著的差別。民事婚姻的觀念深入於新英格蘭殖民的腦中，無怪乎他們裁可及制定民事的離婚了。哈欽孫省長為離婚法庭的庭長多年，他在馬薩諸塞史(History of Massachusetts)上對於殖民地的立法家說，「他們對於離婚完全肯遺棄宗教的法律……我從來沒有聽過一件離婚是由於第一種特許(註六〇)的……大體說，要想向宗教法庭要求離婚，其理由很多，據此理由，就可以要求離婚了。女子的姦通不用說是充足的理由，但男子的姦通與長者商妥之後，就不算充足。一年或兩年的拋棄，若能證明他立心不回，那就是一個很好的理由；丈夫的虐待也是一樣。」(註六一)

殖民時代初期馬薩諸塞給予離婚權是在補助法庭之手。這法庭每年開庭兩次。但照一六九二年十一月二日的"Acts and Resolves"支配結婚及離婚的全權已落在總督和議會之手了。一六九六年再有一種法律受權這兩部拿丈夫產業的某部分，但「不能超過三分之一」給無罪的婦人作爲休妻口糧。(註六三)豪尼德把一六三九——一六九二年，一七三九——一七六〇年及一七六〇——一七八六年在補助法庭發生的離婚及廢約的事件列成一個有價值的簡表。從這個表可以發現一些有趣的事實在上述的第一個時期，這法庭受理四十宗離婚或廢約的案件。其中有四件是請求廢除的，但婚姻卻被宣告爲有效。其中有兩件給予廢約的理由是重婚，其他有兩件是「親族，」即在禁止結婚的世代內；有一宗是因爲男子納兄弟的妻，別二宗是男子娶叔父的寡婦——這兩種結合都是利未法典及清教徒的法律所禁止的。這四十件離婚案中有二十八件是婦人作原告。要知道法庭分明不以男子姦通爲給予離婚的充分理由，所以只有一宗是由於姦通而離婚的。但這種判決仍在公堂上訂正。但姦通之後，繼之以拋棄或虐待，或拋棄之後而再婚，或拒絕供給，卻是最正當的理由。自一七三九——一七六〇年只發生三種絕對離婚的判決，兩種分居的命令。但到第三期，一七六〇——一七八〇年，離婚，分居及廢除婚約的數目就大大的增加了。總督及議會一共受理九十六件案情，其中七十六件得到絕對離婚，三十七件發給分離的許可，丈夫是原告，妻的罪名是姦通。妻的控訴如上一個時期一般，是姦通，繼之以苛待，拋棄，或不肯供給。只一件是妻爲原告，威廉·司各脫（Rosanna v. Wm. Scott）離婚的原因便是姦通。妻得到分居的許可的有十宗，其原因大多是苛待，拋棄，或不肯供給。

這種調查可以弄明白了幾件事實：（1）新英格蘭殖民地對於英國的離婚法及習俗一概不管，他們把離婚看作政治的事，立法機關有全權辦理；（2）雖然婦人所得的離婚或分居狀較之別個殖民地多的多，可是袒護男子的差別也很普遍的存在。丈夫可以以姦通爲離婚之唯一的理由，但在大多數看來，妻就不能了；（3）根據苛待，拋棄，或供給的理由而給予分離，在殖民時代後期，較多於前期；（4）丈夫離家四年，或五年不知蹤跡，這樣人的妻子有再嫁的特權。

康涅狄格殖民地把離婚的案件差不多完全委托法庭辦理。關於康涅狄格的離婚法及風俗，豪尼德說，「也許再沒有更自由的了。大體說，他所採納的保守的政策，再沒有比他更知慧的了……分居在所不許……合理的及頗自由的離婚原因也是明定的；夫妻一體看待；雖然合法的離婚往往由於濫用，是准許的，但離婚案似乎常常交托正式法庭。質言之，康涅狄格在一切重要事情上早就採用現代文明國的政策，差不多二百多年了。」（註六三）

南部及中部殖民地的離婚

南部殖民地，英國教會設立的地方，大都仿行英國的離婚法及風俗。要記得十七世紀英國的宗教法庭仍有權受理離婚的案件。這些法庭不給予絕對的離婚；只有因姦通，拋棄及苛待才許分居。但是維基尼亞及卡羅林納卻不願在他們的境內設立英國的宗教法庭。這種法庭亦實在沒有成立過；其他的法庭也沒有處分離婚的權力。其結果南部各殖民地的殖民時代沒有給予離婚或合法的分離。「他們的法制册籍對於離婚審判權的問題完全沒有提到。」（註六四）夫妻固然可以相互的同意而分離；至少維基尼亞的鄉村法庭受理及給予分離之人要求休妻口糧的訴訟。因爲法律沒有授權法庭受理休妻口糧的訴訟，所以我們不能不相信法庭這種權力是未得法律的裁可的，只因爲處於急迫的地位而已。

中部各殖民地關於離婚的政策大都是保守的。新納特蘭的確受耶教徒的學說的影響，有時給予絕對的離婚或分離狀於請求者，但是這殖民地一經列入英國版圖之後，便立刻採用英國的離婚法了。但是南部各殖民地的宗教法庭對於姦通苛待的案件從來就沒有處分的權力。所以殖民時代的紐約既沒有給予離婚狀，也沒有給予 a mensa et thoro，除了一二八九年前紐約的總督硬行取得給予離婚的權能才有很少的例外。（註六五）賓夕法尼亞也是如此，雖然一六八二年的法令承認姦通可以絕對離婚，可是法庭卻沒有給予離婚的權能。賓夕法尼亞的立法院曾准許兩宗絕對的離婚。第一條命令是議會在一七六七年發出的，並且發生效力；但一七七二年所發的命令在第二年就被英王宣佈無效了。（註六六）

歸結擶來，我們可以說新英格蘭的離婚法與中部南部殖民地最大的分別就在：（1）宗教的差異及（2）英國政府比較的不干涉新英格蘭的事。婚姻既是民事的契約，可以由行政官結合起來，所以政治的法庭也可以把牠解除，這個觀念是托根於路德及加爾文派的學說。英國教會卻沒有進到這一級；所以大凡是英國教會佔優勝的地方，就施行英國教會對於結婚與離婚的偏狹教義了。很有趣，卡羅來納基尼亞是英國教會最有勢力的地方，卻不願意設立英國的宗教法庭，他們並且拒絕這樣做；這分明受了新英格蘭不信任英國教會的審判權的暗示。新英格蘭的殖民地富於獨立性和進取性，他們不受任何的縛束，所以他們的政治的離婚制不致爲英政府所束縛，並且與母國直接相反。

殖民時代的家庭及其生活

新英格蘭初期的殖民簡陋的木屋不久更爲廣大更暢適的家庭所代替了。這些家

家屋和家具

庭有的是磚石建的，有的是木蓋的，約莫是十七世紀中葉的時候，房屋改用橡樹來建，有石做的烟突，有時還有凸出的層樓以便印第安人來侵擾時爲防守之用。斜屋也是很通行的，從此可以由樓上下達後面的第一層。韋登（Weeden）描寫牠們的內容道：「這種房屋有四間房子，最大的是二十呎平方一層。地上有一所廳事，或爲衆人集會的大房子；一間睡房；一間廚房，這是家人集合的主要地方，及牛乳，乳酪的食物室。」（註六七）但不要以爲一切房屋都是寬廣舒適的。這個時代的勞動階級及小家族所住的房屋是一層兩房——一間廚房及一個臥房。在鄉村的州縣中，木屋至一六五〇年仍沒有消滅；就是以木蓋的深溝，新鄉村所常用的，有時仍可以找出。在十七世紀下半期，新英格蘭人的家庭已有某種改良了。大多數上等階級的房屋是兩層式的，比之先前已更進一步了。有時他們在前面建一個三角牆，把睡房建在軒之半階，窗子是玻璃的，窗架是鉛的，並且有樞紐，常常可以往外推出來。哈德福（Hartford）的富商家庭都有會客室，廳堂，「間隔的房子，」廚房建在地下，每個房子的上面都有樓上的房間別的房子在頂閣之上(註六八)可是新英格蘭殖民地的家庭雖然日益開拓但一方面又更加擠擁。一六七五年的一個舊寫本說家族連僕人平均有九•〇二人。新英格蘭的女子生子二十人的並不算得奇怪，不過兒童的死亡率高，成人的很少很少吧了。秀阿爾有子女十四人，七個兒子七個女兒，可是到老年時只有四個活着。無怪乎每個睡房都置有「附輪小床」了！

在十八世紀，尤是下半期，起了那些華麗的房屋，但留存於新英格蘭的卻很少到過新英格蘭的都市如康涅狄格的力亦飛德(Litchfield)馬薩諸塞的康科特(Concord)撒蘭，馬薩諸塞的人都會看見這些簡單而快樂的家庭，油白色綠色的屏風及美麗的大門了。

南方殖民地始初的簡陋的木屋亦變成安適的屋宇了。柏味力(Beverley)約莫在一七〇五年說及威廉堡格的家庭道：「私宅是……很改良的，那里有幾個紳士建築大的磚屋，在一層樓上有很多房子；但他們不想把牠們弄得優美，也不想擴充地方；他們時常受大風的光臨，這足以騷擾高塔式的建築。他們很喜歡大的房子，夏天時可以在那里納涼。後來他們把層樓起得更高，窗子造得更大，飾以表面玻璃的鏡片；室中陳設很富厚的家具。

「所有他們的烹飪，洗濯及daries等等都在住屋以外的店鋪去做，使家庭成爲溫雅宜人的。」（註六九）

南方殖民華美的家庭，在必要的時候建在維基尼亞之中，關於這些家庭，霍吞夫人（Wharton）說：「後來在James, the Potomac 及 Chesapeake發生出泥水匠來，爲抗爭奪英國公司的殖民所包圍，——如雪萊布蘭頓，衞斯滔佛 Gunston Hall, Masons, Flower de Hundred, Wyanoke, Hermitage, Wye House 的家族等——這些都是豪華的生活，親暱優美，便婦女固守家園。」（註七〇）

但是大多數平常的人家，都是很細小的，以松柏的舊木板蓋成。柏味力對於維基尼亞殖民地的「不健全的夫道」，陳設家庭的事，深致不滿，所以他說：「雖然他們的鄉村，充滿了木材，可是他們一切的木器都是來自英國；他們的櫥櫃，椅子，桌子，凳子，箱子，篋子……及一切別的東西，雖然他們的Lawl及赤楊樹開花，但他們永遠這麼懶惰。」（註七一）

中部殖民地的房屋建築法沒有一致的形式。新納特蘭的荷蘭人是例外。這些房屋，當然是潔淨繁榮的人中，在幾方面看來，是很高的表樣了。厄貢以滑稽之筆描寫新阿姆斯特丹（New Amsterdam）——其後爲紐約的家庭道：

「上等階級的家庭，通通是木材建的，只有屋翼的末端，才是用細小的黑色的及黃色的荷蘭瓦造成，並且常常正向街道，我們的先人和我們一樣，很少往外望，並且放最好的牆脚於最外邊。房屋常有很多的大門及小窗，在每人一層往往在前邊立下一塊鐵碑，以記建築的年日。屋瓦上端，放上一隻猫鷹的小風信鷄，在風起時牠就引家人入於重要的密室。

「天氣晴朗時，愛清潔是家庭經濟的主要原則，並且是能幹的主婦的普遍的經驗——這種性質，造成我們不開明的祖母極端的奢望……全家永在一個洪水的狀態，在呆人，帚，及刷擦的刷子的治下……

「大的會客室是至聖所，其清潔，自不必說。這個神聖的屋子，除了主婦，及她信托的女僕，別人都不能進去。女僕每星期進去洗抹，把各種東西擺好——她們先要除了鞋子在門外，這才小心的穿着襪子，進入內面。」(註七二)

一切殖民地的家庭生活，尤其是北方的殖民，都是很簡單的，他們常以廚房爲羣集的地方，牠的火爐和大磚爐，至少能夠令半間屋子煖和。但在跼促無人到的會客室，冬天的氣候却極之寒冷，只離火幾步而已。新英格蘭的農家生活，集中於狎習的廚房火爐之旁，到十九世紀，喜替厄(Whittier)在雪球一書，曾描下一幅可愛的輪廓，描寫火光中木屋裏火爐旁的快樂的晚間——這幅畫圖，很可以適用於一世紀前的新英格蘭殖民地。厄貢亦曾描寫這個時代荷蘭人圍繞廚房火爐的家庭生活。他說，「說到家庭，他們常在大門出入，而生活於廚房裏。一個人看見很多家人集中於火光的週圍，就會想像已回到那個簡單的快樂日了；這個湧現於我們的想像中，就如黃金的幻像一般。火爐確然是家族的重心，全家的老少主僕白人，黑人，乃至貓狗等，都有佔一席地的權利。年老的城市居民，靜悄悄的坐在這兒吹他的簫……

「坐在對面，很用功的紡織或織襪。青年的孩子羣集於火爐的四週，屏息靜聽黑種的老媽媽（她是家族的聖使，蹲在烟突的角隅，像一隻老鴉，）絮絮不休的說了很多不可信的新英格蘭巫婆的故事，——獰惡的鬼怪，無頭的馬，印第安人間不容髮的逃生，及血肉相搏的交戰等。」（註七三）

這個時代的家具，除了富貴之家以外，都是很平凡而且頗爲粗糙的。十七世紀的發明家雖然常常提及「土耳其氈毯，」但這句話的意思只是指檯毯而言。地面多數沒有遮蓋，只有時鋪些沙罷了。他們所坐的，是長椅和高低不平的器用。椅子更少；可是伊吞（Eaton）總督於一六五七年在新哈文所設立的家庭，在居屋或「廳事」裏卻有六種以上有用的傢私了。（註七四）這些椅子都是很堅硬的，但他們的木椅有時也鋪上墊褥。到十七世紀以後，才有籐椅，同時也有安樂椅了。在家具的記錄册上，還提及一種箱子，這多數是橡樹，柏樹及其他木材做的，有時還雕刻花草呢。他們保管家庭的桌子和床布，正如保管衣裳一樣。在十八世紀前，時鐘還比較罕見，主婦最喜歡拿滴漏或銅壺計算時刻。或謂新哈文的達文波爾特（John Davenport死於一七六〇年）最先有時鐘云。在油脂出產未豐之前，他們久已通用桃金鑲果的油燭了。厄爾夫人描寫新英格蘭最初的油燈道：他們叫這種燈做「柏替燈」（Betty lamps）「那是一個中空的容受器，鉛，錫，鐵，或白銅做的，或爲圓形，或爲卵形，或爲三角形，……有一條突出的一兩寸長的鼻，要用的時候，先拿油脂或脂膏裝進去，再拿一條燈心，或捲好的破布放在鼻上，那就可以發光了。」

至於十七世紀桌上的用具，器用目錄都有記載。他們很闊綽地使茶巾，但檯布的質和最都極缺乏。叉在英國也是很稀罕的東西，美洲的殖民更沒得用了。就是十七世紀下半期還不大通行，家庭器用目錄就足以證明。（註七五）有人說，最先有食物叉的是文司洛普總督。一六三三年，他從豪斯（E. Howes）處接得一封信，說送了「一個箱子，裏面有一把愛爾蘭的小刀，及一枝食物叉，這些都是很有用的東西，我特地送來給你用」

（註七六）到十八世紀，食物叉已經很常見了。秀阿爾在一七一八年送給得尼三的禮物單上，小心註明兩箱刀火。（註七七）陶器磁器，更不消說，在初期的殖民地中很難得了。但木做的杯碟及木盆，以及常常光鮮的錫碟，卻是很通行的。有人說，木盤（那只是一塊四方木，用手挖通的東西）在哈佛大學以很高的價錢賣給學生用。（註七八）

殖民時代的家庭工業

我們確知十七世紀英國的主婦到美洲異地，與丈夫一同建立新家庭，並沒有丟掉主婦的知識和技能。她們已解決了居室的先決問題，便立刻發揮她們的能力於食物的供給了。可是新大陸的地土肥沃，很足以產生多量英國的穀米果實，而殖民登陸時所遭遇的「凶年」已經過去，比較豐盛的時年已經來。約翰孫在一六四七年所著的錫安之救主在新英格蘭的奇妙工作說，「上帝……祝福他的子民，賜以生活品，麵包也能滿足貧民的需求，在每個小區域內各種品物的來源，都極豐富；小麥，黑麥，燕麥，大麥，牛肉，豬肉，牛油，乳酪……；人人都要去尋求他們所喫的麵包，所喝的皮酒，凡百由海外運來的東西的人，都崇上帝祝福，這些東西很豐厚，不特足供他們的姊妹之邦維基尼亞巴佩道斯（Barbados），及先於牠而豐收的散麥羣島(Summer Island)，並且足供我們的祖母，及大不列顛肥沃的海島呢……。」（註七九）殖民的處境不同，所以他們的生活必需品也和英國略有分別。印第安的玉蜀黍是食物的來源，從維基尼亞至馬薩諸塞的婦人都拿這些在石磨（後來用手磨名叫"querns"）上磨碎，用各種方法預備好。柏味力在一七〇五年說，維基尼亞「紳士家中的麵包大都是小麥做的，但有些人卻喜歡用玉蜀黍餅，那是印第安粉做成的麵包。有很多貧窮人，不甚喜歡英國的穀米，他們雖然很容易得到，卻不去種植，因為他們不願意建築園籬。」（註八〇）

美洲殖民懂得怎樣把生在他們田間的印度玉蜀黍做成各種食品，如印度布丁，玉蜀黍布丁，玉蜀黍餅，粗劣的玉蜀黍飯等類的食品，這不用說是從印第安人處學來的。他們還懂得拿豌豆及玉蜀黍去做可口的 succotash。菜園不久就附設於大多數家庭裏，產生各種蔬果。牲畜起先是稀有的，所以肉食是大大的耗費。但是魚，肉食，牡蠣等都是很豐富，而野生的龜，及狩獵品也很多，並且很美味，直到獵人有槍，才把牠們趕跑了。起先很少有麥，而麥芽是在家裏做的，所以主婦便省了一種喫力而討厭的工作——至少有一個時期是如此。柏味力告訴我們，大多數維基尼亞的婦人，以麥芽釀造皮酒，「這是從英國帶來的，雖然那里也有很多麥，但因缺乏釀酒的耐心，所以沒有種植。」再過一會，他解釋道，建造「製麥芽及釀酒房的經費，不能由一家獨出；……」（註八一）可是一七〇八年秀阿爾的日記上說道，「十一月十五十六，我們在乳坊側建築的麥芽室，已經竣工了。」

主婦造饅頭及果餡麵及保存食物等家庭技術，都已起用了。新英格蘭一個學者在一六七一年說，「木瓜，櫻桃，及小梅，把工作給與婦人，各家都有 Marmalet 及貯藏的小梅。」

還有一種家庭工作，但不是一切賢主婦的職務（至少新英格蘭是如此）那就是炕麵包。約翰孫說，「炕餅匠」是那些「放棄夫道而從事於耕作，駕馬車及別的事業」的人中之一種。這些炕餅者及他們的餅店，在新英格蘭都受法律的慎密取締。新哈文於一六四三年下令「在轄內的人欲製麵包發售，就得在麵包上印上一個特別的標記，並且要按照一定的多量。」法律還詳細規定各種價格的麵包的重量。(註八二)

但是生產及備辦飲食只是殖民時代賢主婦的責任的一小部分罷了。供給家人，及在冬天長夜生火的方法等事，都在她們手中。雖然上面所說的「柏替燈」早就已經通用，可是大多數婦人都是靠燭光的，牛脂或桃金孃燭的製造，是一宗重要的家庭工業。預備牛脂，製造燭心，及逐一逐一的蘸燭，這些討厭的工作，都要花幾天工夫才做得了。有些賢主婦自己有洋燭的材料，這就可以減輕製燭工作的一半了。

紡紗，梳羊毛，縫衣的工業，及鋪檯布，鋪床布等，在殖民時代不用說是賢主婦的責任。可是大蔴和苧蔴起先很少，則紡紗車及織機一定是很少用的。這缺乏得這麼利害，所以馬薩諸塞的普通法庭於一六四〇年指揮市民考究什麼種子足以產生苧蔴及「那個男子或女子精於治蔴紡織……我們應該在一切城市中拿這些事情教導青手男女。」(註八三)幾個月之後，法庭下令以一個先令嘗給拿「生在這里的羊毛或苧蔴」織成蔴布，毛布及棉布的人，但不幸這種獎金不久就取消了。康湼狄格同年也取同樣的行動。一六五六年馬薩諸塞的法庭「恐怕不能像從前那麽容易輸入布匹，所以要增加家庭的出品，」遂指令各城市的委員去鼓勵男女紡織。每個家族要分出一個或一部分人做織工。這種人要「每年織三十三星期，每週要紡一磅棉紗或羊毛，若不夠一磅，就要使一半或四分一的作罰款一便士。」爲鼓勵大蔴及苧蔴的出產計，法律規定把公共地方闢爲牧羊場大蔴及苧蔴的種子，須小心存貯及播種。（註八四）不多時布匹已在家庭的織械上產生出來了。在馬薩諸塞最先織造的是一六五三年。（註八五）但是在殖民時代，紡紗差不多完全是家庭工業。織造卻不然。多數家庭都置有織機，但織造業如同英國一樣，老早就成爲行業了。約翰孫說，馬薩諸塞的織工，在一六四七年最努力於他們的行業。（註八六）

南方的繅絲業，吸引男女的注意；維基尼亞於一六六一年亦設法去鼓舞他們。柏味力說，「製造最好的絲織品的工人，得到獎賞，每一磅絲可以換五十磅烟草。人人都喜歡盡他們所有的土地去種桑養蠶。」其中最著名的是伊利沙白·平克尼（Elizabeth Lucas Pinckney)她在一七五五年「帶了很多絲棉到英國在查勒士敦（Charlestown）附近種植起來紡織起來做成三件精美的絲服。一件送給威爾斯的道亞哲王子（Dowager）一件送給折斯忒飛爵士」（Lord Chesterfield）(註八七)其餘一件則爲家族所有。新英格蘭這樣，維基尼亞也是這樣他們老早就開一個會討論家庭織布的低減了。查爾士二世卽位不久就下令「此邦該愛的幾個鄉村，設立織布工場他們至新訂定絲價，嚴懲忽略大蔴及苧蔴的製作者。」(註八八)維基尼亞初時法律的成功，當然不如制法者的期望，因爲柏味力在一七〇五年說，維基尼亞人「所有的衣着，如蔴布，毛織布，絲織布，帽子及皮革等，都是從英國來的。可是此地所產的蔴苧大蔴都較勝於英國。他們的羊長得很快，產生很好的羊毛，但是他們剪羊毛只不過使她們涼快些罷了。」(註八九)維基尼亞的烟草業，卻凌駕一切其他有益的工業。

大多數殖民地的婦人和女子他紡紗車，確是粗笨的，在行業的織造者未成立之先，她們也常常使用織機，家族的分子——包括僕人，新英格蘭叫做「僱傭的助手」——

實在很多,他們都要穿衣裳。忙碌的賢主婦若不紡紗,梳羊毛,織布,就在晚間的火爐旁邊織襪子,或很快的運用她的針指;這種工具在那時候治家上「比筆還有用得多,差不多和刀子一樣的有權力。」霍吞夫人引用佩治(Thomas Nelson Page)的妙語,說及一個維基尼亞的主婦逍當丈夫告訴她說門已經破了,她便笑嘻嘻的回答道,「好,吾愛要是我能夠拿我的針線把牠縫合攏來,我就替你修理牠罷。」有很多能幹的人(他們就是美國政府的開山祖)常常穿妻子在家十指縫就的衣裳,而不以爲恥。一七七六年亞丹士(Abigail Adams)寫信去菲列特爾斐亞(Philadelphia)給她的丈夫道,「我恐怕你的衣裳破了,你遠離時,沒有人照料你;……我已經做好一套手織物,你回來就可給你了。」(註九〇)

一七七八年一個富有的斐列特爾斐亞的桂格會員名叫馬沙爾(Christopher Marshall)在他的記事說,他的妻不倦的作工,他報之以一件珍貴的禮物,以爲公道的報答。他告訴我們「爲這些頂好的原因,將花費我的時間的大部分,怎麼她從早晨一直到他夜，永是做作家事，這幾個月已經很夠了；因爲除了我們的家人之外，常有人來住，他們不潤一潤嘴唇，總不肯走。這麼一來，使她常常作工，不只要供給，並且要在廚房裏預備我們的麵包，點心，肉食，端在桌子上給我們喫。她打掃房屋，灌漑果園，採摘及曝曬幾林樹所產的蘋果此外還要用工具去製蘋果汁，供家人日常之用。我固然主理洗濯的工夫，但是她的華美衣裳，和我的內衣，都是她熨平的。此外還弄二十個大牛乳餅，從一隻母牛處搾日用的牛乳和乳酪。餘外便是縫紡編結等等。」（註九一）

殖民時代的 Priscilla 和現代的 Priscilla 在生產家庭必需品的價值上，有很顯著的分別。殖民時代女子的事業很珍貴，所以堪當親親密密的對約翰·奧爾登（John Alden）說「約翰，我知道你愛我，我也愛你。讓我們結婚，我必助你建立家庭。你及我們的隣里幫忙，一經建築好房子，我就維持牠。我要拿你供給我的原料，織成溫煖的氈毯，及毛織的衣裳，供我們倆的使用。我補綴你的破襪子。我播植大蔴苧蔴的種子，把牠們的纖維織成蔴織布，茶巾，及鋪床鋪檯的布。我從事一切光明我家的工作，預備你從田園拿回來給我的食物。」這個殖民時代的奧爾登在他的婚姻試驗及建立新家庭的事情上，確不是經濟的失敗者。在另一方面說，人們對於現代的「約翰」躊躇不久便猝然担負娶妻的費用，妻對於持家，只有很少的技能，或者簡直不懂，人們對他的批評，大概不致於太苛吧。

殖民地的家庭教訓

（甲）幼稚的撫育——在一切殖民地中，小孩都是很歡迎的，我們又知道家族是很大的。子孫衆多，不特能完盡「結實繁多」的神怪使命，而且兒童在競爭美適的生活上，對於父母也很有價值。有人告訴我們，飛普斯爵士 (Sir William Phipps) ——馬薩諸塞第一任皇室的總督，一六九二——一六九五——有二十六個孩子，都是同一個母親生的。佛蘭克林 (Benjamin Flanklin) 的家庭，有人口十七人，這也是人所共知的。可是我們又知道那時候兒童死亡率非常之高，因為他們不甚懂得嬰兒衛生，而隆冬時候，家庭又非常之寒冷而且不安適。厄爾夫人說，「我的面前放着一本皮裝的聖經，記着我曾祖父的家庭，他有十六個孩子。當第一個孩子一歲半時，第二個孩子又出世了。第二個孩子生下來四個月，第一個孩子便死了。他的母親手抱住小孩時，她的心五次感着同樣殘忍的失望；故此她結婚九年，只有一個活的孩子；但有五個小墳墓以記錄她的悲哀。」（註九二）這個淸教徒的怪人科香．馬德（Cotton Matter）只有兩個孩子延續宗祀。無怪乎婦人都希望多生子女，以此爲她們的人生工作的一個重要部分了！

殖民時代的孩子都是由產婆接生的，她有幾個保姆幫她的忙。殖民地的婦人，對於將要生產的隣人，都有互助的精神。這些友誼的助手，在婦人分娩時担任家務的大部分，並且幫她照料新生的孩子。秀阿爾的日記有很多說及穩婆，保姆，及好幾個時常幫助他的妻的婦人。他還提及以盛筵款待這些婦人的風俗，這不用說是中古時代傳下來的。一六九四年他的女兒舍刺出世之後，他說，「婦人們都吃炙牛肉及點心，美味的點心和果餡麵。」（註九三）他在一七〇二年正月十六日又記道，「我的妻款待穩婆和女友吃很好的飧，煑猪肉，牛肉，家禽，很好的炙牛肉，火鷄點心，和果餡麵。」他小心記上赴席的十七個

女人的姓名，並且說，「氣候安適而溫和；爐中起猛烈的火，一室都煖和了。」（註九四）

但不幸爐中卻不常常生火使屋子煖和，有很多孩子——至少中部及新英格蘭殖民地——若不是放在火爐旁邊，便會在搖籃中凍殭了。那時候孩子的內衣是用蔴織布做的，包裹他們的手織氈毯的煖氣，也不能抵抗這種衣裳的寒凍。而且柔弱的小孩，老早就被領到教堂領受洗禮了。至於馬薩諸塞的孩子，生下來幾天就要領到牧師處了。秀阿爾證明此種殘忍的經驗，把小孩在新英格蘭冬天的嚴寒中領入寒冷的敍會處去皈依基督。他在一六八七年二月六號，說及他的一週的小孩道：「下午四點鐘之間，衞拉德先生給我的孩子洗禮，我改他的名爲史梯芬。這一天風雨很大，但沒有結冰。小孩子在水中縮了出來，但沒有哭。」可憐的小史梯芬，雖然受了司多亞派的支配，卻受不了寒冷，因爲幾個月之後，他父親記道，「可愛的史梯芬被抬到墳墓去了。」

（乙）家族的規律——我們可以想見美洲的殖民把流行於十七世紀英國的家族規律帶到新大陸來。各處的兒童都孝順父母，稍有差池，就受嚴厲的懲責了。最好的手段便是「老亞當」之被逐。約翰·魯濱孫是荷蘭的游牧羣中一個可愛的牧人，他所著的兒童及其教育一書，提出兒童內在的罪惡的普遍信念。他說，「在一切兒童中（雖然不同）的確有一種精神的倔強和倨傲性，那是從天然的驕矜中生出來的，我們首先要把牠剷除，然後他們的教育基礎，方能放在謙卑馴順之上，其他的美德，才可以此發生。」打破這種倔強性的手續，在多數家庭中很早就成就了。可是秀阿爾雖然具有一般淸教徒的嚴厲性，但他懲罰他的兒子，卻沒有什麼供證。有一次他記載他笞責他的小兒約瑟，因爲他「拋擲一個銅球，打傷他姊姊柏替的前額，流血而且腫起來；又因爲他在祈禱時玩耍，在感謝時喫東西，所以我重重的打他一頓。」（註九五）犯罪的小約瑟，只是四歲大！他設法避他父親「在搖籃的後面」他喫了禁果而犯罪之後，便不得不擔負「亞當的重荷」了！科吞·馬德極力反對「奴隸的教育及學校家庭所施的狂罵，打踢，辱詛，……」那是可喜的事。他的兒子稱贊他道，「他從沒有笞責他的孩子，除了頑固或最重大的罪惡之外。他以爲不准他見面一會子，就是最利害的責罰了。」（註九六）

（丙）家庭中的宗教訓練——老實說，宗教在美洲殖民生活上的勢力，比之後人都強得多。南部及中部的殖民，很小心拿英國教會的初學問答書教訓他們的孩子，老早就使他們熟習宗教的儀式了。桂格會的人，也盡力教導兒女學習他們所信仰的道德原理和宗教。宗教的訓練以新英格蘭爲最嚴，並且可以眞實的加上一句——幽暗。家族祈禱是很普遍的，大多數家族永不輕忽了父母子女同背聖經的日課。秀阿爾於一六八九年記道，「我的女兒伊利沙百讀以賽亞二十四章時，常常流淚，這章書的內容，及對於她的同情，連我也哭起來了。」可憐的柏替她終生懷着死亡及罪惡刑罰的恐怖。過了幾個月之後，一天晚上，她父親回到家中，他夫人告訴他，柏替整天愁苦憂鬱。「喫了晚飱之後不久，她忽然大哭起來，於是全家也陪她哭起來了。」後來她母親問她爲什麽哭——「她恐怕要入地獄，她的罪惡不得赦免。」秀阿爾又加上一句道，「她的第一次傷感，便因爲我在一月五日那一天把那頓先生的宣講念給她聽。這是約翰七章三十四節：你要找我，但找不到我。又約翰八章二十一節：你找我，卻在你的罪惡中死了。這句話深深的印入她的腦中，使她大大的怕起來。」人們不能已於這樣的思想，除了柏替之外，還有很多有感覺的幼年孩子，受了清教徒的原罪說，宿命說，選民及火刑，黑暗的地獄等數條的影響，爲父母者也很誠心拿這些教訓他們，以履行重大的責任。就是男兒，有時也受家庭的神學教訓的深強影響。秀阿爾告訴我們他怎樣引起他的兒子散姆去「需要他預備受死，」而且記載道，「他似乎不甚理會，只喫他的蘋果。」但後來這個孩子念祈禱文時，「他忽然痛哭起來，說，恐怕他要受死；我就同他祈禱。」又說，「讀安慰死者的聖經道，『啊，死亡，你的痛苦在那里。』」(註九七)

上流階級的家庭，很注意小孩子的禮貌。十八世紀時，有很多箴規的小書，流傳極廣。厄爾夫大曾重刊這書。一七〇一年在倫敦發刊一本禮文的書，名叫禮文學校。內面包涵兒童「在教會，家庭，食桌，禮堂，交際，學校，其他的地方，及在羣兒中」的不卑不亢的行爲規矩。但這些超越的規範，卻不常實行。

有些人遵照英國的風俗，不許孩子和他們一同坐在食桌間，卻是站在一旁。關於這種習俗，厄爾夫人說，「有時他們的孩子有一席地，也有碟和木盆；在別的地方，他們站在成年人的後邊，接受給他的東西。下流階級及卑微人家也是如此。而在很多家庭中，他們在橫桌那邊站住，喫手中拿住木碗，跑到大桌去領食物。」（註九八）

雖然大多數淸教徒的父母很留心子女的道德及宗教的訓練，但後來康涅狄革的法制家都以考察青年人是否在家庭的治下為重要的事情。馬薩諸塞一六四二年的法律，授權於各城市的委員，「隨時考察一切父母，主人及兒童，尤其是他們誦讀及了解宗教的原則及重要的規律的能力。拒絕考察者，便處以罰金……」一六五四年又訓令「地方官有權笞責那些不孝敬，不順從父母，主人及在上者的兒童和僕婢。」

這種干涉父母的權利的法令，在當時的淸教徒看來，是很公道很自然的。這里及其他的地方，的確趨向於國家支配兒童的撫養和教育。美洲的法律強迫兒童入學，限定父母責罰及虐待子女的權力，侵佔父母的特權。這件事在新英格蘭的淸教徒中，雖然更合人道，卻也不落人後。

（丁）家庭的工業訓練——北方殖民地的兒童，至少在初時沒有閑散的時間，及快樂的游戲。新大陸的生活太困難，在曠野謀生太苦，這一層沒有不反應在兒童身上的。況且窩特（Isaac Watt）有口皆碑的散佈在「閑暇中」找出災禍的字句，在十八世紀時，比之現在更加流行，所以男孩與女孩很早便在戶內及戶外作工了。不過田園的工作，卻大部分落在男子手中罷了。可是兒童的勞動不完全是由性別而分的。男子在小織機上學習織造襪鈕和挂帶，而女子卻在田間播種灌漑，和她們的兄弟一同從事耕種蔴田及菜圃。我們已經知道維基尼亞及新英格蘭的殖民怎樣設法鼓勵生產羊毛及苧蔴了。我們又知道苧蔴的製作是一種複雜的工業，約莫包含二十種手續了。其中有一半可以給兒童做。他們學習理蔴，梳蔴，綑束紗線，拿新紡好的紗捲起來，及繫經線於織機架上，六七歲的小女兒便開始做終生的工作——紡蔴紡棉了。他們常用捲紗竿（我們叫做 rock）做這種工作。有些孩子用這些簡單的工具，敏捷地去做平滑而好的紗線。人所共知的馬隧諸塞一六四二年的法律，令委員要牧羊的小男女「……改做別的事業，如以絲竿捲絲，打結，及織毛線帶等等……」他們所用的手織機，可以拿到山上或牧場，所以那些看羊人及牧童可以同時織毛綿帶及織帶，以供鞋帶，腰帶，帽帶之用。

在維基尼亞及其他的殖民地中，製絲業鬨動一時，所以孩子常從矮短的桑樹上採摘桑葉。看蠶也是適於孩童的工作，所以一般人都說，兩個孩子，「若他們的手不放在口袋裏睡覺」就可以料理六溫司的種子，自孵化至兩禮拜的吐絲。若有「三四個人的幫助，婦女和兒童就如男子一樣的專精」去飼養，洗濯，露空氣及曝曬蠶蟲了。（註九九）

女子於烹調，縫紉，及紡織之外，還要學習製造標本。她們不只要成爲熟練的針線娘，並且要知書識字。厄爾夫人描寫十八世紀的工作品，說是「女紅的初學書，內容有字母，表示良好的品性或工作的詞句，或代表不能說話的禽獸，樹木，或人類的言語。」（註一〇〇）當小孩童插手入她們工作的範圍內時，是有責任，有道德的；有人想當小針線娘唱和在門外時，她們刺繡下列的詞句，當作何感想呢：

次於上帝的，便是你們了，我親愛的父母，

我在你們之前敬陳我卑下的謝意，
因爲你們照顧我，料理我，給我以知識。
求你們繼繼下去罷！使我更加獲得這種
爲常人永不知道的黃金藝術品罷。

殖民時代幼年男子的工業訓練，也許是在家中父母處得來的。但貧窮人家的女子卻和男子一樣，在很年青的時候便從師了。殖民地的法律，早就規定把孤兒及貧苦人家的孩子交給適當的人，叫他們照料他們的道德，及教他們各種手藝。但女子從師卻和男子不同，她們並不立約學習特種行業；或者只學習普通的紡織及家事而已。波士頓在一七二〇年設立一所「紡織傳習所」，其起源是一個博愛家的精神，後來則致力於城市的「貧民教育」。其後此城已設立幾間紡織學校，使孤孩及被輕忽的兒童，在那裏學習爲技巧的紡紗者。有人告訴我們，女子也有時在波士頓的公場作工，起先大受市民的贊許。（註一〇一）維基尼亞一六四六年的法律，亦授權於鄉村委員在每鄉挑選兩個「至少有八歲或七歲……」的孩子，送到瓦谷城，「投身於公衆的蔴廠，由師傅師母指定他們做梳蔴，打結，及紡紗的工作。」這些委員只能「從那些有種種原因不能供養教育孩子的人家挑選。」（註一〇二）

理智教育——我們知道美洲的殖民對於女子的理智教育，非常注重。自一七二五年之後，初等學校便成立，但她們所學的主要功課是：讀、寫、簡易音樂以及專科教員所教的跳舞和刺繡。這是十八世紀英國女子的教育；也是英國人對於膚淺的「完備的」女子唯一重要的教育觀念，橫渡大海而傳至美洲殖民地。各處的女子都領受嚴格的理智教育，在開通的父親手下，她們拒絕那些普遍於殖民時代的「女性教育」的觀念。但南方殖民地尋常的女子，都入女學校習讀書、綫級、紡紗、及編物——讀書不一定就作文。所以有很多女子在必要時只能夠「簽押」於契據、文書等，這是殖民時代最多的。在新英格蘭殖民地——至少在馬薩諸塞，女子可以進市立的初等學校，但須在男子不用這些學校時——即早晨和下午。不過已經特許，只限於夏季，一到冬天就要被退去了。這是尊重

「女子的健康」起見。但是男子普通都進新英格蘭的城市學校念書，若想預備升入哈佛大學或耶路大學，就得入馬薩諸塞和康涅狄格下令設立的高等小學念書。

殖民時代的家庭教育，只限於道德、宗教、及工業的訓練。至於理智教育就看作適於女子學校、城市教會、或私立學校而已。南方的教師都是從英國來的。就是秀阿爾在他的卷帙浩繁的日記中，也沒有提及女子的理智教育。有些家庭有時也施予這種教育，但一定不普遍。

南方殖民地的家族

在南方殖民地中發生一種家庭生活的形式，有特殊的環境。這種家庭並不像淸教徒的家庭，建在城市或鄉村之中，卻是建在烟草、棉、或米田之中。這些家庭建於空虛的曠野中，男子是英國產的，所以對於祖國的感情極強，這是南方所特有的。男女育兒室，在好幾方面都與新英格蘭嚴肅的，德莫克拉西的淸教徒大不相同，這些殖民創設地方幸福的聯合，與溫和的空氣，及有價値的天然產物。他們佔有土地的本能，非常強盛，他們是農耕階級，所以產生英國先人的貴族風氣和貴族性質。維基尼亞與卡羅林納域內，創立很多殖民地，開闢廣大的土地，在河流沿岸生產很多物產。奴隸制度對於殖民的生活，與英國地主相似的來邑家庭，當然是很有幫助的。十七世紀時，一隻荷蘭船首先從非洲輸入奴隸於維基尼亞，此後，有些英人，荷蘭人及新英格蘭的商人，都運入很多黑奴，供給南方的地主。這種情形，誠如佩治所說，「增強階級的疆界，創立階級制度，把維基尼亞的社會制度，變成英國一般的貴族性。」（註一〇三）

正當南方殖民地在美洲曠野中設立英國紳士的封建產業，同時英國教會又輸入他們的新領域。他們採納英國的長子繼承制，及限制財產遺傳的規例，小心看守他們的房屋及土地，遺傳於長子，或最親近的男繼承人。

當時的人，描寫殖民的家庭，有幾種遺留下來給我們。例如菲西安（Philip Fithian）在他的有名的雜誌上，描寫他幾年的住宅，為維基尼亞的卡退（Robert Carter）的家庭教師，並且描畫下他的環境的一幅精美畫圖。這所第宅建在「那曼尼阿的高而崎嶇的堤岸上，」被稱為 Nomini Hall。四週都是廣闊肥美的土地，那奴在那里作工。我們的雜誌記者告訴我們，這所大廈，「是用磚建的，但這些磚都爲強固的石灰遮蓋着，所以這間現在卻完全是白色的。牠的東西長七十六呎，南北寬四十四呎，二層高……」地下那一層，除了殮室及研究室之外，還有「一間跳舞室，長三十呎。」從大堂四角相等的距離，建四間房子：書房，（爲家中兒童之用。）馬房，車房和工場，家人就在這里洗濯。在沐浴室，馬房及車房所形成的三角形中，設立「廚房，這是一所很好的房子，和書房一樣的大，炕餅房，製乳酪場，貯藏室及其他的幾間房子；這些都立在西邊，離大堂不甚遠。隔一條華美的小街道也不甚遠。」離此不遠，就是這個農人的磨坊及穀倉，所有從他的肥美的田地生出來的小麥和玉蜀黍都在這里磨碎收藏。在住宅的東邊，有「兩行高大茂盛而美麗的白楊……從一個極秀美的蔭路及在大路上看來，這些房子，都十分秀麗幽雅。」（註一〇四）

以上是農民家庭最好的方面——在南方殖民地林木參天，遠眺靜寂的地域中，還都佈着很多這樣的華屋。但有些農民的產業，尤其是西方邊陲的，卻遠不及這麼宏麗舒暢。當旅行家行進內地，他的確看出沒有石屋，只有木屋；沒有廣大的田坊，只有細小的田畝；沒有如雲的奴僕，只有六個或六個以下的工人；及至來到邊鄙的茅屋，就好像立在文明的邊緣的誠實斥候了。

河岸附近的大地主，他們的生活的特質又怎麽樣呢？第一，不論產業面積的大小，差不多自成一個經濟的單位，自己生產差不多一切自己所消費的品物，及衣著的材料；不過衣料大多從英國運來能了。牠是一個重要的工業機關，從事於耕稼，磨坊園藝，養馬及製造乳酪等等。家庭之內，大概以婦人爲最忙了。她的責任就是監督一大羣家庭奴僕去勞動及飼養，穿衣，並且注意各個黑種工人的健康。她因爲要主管一切供給，故忙得不可開交。她不但要懂得紡織及縫製幾十個人的衣裳——她自家的及奴隸的家族的。她要訓練那些頑劣無知像小孩一般的工人，使他們勤愼精巧，做種種的家庭工作，這些事情，都要花無限的能力，忍耐心，及堅決老練的才幹。佩治對於南方農民的婦人，心悅誠服的贊美道：

「她是必需的不可分的功能，是家庭經濟的基石，以建立其他一切建築，及予以能力和美麗。從今天早晨到明天早晨，殖民最重要最珍重的事便是她的指導和注意……從宰火雞以至於撲滅瘟疫，無一不是她的工作。她一身兼任主婦，管理，醫生，看護，顧問，縫衣匠，教師，治家者及奴隸的職責。她料理各人，尤其是她的丈夫，她是他的指導人，哲學家和朋友。」（註一〇五）

這種煩瑣的南方婦人之責任之外，還要加上南方殖民最愛好的慈愛的招待。一個著作家說，「需要用來把人們集合在一起，那里人人都是社會的，最高的榮譽便是好款待人。」所以無怪乎非西安的雜誌極精心去考察社會活動，如跳舞會，敍飧會，騎馬，乘舟，煖室及門牌會了。開跳舞會的東道，要熟悉她的賓客，舉行一二夜。因為路程太遠，人人都要在她的筵席上吃飧。南方殖民的婦人，大開方便之門，以接納各時來訪的賓朋。

這種勞動的生活，卽使不為很好南方主婦所討厭，至少也覺得很煩重了。無怪乎佩治中止稱贊維基尼亞的婦女，而說道，「這種婦人，性情極好，神經很敏捷，但或者是大受

痛苦的人。(註一〇六)

南方婦女的地位——雖然殖民時代的婦人很受人尊敬，並且從有正當感情的男子得到武士道的保護，但是她們的法律的和經濟的地位，卻完全是不能獨立的。關於南方婦女經濟的地位，帕特喃夫人說：

「她的生活就是希臘婦女的職業生活……各人都為人妻，為農夫的管家。各人被接納進家庭來，為的是擔負田場生產，以供家庭的消費的責任。各人都要管理奴隸及物產。家庭所花的驚人的用度，都在婦女的指導之下，由地土生產出來的原料……各人都負家庭衛生的責任；她要盡力防止疾病；要是疾病發生，就要療治牠。各人雖不致於太過，卻都是從履行重要的工作直接在她最愛的幸福及快樂中到得滿足，可是她不配稱為自由的婦女。」(註一〇七)

我們可以公道的加上一句。要是南方婦女只限定從事一種工作——持家，及十八世紀這個字所包含一切勞苦工作；要是她們只有很少錢供自己使用，沒有財產支配權，沒有訂約及適用的權利——可是她的高貴的地位都和北方的女子在這個時代的地位一般無異。十八世紀有很多女子得到快樂，及精力的發洩，這是無可疑的。南方婦女之中，有一個老練的女子平克尼，以顯著的技能，和主動的能力管理她父親在南卡羅林納所置的大宗產業。她父親因為有總督的責任，困着於安的瓜（Antiqua）的西印度島，故把支配產業的自由權交給他的十六宗的天分高明的女兒。她的小傳，證明她的「計畫是沒有休息的事業」。她老早就開始試驗那種糧食遍於南卡羅林納的地土和氣候，而發現靛青是最能生利的植物。她於一七三九年說，「我給父親寄了一封很長的信，關於植物的事……我辛辛苦苦的使靛青，薑，棉，菽豆科植物變成完全發達，而靛青最有希望——要是明年能早些從印度得到這種種子——較之別的曾經試驗過的東西……此外還說及瀝青，tarr，石灰，及其他的植物之事。」（註一〇八）

這個能幹的女青年做了平克尼的主婦之後，她父親似乎起了疑慮，恐怕她忘記了服從及尊敬丈夫的責任。他便寫信給她，勸告她，她回答道，「我明知我離去我特殊的領域，而進入他的領域，必不免於妨害謹愼他有優秀的理解力（沒有別的思想）使他命令，除了把服從的簡易工作給我之外，再沒有別的了。」（註一〇九）

家庭的訓練和教育

男女在這些華美的農人家庭中學習他們的父親和祖父的模範。他們從交際和訓練中發生同一的高尙態度，同一的貴族觀念，同一的熱心及偏狹的從事建設顯耀先人的社會構造。我們知道南方的農家子，大多數在家中受家庭教師的訓導，女子約莫到十六歲，而男子則到能受高級學問時，於是女子便進入活動的南方殖民生活的社會享樂的範圍，而她們的兄弟，卻被送到威廉大學及馬利大學，或祖國的牛津或劍橋大學。這些青年回來時，更愛好土地的貴族制的生活，並且維持他們佔優勝的社會的和經濟的制度。這種生活自然不能引起理智的研究，或社會的改造。他們對於奴隸階級的勞動太同意了，濡染太深了，所以不去發揮最高的智力。鐵蘭教授是南方的一個紳士，他也說道：

「南方人的生活雖然是簡單的活潑的，卻極端遏抑天性中很多最好的才能和精力。這種生活沒有多大機會去發展天才。天才是不存在於被打擊的巖穴中的，這種生活得到智力的發展，正如得到外界物質的慰安一樣。這種生活縛束一切不維護現存的制度和意見的思想和研究。這種生活除了貌合神離，只能發出難能的本源而已」（註一〇）

（註一） J. A. Bruce in Woman in the Making of America, Boston (1912), p. 3.

（註二） Vol. I, p. 269.

（註三） Quoted in A. H. Wharton, Colonial Days and Dames, pp. 68, 69.

（註四） Edition of 1908, Vol. I, pp. 58, 68, 105.

（註五） Op. cit., edited by Jameson, N. Y. 1910. p. 71.

（註六） Blackstone's Commentaries.

（註七） 見 Sewall's Diary (Mass. Hist. Soc., Boston, 1882, Vol. III, pp. 269—274; 302—303).

（註八） Earle, op. cit. pp. 78-79.

（註九） 見Howard, Hist. of Mat. Inst., Vol. II, pp. 34—37, for Mass. Bay Colony; and for the Southern Colonies, pp. 366—376.

（註一〇） Earle, Colonial Dames and Goodwives, pp. 50—51.

（註一一） Bruce, Women in the Making of America, pp. 26—27.

（註一二） Quoted in Earle, Colonial Dames and Goodwives, pp. 47—48.

（註一三） Wharton, Colonial Days and Dames. pp. 86—87.

（註一四） Charles Francis Adams, Memoir of Mrs. Adams in his Familiar Letters of John Adams and his Wife Abigail Adams, Cambridge, 1876, p. xxii.

（註一五） Journal, p. 155.

（註一六） Trumbull, Blue Laws True and False (1876), pp. 69—70.

（註一七） Howard, op. cit., Vol. II, p. 170.

（註一八） Ibid., p. 153

（註一九） Trumbull, Blue Laws, p. 258.

（註二〇） Plymouth Col. Rec., XI, 223; quoted in Howard, Vol. II, p. 154.

（註二一） MSS. Records of County Court for Middlesex, Vol. III, p. 21; quoted in Howard, Vol. II, p. 155.

（註二二） Earle, Customs and Fashions in Old New England, p. 37.

（註二三） Dunton, Letters from New England, in Publications of the Prince Society, Boston, 1867, pp. 99—101.

（註二四） Trumbull, Blue Laws pp. 106—107.

（註二五） Ibid., p. 242.

（註二六） Whitmore, Colonial Laws of Mass. (1672—1686), pp. 236—7; quoted in Howard, Vol. II, p. 154.

（註二七） Colonial Dames and Goodwives, p. 201.

（註二八） Sewall's Diary (Coll. of Mass. Hist. Soc., 1879, Vol. VI; Sewall Papers, Vol. II, pp. 250—251, 268,)

（註二九） Ibid. Vol V. pp. 491—2.

（註三〇） Sewall Papers, Vol. V pp. 502—3.

(註三一) Earle, Colonial Dames, pp. 30—36.

(註三二) Sewall Papers, Vol. III, p. 202.

(註三三) Ibid., p. 270.

(註三四) Ibid., p. 272.

(註三五) Ibid., p. 274.

(註三六) Ibid., p. 303.

(註三七) Journal of Young Lady of Virginia, 1782 (Ed. of 1871, p. 15.)

(註三八) Wharton, Colornial Days and Dames, pp. 197—8.

(註三九) Earle. op. cit., p. 181.

(註四〇) Op. cit., p. 217.

(註四一) Vol. II, pp. 181—8.

(註四二) Goodwin, The Pilgrim Republic, p. 600.

(註四三) Trumbull, Blue Laws, p. 106.

(註四四) Shirley, Early Jurisprudence of New Hampshire. (Proc. of New Hompshire

Hist. Soc., 1876—84, p. 308.)

(註四五) Howard, op. cit., Vol. II, p. 186.

(註四六) Act of 1631.

(註四七) Act of 1683.

(註四八) Cook, Marriage Celebration (Atlantic monthly, 1888), Vol. 61, p. 360.

(註四九) Act, quoted in Cook, op. cit., p. 352.

(註五〇) Trumbull, Blue Laws, p. 242.

(註五一) Cook, op. cit., pp. 353—4.

(註五二) Howard, Vol. II, pp. 313.

(註五三) Cook, op. cit., p. 359.

(註五四) Winthrop's Journal (N. Y., 1908), Vol. II, p. 330.

(註五五) Howard, Vol. II, p. 144.

(註五六) Arnold, History of Rhode Island, Vol. I, p. 208.

(註五七) Howard, Vol, II. p. 260.

(註五八) Colonial Laws of N. Y. Vol., I, p. 19.

(註五九) "Laws agreed upon in England," in Linn, Charter and Laws, p. 101.

(註六〇) 一六三〇年——一六九二年。

(註六一) Op. cit., Vol. I.

(註六二) Acts and Resolves, I, 209.

(註六三) Op. cit., Vol. II, pp. 353—4.

(註六四) Howard, Vol. II, p. 367.

(註六五) See Howard, op. cit., Vol. II, pp. 383—4.

(註六六) Ibid., p. 387.

(註六七) Economic and Social History of New England, p. 214.

(註六八) Ibid., p. 284.

(註六九) History of Virginia, p. 235.

(註七〇) Colonial Days and Dames, p. 81.

(註七一) 前書 p. 239.

（註七二） Knickerbocker's Hist. of New York, pp. 182—3.

（註七三） 前書一八四頁。

（註七四） Earle, Customs and Fashions in Old New England, p. 108.

（註七五） Weeden 前書二九二頁。

（註七六） Earle, op. cit., pp. 136.

（註七七） Sewall's Diary, pp. 190.

（註七八） Earle, op. cit., pp. 138.

（註七九） Earle, pp. 246—247.

（註八〇） History of Virginia, pp. 237.

（註八一） 同上二六一頁。

（註八二） Trumbull, Blue Laws, pp. 193—194.

（註八三） Mass. Col. Record, Vol. I, p. 294.

（註八四） 同上 Vol. III, p. 396.

（註八五） Weeden 前書 p. 200.

（註八六）前書 p. 248.

（註八七）Earle, p. 83.

（註八八）Berverlly, p. 58.

（註八九）Op. cit., p. 239.

（註九〇）Familiar Letters, p. 182.

（註九一）Extracts from C. Marshall, 1774—81, p. 57, 58.

（註九二）Child Life in Colonial Day, p. 5.

（註九三）前書 (Mass. Hist. Soc. Coll., V, p. 394).

（註九四）前書 Vol. VI, p. 51.

（註九五）Diary, Vol. I, p. 369.

（註九六）Earle, Child Life, p. 209.

（註九七）Diary, Vol. I, pp. 419—420; 208—9.

（註九八）Child Life in Colonial Days, pp. 216—217.

（註九九）前書二二〇頁。

（註一〇〇） 前書三三八頁。

（註一〇一） Abbott, Women in Industry, p. 21.

（註一〇二） F. Clews, Educational Legislation, p. 356.

（註一〇三） The Old South, (1900), p. 104.

（註一〇四） Journal and Letters, pp. 128—131.

（註一〇五） Social Life in Old Virginia, pp. 37—38.

（註一〇六） 前書三五至三六頁。

（註一〇七） The Lady, p. 300.

（註一〇八） Eliza Pinckney. p. 7.

（註一〇九） 前書一〇〇頁。

（註一一〇） William G. Simms (1899), p. 37.

第十一章　工業革命及其對於家族的影響

十八世紀中葉的工業狀態

十八世紀中葉以前，工業差不多都在家族的四周。手工業仍盛耕犁織機捲紗竿及紡綞，都和二千年前古代社會所用的相似。約在一七二五年，丹聶·得福 (Daniel DeFoe) 漫游英國，把他所見的小家庭內工業制度，輕婉流暢的記述下來，遺留給後人。他說：

「土地分成很多的小圈圍地，每個佔地從二畝至六七畝——更多的卻很少——每三四片地有一間他們的小房子……每一所房子，彼此相隔很遠，言語不能相聞。每家都有一個『織布架』，差不多每個織布架上，都有一疋毛布或毛織的絨布，這是鄉村勞動者的幾種工藝品。每間房子裏，都是一個製造廠。每個織布匠，至少要有一匹馬，以便取羊毛回家，到市場採辦糧食，把紗線送給紡紗者，拿製造品給漂布者；完了之後，拿去市場發賣。每個人通常都有一兩隻牛，供家庭之用。……雖然我們遇見有些人家是沒有門戶的，可是入內一看，強壯的人，滿了一屋子：有的在染桶旁，有的在織機上，有的整理布疋；至於婦人孺子，或梳羊毛，或紡紗線；由大至細都做工；雖然四歲的小年紀，也是一樣。他們的小手，都很足以供養自己。」（註二）

讀者讀了這種親歷其境的記載，便可以想見索美塞得州（Somersetshire），尉爾特州（Wiltshire），多塞特州（Dorsetshire），格羅斯忒州（Gloucestershire），及約克州（這都是英國織造業的州縣）各村落及各市鎮的家庭工業狀況了。又，這個記述，同時顯明婦人孺子的工作，只是梳羊毛和紡紗；而織漂及理布等，從前本是主婦的獨佔事業，現在卻落在男子手中，可見他們早已侵入女子的勞動範圍了。從工業的強壯者，就是師傅，他的學徒也許就是他們的兒子。他們使用簡單的工具；他們的紡紗車，只能捲一條紗，手織機則要用兩個人拋梭，梳羊毛及苧麻的梳，也是用人工的。

我們還要知道，這種木屋裏的勞動制度，是分布全英國各村野州縣的，並不像現代要集中多量工人於都會中心因而發生擁擠的住所，當織造業停滯的時候，這些木屋的工人，委身於田野，種植穀米蔬菜，以供家庭的消費。這種簡單的耕種及織造的聯合，是英國家庭工業最著的特徵。這種勞動的組織體，使父母子女可以在家庭力作生活狀態，也還不至十分困難，所以便能夠發生強烈的家族感情及愛國愛鄉的心理。可是要記得這個時代的工業狀態，最不滿意的地方，就是離理想的制度太遠：第一，牠把工人拘禁在家庭及村落一隅，很少能使工人自由的遷徙。像現代勞動者所享受的一樣——這種遷移是多少總能夠擴大心靈眼界的；第二，很多東主對待學徒非常苛刻，竭力搾取他們的勞動力，而衣食卻是很吝嗇的。就是主人幼稚的子女，也要繼續做捲絲竿或木梳的工，休息或游戲的時間是很少的。在更古時，基爾特組織很多而且很得勢，牠們對於每個使用學徒的主人，都施行一種正當的監督。但是到十五世紀時，巴力門開始制定法律，支配他的組織和動作，基爾特的勢力，便大大的衰退了。自顯理八世及愛德華六世的法令施行，及沒收了基爾特財產之後，牠的勢力，就更為退落。況且村野州縣的工業木屋制，在基爾特之外，發展得很快，不受基爾特職員的視察和指導，所以學徒便得不到良好的待遇。

代辦制(Commission System)的發端

讀者不要以為歐洲是從純粹的家庭工業，突然進到現代的工廠制度的。正當十七世紀的時候，英國發現了一種雇主的新階級，名叫布商，他們就是近代資本家的先鋒了。他們具有十餘具紡紗車及織布機，賃給那些無力置買這些工具的工人，這些工人在家中紡好紗線，或織好紗條，就拿這些完全的生產品，送到布商處，於是布商便給他們以很微少的工值。有時布商集合二十多個工人，在一個市鎮，去紡績，織布，或漂染等，而給以定度的工資。這些手續，往往由幾個工人分任，而分工制也頗覺細微。這種工業制度，已粗具了近代的工業情景了。資本家的存在——雖然規模很小——勞動者集中，及勞動者定度的工資等，都是這種工業制度所始創，而為現代工廠制度的主要元素。可是就大多數而言之，在代辦制下作工的，是由布商把工作物給他拿回家去做，而織機或紡紗車，則是租賃回家使用的，所以我們可以說，工業代辦制是從純粹的家庭制到工廠制的過渡。代辦制的產品，在家庭生產，而由主人發賣，於是近代工業制度，就跟着發生了。

英國婦女，早就捲入了上面所述的工業界裏之漩渦，她們所得的工值，自然極微。這個可以從十七世紀的歌謠顯出。其中有一首是母親唱給新嫁的女兒的俚歌，其詞如下：

閨女們爲着她們的事業弄到

不識做酒，不識烘麵包，不識洗，不識絞，

不識作一切使她們趨於好主婦的工作，

這種情形我見得太多了。

還有，他們的孩子要馱着給人家養護，

賺來放下錢袋的一切都毫無遺賸，

所以我在舊日已學識了這個教訓，

一個妥善地積蓄起來的辨士正像一個賺來的一樣好。（註二）

所以工業代辦制，必破壞之女子的主婦之職，和後世的婦女作長時間的工廠勞動一樣。

十七世紀還有一首俚歌，叫做布商的喜悅。這是代表他們所雇用的織，染，梳，紡等工人所說的話：

「當他們把做成的貨品拿到我們家裏的時候，

「他們訴告說他們的工值不足以支持他們的生活。」（註三）

有人說，太陽之下沒有新奇事，這是很對的；家庭工業時代的小資本家，想從投資中得回多量報酬的欲望，並不減於現代資本家的欲望，不過達到目的的方法，沒有現代的那麼乖巧罷了。

工業革命

機械發明的時代

法美革命的呼聲，震蕩歐人的耳鼓，歐洲各國有思想的男女都用同情心以觀察這些國家爭取政治自由的事實；而這種革命對於英國尤有極強的影響。航海家亨利王子及哥倫布味斯浦奇（. Vespucci）及喀波特茲

(Cabots)等人的航行，爲歐洲知識界闢一廣大而未經發現的地域；知識界的廣大，引起商業的開拓，而歐洲商人，便開了好些新市場。同時外國亦需求歐洲的熟貨，所以便常常有多量棉料，從美洲殖民地輸入歐洲，尤其是英國。這些棉料，在英國紡織好搗過和英國的堅級毛織物一同送回新大陸，以供殖民衣著之用。

這種商業的發展，只能產生一個結果，就是把製造丟在背後。紡紗車及手織機的手工業，不能供棉麻及毛織布的不絕增高的要求，所以勞動者遂竭力研究改良他們的工具，以圖得到更多的出產。首先改良的是手織機。一七三八年，一個郎卡邑(Lancashire)的工人名叫約翰·開，(John Key)發明一條長柄把梭在經緯中來往的推動，從前要兩個人做的職業現在一個人就得了。這樣一來，引起紡紗者也得改良他們的工具，以供給織布工人所需求的增加的紗線；但總不能成功，差不多過了三十年（一七六七）有一個織造者及木匠，名哈格里凡士(Hargreaves)才發明紡織車。這種車在同一個時候，可以轉動八條捲紗竿。這種簡單的機械，小孩子一個的努力，便可以和古代手機八個成人紡紗者相等。距這種發明之後不滿十年，英國各地之使用這種紡織機者，以千數計。

更進一步，則有一個理髮匠名叫阿克來（Arkwright）他在一七六八年發明一架以水力推動的紡紗捲動機，這是織造業第一次使用的機器。阿克來發明之後，就創立一間工廠這是英國的第一家內面都使用水力推動的機械。其後到一七七九年，克監普吞（Crompton）更把阿克來的發明大加改良，他把這種轉動機，和夏格里佛士的紡織機，好好的聯結攏來，其結果使發明了紡棉器。這種機械，自然比阿克來的捲動機好得多了。

用水力機械紡紗，比之從前以手紡紗快得多了。然而以機械轉動的織機，須得與紡紗的增加出品，保持一樣的速度才成；這種急切的要求，便刺激了一個英國僧正，名叫卡特賴特（Cartwright）的發明力，他在一七八七年，把第一架力織機貢獻於世界，其成功之速，正不減於克監普吞的紡紗的紡棉器，不下二十五年，英國之使用這種力織機的，已有二萬四千架了。

要知道這些機械，都是英人發明的；這是因爲法國在十七世紀，正陷於革命風潮中，接住又是拿破崙戰爭，把全國鬧得人窮財盡。但是美洲的新共和國，卻在機械發明上參加工業的革命。供給英國大部分生棉的南國，從前要以壓力把種子和纖維分開，現在卻需要更速的方法了。棉若用手揀出，最快的工人，至多每天提淨五磅，這是很遲慢的。於是便有一個北方的敏捷的青年，竟從事於急需的發明了。他是耶路學校的學生，叫以利·輝特尼(Eli Whitney)他經過了幾次試驗，竟於一七九二年發明了一種機械，每天一人可以提淨一千磅的棉，所以生棉的供給，就能與英國的市場相應了。(註四)

英美工廠制度的發達

機械發明的結果，英國各州縣的工廠，便發達起來，村野的勞動者，都集合於市鎮中，他們知道再不能與機械製造的貨物相頡抗了。英國的工業制度，經過很多困難，須漸漸的完全改變了。曾爲家庭工業中心的木屋，亦一個一個的汰除了；師傅和學徒，都尋到都市來，在那裏有使用昂貴機械的工廠。勞動人口輸入既多，於是工廠隣近，便建設了許多粗陋的房屋；這些工人的住宅，建得極稠密，沒有一小片土地作爲花園，這便是近代都市黑暗的陋巷和賃屋的先驅了。工人不復爲獨立的人了，反過來說他們全靠着那些佔有工廠及機器的資本家爲生。資本家決定工金和工作時間，於是工業史便從工業單位的古代進而爲現代，而家庭集羣也被林立的工廠，及勞動者的組織體所替代了。

美洲的情形——正當英國工業革命進行之時，美洲殖民地（其後爲合衆國）亦從古代家庭工業時代，轉入現代的工廠制度。但也有一樣是不全的，這就是美洲的變動是漸進的，這種原因大部分由於英國小心保存着他們所新發明的機械的祕密而不轉給外人，並且希望做世界工業的主人翁。近代一個歷史家（Edith Abbott）說：「機械及懂得運用這些機械的工人，都受限制，不準輸出及移殖，因此我們沒有享受英國發明家之賜；而我們相似的試驗，也大受妨礙，因爲這裏缺乏資本也沒有熟練的工人。」（註五）

各處地方，都設有製造場，尤以紐約，波斯頓，非勒特爾非爾及巴爾的摩爾（Baltimore）爲甚。不過這些工場，大多數只是賃一間屋，置備很多織機能了。紡紗大部分仍由婦女在家庭做，做好了便送到工廠領受報酬。

直到十八世紀末央岐才開始用力發明，而試驗亦極有成效，其結果便產生些較英國所使用的尤爲新式的機械。一七八九年斯拉德(Samuel Slater)（人稱爲美洲工業之父）在魯特島創立第一間棉廠，內面充滿了紡紗機器。但是借用別種力量的織機，在一八一四年前，還沒有在美洲使用過，一八一四年後，紡織工廠，才名稱其實。

美洲工廠制度發生之情形，與英國大異。美洲男子普通都受傭於農業，農業是很有利的，所以願意投身入於工業的男工很少，因此美洲之用近代方法的織造業，起先仍落在婦女之手。現在再引用亞勃特(Abbott)女士的話以證明之：

「若土地一天平賤，農業一天有利，則婦女的可在織造廠裏爲從前在家庭內工作的工作。」（註六）我們祖先，自然也傭用婦人孺子去作工，青年女子的處境，反覺改善，她們從前只與父母生活於悲慘的茅屋中，現在都由自己的努力，得到舒服的衣食住了；也有全家受工業之傭請的村落和家庭。童工亦然，機械的產品，一部分是由五歲到十歲的兒童做的。尼爾的登記官說，「穿梳及紡紗的機械分開，是一宗可幸的事。起先由一個婦

女做，兒童助之，其次則單由男孩子做，再次，女孩也可以做了。」（註七）

這是合衆國全國的經濟學者及著作家的普遍態度；所以一八三一年，十歲以上的女子，佔全國綿紗工業的傭工百分之六十八了。魯厄爾（Lowell）與及馬省，都是棉紗製造的一個重心，該地的工人百分之八十是婦女，其中大部分是二十五歲以下的婦女。這些女子，大多是新英格蘭農夫的女兒，她們是優秀工人階級的代表。琉息·拉昆（Lucy Larcom）十一歲就在魯厄爾工廠作工，她的姊姊厄彌林（Emeline），及其他有眞能幹的女子亦然。（註八）但自一八五〇年之後，新英格蘭青年女子的地位，漸漸被外來較低級的工人階級佔了，大多數工廠的女工，都把她們的注意，急轉到教育上頭了。

工業革命對於家庭的影響

（甲）英國——照上面所說的看來，工業革命對於英國的小工人的家族生活，有重大的變化。從前他在家庭力作，和他妻子及學徒一起，他爲指導人；但現在一聽到汽笛的喊聲，便親自到工廠，和許多同伴，在那擠擁不堪的房子裏勞動，直到晚間。從前做整整的一件工作，做完之後，使作工者極爲快慰；現在自朝至晚，只從事機械的過程之中一種簡單的工作。分工愈加瑣屑，他的工作總是做成完全產品的一部分罷了。整大離開家庭，則他對子女的勢力自然較弱，在造成家族生活及觀念上，他的能力便大減了。

但這不是工業革命對於英國家族生活的影響，還不止此。除了一些還要倚賴偉力之機械外，新機械是很容易使用的，所以婦女與兒童也逐漸進入工廠的忙碌生活去了。他們的勞動，不但如男子有相等的效力，而且他們的工夫，也可以便宜許多。在這世紀中葉之前，勞動者之妻兒已實行佔領了男子在工廠中的地位，所以吉賓斯（Gibbins）說：

「那個時代家庭經濟普通的秩序，發現了奇怪的轉逆，那就是低廉勞動制的犧牲。因爲婦女佔了男子的勞動地位，故此丈夫往往在手足無措，很可憐地主持母女的家庭責任，因爲她們要力作於工廠，不暇兼顧了。還有更壞的，父母在某種情形之下，恃幼子的自殺的勞動爲生，讓他們受傭於工廠，而其所得的工值，則較父母更賤。」（註九）自一八四一年至一八九一年這五十年間，英國織造廠女工的數目，增加到百分之二二一，而男子只增加了百分之五十三。

英國婦女努力作工於工廠，以增加家庭的入息，其結果往往減低男子的工值，這是無可疑的。不特如此，婦女進入勞動界，還有其他的惡果。很多英國工廠的都市全家全日被傭於工廠，自四五歲的兒童到他們的父母。英國的雇傭制度，眞個是「家族制度」呀。從這個情形，便生出重大的過失。家庭之管理不良，飯飧弄得很忙速，而且不適口，並且做成英國勞動階級嗜酒的習慣。關於後層，是十九世紀的社會學者所常常指摘，並且悲歎的，家族之規律，漸漸失墜了，古代英國父母責任的成訓及對於兒童道德及宗教的訓練，差不多完全忘記了。兒童呢，自幼就到織造廠去管理機械，長大時就成爲愚人，而且不懂道德爲何物。十九世紀前二十年，英國才覺悟這種情景，會生出可怕的社會罪惡，於是施行工廠法，以補救英國童工之弊害。但是在這個改造開始之前幾年，社會主義者羅伯奧文，已在蘇格蘭的新拉拿爾克(New Lanark)的工廠實行這種改造了。

（乙）美國——在美國工廠制度的初期，工廠中已婚婦女比較的少。在勞倫斯地方紗廠作工的婦女千人中只有三十人是已婚的或寡婦。同時在魯厄爾地方工廠的女工，差不多完全是十六歲至二十歲的女子。(註一〇)這些女子，很多尚未結婚。但至一八五〇年以後，外國工人開始侵入美國的工廠，這個情形就改變了。一九〇〇年調查的報告，表明全國紗廠已結婚的婦女如下：(註一一)

已婚者	一九、六八八
寡婦	五、三八一
離婚者	四八五
總計	二五、五五四
獨身者及未知者	九二、〇四九
兩種合計	一二〇、六〇三

這個算式，表明女工差不多有百分之二十七是已婚的婦人或寡婦，或離婚的婦人，而百分之二十是已嫁的。換句話說：一九〇〇年美國服務於紗廠的婦女，有五分之一是

應當治家者，但她們卻要整天離家，而且這個只代表已婚婦人所投身的很多工業中之一罷了。由此可知那個時候的婦女差不多完全放棄治家的職務了。

我們已經知道工廠制度開始設立於美國時，童工已是很普通的了。大部分有思想的美國公民，都贊成此事；他們和清教徒一樣，以為工作是逸樂的仇敵，而且是撒但最大的仇敵了。所以在殖民時代初年，有很多殖民地，自維基尼亞至馬薩諸塞，都頒布法律強迫「家主」要督促子女忙碌的任職。

初期貧弱的法律，也規定約束怠惰的兒童學徒，使他們不致「游手好閒，浪擲光陰」市鎮的童兒很幼就學的梳、紡、及紮束等事，只有很少時間去享受兒時的快樂。這種風俗，使童兒很易入工廠作工。在一八二九年有一個英國婦人，在一個美國的訪問者之前，公然呵斥道，「你們的子女，現在工廠一日做十二小時的工，……你們不久就要他們像英國一樣，作工到死方休了。」（註一二）再過幾年馬薩諸塞的立法院的委員，便提出下列的報告：

「據工廠中一個聰明的朋友估計……一八三〇年美國各工廠僱用的女工，不下二十萬，……她們大多數是荏弱的青年……（工業州縣游墮家族加多他們極力替年幼的兒童找尋長久的職業，只要他們取得工資，能略些減輕養家的責任……這是特別有力，以剝奪青年男女的精神上及道德上改善的手段和機會……這種手段和機會，是做成他們……爲良好國民所不可缺少的。」（註一三）

一八七〇年調查的報告，表明童工及使用童工的工業，大大加增。使用青年男女做長時間的機械勞動，自然是現代社會罪惡之一，牠是破壞現代及將來完美家庭生活重要的破壞力。

（註一） DeFoe: A Tour 'Thro' the Whole Island of Great Britain, 4th Edition 1748; Vol. III pp. 137—9. Quoted in part in Robinson and Beard, Development of Modern Europe, 1908, Vol. II, pp. 44—5.

（註二） Ashton, a Century of Ballads……, p. 9.

(註三) 同上，頁六五。

(註四) 這些簡單記載，是從魯濱孫和卑爾特(Beard)合著的近代歐西的發展(The Development of Modern Europe)卷二頁三○——四四中之「工業革命」裏得來的。此外還有很多書記載這件大事。

(註五) Edith Abbott Women in Industry, p. 36.

(註六) 同上書，頁四七。

(註七) 同上，頁五九。

(註八) 同上，頁一二二。

(註九) 吉賓孫英國的工業，(Industry in England)頁三九二。

(註一○) Abbott, op. cit., p. 122.

(註一一) Twelfth United States Census (1900) "Occupations", p. 600.

(註一二) Frances Wright, Lecture on Existing Evils (N. Y. 1829) 亞勃特女士在前書所引。

(註一三) House Document No. 49；亞勃特女士在前書頁三四二——三所引。

第十二章 十九世紀的家族

婦女在經濟上法律上及社會上地位的變遷

英國——十八世紀末十年，法美兩國的政治革命，是德莫克拉西精神的表象，德莫克拉西是了解自然及人權的加速擴張。這個觀念改變了一切民族的文物制度。英國本是觀念與習俗「先型融入先型」的地方，但自牠的最富饒的殖民地喪失之後，公民的權利與機會，便漸漸擴大，沒有暴動。男子的參政權，起先只在美洲新共和國實現，其後在祖國也實現出來了。自由的普通教育的利益，亦推展到一切階級。其後經濟自由的觀望，便令勞動者的想像，發生得更快。結果他們組織工會，他們的目的，始終都是增加工資，縮短勞動時間，及改善勞動階級的生活狀態。這些經濟的變動，和政治一樣，是德莫克拉西精神的結果，但至今還沒有完全收穫哪。

首先得解放的是男子，其後更推廣到女子方面，這是很自然的。一般人仍把男子看到優秀的性——在私人生活，公衆生活上，他是主人，這是自然與教育的貢獻。所以政治的自由教育的利益，及組織團體，以維護經濟的特權等等，都先給男子。但德莫克拉西強烈的思潮，必能和前代一樣，引起女子的向上運動。下列討論的目的，就在乎簡要地追溯那些引起英美婦女要求公道解放的原因。

財產權的擴張——直到一八五七年，英國法律對於已婚婦人財產的縛束還沒有設法去救濟，但這一年竟毅然頒布一種法令，保護被棄的婦人的財產權。這種法律規定婦人被離棄後，隨時可到官廳領取護照，一經取得護照，她離婚後所有的一切財產，不論是勞動的工金，或人家給她的金錢，或承繼的財產，都受保障，完全屬她，和她是一個獨身的女子，又屬於他人之時一樣。（註一）一八六一年更進一步，頒布第二種法令，保護那些受丈夫毆打的婦人的財產權。（註二）丈夫毆打婦人，一經告發，法律就準她有權向地方官領取護照，解除與丈夫同居的責任，把她放在獨身婦人的地位，並且尊重她的財產。

不過這些法律，顯然只有利於被離棄的或被苛待的婦人。可是英國有思想的人，久已視英國的私法，不必干涉到一切已婚婦人的財產權了。男女兩方都向議會請求修正，於是一八七〇年便公佈已婚婦人財產法，這是適用於一切已婚婦人的大要如下：

(一)已婚婦人的工金，及儲蓄於銀行中的存款都是她個人的絕對財產。

(二)牠一切土地的債銀和利息，都爲牠所有，丈夫只有管理這宗產業的特權。

(三)已婚婦人所得的私有財產，不出二百鎊者，卽歸牠所有。

(四)凡已婚或將嫁的女子。若有二十鎊或以上的存款，放在銀行，可以把這些款項，用自己的名義註册，作爲牠特有的財產。

(五)一切已婚婦人，可以把牠的私蓄，爲她自己或丈夫的生命保險費。(註三)

這種法律，在當時不用說以爲是急激的改革了，但頒佈之後，卻顯出不滿人意來；因爲把已婚婦人不動產的管理權，及一切超出二百磅以上私產的所有權品給丈夫這種規制，顯然不能恆久滿意的。所以一八八二年英國實行最後一步，把女子的財產制限，盡地撤消了。這個在諾曼戰爭時，便開始進行了。一八八二年的已婚婦人財產法，制定結婚的女子，都有在結婚時或結婚後得到的一切財產的絕對所有權，這個包括以技能或勞動得來的工金與財產。於是英國的已婚婦人，便可以享有及處理她的不動產和私產，就如獨身女子那麼自由，而且不受信託人的干涉。她的丈夫對於她的財產，沒有法律上的權利。一八八二年的法律，准婦人拿結婚前的一切財產，以自己的名義，去訂約，或作種種行爲，而毋須徵求丈夫的同意。所以經過幾世紀之後，英國女子在法律上，終於被人承認爲「個人」了。而跟着又得到公平的自由，這就是把古代所傳習的男人對於妻子有（一）結婚前的欠債，（二）她所犯的政治上罪惡的責任兩層解除去。

一八八二年的法律，雖然給已婚婦人以充分的財產權，但仍規定婦人要以她的產業去瞻養貧窮的丈夫。又，要是丈夫不能負責，她便要供養她的兒孫。（註四）

英國已婚婦人財產的限制，在法律條文上，雖然差不多完全消滅，但女子繼承權的法律，到現在還沒有制定。這種根據封建制度的不公平習俗，不用說很容易爲輿論的壓力，及進步的女子的攻擊所屈。但是仍有很多人贊成繼續這種習俗，他們的理由是：若把產業均分，那麽英國廣大的土地，就會一分再分，或由出賣而讓給他人了。這樣一來便會屢次變更物主，而且減弱地主與佃戶的關係了。但這些理由，並不能使二十世紀的學者滿足，就是英國那些較低的中等階級人們，從來誇耀土地的貴族制，以爲這就能夠保留英國小島偌大的產業於一些所有主之手，但是這種人，現在已經不普遍的了。所以佐治（C. L. George）監督便創立強烈的土地制，和遺產制，以弄平英國地主的權利，以公平分配土地於大多數人民。這就是說，英國分家的人日多，而其結果便把一部分家產，分給子女承受。

保護女工的法律——英國議會對於上述的婦女財產自由及提高婦女到法律上獨立的「個人」地位的法規，還覺不滿，所以更進一步，頒布「工廠法，」以保護勞動婦女的健康與幸福，這些規條，不能詳細討論，但可以概括說一句，自一八四二年宣佈不准鑛山使用女工之後，直到現在，巴力門屢屢制定法律，以限制女子勞動時間，並規定工廠的良好境遇，及替婦女取得用膳的相當時間。（註五）最有趣的是一八九一年的法律，有一節規定：「女工在生兒後四週之內，不准工場容許她在那裏作工。」近代政府已漸漸懂得女子勞動者健康之重要，所以常從親道的制裁，反映出這種觀念來；從此可見大家都知道婦女勞動與工業中心的兒童高度死亡率的關係了。但一八九一年的法律雖然極力保護母性與兒童，不過仍要加上一節，禁止工廠主人僱請在分娩前至少兩星期內之女工。有好些經驗告訴我們說，在生產前數星期，不勞動於工廠的婦人，所生的孩子，較之分娩前數天，仍然作工的婦人所生的孩子，活潑堅實得多。（註六）

美洲婦女地位的變遷

財產限制的廢除——北美合衆國的戰爭雖然仍未全勝，但已把已婚婦人在英國普通法上的經濟限制解除了。這是美國比英國占先的。一八○九年康湼狄格州首先開破例，以證明已婚婦人有支配遺產的權利。牠的榜樣，直到一八三五年才有人繼起。那年俄亥俄（Ohio）亦撤消古代已婚婦人沒有遺囑權的限制了。一八四三年阿拉巴瑪（Alabama）一八四八年賓夕法尼亞及一八五○年密執安（Michigan）都效法俄亥俄的規則。但直到一八四四年，還沒有一州允許已婚婦人有財產的絕對所有權，及支配權的。這一年緬因（Maine）州開始給婦女以這種權利。一八四五年及一八四八年，佛羅里達（Florida）及賓夕法尼亞都依法而行。照我所知，密執安在一八五〇年允許已婚婦人定立遺囑。五年之後，該州又撤消其他一切關於女子財產的法律限制。同年（一八五五）馬薩諸塞州頒布同樣的法律，但其他各州則大多數在預備給已婚婦人以支配遺產及進款的權利之後，就不欲再進一步，給她們以無限制的支配一切不動產及私產（包括工金）的權利了，所以紐基尼亞雖然一八四九年就許婦女定立遺囑，但五十年後，終不許她們支配她們的進款。康涅狄格雖在一八〇九年毅然首倡，但直到一八七七年才給已婚婦人以一切財及工金的絕對所有權；而佛羅里達雖然在一八四八年就撤消支配財產的限制，而到一八九一年才許婦人支配自己的工資。

美國向路易買來的幾州，或由美墨戰爭所得來的幾州，仍然保存共有財產的風俗。夫妻在結婚前所有一切不動產，或私產，或由貢獻及繼承的財產，不論是那一個的，都是公有的財產；名義上爲夫妻共享，實在呢，丈夫享有及支配一切公有財產，連妻子的工資，也都在內。只有夫與妻分離，或夫拋離妻，或夫成爲瘋狂的時候，妻才可以享有她勞動的結果。諾易瓦達（Nevada）就是通行這種風俗之一州。那里當「丈夫許妻子拿工錢作她自己花費之時，她才可以支配這些金錢。他們以爲這是丈夫給妻的饋贈。」（註七）這種情形，一定使婦人感着困難，但這常常是實際上的事實。不多時以前，在開明的加利福尼亞州，有一個婦人，很多年自食其力，她的怠惰的丈夫，則在咖啡館作工，而法庭拒絕她享有及掌管她的財產，因爲這都是公有財產，必要歸丈夫支配的。這樣一來，這婦人只有兩條路走：第一是勉強繼續把工資交給丈夫，聽他給予吝嗇的贍養費；第二是和他分離而已。

這樣看來，美國歸人的經濟解放，仍是不徹底的。在北卡羅林納，田納西（Tennessee）及得克薩斯（Texas）三州之中，一個已婚婦人，雖在現在，仍要受丈夫支配不動產及私產的全部或一部，正如工資一樣。照一九一一年三月十三的法律，得克薩斯的已婚婦人

「於經商的目的可以請求法庭撤消她的制限並且宣佈她是獨立的人丈夫應該表其同意而且一同去請願，法庭可以准他們要求而請求者可以以自己的名義立約，或與人立約，請求或被請求。……」（註八）田納西在一兩年前妻的私財，要交給丈夫絕對支配，他可以以遺囑定奪牠。他要是死後沒有遺囑，一部分仍與他的產業，和別的私產一樣分配。（註九）

這種法規，自然退歸到中古時代的景象，這就是財產都集中於家長之手。那時候「家產」這個名詞，眞是名稱其實了。但個人主義若進步，（那是設法把一切人類從極不公平的限制，及個人充分自由發展的妨礙中，解放出來的運動）這些限制，便應該一一除去，各省都要根據個人主義，而再不以父權爲基礎。這種趨勢，已經在猛烈的進行之中。因爲現在只有幾州仍然限制着婦人支配財產及訂約權的了。

英國女子教育機會的推廣

十九世紀初十年，英人對於婦女的境遇，已漸移默化了。女子久爲男子的奴僕和從屬現在卻被經濟壓力所迫，投身於勞動界了。貧窮的婦女，投身工廠;其後中等階級的婦女,又被迫着去從事教育職業,這是唯一的。視爲不能降低高尚女子的職業。經濟的獨立,重復減弱女子對於丈夫或親屬的倚賴心,所以有很多女子,便發展出強健的個性。不久,馬麗武爾斯噸加勒汰特復宣言女子也是一個人,心靈和性質,都需要廣博完備的訓練。很多青年女子,都要求增進知識的機會,及爲自己打算的權利。可是一八三一年英國還發現一本壞書,其壞處比之十八世紀的產物還甚。牠和古代著述一樣,誇張女性莊重儀態的特質,及一切女子的柔弱性。著者說,「安慰異性的感情,沒有及得到女子要求男子之指導和供養了。」(註一〇)這種態度和呼聲,四處傳佈。布蘭特(Charlotte Brontë)在一八四九年極其誠懇的說,「相信我罷,固然做教師的許要作苦工,薪金廉,而且被人蔑視,但伏處家中無所事事的女子,較之學校中喫力最多,入息最少的奴僕,還要難受啊!當我看見一切貧富人家的女子,坐待吉期之時,我心就極憐憫她們。」撒麥味爾(Mary Somerville),馬鐵奴(Harriet Martineau),愛略脫(George Eliot)及布蘭特等人的理智功業,對於這世紀熱心盡力改善女子教育機會的婦女,很多貢獻。這些新運動的領袖，深悉開放女性的心明，和改善她們社會的及經濟的地位，是有密切關係的，所以她們努力使女子得到更爲完備的教育。

開放女子的更高深更着實的教育之門第一個重要的步驟，便是在倫敦皇后學院(Queen's College)設立那一年(一八四八)這所大學的淵源是一八四三年所設立的Governesses' Benevolent Institution這個證明英國女子的高級教育是由於有訓練的女政治家的要求生出來的。這間大學開幕時，摩里斯教授(他是King's College的一個教授在他的)就職演說中說出青年女子受理智教育的危險(註一一)這是英國男子一般的見解，可是這種懷疑的怯懦，不能阻止一八四九年黎德(Reid)夫人爲女子設立裴德福(Bedford)及一八四五年的拆爾騰安女子大學(Cheltenham Ladies' College)。在美國人看來這些學校，不能算做大學，只不過是模仿男子的「普通學校」的女學校能了，拆爾騰安女子大學的第一次報告，竟有女性的禮文，應要保全的話(註一三)一八五八年畢爾(Dorothea Beale)女士被委爲該校校長，成績乃大著，到她死時(一九〇六年）已有一千個女子受「大學」的教育了，且有很多已升入聖喜爾達學院(St. Hilda's Hall) 念大學的課程了。聖喜爾達學院也是卑爾女士所創，與牛津有聯結的。

一八六二年劍橋大學准本校教授考驗他們所選擇的女子，這事對於女子教育大有進步。這種特許在一八六五年更加實際因爲那一年劍橋竟許女生與男生受同樣的試驗。一八六九年大衞斯(Miss Emily Davies)女士在劍橋首創女子大學，過了三年之後，這校便成爲革呑大學 (Girton College)。一八七三年女子高等教育協會在劍橋附近的一所私宅開始進行牠的偉大事業。從這個小的發端，遂生出紐喃學院(Newnham Hall) 來，其後又成爲紐喃大學(Newnham College)。這間學校是青年女子預備考入劍橋大學補習學校。自此以後，英國女子取得大學教育的機會，遂大大的增加。一八七八年倫敦大學把各級考驗都開放給女子。過了一年之後，散麥味爾學院及馬加勒女子學院(Lady Margaret Hall) 相繼成立，兩校都與牛津聯絡，曼徹斯特北明翰及布里斯乇等新大學，都給女子以入校權，並且准她們領受學位。蘇格蘭也在一八九二年給女子開放了四間主要的大學，這就是愛丁堡格拉斯哥（Glasgow）聖安德魯（St. Andrew），和阿伯典（Aberdeen）兩三二大學及杜伯林大學也照辦了。現在英國女子取得高深完備的教育，發展的訓練，及獨特思想的機會，與男子無異。但雖然常常得到光榮的勝利，且顯出淵博的學問，仍作絕授與女子以所想望的學位，牠們拒絕的理由，只不過說她們是女子罷了。

英國女子高級教育，對於她們的天才及個性之發展，是不可忽視的。這個大部分由於女子的智力，及持續的努力，更加上各種開明的英國男子團體的幫忙，英國的社會法，便把女子在家庭，乃至世界上的地位，大加改良。一八七八年的婚姻法規，一八八六年的嬰孩保護法：所有這些，都是英國有教育的女子，接二連三的請願於國會的直接與間接的效果；我們可以老實說，英國婦女在法律上、家庭上、社會上、及經濟上地位的提高，是和她們的心理及性格的訓練，相輔而行的。

美國女子教育的提高

美國也和英國一樣，改善婦女——尤其是已婚婦人——的地位，是和她們的高級教育共進的。我們已經知道，殖民時代女子的教育並不像家庭職務那麼樣受嚴密的考慮。卽在一七八八年諾坦普吞（Northampton）及馬薩諸塞州（卽今之斯密斯大學所在地）仍否決女子的教育費，波斯頓——新英格蘭文明的發源地，在一七九〇年只許女子在夏季入公學念書，直到一八八二年，波斯頓的女子，才准自由的入公學。（註一三）

可是革命戰爭之後，輿論對於女子的教育，已開始改變了。現在不止許女子入縣立的夏令館讀書，而且有很多市鎭准女子在男子下課，入冬季學校念書了。但這樣的女子教育，是很膚淺的，內容只是讀、寫、拼字、縫紉、打結及製作費力的標本罷了。至於高等教育，是很多青年女子所受不到的。有的入公立小學，但那裏教師的教育已是不完備的，所以她們所得的教育，其更不完不備可知。一八一九年尉勒德夫人（Mrs. Emma Willard）誠懇的向紐約的立法部條陳，力言設立「女學校」之必要。她力言女子必需及品格的訓練，對於全社會是極有利益的。她說，「我且舉一人並非誘長女子在社會上的勢力之例，我們女子只想及爲母親的只有一種簡單關係而已。殊不知我們是個人全體的支配者，我們所支配的是組織將來世代的青年人，他們脆弱的心靈，及其動作，都大受成人指導的。你想這種支配的能力多麽重大！可是我們女子知道怎樣運用及改善這種能力的，卻是很少。」

最初的女學校及女神學院之成立，是由於一個小的熱心婦女團體的努力，這個團體，以俾拆（Catherine Beecher），尉勒德，及來温（Mary Lyon）等爲最有力的領袖。這些女學之中最進步的是和略克（Mt. Holyoke）神學院，牠之設立在一八三七年；牠是來温在馬薩諸塞州的光榮鬥爭的結果。南北戰爭之後，繼起的有一八六一年立案的發塞大學（Vassar）一八七〇年立案的衛爾絲力（Wellesley）（到一八七二年，牠才能發給學位）一八七一年立案的斯密斯大學及一八八〇年立案的布麟馬（Pryn Mawr）。那時候西方中部的著名男大學，亦開放歡迎女子了。一八三三年奧格林（Oberlin）准女子入校，自初級讀起，密執安大學亦在一八七〇年取法於牠了。自那個時候起，美國的一切高等教育機關，都准女子入學，及取得學位，或是設立女子大學，和各大學相聯絡。屬於前者的，如上所述，而屬於後者的，如巴那德大學(Barnard College)之與哥倫比亞大學，及拉得克里夫大學（Radcliffe College）之與哈佛等是。

感謝這種教育權利的大發展，及伴隨而起的各種法典上、經濟上、及法律的限制之撤消。美國女子的智力、精力及人格，都發達起來，她們不復受嚴格的限制，固着於家庭、教育、及隣居了；卻是完全參加社會改良運動，創設城市兒童公共游樂場，改善工廠及陋巷的衛生情形了。年代愈近，婦女愈多懂得把她們自己的興味，並不專限於自己的家庭，而且要推廣到全社會去。倘若取得美滿的家庭生活，及爲各種男子造成良好的家庭環境等事業是不錯的，則她們應該更加注意及接受美國女子智力的協作了。婦女參政權推廣的結果，婦女對於社會法律的勢力，亦大大加增。

國家對於父母的權利和特權的干涉

英國

英國前七十五年的社會政策中，最可注意的，是國會制定的直接關於父親支配及監督子女的一大卷法律。一八三九年以前，英國政府對於父母的絕對權威，很少疑問，只在兩種特別情形之下，親權才受限制：（一）佐治二世在位時，頒佈一種法令，禁止父母以不良的方法對待犯罪的或游惰的子女。這條法令規定父母要把有罪的兒子，交給有體面的人去學習手藝（二）同時又更進一步，限制那些不妥當的父母的管理權。這法律規定享有財產的孩子，當受大理寺法庭（Court of Chancery）的管轄。法庭可以從極不妥當的父母處奪過來指定某人去管理他。由是我們便知道法律對於父母的權利，及那些不能撫養子女者的干涉，這樣的例子多着呢。（註一四）

十九世紀中葉之前，一般人的意見都以爲父的監督權，並不是不可侵犯的；這種改變，由此在英國法規上反映出來。一八三九年的法律，矯正從前關於未成年的孩子的管理權的法律。這種法律規定子女若完全受治於父親，或他所指派的保護人之下，則公正的判官要收受他們母親的請求，下令准母親在特定的時間，探望她的子女。要是女子達到七歲她們就可以交回母親監管但牠明白說明：犯姦通罪的母親，卻不能享用這種法律。（註一五）這種法規，雖然給母親以很少特權，但至少可以使那些與丈夫分離的婦人，可以在特定的時間，去探望他們的子女，而只當子女達到七歲的時候，她竟能領回她們團敍，這可算是很大的母權了。

第二年（一八四〇年）再頒佈一條法律，准法庭有權提取犯罪者的子女——不論有沒有財產——出於父母的支配權及管理權，由法庭選擇相當的管理人去保護他。（註一六）

在一八四五年及一八七三年之間，議會更注意到私生子的照管及瞻養。牠強迫假父供給她的子女。這種法律，概括說來，便包括下列的條文：

（一）私生子的母親，有取得管理的優先權，父親要負責供養她，到兒子長成十六歲爲止。若是女孩則以出嫁時爲止。

（二）倘若母親無力供養子女，他可以在孩子出世之前，或出世後一年內，請求治安判事指出一個人，擔負這個孩子的父親的名義。判事召集各造，而且考慮兩親的問題。倘若母親能在法庭提出眞確的證據，則可以判定這個人是眞實的父親，並且命他每週供給這婦人以贍養費若干。等到這孩子死時，或到十三歲，或十六歲爲止，悉如法庭所判決。（註一七）

一八八六年以前，議會除了上述的特別法規之外，沒有替婦人取得監管子女的權利，但這一年通過嬰兒管護法，給母親以看管子女的權利，和父親所指派的保護人的權利相等。法庭指派保護人，須徵求她的意見，正如父親一般。倘若父親死了，或失了爲父的資格，母親可以指派管理人，在她死時，亦能爲她的子女指派一個人，與丈夫合作。（註一八）

末了，當工廠法及教育法繼出之際，英國政府更進而減縮古代父母所具有的權力，不許他們利用子女，以增進家族的入息。這種法律，自一八一九年起，行了很久；意思是想替幼年男女取得適當的工作，限制作工的時間，及強迫父母送子女入學，至少到十三歲爲止。

美國

限制父母管治子女權力的趨勢在十九世紀的美國亦開始進行了。美國各州除了南部幾州之外，都制定法律，強迫父母送子女入學，及離去工廠與商店，直到他們達到十四歲。但是乖戾的或貧富的父母，仍殘忍要用幼年的子女，這是由於各州都可以按照自己的利益，獨自治理所致。大多數省分都規定法庭政府，可以從殘暴或不負責任的父母手中把他們的子女奪過來，並且可以指派管理人，或送他們入兒童機關，使他們得到特殊的照料和教育。有十六州不許十四歲以下的孩子一天做八小時的工作，不論他家怎樣窮困。這種親權的剝奪，不是五十年前所能夢想得到的，但是國家干涉幼童行爲的趨勢，在最近數年間，還在猛烈的進行着呢。

美國母親管治權的承認——英國可以用一種通行於全國的劃一的法律，去除很多社會的困難，或法外的糾紛，美國卻不然，各州都能夠以自己的管治權，制定自己的法律。所以在我們自由結合的大多數省分中生育兒女的母親，沒有管治子女的權利，除非她和丈夫分離，或在丈夫死後。南方有十五州（實則實在的南邦）含糊地宜佈父親爲子女的「自然管理人」而只有在父親死後，母親才是管理人。南方又有九州，即阿拉巴瑪，佛羅里達，佐治亞，馬里蘭，南北卡羅林納，田納西，維基尼亞，及西維基尼亞，規定父親可以不待母親的同意，依法放棄子女的管理權。而卡羅林納西維基尼亞兩州則父親竟可以放棄未成年子女的管理權。

但在法典上保留着中世紀法律的，還不止南部各州，即西部也有十三州（即加州，印地安，愛達和（Idaho），密執安，蒙大拿（Montana）諾易瓦達，南北達科他（North and South Dakota），俄亥俄，俄克拉何馬（Oklahoma）猶太（Utah）威斯康星（Wisconsin）歪俄明（Wyoming）等一共十三州）把父親看作子女的自然的管理人，只在丈夫死後，或被拋棄時，才納婦人以管理權。東部四州，即：威爾滿，羅德島，德拉瓦，與及新澤

稷也是一樣。(註一九)

十九世紀的離婚法

英國

十六世紀的英國改造家，關於離婚的思想，不用說比之羅馬的宗教法，自由得多。(註二〇)可是詩人密爾敦(Milton)雖然極力說明離婚須有多量的自由，而英國仍主張——稍有變更——離婚須經宗教法的裁可。直到十九世紀，豪厄德說，「英國對於社會問題的思想確然仍受神學觀念的支配，直到現代，離婚法仍無變更。可是確已有改造的呼聲了。婚約的嚴肅，似乎已產生自然的結果，不道德發生很多，已婚婦人的命運，比之改造前，還要難過。」(註二一)這個情景，似乎是描寫這個法律及宗教之衝突，因爲有些人主張只有宗教法庭，才有給予離婚權，而有民事法庭，當這個問題與粧奩有關，就承認男女之離婚，於是兩者之衝突遂起。十七世末時，有些有能力的男人，以議會的特別法律，解除他們的婚約，休棄其妻。但這種解除法，只限於有權有勢的階級，並且必須搜出可靠的證據，證明妻子的不忠實，方才得到許可。一七九八年上議院更限制這種特權，要求所有這些離婚狀「都要由宗教法庭說出分離……的話……。」(註二二)於是宗教法庭，便更加得勢，牠對於有惡意的拋棄，毅然拒絕，除非繼之以苛待。所以議會所發的離婚特許狀，是很少的。也許在議會管理離婚的一百五十年間，所給予的只不過二百件而已。而在這些之中，又只有三四件是給予婦人的，因為雖然她們能證實對手的罪惡，但離婚狀是不輕易給與的。(註二三)

但到十九世紀中葉，連保守的英國人，也不再堅持婚姻是不可分的，反而贊成更自由的法律了。一八五七年，雖然教會方面，極力反對，而婚姻案件的裁判權，從宗教法庭完全移歸到一個新機關，婚姻與離異法庭了。但不幸到一八五七年的婚姻法關於離婚一層，仍保留以前的法律上及事實上不平等的權利。妻子姦通，給丈夫以絕對的離婚權；若丈夫姦通，必要加以虐待或二年以上之無情拋棄，法律才准婦人絕對離婚。還有一層，受損害的男子，可以和聲請離婚者，這就是他的妻，聯合起來，要求懲罰姦夫；而被害的婦人，卻沒有這種特權。那時對於不道德的丈夫的懲罰只是「由法庭執行，使他們的子女及妻的生活得到益處而已。」（註二四）但當時極力攻擊這種對於婦人爲不公平的待遇的法律的人，已經不少而以葛拉德斯吞（Gladstone）爲最利害。律師公會中，介紹這條法律的人說，倘若他各種把事情「擱過一邊，而單以結婚及離婚法的全體爲研究對象，我可做限制討論範圍最末的人，而且我可以拒絕對於女子不公道而極無理由的法律之研究，這些法律可以說是醜惡而且殘暴的……」（註二五）然而律師公會也只以下列的說法，去扶助他的意見：「現行的法律，不一定是該種問題的終極法規」然而用一八五七年的法律，以決定英國的離婚案件的究行了五十八年。其後仍繼續下去。法律規定離婚的判詞，永遠爲Nise；要過了六個月之後，才成爲絕對的。離婚的每一方，都可以再婚，但爲緩和英國教會的僧侶起見，法律規定英國及愛爾蘭的教會聯合中，沒有一個僧侶能與離婚的人結婚，雖然他不能依法禁止這教會的僧侶，拿教堂作結婚之用。再婚在民律上是合法的，但在英國的宗教法上，是不合法的。這種法規，引起權力上的大衝突。三年前，倫敦主教仍禁止他的大法官，因爲他未得主教的同意，而發給結婚證書。然而大法官實有法律上的權利，不待上官許可，可以自由發給這種證書。設使教會有一個僧侶，拒絕再娶離婚的人，因此而纏訟於法庭，法庭一定責罰這個僧正，不守本國的法律。可是這種衝突，繼續下去，則雙方都有法律上的根據。

一八五七年的法律，更規定說：若因姦通、苛待、或兩年的拋棄，夫妻兩造，都可以依法分離，取得離婚狀之後，妻就享有獨身女子所有的權利，可以支配她的財產，及與人訂約。

末了，還有一種法律，規定締結婚姻關係的第三種方法，那就是官吏的分離。被男子拋棄的婦人，可以到法庭取一張護照，保護她的財產及入息，不致被丈夫或債權人奪去。這種護照，不須到倫敦的離婚法庭去取，只在地方官處便行。在一八七〇年及一八八二年間，更頒定法律，解放婦人的入息及財產，牠可以不受丈夫的支配。這種法律，在未公佈之先，已對於被拋棄的婦人，有極大的利益了。

我們已經知道，一八五七年的法律，雖然限於姦通、虐待、或拋棄，方取得法庭的離婚，而且保護被拋棄的，或被虐待的婦人，不致受貪戾的丈夫所害。但仍限定姦通爲絕對離婚唯一的原因。想取得絕對離婚，唯一的方法，要在倫敦的最高法庭，花一筆錢，所以貧窮人，完全得不到益處，而法律也是不公允的。一九〇九年愛德華七世委任一班委員，專考察全國的離婚問題，經過三年謹愼的硏究及攷驗過二百四十六個證人之後，這個委員會，便刊佈兩種報告。第一種報告是由委員長戈列爾爵士（Lord Gorell），及全體委員——有三個除外署名的。其要點如下：（一）凡有下述六個原因的，可以給予絕對的離婚，即，（甲）姦通，（乙）三年以上的拋棄，（丙）虐待，（丁）患不治的惡疾五年，（戊）在第三次分離狀之後三年，仍有酗酒的習慣，（己）無期徒刑。（二）夫與妻的進款，一共不過三百磅，而財產不過二百五十鎊的，可以到法庭請求離婚。（三）在下列的情形，法庭當有權宣佈婚姻無效或作廢。（甲）心靈衰弱，（乙）瘋疾及循環的疾病，（丙）特殊的疾症，（丁）女子以婚姻來欺騙男子，（戊）有意拒絕履行婚姻的責任。（四）這個委員會更提議道：（甲）在離婚案未判決之前，離婚的佈告不可刊布，（乙）法官審判離婚案，不須有陪審云。

這種急激的變更，及大部分委員極誠懇的贊成使男女取得離婚的權利平等，這兩點，都是很可欽敬的。關於此點，報告書上說：「女子在社會上及經濟上的地位在前一百年及五十年，已大大的改變了……照我們的意見，除了創造公義，以排除婦女的不良印象，（就是使女子看輕結婚法的印象）之外，則婚姻關係的不同的道德標準，是決不可以維持的。」（註二六）

第二種報告則由三個委員，（就是上述佈告之三個簽名者）提出，約克的大主教，是其中之一。他們極力反對上述報告的論據是「純粹的經驗，」而以「不類似的目的」爲證的。他們堅持離婚法是應該托根於不可變的原則的磐石之上，不當托根於目前的利益的浮沙之上。這三個委員的提案，可以綜括如下：

（一）兩性須得平等

（二）離婚的原因，絕不當增加。

（三）當設立地方離婚法庭，以利便窮人，但規模不是像第一種報告所主張的那麽大。

（四）以第一種報告所提出的原因，則婚姻當歸於無效了。

（五）離婚報告的刊布，須有限制。

（六）七年失踪，全無音訊的男子，算作已故。

這種少數派之報告，以爲現在不許任何方面藉口苛待，（不管怎樣長久）極端酗酒的習慣，或不可救藥的疾病，要求絕對離婚的法律，是應當繼續的。他們努力說明道：但凡沒有姦通的婚姻關係，若果採用自由離婚的政策，就會啓根據兩方同意，因小故而離婚之漸了。

英國有名的報紙和雜誌，都趨附少數派的布告，這是很奇怪的事。曼徹斯特導報（Manchester Guardian是一間有名的自由報）提出美國婚姻關係寬弛的惡果，爲可怕的先例。他明說：卽使英國要求自由離婚的人，佔大多數，「但決不能採納這個解決法，因爲牠是會對於家族的純潔鞏固生活，施以致命打擊的。……若英國的離婚法，與美國的相似，那麼美國的離婚百分率是四十三，在英格蘭和威爾斯則不知高到如何了。」一實在呢，我們要考察英國新婚低率的家庭生活，是否比美國的更快樂，這似乎是最高的或然：當英國三島離婚嚴格的限制，一經廢弛，離婚事件，便急激的增加，使現在遏抑在平面之下的家族生活，立刻變成不安及愁苦了。

英國的離婚法

前章討論美洲殖民地的離婚法時，已足表明美國的先人——至少是北部的，對於這個問題所持的態度實比之祖國寬大得多了。十九世紀，各州對於離婚的一般趨向，都想增加解除婚約的原因。馬薩諸塞州在一七八六年的法律，只承認兩個離婚的理由：——姦通，和無力。而現在牠已承認七個理由了。一八四八年維基尼亞只有因姦通才得絕對離婚的許可，現在牠的法典上已注入八個原因了。一七九五年西北各州（北中部各州都效法牠）只承認三個離婚的理由，現在俄亥俄州則承認十個理由，印第安那州則承認七個，伊利諾斯州則為九個，（註二七）而且合衆國各州相繼把離婚案的裁判權，從法律團體，移交到法庭去。北部倡於前，南部很久才繼起。新英格蘭之移交，在革命之後不久，而康湼狄革州則在殖民時代初期，法庭已有完全的裁判權了。南部各州的進行，卻慢得多。差不多在革命後五十年，維基維尼馬里蘭才給法庭以一部分的審判權。雖然馬里蘭州在一八四二年，維基尼亞州在一八二七年都給法庭以裁判權，但牠們的議會，到一八五一年，仍有權審判離婚案件。(註二八)

十九世紀來了，各州便開始考察離婚所含的各個問題：(一)許離婚夫婦再婚呢，還是禁止有罪者再婚呢？(二)州政府應該制定什麼法規，給予離婚，及用什麼命令，禁止祕密離婚呢？(三)對於：(甲)休妻的養口糧(乙)財產的支配，(丙)離婚後子女的監管，這三事，應制定什麼法規呢？關於這些重要事情的結論，現在只能簡括的說一說。關於離婚夫婦的再婚，各省的法律，大有分別。新英格蘭大都許人再婚，但馬薩諸塞州與及威爾滿州卻要有罪者過三年後才得再婚。紐約州就網相反，離婚只限於姦通，犯罪者當對手在生時，不能再婚。但其他各州普通都承認結婚是合法的，所有南部各州，離婚後的再婚，則加以嚴格的限制。直到十九世紀中葉以後，仍極嚴限制離婚後的再婚。其後這些法律也加以修正。田納西州，西維基尼亞州，密蘇里州（Missoure）得克薩斯州，新墨西哥州（New Mexico），及亞利桑那州（Arizona）等，都把這些限制撤消了。（註二九）路易斯安那的法律，和古希百來的法律極相似，要是離婚是由於姦通，犯罪者就不能與他或她的情人結婚。而西部各州，普通都容許再婚，只有某種限制。堪薩斯州禁止犯罪者在五年內再婚。加州及科羅拉多州則禁止任何方面在一年內再婚。

大概言之，美國各州都有規定在結婚前後要在該州居住一個時期，這個時期之長短各有不同。（註三〇）若聲請結婚者不是該州的居民，則諾易瓦達州要六個月而至馬薩諸塞州卻要五年，方能再婚。因此之故諾易瓦達州得到一個不好的名，因為牠要求原告人住居的時期太短，離婚也很容易；而馬薩諸塞州則拒絕那些顯然為離婚目的而移居到此的人之離婚。這樣看來，全美國的離婚法是極不一致的。各州只顧全自己的公益，不理鄰州，但各州的法律，差不多卻明認未定的離婚只宜給於原告人。

關於休妻口糧，財產分配，及兒童監護等問題，各州的法律，更不一致。普通都規定丈夫在離婚未決定之時，要供養婦人及未成年的兒童，但倘若婦人是原告人，並且有充足的理由，法庭就有權拿丈夫一部分私產及不動產給她，並且以爲這是公道的。而且若果她勝訴，她就立刻得回她自己的私產及不動產。反之，她就不能享受粧奩。除了幾州，如密蘇里等的婦人，若得到離婚，便立刻立於寡婦的地位了。而在新英格蘭倘若離婚的理由是丈夫的不對，因而判決苦工，或丈夫在未判案前死去，妻便無條件的得回粧奩。全美國的離婚法庭，都有權利令作樣照管及教育離婚夫婦未成年的兒女。大多數都規定：若母親是無罪的，兒女就歸她，並准父親每年在定期去看視他們。但要是因爲離婚，只因爲不適於配合，或別種不致牽及道德之墮落的，則兒女普通是由兩親均分照管。(註三二)

這樣看來，離婚事件，初爲長時間的宗教所規定，其次則繼以極端之個人自由，現在呢，則在大多數文明國中，都以離婚爲國家的事，要受法律的支配。普通以爲處理婚事關係所發生的糾紛，不是個人，也是國家的特權了。

(註三二) Chitty: Statutes at Large, VIII, pp. 855—69; 20 and 21 Vict., C. 85.

（註二）不過我們要記憶，在一六七四年最高法官海爾氏（Chief Justice Hale）已經有意限制夫權的專制了。他以爲其夫對於其妻不加以刑罰。

（註三）33 and 34 Vict., c. 93; chitty's Statutes, VIII, 709—12.

（註四）45 and 46 Vict, c. 76; see chittys Statutes, VIII, pp. 713 ff.

（註五）Hutchin 和 Harrison 所著 A History of Factory Legislation (London. 1911) 之上，對於這些法律都有詳細的討論，尤其是第三，四，六，十各章。Gibbins 在 Industry in England. 頁三九一——四〇六，亦有所論列。

（註六）參看維也納大學 Sigismund Peller 的博士論文。其實驗所得的結論，則載在一九一四年一月，十七的 Survey（美國出版之雜誌）中。

（註七）威爾遜，美國婦女在法律上政治上的地位，頁二一八。

（註八）威爾遜，上書，頁二九八。作者以上所述，大部分得力於這本有價值的名著。

（註九）著者曾取 Tennessee 及 Texas 兩省法律的近刻本爲參證，但可惜未見其新律。

（註一〇）Mrs. John Sandford, Woman; In her Social and Domestic Character (1831).

（註一一）見孟祿的教育百科全書，卷五，頁八〇一，伊利沙白亞當士的婦女的高級教育。

（註一二）Blaese, The Emancipation of Englishwomen, p. 108.

（註一三）Johnson: Old-time Schools and Schoolbooks, p. 139.

（註一四）Cleveland, Woman under the English Law, pp. 200. 211.

（註一五）2 and 3 of Victoria, c. 54; summarized in Cleveland, op. cit, p. 270.

（註一六）Ibid., pp. 270—1.

（註一七）Ibid., pp. 295—6.

（註一八）49 and 50 Victoria, C. 29.

（註一九）威爾遜，前書各省之法律。

（註二〇）參看豪厄德婚姻制度史，卷二頁七三——九二。

（註二一）同上，卷二頁九二。

（註二二）同上，頁一〇四。

（註二三）同上，頁一〇六。

（註二四）Statutes at Large, XCVII, 537; 20 and 21 Victoriac, 85.

（註二五）豪厄德婚姻制度史，頁一一一。

（註二六）Digest of Commission's Report in Magazine Section of "New York Times", Sunday, Nov. 24, 1912.

（註二七）豪厄德，前書，卷三，頁五，十二四——二〇。

（註二八）同上，頁三一。

（註二九）同上，頁八二。

（註三〇）威爾遜，前書，頁一七四。

（註三一）豪厄德，婚姻制度史，卷三，頁二八——三〇，九〇——六，一〇〇，

第十三章 家族的現狀

現代家族不適於社會的證據

家族的動搖——最足以引起家族史研究者注意之事實，大概是二十世紀家族動搖的表徵了。在束縛最牢結合最堅的古代羅馬家族組織，或中古時代條頓族的組織中，已發出一種弛緩的家族組織，使各分子獨立，成爲個人，發展及尊重他的人格的呼聲。現在的家長——至少英美——沒有一個能掌握在他治下各分子的不動產及私有財產了。在法律上他已不能代表他的妻子，替他們繳納犯罪的罰款了。父親已不復爲家庭宗教的首領，在那些維持家庭統一及財產的家神之前，他不再貢獻祈禱及祭祀了。以單一的意志，強令族中各分子無條件的服從，若不順從，就以國家所給予的威權，施行物質的壓力，這些事實，現在已是很稀罕的了。反之，現代的家族，當常呈現一羣意志不相和合的現象，家族是一個極端個性化的個體的聯合。各個分子都以或多或少的努力取得他的權利，及維持他的特權。現在家族的統一，（現代很多家庭使這個統一成為力和美）愈發成為互相戀愛及互相顧及的精神的單元，以公衆利益為公衆目的而不是集中一切權力於一個首領的單元。個人主義的精神，對於推倒這個省領制，顯然有一部分功勞；但是人道主義的成就，雖然是很大的，但也不是全無損失。二十世紀的家庭，顯然是不鞏固的。從有些例子看來，似乎要供牠的分子以很多的獨立生活費，所以牠的存在，是在變動及不完全的形式之中。

現代的社會著作，對於近代家族組織的動搖，很有研究；他們且預言家族——至少是現在式的，必歸於消滅。有人說，一夫一妻婚姻已宣布死刑了。因為她完全以經濟為基礎，卽根據男子依法接受財產的欲望而生，以延續宗祧及繼承田地。經濟及法律的約束，曾把一夫一妻的家族，成為強固的統一，現在卻都消滅了。從此可知寬大而暫時的結合，大有取而代之之勢。有很多著作家，從這一點及某種家庭生活的狀態，證實這個說法。他們令人注意離婚的盛行，家庭離散的勢力：凡上所述，以下都得加以精密的研究。

離婚問題——除了日本之外，美國在一切文明國中每年從法庭取得離婚的數目，佔世界的第一位。一八八五年美國的離婚數，較之一切基督教國還要多。其算式如下：美國二三、四七二；歐美基督教國二〇、一三一。（註一）前幾十年，美國的離婚增加得很快，這實在是驚心觸目的事。舉一個例，自一八九〇至一九〇〇這十年內，離婚的數目，超出前十年百分之六六・六的人口而增加，只是百分之二〇・七。自一八八七至一九〇六年，本土人平均每一五・六組結婚中，有一組分離；但在一〇一及八二七件離婚案中，法庭就不能安置婚姻的地位了。倘若這都是本土人的婚姻，離婚與結婚之比，就升高到一：一三・九。（註二）在一九〇〇到一九一〇這十年間，美國戶口部報告說，離婚的數目，飛躍突進的增加，所以在一九〇〇年十五歲或以上的男子，離婚的數目是八四、二三〇，而女子的數目是一一四、六四七。到一九一〇年，十五歲以上之離婚的男子是一五六、一六二，加多百分之八五；女子的離婚數卻驟增至一八五〇六八，增加百分之六一。（註三）還有一層是應該明瞭的：戶口部最近離婚人數的佈告，關於離婚後還活着的人之所以少，是因爲這些人不久就再婚，而亦有些終於獨身或爲寡婦。

一八六七——一九〇六年離婚案有百分之六六·六，或三分之二，是妻爲原告。最主要，最普通的原因，是拋棄、姦通、及虐待。自一九〇二至一九〇六這四年內，離婚原因的百分法如下：

原因	百分比
拋棄	三八·五
姦通	一五·三
虐待	二三·五

由此可見這四年內離婚的原因，有百分之五三·八是打破婚姻關係的罪惡。（拋棄和姦通）（註四）因姦通而離婚的數目之所以少，不用說是由於兩方的關係，尤其是婦人；他們自然以爲家醜不可外揚，因而代以別的可以離婚的原因罷了。

威爾哥克斯（Willcox）教授極小心的研究美國的離婚，他證明自一八六七至一八八六這二十年內，離婚有百分之六十以上是因爲姦通與拋棄，而百分之九十七以上，是由於重大的原因，包括除了上述兩個原因之外，如虐待常常酗酒、丈夫忽略養家、及因犯罪而入獄等。（註五）

看這些以戶口部謹慎報告爲根據的算式，就可見美國離婚增加的狀況了。我們旣不能否認這些事實，也不能不理會這些事實，不過我們卻可以用別的方法，好好的解釋及研究這些社會情形。

離棄家庭——離棄家庭之多，也是現代家族生活動搖的一個表象。社會的貧窮人及各大城市的慈善團體所收容的孤苦人，有百分之五至百分之十是被丈夫拋棄的妻和子。我們已經知道拋棄妻室是美國離婚最普通的原因，關於這個社會問題，勃蘭德女士曾在紐約慈善協會出版的一本書，發表一篇有價値的論文，裏面說：

「這種現象——男子拋棄妻兒，數年來已經慈善社會的注意了。此種現象現在還是在不絕的增加呢。」（註六）這個說法，是根據華盛頓慈善協會的記錄而說的。一八九六年，二一六四個家族中只有五十六個——卽百分之二·六被男子離棄；但到一九〇四年卻有三八九八個家族要求慈善會的幫助，其中有二六六個或差不多百分之七是被拋棄的。（註七）拋棄之所以日增，其主要的原因，勃蘭德女士相信一部分是由於「美國人生活的不安定，且常有貧乏人或整個貧乏的家庭，從歐洲輸入，及由本國較老的部分，遷徙到較新的部分。……」（註八）有些男子之拋妻棄子，是「時常循環，隨棄隨好的。有些在子女生育之前，或一生下來就撇下他們走了；有些則在劇烈的爭鬧之後，有些在冬季之始，有些在失業之時，或因其妻無理的要求供給家庭。大概說來，常常的離棄，至足以減弱本來約束男子固守家庭之力，卒至於離婚。有許多事情的確是如此的。」（註九）

這個著者研究五百七十四件事實，又參證二十六個慈善機關的報告，才說道：「拋棄的原因，大抵由於工業狀態，青年人對於婚姻的誤解，或彼此不了解性情的差別，尤其是婦人不堪烹飪之苦。最常見的是不負責任，有些誤用愛情的男子，以爲困難來到的時候，大可以只顧自己的安樂，不必顧及妻兒，此所以有拋棄之事實發生。」（註一〇）

美國四十四州之中，有五州規定不供養妻兒（拋棄的結果）是罪惡，反之衣阿華(Iowa)，諾易瓦達，俄勒剛(Oregon)田納西及得克薩斯等五州卻不以爲罪惡。其中諾易瓦達，田納西，得克薩斯三州也沒有民律的規定，如同亞利桑那，愛達和，墾塔啓（Kentucky）蒙大拿，南達科他，華盛頓，及乖俄明各州一樣，只有不供養兒女，才是罪惡，對於妻的唯一補救法，只有離婚而已。有三州則規定拋棄和不供養之律，可以適用於妻和子，如密執安，內布拉斯加（Nebraska）及威斯康星是也；但俄亥俄州的律例，則只限於子女，而不適用於妻。（註一一）

由於工業狀況而解體的家庭——離婚與離棄，並非破壞美國家庭的唯一原因，極端發達的工業制度，也會發生同樣的結果。現代一個社會學者說道：

「我們的工業制度有幾種情形都含有離散家庭的能力，如婦人孺子勞動於工廠，工廠的增加，貧民窟與住屋的昂貴，生活與娛樂的程度日高，及由此所生的結婚年齡的增高等等都是。」（註一二）

現代工業對於家族的影響，不只一方面：第一，青年入息低微，便不敢早婚，他們一想到現代的生活，便不敢冒昧從事了。老年人往往勸誡青年人，受職後非經十年的工作生活，切不可起結婚之念。但是十年之後，男子的習慣已經固定，浪漫的熱情，及建立家庭的念頭，已爲物質的壓力消磨淨盡，於是便再也不想結婚了。

離散家庭的第二種工業狀態，便是我們所說的「季令僱傭制」。如耕作便是頂好的例。田場的勞動者，一年只有九個月的工作，過此之後，他們便流入無業游民的階級裏面了。這種人，大多數在冬天時徘徊於工廠之門，他們無家可歸的，或者他們的家庭幸福，爲社會所剝奪，一年之中，不在家的日子居多。所以農民的家庭，除了富有的地主之外，都是易於解體的。小販，鐵路工人，也是一樣，他們差不多完全不在家內；在這種情形之下立家，便是一個困難的問題。於是臨時的結合，似乎是最好沒有了。（註一三）

復次，新機械的發明，又有些職業在某時期關閉，以及常常震撼全國的工業恐慌，所有這些，都足以搖動新家庭的基礎，或使已經成立的家庭，失了撑持。工廠在某一季歇業，便使數千百男女兒童，無事可做。有很多工業，如建築，油漆，及製鋁管等等便是。美國統計部一九〇五年的工廠報告書明白表出，雖在豐年，仍有關閉的事實發生，一年的作工只有三百十七天。他們調查二一六、二六二間工廠，所得的報告如下：(註一四)

職工人數	百分率	作工時日
一一、四九四	五・三	九〇(或少些)日
二二、〇九一	一〇・二	九一至一八〇日
二七、六六六	一二・八	一九一至二七〇日
六七、四九二	三一・二	二七一至三〇〇日
八七、五二〇	四〇・五	三〇一至三六五日

由此可見上述的工業差不多有百分之六十是不能夠令工人有全年之工作的。而百分之二八・三即四分之一以上則一年只作工二百七十天或者更少些。

關於這種工業情形，紐約州的委員會對於受傭及不受傭的調查（一九一〇年）

說，「在現代的工業生活中，沒有工做，是各地的恆常狀態。」此種狀況，對於工人的家庭，有什麼影響呢？當男子失業時，家庭中的婦人或孩子就不得不出來尋工，以維持家庭。於是男子在公園抱孩子，而婦人及較年長的孩子，卻在工廠裏作工。關於此事，戶口部在婦女作工統計表中報告道：本國的已婚婦人，在一九〇〇年有七六九、四七七，或百分之五・六在工廠作工。據最近在羅德島，賓夕法尼亞，南卡羅林納，及佐治亞各州的考查，則有二百六十四兒童，離開學校去作工，其中有百分之二十八是因爲父母不能維持生活，故不得已要求子女作工，幫補些兒。這些孩子的父親有一百九十二個已經許久沒有工做了。（註一五）

季合僱傭的第二個結果，便是降低工人家庭的生活程度。幾年前Russell Sage Foundation曾小心考察，而得下面的結論：凡有兩個成人，三個孩子，或四個成年人的家庭，每年的進款若少於九百元至一千元，便不能在紐約城生活。紐約的委員會，參考上述的話說，就是在紐約城外的家庭，最低限度也要七百元。一九一〇年這個委員會接到二百一十個工聯的報告說，若工人有恆久的職任，則平均有一千元進款便夠了，但也有百分之四是少於七百元的。「然而職任並非恆久的，所以會員之中，有百分之二十五，平均的進款，降到七百元之下；只有百分之十四，達到一千元之數。」—(註一六)這樣的失業與季令的僱傭，使紐約州委員會斷定；我們所建立的工業，是壓抑個人與家庭的主力。「失業的人，變成貧乏，不可靠，無用，和不可用的人，他們的家庭是不道德的，結果不是貧窮，便是流浪。」—(註一七)

所有這些現象，都足以證明英美自由結合的家庭，都變成傳舍和貧民窟；而拆散這些家庭的結果是很壞的。所以，離婚，離棄家庭，及由現代的工業所生的不良風俗，都足以動搖我們的家庭。

家庭內不和之原因

婦人的經濟獨立　但是家庭的動搖，不完全由於外面的狀況。家族之內，最足以使家人不睦者，是經濟的原因。這個困難，決不限於工資勞動階級，工商及專門階級的家庭，也都感着同一的痛苦。這個問題也不是一方面的，但都可以歸根到一個普遍的原因。賢明的男子多數承認女子和男子一樣是個「人」，有種種的嗜好、能力、欲望等，她們的覺悟，一年一年的加增，一年一年的緊急，而且她們大可以運用這些能力，出任世界的事業。這自然是十八世紀個人主義運動的結果，但現在也許還沒有發揮盡致。覺悟自己有人格的女子，一天比一天多，她們覺得她們的活動及勢力，都不能跼促於家庭一隅。這種個人主義的趨勢，藉教育、成業、或職業的訓練而推進，現在已流行於各階級的女子之中。這種文化的和利他主義的訓練，使她們了然於她們可以有特殊的貢獻，與對於各種事業的能力，並且自覺與男子有同等的重要。其後這種覺悟竟如火如荼地實行起來了。這種女子，尤其是已成功的，甘心拋棄了婚姻的生活，其後能自甘於經濟不獨立的境地者，更加稀少了。若丈夫權操管理錢銀的出納，自然會介習於經濟獨立的婦女深感不安，這樣一來，家庭便會很快的破裂了。這並不是稀罕的事情，若丈夫是一個吝嗇者，或不肯給她以相當的使費，便會發生上述的結果了。若以問答表寄給大都會的婦女，詢問此事，設她們都如實的答覆所問，你便會見出所有的答案，都說她們的錢銀，都大受丈夫的限制了。學者若考察這宗事情，可以得到很多供證，表明婦人之能夠毫不留難地得到零碎費用者很少，若富貴人家，能給婦人以支票，叫她們到銀行提款的，便更加少了。這樣的不豐足，原驅迫婦人墮落，而且會到她們用特別的方法，取得經濟的獨立。

就算婦人得到相當的家用和私蓄，這種困難，仍然存在。倘若一個曾經能夠自給的婦人，自己已覺沒有治家的興味和能力，或是不精於爲廚子，或不精明的買手或供給者，又沒有督率僕役的能力，她遲早總想走到外邊謀別種較有成效的職業了。沒有子女的婦人，更渴望應用她訓練過的能力，做她所精練的職業，以求得一點愉快了。家庭、教會、社團、乃至俱樂部，要是有廣大之政治的和教育的宗旨，一定會覺得需要發揮自我機會的婦人之發展個性，遠不及從事職業。這些婦人自然會奮起而奪取男子的更偉大更有興味的生活，即使這些事業有時爲渴望所籠罩，或者要擔負更重的擔子，她們也樂得去做。她們知道這些自由選擇，及好好的預備下來的事業，是更能發展個人的能力、天才、與技能的機會，又是最良好的自我實現的手段。這樣，由知識生不滿意，再由不滿意就會播散下家庭不和及猜忌的種子了。前十年或二十年，有很多男子覺得家庭是煩悶的東西，因爲妻子雖是眞實的婦女，卻完全不適於理家，在家務上還不及他自己那麼高明。這是因爲普通人的信念，都以爲凡名稱其實的婦人，必要善於治理家庭；這種信念在家族史上已經有了根柢，所以若要男子能夠持明正的態度，以瞭解家庭生活與家事本不是同一件事上，一定要經過很時日的訓練，方能成功。

此外，最近還有一個經濟問題。前五十年左右，歐美各國發現一種寄生式的婦女的現象，她們依靠一個過度勞動的男子爲生，若果他能夠努力作工，好好的供奉她，她就滿足了。對於這種現象，近代一個社會學者感歎而言曰：

「男子已不以妻子爲內助了，他看她爲一個要給以相當耗費的消費者，這種情形盛行於大都會中，以故很多團體中，最有用的女子，就是未結婚的女子。出嫁無異退隱於奢侈逸樂的後宮了。所以在大都市中，大多數婦人毫無用處的，且不能安慰丈夫……」

這個學者又說：「這種情形是很眞確的，而且隨處可以看出的。而婦人的懶惰，是一切煩惱的起點，其有害於道德，正如有害男子一樣，或有更壞一點。」（註一八）

可幸這種美滿家庭生活的欲望，和這種治家經濟片面的責任，只限於富裕階級，其餘各階級，沒有沾染到。

以上差不多只討論富人及中等階級家庭的困難，及其不適應於現代的經濟情況。現在對於勞動者家庭的經濟問題，也得略說一說。我們已經知道，工資低廉，季令的職業，常見的工業恐慌，都令勞動者不能不借助於妻兒的幫忙，否則不能養家了。而在這種情形之下的家庭，怎麼樣呢？兒童又怎麼樣呢？這種階級的婦人，並不像富裕的中等階級，有福的婦人一樣，她們既要料理家庭、孩子，同時又離開家庭，入工廠或商店作工，直到晚間才囘來又要忙着做飯給家人喫。這還罷了，勞動者所住的是汚穢不堪的貧民窟的傳舍；於是他們便受害了。我們知道這種住所實在算不了家庭；而家庭的感情在這種悶塞的空氣中，是不能發生的。我們絕不能盼望這種早間派出一切分子——除了最年幼的

——出去作工。晚間接他們回來喫飯睡覺，一點快樂都沒有的齷齪的住所，能夠把家庭的忠心愛戀，及責任的情操，圓滿強健的發展。但也有些例外，即是這些感情，有時居然會從根深蒂固的粗獷本能中，發展得很強健，然而這畢竟是反常的例外啊。

由於不了解婚姻的意義——但是家庭不和的原因，不完全是經濟的；夫妻不了解婚姻的性質及其意義，亦足以產生很多煩惱，若果我們不拿公正的態度研究這個問題，那麽，從很多例子的表面看去，多數青年男女得不到兩性關係及性教育，竟做了夫妻，並且居然爲人父母，這可不是怪事嗎？現代的一個學者對於這種愚蠢的事情，曾氣憤憤的抗議道：

「我們決不能令孩子們從溝渠中獲得最神聖、最重大，及一切人類機能中最有力的知識，或從愚者的口中學得這種知識；但這個實在足以表示我們最深入、最不可信，及最不滿的思想。」（註一九）

把性的機能，當作「穢褻」，而禁止討論，這是近代比較複雜的文化現象，較簡單的民族，卻毫不躊躇，老實不客氣的談論一切自然的機能。這種禁制對於青年男女的生活，有極惡劣的影響：不特在弱冠時使他們由無知識及缺乏理性的指導而陷入迷途，並且危及婚姻的快樂。試問關於性的機能，性的本能，及支配肉體和道德健康的興味，多數青年懂得些什麽？得到什麽指導？爲母親者，有幾個把婚姻的生理基礎，及父母兩性之個人的和社會的更深厚的意義，向她們的女兒解說呢？有幾個爲父者公然自然的把兩性的性質之重大意義，及節制的必要，純潔生活的美麗和活力，與及個人純潔的尊嚴道德等等，說給已長成的兒子聽呢？有幾個青年在結婚之前懂得怎樣把生理的欲望，導入感情及戀愛的效能和正軌上面去呢？這決不是禁慾主義所奏功的，必要有自治力和懂得戀愛的利益方可。

當青年人和他的同伴談話，或由小說和科學的暗示而得到性的知識，誰人肯負責，竭誠教導他，以便他日擇配時之用呢？卡盆特說：

「一個人要能在過眼的性的眩惑中尋出眞伴侶，這確是極煩難的事；但因爲我們已長成的人，沒有把這些事情教導青年人，則以一個沒有經驗，而且無人指導的青年，怎能望他做不易了解的事呢？擇配——尤其是更有知識的上等人——是極複雜的事，而青年人無老年人一言之助，以爲選擇的南針，這自然是最危險不過的，而且適足以陷於糾紛而已。」（註二〇）

因爲過䀹的性的眩惑，所以青年人用情往往流於錯誤；若果這一對青年的社會地位及經濟的地位都是對等的，他們的性情又沒有什麽不對的地方，父母便覺得沒有干涉的理由了。於是他們便把兒女領到神壇之前，有時只循例以極泛的通報告知近親說婚姻已經成立，如是而已。這種無知，實不限於女子，男子也是一樣，往往不知性的差異，以致和他所擇的女子冷淡起來。更常見的，便是他「不知女子的愛情，較男子爲浪漫而不專一，」故戀愛的時期雖然長久，而生育的思想則愈加遲緩，於是乎男女在誤會之中，便進入最榮耀的婚姻生活；婚姻第一週的快樂和美滿，往往大受打擊，及被別種知識破壞，其結果就是不長久的結合。雖然當事者的美質，較勝於醫學家或生物學家，但有心研究改良性生活的人，曾經搜集證據證明在婚禮舉行了不久便卽分離，並非稀罕的事。故凡有眞愛情的青年人，必得努力互相考察，並且獲得更眞確的婚姻歡樂的觀念才好。設使女子是高尙的，而且不是太過感情用事的，而男子也只是世界上一個平凡、厚臉、而完全，且會因妻的態度而發生疑心及憤怒，他們便決不能互相適應，不多時，寂寞便會起來替代愛情了。有很多人，因這種痛苦的經驗，破壞婚姻的和樂，便會用智慧及同情去阻止他人結婚了。

所謂新婚夫婦不了解結婚的意義，固然不限於生理一方面，而了解眞正的婚姻精神的本質的人，也實在少得很。美國的日增不已的離婚案中，有很多設使在結婚之前得智慧的指導，便可以防止了。我們現在還是繼續「以盲導盲」嗎？青年人固然都要和父母討論他們將來的最快樂的婚姻生活，這是頂重要的事情，不過各人都要知道名符其實的婚姻關係，實在是一種伴侶的關係，彼此要互相尊重，並且有浪漫的愛情。所以要想得到美滿的婚姻生活，就得充分了解彼此互相適應的人格；在女子則要知道婚姻不是能夠常在浪漫醉心的境地的，還要向日常生活的乏味的大路跑，在那裏找尋多量的快樂。有很多少婦，以爲丈夫不肯一步跨兩級的走上樓來擁抱她便是不愛她了。青年女子必先要屏除這種觀念；青年男子也要把他的未婚妻看作一個「人」和自己一樣。這種認識的自然結果是要接的，而且要尊重她的觀念，她的人生觀，及人生目的。我們若肯這樣承認妻的獨立的人格，便一定可以防止不良婚姻的誤會，和不恆久的結合了。

等到青年人能夠小心謹愼準備結婚，正如他們學習各種學問和技能一般，或者光明就來了。這時候，選擇的審愼，繼續與父母談論，訂婚時彼此開誠佈公的談判，必能解決一切紛煩的問題，及婚期前公平的同意了。但要知道若果給青年人以性教育，就不當只限於理智一方面，還得引起他們的情感，磨練其意志，並且在幼年時便要開始教授。因爲不自私的節制，及對於一夫一妻婚姻的高尚信念，都不是一朝一夕所能得到的。

上述各種家庭不和的原因，在有眞愛情的夫婦中，並不存在。幸而在將來的婚姻幸福，及中等階級和較低的社會階級中，以利益而結合的婚姻，比較的少。這種純以利益爲前提的結合，從始使可以斷定其一定失敗，所以現代一個學者說，「爲全體的幸福計，我們要主張凡要結婚成家的女子，都應當有燦爛光輝的眞實愛情，非然者，她便不止會降低自己的地位，並且會因不忠實的緣故而離婚之漸了。」（註二一）

社會罪惡是破壞家庭的內在力——所謂社會罪惡，不用說便是指雜亂的性交而言。國家雖然縱容這種罪惡，卻非輿論和道德所許。社會罪惡是社會所擔負的一個最重大的擔子，牠和社會的本身一樣的老。在某種蒙昧部落中，賣淫制仍存在於今日，牠的不良影響，亦爲古代社會所深悉。希伯來，希臘，羅馬，都與這種社會災禍相習，並且設法以縱容必要的罪惡的精神助長之。這種制度本來已經不好，而牠的惡果在二十世紀卻大大的增加，成爲傳染最危險的疾病的中心點。自古以來，娼妓制與梅毒手挽手兒的前進，前者是散播後者的種子的主要手段。

此種慘刼在過去十年間流行各地，醫學專門家及科學家遂起而撲滅之。他們做成統計表，向羣衆表明這種罪惡的盛行，及其蔓延於各階級的男子之中，妨礙他人的健康。

這種光明戰爭運動的領袖，隨在可以指出——如莫爾魯（Morrow）博士便是最熱心的一個。這些圖表至少足以使讀者生恐怖心。歷史上有知識的羣衆，知道娼妓制的盛行，及梅毒的蔓延，這還是第一次呢。

刊佈社會罪惡的統計，誠然可得一些成效：牠使男子們知罪惡的危險，及染病者所出的可怖的代價；牠又使無罪的及無知的青年女子，知道她們從前所不甚了了，或全然不知的事實。但現在科學家及醫學家對於這種運動，卻生出反動來。他們根據以前估計研究的範圍太狹，及百分法算得太高這兩個理由，反對刊佈罪惡及梅毒的統計，而且有很多社會衛生運動的先驅，發現公佈梅毒的統計以告誡犯罪者，較不如以更高尚的觀念去發展自治力。僅僅是知識，適足以使人肆意行惡而已。道德也許是人所共知的，但我們卻要時時反覆申說。

說多數男子一生屈伏於誘惑，常常狎妓，這也許是言過其實。雖然爲梅毒的犧牲的男女的數目，未免列得太高，但社會罪惡妨害公衆健康，及破壞家庭生活的快樂，這的確是眞的。關於此事，發表意見的人很多，這裏只能簡單的敍述。據醫學家的證據，有很多男子娶得身子乾淨全無罪惡的女子爲妻，而這些女子明知他有惡疾，不當嫁他，卻仍然嫁他。還有很多男子，相信從前所種下的惡果，已經消滅，但結婚後幾個月或幾年之後，卻發見這些不幸的惡果。丈夫把他的惡疾，傳染於其妻，其害更甚。婦科學者深知無數女子因丈夫的罪惡，而支付無限的代價。科學亦已經表明了弱女子的問題。這個女子從前是很強健的，可惜她不特不能實現美滿婚姻的希望，反到大大的失望。

這種罪惡的影響，不止連累婦人，並且害及子女，令到他們一生下來便瞎了眼睛，或身心衰弱。這還罷了，花柳病也是不能生育的一個原因，關於此點，瓦伯斯博士（Dr. Warbasse）說道：

「不能生育的夫婦，從前以前是由於某種不適，或因供給者之蹶竭，或因妻的先天缺陷。從前的法律，把不能生育的婦人當作有罪，男子可以藉口不能生兒育女而拋棄她。自從科學的光明透進這塊黑暗的地方之後，於是這種罪惡便責有攸歸了。」他更進一步，說他根據「完備的統計表計算，」知道無子女的夫婦，有百分之七十五是由於花柳病的。(註二二)這個數目，可眞是太高了，然而社會罪惡爲不能生育的主要原因之說，仍是一個顚撲不破之論。(註二三)

在較古的時候，婦人差不多完全不懂這些事情，對於丈夫在從前或現在行惡所招致的惡果，簡直茫然不知，所以夫妻的結合，不致破裂。有很多婦人結婚後眞個漸漸變成非常孱弱，牽累及她們的本身及其家族，實在不小。但有很多夫婦，兩方都不知道這種困擾的眞因，故他們相互的愛情，還不致於毀壞。可是婦人的孱弱，及由此所生的不孕育，或不能生育強健的子女，卻至足以減少夫妻間的愛情和歡樂，尤其是不知這種羞恥是他獨自擔負的男子。這種婚姻，卽使沒有更壞的事情發生，而其希望也至少大受挫折了。及至現在，書本上和雜誌上以自由的和科學的精神討論這些問題者，卻大不乏人，因之，不懂娼妓及梅毒之害的女子，可就很少了。她們吃了這個苦的「智果，」結婚時一定想知道會襲擊她們和她們的子女的疑病；要是她們察覺對方有這些罪惡，誰敢預言婚姻的關係，在罪惡之下，能固結不解呢？固然，世間有些夫婦雖然發覺這種壞行，依然保存其愛情於不墜，但據大多數的事情看來，一經發現這些疾病，及其可恥的原因為家庭沒有不發生衝突的。

紛擾的根苗很多：不了解性的生活，性的衛生，缺乏切實的同情和智慧的訓練的自治力等等，都是社會罪惡的主要原因。但在社會裏面，我們還可以尋出另一個原因便是二重的道德標準。此種不公平的道德律，無異縱容男子犯更多的罪惡。除非貞潔的單一標準成立，除非在兒童期便養成絕對一夫一妻制的觀念，那麼，這種罪惡及其拆散家庭的動力，決不能消滅。

常態的家族

讀者讀了上面所討論的家族的罪惡，也許會生出悲觀的結論，所以我們要趕快告訴他們，在歐美的民族之中，確然有很多家庭是因有真正的愛情和相互的關係，而把家庭合成一個最有力的人類關係的。這種家庭，使我們相信當不適應的試驗時代安然渡過之後，將來美滿愉快的家庭生活便跟住來了。

可是雖在具有眞愛情及沒有上述的壓力和汚點的家庭裏面，但婦人及其所生的子女，仍然不認識他們持家的責任，他們計劃一日之計，指揮僕人做工，在僕人已經各執其事之後，便入市購物，探訪親朋，或作別種輕浮的消遣，這時候，夫和父作長時間的工，擔負養家，娛樂，及財政的重擔。卽使婦人從事各種有工資的工作，這仍是一個實際的問題。此外還有一個問題，就是貧富的男女，宜否學習有益的工作，同時養成分任持家的責任觀念。

結婚率的問題

關於家庭的建立，還有一個問題，就是歐美的結婚率(Marriage rate)。有很多著作家把牠看作很嚴重的問題；他們證明結婚率顯著的減退，是現代生活的凶兆。他們又說，結婚率減退，則結婚的年齡亦跟着增高，把女子生殖的時期，大大的縮短，現代的社會著作，研究這件事的，非常之多，故大多數人都承認此說確是事實。可是讀者若想不陷入迷途，我們就得把這些理論，整理一番。一九一〇年美國統計局刊佈的佈告，表明美國自一八九〇年以來，可婚的男女——卽十五宗以上的男女的結婚率，大大的增加，茲列表如下：（註二四）

不只全體可婚的人口是這麼增加，推而至於普通本土的白種人的結婚率亦然，其百分數如下：（註二五）

年份	男子	女子
一八九〇年	五三・九	五六・八
一九〇〇年	五四・五	五七・〇
一九一〇年	五五・八	五八・九

年份	男子	女子
一八九〇年	五五・四	五八・二
一九〇〇年	五五・〇	五七・七
一九一〇年	五六・三	五九・四

觀上表本土白種人的男子的結婚率，在一九〇〇年略有減少，但到一九一〇年又略高

一點了。

現在轉過來討論男女結婚年齡的問題，看牠是否繼長增高。一九一〇年的統計局，調查自一八九〇年至一九一〇年的婚姻狀況，結果如下表：

性別 / 年分 / 百分率 / 年歲	男子			女子		
	一八九〇	一九〇〇	一九一〇	一八九〇	一九〇〇	一九一〇
十五歲至十九歲	〇·五	一·〇	一·二	九·七	二·二	二·六
二十歲至二十四歲	一九·二	二二·一	二四·六	四八·一	四八·三	五一·四

由此可見一九一〇年在二十四歲以前結婚的男女，比之前二十年都高，不只本土白種人是這樣，連外僑也是一樣。關於此點，統計局報告的結論道：

「由此可以證明各階級的人結婚的年歲，大多數比十年或二十年前都遲些了。可知本國人口增殖的自然率之低落，是結婚延期所致。」（註二六）

然則我們可以斷定沒有結婚率的問題嗎？社會學者說這個問題不成立，不是全錯嗎？也許不是的，因爲全體可婚的人口的結婚率，雖然較高於一八九〇年，一般人結婚的年齡，也沒有進步，可是美國某部分及某階級的結婚率，的確低減，是無可諱言的。結婚與離婚特別調查委員會，調查一八六七年至一九〇六年的狀況，於一九〇九年刊佈調查的結果，表明自一八九六年至一九〇〇年北大西洋各州的結婚率，實在減退。在一八九〇年，一萬成年人有八十四個結婚，到一九〇〇年只有八十二個結婚；有五州及哥倫比亞，對於一八七〇年至一九〇〇年的婚姻，均有完全的記錄，其中只有威爾滿一州的結婚率是增加的，其餘各州都是減少。茲將左列五州每一萬人平均的結婚數列表於下：

州名　　　　　　年分 結婚數	一八七〇	一九〇〇
康涅狄格	九一	七七
哥倫比亞	一一三	一一二
馬薩諸塞	一〇三	八六
俄亥俄	九六	九一
羅德島	一〇九	八七
威爾滿	八五	八七

要知道除了俄亥俄州及哥倫比亞之外，其餘各州都屬於新英格蘭後三州的結率婚有極顯著的低減，尤其是羅德島，在某一個時期每一萬人之中結婚的人平均竟減少了二十二人。

還有一層，除了哥倫比亞——其低減較微、——之外，其餘各州都是工業的中心，即此可見工業的發展與婚姻率也許是很有關係吧。在殖民時代家庭工業佔優勢時，我們知道婦女實在極有經濟的價值。最近有一個學者說：

「殖民時代的男子，各有各的梘釜、製燭材料、織機、魚獸燻製所、熔鹽盤、紡紗車，及其他的工具，自家使用，或給人使用。若果他想得廉價的衣食及別的必需品而不自己擔任家務，便不成了。要之，他是治家的。」（註二七）

但現在很多種工業都從主婦的手中奪了去，女子的經濟價值便因之而大減了。現燈燭、織造、縫衣，家具的工業備辦和保存食物等，都是特殊的家事了。有人主張加重女子消費的責任，而減少生產的責任，因為生產者已不復如前此之重要了。

各階級的人的生活程度，都大大的升高，所以男子在娶妻之前，要一再思量。習於逸樂及合宜的生活費之人，尤其是當他知道這個女子本來就不甚懂家事，或者不高興理家，那麽，他便不敢冒昧了；升高到有利的地位的女子，也不想拋棄保證她獲得經濟獨立的職業，以圖得合理的勞制，及脚踏實地的前途。結婚的年紀，既延長過了浪漫的時期，和想望結婚的時期，那麽，等到人生的習慣已成固定，那時便完全拋棄這個念頭了。這自然足以減低結婚率，尤以工業的中心爲最甚。那里的女子，往往在家外操作，於是這種情形便更加成行了。

社會研究者對於國中某部分的工業狀況之影響於結婚率，時常注意。有一個學者大聲疾呼道，威爾滿州二十五至三十歲之間的人，一千個之中，有二百七十九個是獨身的。紐約州的人民，則一千人中有四百三十個是獨身的。他說，其實在的理由是「紐約州有很多大都市，而威爾滿州卻比較的少。這些都市離殖民時代原始的工業狀態已經很遠了。」（註二八）一九一〇年的統計，便足以證實此說：紐約州由二十五歲至三十四歲的女子，獨身者佔百分之二七・六，而威爾滿州只佔百分之二一・八而已。若觀察自三十五歲至四十四歲的人，便知道紐約州的女子有百分之一五・五是獨身的，而威爾滿州則不過百分之一二・二罷了。若把百分率列成數字，其數便會升到幾千了。

那麼，這是一個實際的問題了。在工業發達和重要的地方，婦女的生產價值，與男子相等，但嫁人之後，便要失經濟價值的大部分了。若是勤儉的女子，則家庭的勞動還可以抵償退出職業界及財政上的一部分損失，但決不能完全相抵。在工資低廉的地方，男子便會遇到一個大問題，就是宜否娶他所選定的女子。要是夫婦一同作工，便可使生活程度減低一點的話，這也很難解決這種困難。不論男女都很想在利便與享樂較低於他們所處的地方生活，他們的目的和奢望，也一同增加。再，他們還立心以較他們的生活所享受的更少的安慰和機會，去撫育他們的孩子。我們對於這種思想，須得研究一下。那麼，我們該怎辦呢？社會將玄想的容納婚姻率極低的部分，讓兩性都投身於有工金的職業，而以我們的社會，近乎一種新社會，像螞蟻一般，一部分人的性的生殖機能較低的思想來自慰嗎？這樣的社會，酷似蜜蜂。職蜂是不能生殖的，卻把維持種族的全部機能，交給蜂王與雄蜂。抑或社會以公平的態度解決此事，准願意作工的婦人，繼續在家外勞動；抑或要求她們退出職業界，集中她們的興趣於家庭及子女身上，而許其分享丈夫的進款呢？這個問題且留待下章再討論罷。

一國的結婚率不只常受常態的經濟狀況的影響，卽在工業停滯及工業恐慌時期亦然。食物的價格高漲，則結婚率便低落，戶口部的報告，卽爲明證。一八九三年是工業恐慌之年，故是年的結婚數，只增加了三千八百零三件。次年工業恐慌愈甚，結婚數使減少了一萬二千五百十二件。（註二九）較爲富有的階級在工業停滯時，須極費躊躇才敢擔負組織新家庭的責任。四十年前，一個政治經濟學者曾經說過：

「中等以上的階級往往在沒有建立適應社會享樂的家庭之前，便不敢結婚。但是佔人口大多數的勞動階級，卻很少有愼重的預測的。卽使暫時微略改善物質的豐裕，激動他們結婚，但統計的事實卻指出婚姻的增加，與麵包價格的低落相件而顯。」——（註三〇）

戰爭不用說也是減低結婚率的主因。戰爭不但驅使常態的已婚或將結婚的男子前赴疆場，並且直接破壞各種工業，對於婚姻予以間接的悉劣的影響。現在歐洲盛行的慘殺，破壞茫前辛苦創建的文化，其挫折將來的家庭生活，亦隨在而加甚。交戰國的強壯青年，慘受殺戮，家庭陷於荒涼之境，女子超出於男子之數。婚姻及有家室的男子，照己意拒絕千萬數的女子長大成人，而留存下來以綿延種族者，又都是最幼弱和老弱的人民。

生產率問題

十九世紀之末三年，各文明國的生產率都大大的減少，同時死亡率的低減，亦極顯著，故能維持人口增加之度。法國近數年來極力設法使生產率高於死亡率。據一九一〇年法國的Journal Officiel說，法國的生產率果然高於死亡率：凡有人口三千九百萬以上的省分，其生產率多於死亡數七〇、五八一人；但到一九〇九年，則餘存數不過一三、四二四而已。(註三一)有幾年——爲一九〇七年，生產率卻降至死亡率之下。英德兩國在一八七〇年的生產數亦有低減。到一九〇四年，此三國的死亡率和生產率則如下表：(以每千人計)(註三二)

國名	生產率	死亡率
英國	二八・〇	一六・二
德國	三五・二	一九・六

法國	二〇·九	一九·四

觀右表可見一九〇四年德國的生產率高於死亡率一五·六，英國高於一一·八，而法國只高於一·五而已。但德國勝於法國之事，已消滅得很快。Deutsche Tageszeiting統計全國，顯明一九〇一年減少了三七，而一九一〇年卻減少到三〇·七，德國大都市的數目更少：柏林一九一〇年的生產率不過二二·三，漢堡的生產率是二三·九——兩者都比前大減。(註三三)同年，英格蘭及威爾斯的生產率亦降到二五·一。

美國土生白種人的生產率低減，亦極顯著，此事常引起社會學者悲觀的批評。不幸統計是不甚可靠，因美國和歐洲一樣，生產的登記是不妥當的。但有人說美國的家庭的人口，在一八五〇年平均有五·六人，到一九〇〇年卻減少到四·七人——差不多每家減少一人。(註三四)美國某部土生白種人的增加率，和外僑的白種人與及在外國生長的公民，比較起來，不幸是很少的。一九一〇年調查的報告說：新英格蘭土人的生產率，自一九〇〇年至一九一〇年只增加了百分之四·一，而外僑生的，或混雜的，卻增加了百分之三〇。新罕布什爾本土人的生產率大爲減少，而緬因及威爾滿只略有增加而已。大西洋中部的外人在本土出生的白人，其百分率比本國人高得多：前者是百分之二七，後者是一四・三。美國其他的部分，純粹土生的白人，其生產率比之外人在本土生的，或混雜的稍爲高一點。這樣着來，只有新英格蘭及大西洋中部各州的本土白人的數目不能保持其定度而已。（註三五）此種情形，在都會比之村鄉尤爲顯著。最可慘的是現在美國都市的人口，有五分之二是本國人父母在本土生長的白人，而村鄉的人口，卻多於五分之三。（註三六）一九〇〇年波士頓及普洛否騰各個土人父母在本國生的生產率是一八・二及一六・〇，而外僑的生產率卻是三一・一。

除非生產率與死亡率極相近，則我們對於生產率的低減，不必慌張。愛爾武德說，「總之，這（生產率低落）是一件好事。生產率和死亡率都要低減才好，因爲這樣可把精力於別的事業。但要是生產率比死亡率降落得更快，或降到某個限度之下，那便是民族之常態的生長受阻礙的證據，或竟至於滅絕了。生產率過高，是全般文明進步遲緩的表徵，反之生產率過低又是人民之身體的或道德的墮落之表徵。」最末的一句話，大足供生物學者和社會學者的尋味，使不致由嚴密的分析生出來由是我們更要進一步研究生產率低落的原因。

生產率低落的原因——這種社會現象的原因極複雜。紐斯和倫姆(Newsholme)會以公正的態度研究一過，他從事實上及數目上推測他的結果。十九世紀時達布爾對(Doubledey)已發明一條著名的原理，於一八四一年發表他的人口眞律，裏面說，在動物界和植物界中，「過度的營養，會妨礙繁殖力；反之滋養有限或營養缺乏，卻會刺激及增進繁殖的能力。」紐斯和倫姆說：「這個臆說的或然是很高的……法國婦人的滋養，平均遠勝於愛爾蘭婦人，所以每千人的生產率是百分之二一•六對百分之三六•一之比；而英吉利與普魯士之差是二八•四對三五•七。」(註三七)但這條原理卻不能解釋村鄉社會的生產率何以低落的問題。

斯賓塞爾也提出一個臆說，說人類的智力與道德發達，則文明人的生殖力便愈加衰退。Wbetham 從久已建立「具有一國的選擇及遺傳力的大部分，」並且獲得一切文明家庭環境的利益的英國貴族中搜集材料，解決這個問題。他研究一八三一年至一八九〇年一百對繁殖的夫婦，其結果如下：

年代	每對夫婦平均的生產率
一八三一——一八四〇	七・一
一八四一——一八六〇	六・一（約）
一八七一——一八八〇	四・四
一八八一——一八九〇	三・一

據斯賓塞爾的假定而推，則這些家族在一八四〇年的文明程度和智力如是之高，爲什麽一八九〇年每個家族的生產率卻少至一半以上呢？具體說，斯賓塞爾的原理，似乎不能解釋這個問題，雖說「人類愈趨於合一」，或者與生殖的低落有點關係，也說不定。

紐斯和倫姆既否定上述的假定，便達到一個重要的結論：「現在有很多人心限制生產。這是生產率低落最主要的原因。」爲證實他的話起見他很表同意於有經驗的醫學家所說，一般人勉強限制生育。他引證「調查知識階級之可靠的結果，」這是衛布(Sidney Webb)於一九〇六年十月十六日在倫敦時報發表的。其結果證明一百二十對夫婦之中，有一百零七對勉強限制產兒的數目，只有三十對沒有限制。每一組的子女，平均不夠兩個。（註三八）

節制生育的原因很多，而經濟大約是最重要的。多數國家，其生活費都大爲升高，比之工資的增加還快。當我們想及維持家族費用之浩繁，與現代生活程度上升的關係，我們便找出一切階級——最貧窮的除外——限制生育的主因了。我們不能說限制生育純然出於自私自利；反過來說，尊重子嗣，和舒暢的生活，是文化的一個表象。又加之以爲父的更高的的責任觀念，覺得父母對於子女，不只要使身體強健，還要養成道德，發展知識，及施以求生的訓練，那麽，生育勞制似乎是審慎的，不是自私自利的。只有知識不多的人，才不顧子女的前途，接連生育，很粗心的把他們領進世界來。貧窮的工資勞動者，有一半是生殖力強的「細心的職工便採取節制生育的政策，而愚蠢的勞動者則不然……」(註三九)這的確是事實。生物學者告訴我們：要是對於些事有恐怖的理由，則主要的理由，便是貧窮人養育兒女的不安全的狀態；倘若這是最壞的，那麼從營養和健康的立脚點看來，在這種境地生長出來的青年，很難長得充分成熟。固然，有些社會學者主張充補每個階級者，最多是貧民，他們的身心能力，都在沒法節制生育的工匠及成工之下。但有些學者對於這個現象，却頗爲恐慌。他們指出「工資勞動階級常佔人口的大多數，他們的生產率，在將來正和在過去一樣，足以決定人口的成分。」(註四〇)關於身體的適應，貧窮人家的子女，初生時顯出沒有受父母身體衰弱之害。這個不能解決貧窮階級能否升到高尚國民的智力程度的問題。但是不良的生活狀態，對於成績的低落，卻很有關係，每一代只有很少人能從這不利的狀態，升高到優秀的地位的。若把貧窮人之經濟的和社會的地位略略提高；則他們的子女的能力，究能達到高上階級極有進步的個人所達到的程度否？所以社會改良家和立法家，應該有更誠懇更持久的努力，爲佔社會大多數的赤貧階級求得更優美的生活狀態。

現在再歸到引起節制生育的經濟問題。正如紐斯和倫姆所說，在工廠集中的區域兒童的勞動在前是有價値的，但到十三四歲之後便不同了。因爲子女已不復爲「父母的儲蓄銀行，在兒童往磨坊作工時，立刻可以支取儲蓄金」（註四二）因此家族的人丁便比前更少了。英國紡織業的都市，其生育率確是日形減退，自一八八一年至一九〇三年，由百分之二十二到三十二，一部分卽因此故。

限制生育之又一個原因，可以在大都市的羣居狀態中找出。租賃的房屋，令住客的家庭生活大受遺害。在住屋或平常的家庭中，決不能發生終生的結合，和永久不變的感情。這里沒有家庭所必需的情狀，而這種傳舍式的生活，幾間房子同建在一塊地面之上，家庭的接觸，較分離爲多——他們不能彼此避面，說話也是一樣。在這個情形之下，兒童常常遭人蹧蹋。更兼房東不許住客有多於一個兒童，或竟直不准住客有子女，故社會很像不讓人有溫柔的撫養和家庭似的。最近一個管理紐約的一所大而美麗的房子的人，向住客自誇其善於驅逐有子女的人家。

知識階級的生育節制——上面已經說過，知識階級和富庶階級的生產率之低落，比之其他一切階級更加明顯。有些人根據這種事實反對女子受高等教育，其理由是受過大學教育的女子，擔負母職，反不如較低級的女子，但此說卻與事實不符。數年前曾經有人對於入過大學的女子，和未曾入過大學的女子的結婚數，和每對夫婦所生的子女，加以有價值的研究。他們把畢業於斯密斯大學的三百四十三個女子，和同階級同年紀的非大學女子相比較。發現受過大學教育的女子（甲組）結婚的平均年齡為二六・三歲，而未入過大學的女子（乙組）平均結婚的年齡是二四・三。甲組一共生了二百六十六個子女，乙組卻有五百八十四個。這樣看來，乙組的子女，絕對多於甲組了。但倘若以每組結婚的年歲為比例的基礎，那麼甲組佔多數了——她們多生子女至百分之九。

又Sidquick搜集英國的統計，結果也是一樣。著者綜合說：

「英美兩國的統計，婚姻每年所生的子女的數目，大學女子，略多於非大學女子，而

每個婦人的子女的數目，則大學女子略少於非大學女子。」(註四二)

說到不生育一層，則甲組佔百分之二五・四，而乙組則佔百分之一七・九。但若把每組的女子結婚的年歲提前兩年，則甲組的結果便不致如是之不幸了。甲組無子女的夫婦，與乙組相較，是一九・二與一五・三之比。(註四三)

一看上表，便知大學女子之擔負種族的責任，和教育程度較低的女子差不多一樣的滿足。前者生產率之所以微略低些，乃結婚較遲所致。

可是關於知識階級的不生育之夫婦之日增，卻常有黑暗的預言。加退爾博士在密報安州巴特爾克列所開的善種學會中，曾說出下列的頗爲動聽的話：

「現代科學家的完滿的家庭，大約是百分之二，殘留的大約是一・八，每個科學家遺留的子女的數目大約是一・六。這種家族，有百分之二十二是無子女的。七十五個家族之中，只有一個有六個以上的子女。其他的大學生，也有同樣的情形。

「倘若大學生的家庭，仍照十九世紀一樣繼續減縮，那麽到一九二五年的大學生，便會完全沒有子女了。……

「四百六十一個有名的科學者對於產兒限制問題的答案，有一百七十六個不是勉強限制的，而勉強限制的，卻有二百八十五個之多。其中有一百三十三個是因爲健康之故而限制，由於消費的有九十八個，由於其他的原因者有五十四個。」（註四四）

這些數目說得很眞確，而且很明瞭，他們證明這些科學者差不多有百分之五十九用人工節制生育而百分之五十是因爲夫妻兩人，有一方或兩方不適於有子女的。節制生育者，有百分之三十四以上由於經濟的動機——消費問題。我們知道專門人的生活程度特別的高（除了很少的例外，）而這種人的薪金又比較的低，那麼，這個動機便不能說是機械的了。我們可以說知識階級撫育子女的責任心和預見比其他各階級都強，所以他們限制子女的數目不肯多生。

但是父母限制子女的數目到一個限度，或係全無所因，並非完全由於謹愼或道德觀念的。例如富人階級的生產率大減，便不能拿經濟來解釋了。自私自利不用說是其根苗——時髦的婦人，不願意犧牲快樂去生育兒女，丈夫也不欲因撫育子女而減少他的奢侈費。古時羅馬帝國富貴階級的生產率大減，純然是自私自利，這個動機也許又再現於今日好奢侈的階級之中了。(註四五)

本章提要

上面已經把現代家族不適應經濟的和社會的情形說過了，但沒有提出補救的方法。由離婚與離棄家庭之常見，可以看出二十世紀家族的動搖，這一層上面也說過了。近代工業制度具有打破家庭生活的一部分勢力，也說過了。現代家庭生活之可驚的現象，就是生活程度比收入高的人的結婚率低落，大部分作工於工業界及各職業者亦然。於此亦足以證明婚姻之不適應近代的經濟狀態。

當我們轉到現代的家族制度來，我們在內面便找出很多不和諧的可實，其中之一個主要原因，便是男子不背承認女子和他們一樣具有同等的獨立人格，有機會尊重他們的利益，營謀生活。此種厭惡心，自然與女子的個人和觀念與及妻的權利的思想背道而馳，於是乎兩性之間，便發生很大的裂痕了。家庭不和的第二個原因便是經濟，有很多男子不願意把他們的進款分一部給其妻，又不承認妻在家庭的服務，於是婦人便出來投身於工業生活中，這一來，對於家庭，實在大大的不利，由是便發生很多問題了。

家庭不和的第三個原因，是青年人不解婚姻關係的真締，及相互的責任，因此婚姻便鬧到易結易解了。我們必須施青年人以理智的教育，此事熱心改造家庭的男女，早就實行了。沒有指導及道德的感悟，是社會罪惡的主因，而這又是動搖家庭的一種動力。娼妓和梅毒的蔓延，是近代的特徵，因此多數婚姻都是不繁殖的。

但生產率衰退，除此之外，還有別的原因。文明社會的不可分性，很足以使生殖力減退，雖然沒有統計表證實此說，但我們可以相信這是真的。他方面說各國生產率的低落，的確由於人工的限制。所以然者，又是由於經濟的壓迫，健康的問題，現社會的悲慘狀況，與及兩親之一或兩者的自私自利，此四者，多少總會介到文明民族的生產率愈趨愈下。

（註一）愛爾烏德，社會學及近代社會問題，頁一一四。

（註二）Carroll D. Wright, Special Census Report. 1909, Port 1, pp. 8—22

（註三） 13th Census of U. S., 1910; Abstract of Census on Age and Marital Conditions, P 149.

（註四） Special Report, Bureau of the census, 1909, pp. 24—6.

（註五） 參看The Divorce Problem: A Study in Statistics(Columbia college Studies, Vol 1, no. 1, N. Y., 1891)

（註六） Five Hundred and Seventy-four Deserters and thier Families, (N. G. 1905) P. 7

（註七） Baldwim, Family Desertion and non-Support Laws (pub. by Charity Organization Society of N. Y. 1905, p. 7.

（註八） Brandt, op. cit., p. 7.

（註九） 布蘭德，前書，一四頁。

（註一〇） 同上，四五頁。

（註一一） Baldwin, op. cit. p. 13

（註一二） Ellwood, p. 136.

（註一三） 這種思想有些是 Florence Kelly 夫人提倡的，她於一九一三年四月在哥倫比亞大學演講，即發揮此義，但未有印刷出版。

（註一四） Census of Manufactures, 1905, Part 1, pp. 542—3; Scott Nearing: Financing the Wage Earner's Family, p. 28.

（註一五） Brure, Reanchoring the Home (in Harper's May, 1912, p. 92).

（註一六） 同上。

（註一七） 同上。

（註一八） Warbasse, Medical Sociology (New York, 1910, p. 119)

（註一九） 卡盆特愛的成年頁一四。

（註二〇） 上書，七八頁。

（註二一） Wilkinson, Education as a Preventive of Divorce (in the Craftsman, Feb. 1912, p. 477)

（註二二） Warbasse, Medical Sociology, P. 74.

（註二三） 參看Dr. Prince Morrow, Social Diseases—Marriage, pp. 108—110.

（註二四） Abstract of the 13th U. S. Census, Age and Marital Condition., p. 151.

（註二五）同上。

（註二六）Hard, The Woman of To-Morrow, (N. Y. 1911), p. 7.

（註二七）Wright, Carroll D., Special Census Report on Marriage and Divorce, 1909, P. 7

（註二八）Fawcett, Manual of Political Economy, London, 1874, p. 148.

（註二九）World Almanac, 1914, p. 253.

（註三〇）愛爾武德，社會學及現代社會問題，頁一四三。

（註三一）New York Times, Aug. 26, 1913.

（註三二）愛爾武德，前書，一四四頁。

（註三三）Abstract of the Census for 1910, Section on Population, pp. 90, 91.

（註三四）見前，九三頁。

（註三五）愛爾武德，前書，一四二頁。

（註三六）Op. cit., P. 31.

（註三七）The Family and the Nation, 1909, p. 138—139.

（註三八）Newsholme The Declining Birth Rate, N. Y. 1911, P. 334

（註三九）Ibid., p. 45.

（註四〇）Nhwsholme Op. Cit., pp. 44—45

（註四一）Ibid., P. 38.

（註四二）M. R. Smith, Statistics of College and Non—college Women, pp. 11—12.

（註四三）Ibid., pp. 13—14.

（註四四）見New Yerk Time, Jan. 13, 1914所引

（註四五）關於這個問題，Drysdale, C. V., The Small Family System (N. Y. 1914) 有更詳細的討論，學者可參閱是書。

第十四章　現代改造思潮

種種不同的視點

近代的家族制度，既然不滿人意而且不適於二十世紀的狀態，所以有很多人指摘現代婚姻制度的罪惡，或以多少的信心，去宣傳他們的自己的改造福音。然而各人的論調，各不相侔，適足以顯出這是一個很複雜的問題，及論者的品格與經驗，各有不同罷了。有教育的青年，最要緊要了解這些改造家的或然的理論，及有自由公正的精神，去評定這些社會哲學的能力。這就是說，我們要有判斷的標準。著者相信習俗決不是適宜的標準。雖然在家族關係極盛的時候，牠是我們先人的「老法子」。我們時常要記取，我們不能撥轉文化時鐘的指針這一句俗語。我們既然不能回到我們先人的舊路，那麽，我們拿什麽去做評定這些新計劃的試金石呢？一切有思想的人所能採納的惟一的標準，也許就是公衆幸福的觀念了。要知道公衆幸福不是任意壓制組成團體的個人所能達到的。社會若果想替個人取得良好的生活，那麽，社會的慣例和觀律，一定要逐漸造成最完美的生活——不是爲一個階級，卻是盡力爲社會中的各個分子。既經立定這個標準，我們就可以進而討論常常表現於現代著作中的改造兩性關係及家庭生活的種種計劃了。改造家庭的種種學說的宣傳者，可分爲三大派：(一)澈底派——烈激派；(二)保守派；(三)折衷派。

澈底派的學說

社會主義者的家族關係觀

社會學者常說，社會黨之所以特別注意家族制度，是因爲這種組織是私有財產的結果。在他們看來，種種罪惡都與這種經濟制度打成一片。這不用說是社會主義者對於改造家庭普遍興味的一個解釋。所以德國社會主義者的領袖倍伯兒(Belel)說：「中等階級的婚姻……是中等階級的財產關係的結果。這種姻婚，與財產私有權，及繼承權，有密切的關係。他們要求合法的兒童做承繼人，他的目的在乎得到在社會壓迫之下強迫那些沒有遺產的人牠已經成爲一種社會的規律。國家對於犯姦淫或離婚的男女處以若干年的監禁。」（註一）

其他的社會主義者對於現代一夫一妻的家族，（不論他們相投不相投，終生縛束起來，成爲一種獨佔的結合）大施攻擊，這種結合，有時拒絕別的親朋，而且隔絕人類的關係。關於這個問題，卡盆德說：「社會的意見（不論如何，在英國是這樣）所劃分的森嚴界線的圍基，把已婚的男女與外人的關係相隔絕。」他又慨然道，「這樣結合不論怎樣的美滿，只會壞，不會好——因爲牠常墮於……一種貧弱的結合。這種給合，大部分是這樣的，無疑了。中等階級的婚姻，正惟是最成功，最虔誠而又最可敬的方式，所以在道德上和知識上，總不免變成蔽塞的和偏狹的，由此取生的家族，就如我們推一塊大石，把蟲類的家庭蔽起來，一點光明都得不到一般。」（註二）

然則急激的社會主義者對於婚姻關係和家族建設的原則是什麼呢？卡盆德的答案是：「（一）女子絕對自由，使他們與男子受同等的待遇；（二）婚姻自由。」

關於第一條，社會主義者一致主張女子和男子一樣，享受個人的，經濟的，及政治的獨立，和全般的權利，所以英國社會主義者衞爾茲（G. H. Wells）毅然說道：

「總之，社會主義者是立於反對以人類爲財產的地位的，不只土地和生產的手段要從很多少霸王爪分的手下解放出來，……就是婦女和兒童也都如男子與物質一樣，要停止做他們的附屬物，社會主義者實在想打破一切父權家族的廢址，把女子提高到與男子平等的公民地位。」（註三）

倍伯兒在他討論將來的婦女的著作中，也有同樣的見解：「將來社會的婦女，在社會上和經濟上都是獨立的。她不復爲屈伏於支配之下，及爲人所利用了。她是自由的，是男子的同伴，是她命運的主人，她和男子受同等的教育。除了性及性的機能的差別之外，……她按照她的志愿喜好，和天賦的能力，去選擇她的事業。她在各種情形之下，與男子一同作工。」（註四）

蕭伯訥（Bernard Shaio）推廣這條原理，「他對於自我的犧牲，是眞實的婦愛一個不可少的條件」——這個因的古典觀念，加以深刻的批評之後，全不畏祛的提出一個極端個人主義的主張。

「總而言之，除非女子去除她的脂粉氣，拋棄對丈夫、子女、社會、法律，及各人（除了自己）的責任，她就不能解放她自己。但是對自己的責任，實等於無責任。因爲債主和欠債者，若果同是一個人，這筆債就一筆勾消了。這種債務的賠償，只不過是個人意志的貫徹。一切責任，都以自然的利害觀念爲限，所以女子要拋棄一切的責任，從此就得到自由。我們說現在女子直接是男子的奴隸，那是不對的。她只是責任的奴隸罷了。男子到自由的路，散佈着他所踐踏的責任和觀念的殘餘，女子也是一樣……一切神怪的觀念，都被男女平等的功績打破了。凡從這種破裂聲中退出來的人們，立刻以破壞的幸福補充這種反應，去安慰自己，而且是眞實的。事情常常是這樣：理想的消滅，理想的永生！」——（註五）

吾人理想中將來社會的男女平等，已如上述，社會主義者對了婚姻自由這個紛煩的問題，其觀念又怎麼樣呢？這一點。他們卻沒有一致的意見。每個表同情於社會主義的著作家，所持的論調，頗覺刺謬，這是實在的。就中以卡盆德的言論爲最激烈，看他說：

「人們愈加認識眞結合的神聖和本質，他們就愈不願意以涉世未深時所締結的終生的人爲契約去縛束他們自己了。現存的制度最有力的保障，就是女子的不能獨立。這個使一切女子以直接和實在的興味，去保存這種似是而非的神聖約束——妨礙曠達的男子變更的提議，以婦人爲代價，去恢復他前此的自由。但女子的不獨立，已漸消滅了，眞婚姻的精神，愈加成爲純潔。這樣一來，前者縛束後者的強制的約束消除，而且變得無關重要了。……照理，凡是美滿的婚姻，都應當有支配牠的境地的絕對自由，這是很明白的。雖一個戀人可以指天誓日，而且給以按當，但是一往情深的人，要他的戀人發誓，那的確是不可思議的。因爲兩性有一種自然的沈默，那是無可疑的。所以眞實的婚姻，最適宜的就是不說什麼不立約——一年的或終生的立約，不論何時，都是不好的。當心中充滿了默許時，其成績就更優了。」（註六）

這分明是一種無限制的婚姻自由說，讀者一定知道在現在文化的階級中，要實現這種婚姻，總免不了有某種具體的困難。第一，若果沒有國家或教會的外力，來鎮攝男女，能夠締結永續的精神的婚姻嗎？要是婚姻可以由個人的志愿而成立，那麼這種婚姻能阻止性的關係，回復到一部分的亂交——一種連續的多妻制嗎？第二，這種暫時結合的子女，將怎麼樣呢？

卡盆德也未嘗不設法回答這些抗議，他從容說：「戀愛是人類最終的而又是最困難的問題，這是無可疑的，一句說話：戀愛問題是橫在其他一切問題之下的。」（註七）所以因為有些人不知道怎樣高尚的不自私的戀愛，及行使他們的自由，「而且因為一部分女子的不獨立，和為奴隸，在不久還要繼續存在，所以在這個時代，仍要締結一種正式的契約；只有這些（我們希望）喪失了他們的難改革的嚴厲性，在某程度，成為男女兩方的需要。」卡氏主張這種婚約可以涉及相互的權利，夫妻名義的狀態，對於子女的責任等等。他們也可以延長這個更長久的時期……一種「試驗的婚姻。」總之，卡氏覺得「我們不必採用新婚姻的制度，這國的公意就會趨向於離婚的容易了。要是離婚（離婚後供養子女）是出於兩方的同意，那麽，結婚就可以省略注册的手續，從前的耻辱，也就可以免除了。我們以爲不論如何，若果有婚約，那麽，婚約就愈發要成爲夫妻關係的私事，而女子的自由似乎要多一點，所以行使她的權利，愈發充足。在論及那種社會事法律干涉婚姻生活寶貴的關係，太予人以難堪呵。」（註八）

這樣看來，卡盆德的私人契約說，是從現在普通的婚禮，過度到將來精神化的自由婚姻的橋樑。在那個狀態之下，正式的婚姻，不只是不必要的，適足以妨害男女的好感罷了。離婚也是私人的事，如古代社會一樣，只有很少的限制。但是怎樣才可以妨止這種私人契約隨便的訂立，及輕易的破裂呢？況且這種婚約，顯然是一種權宜之計，溝通現在和自由婚姻的方法。這個疑問，使引起第二個問題。自由婚姻不致於變成兩性的亂交嗎？卡氏以爲不是的。他告訴我們，「撫育子女的責任，使他們發生重大的躊躇：設想很多人在一種普通婚姻遊戲中尋求他們的幸福，卽是設想大多數人對於這些事情沒有取得或受過初步的常識——信得過在我們所知道的民族或部落中，決不會有這種風俗。」

（註九）

但是這個說法，果能解決困難嗎？第一，已婚的人生產率恆常低減，使我們達到這個結論：就是從很多實例看來，節制生育是故意的，而且不是輕率的，為什麼只有以戀愛來結合（或悞以目前的美好為戀愛）的男女才可以有子女呢？有的夫妻也想有子女，這是無可疑的，但是將來無子女的婚姻，不會和現在一樣的多嗎？兒童對於這種夫婦同居的約束力，當然是不存在的。還有一層，有很多曾受過眞正婚姻教育，有知識，守規矩的人，不用說會棄絕婚姻游戲，但是那些無知識無教育的人，雖在現在受宗教和國家的幫助與制裁，仍不尊重婚姻與婚姻的尊嚴性，將來能保他們拒絕這種頑意嗎？卡氏不用說力倡他所頌揚的教育，及准備人們依法行使這種自由的極端重要，我們亦深以為然。但他所提倡的人道教育果能去除人們的劣根性嗎？改造思想風俗，及羣衆對於婚姻關係的態度，准備他們進入負責任的靈肉一致的結合，不用公意法律和教會的鎮壓，而能使他們百年諧老，這些都是改造人性及習慣的偉大事業。這種事業，似乎要經過很多世代才能實現。卡盆德說，「男子的精神與情感，跟着肉體一齊發達，因爲我們更深的結合；有一致的趨勢。雖然有人說，男子的性質愈發變得複雜，似乎會把男子引入更多的結合。可是在別一方面看來，戀愛的深強，顯然而且實在保持戀愛的增進，所以這種愛情亦愈加成爲永續的，而不是像別的人所想像的那麽樣。」（註一〇）這話的確也有可以相信的理由，但是趨向這種一夫一妻制的人是多少呢，還有少數呢？一個人行幾次離婚，拋棄妻兒，與新的所歡結合，尤其是存在於我們中間的社會罪惡，都顯出傾覆一夫一妻制的趨勢。

以上的批評，不要以爲急激的社會主義者熱心提倡的自由精神婚姻，只是一種永遠不能實現的空想。這種婚姻觀念在那些能夠以開明的理性和知識去節制性慾！能尊重對手的權利的高尚男女，都想望把把變成永續，於是這個觀念便活潑潑的顯現出來，那是無可疑的。要是我們的子女，在幼年時便受理智的訓練，教以自治，使他們了解婚姻的眞締，那麽，誰說社會主義者的理想不能在世間實現出來呢？

但是既經認定純粹的理想不是沒有美好的，所以我們要知道其中仍夾雜着一些不能去除的渣滓，如平常所顯出的一般。卡盆德卻沒有想到這種性質不適於一夫一妻同諧白首的東西。他不滿意敦促，而且澈頭澈尾的替已婚的夫婦辯護道：「脫離監禁他們的囚牢，伸出一隻手給別人，或竟分一些歡愉的愛情給那些比他需要更多的人，」又說，因爲戀愛的形於不一，「所以在某種情形之下，已婚的人仍可以和外人親密，（除了很少的例外）彼此仍繼續完全的忠實，因而三位合一，及別樣的關係，永久維持下去。」（註一一）關於「性的關係，有很多不同的事實，存在於世界上，」所以他說，我們不能冒險「執著任何的風俗或制度，說這是唯一的正路，就是多妻制也許在女子對男子的關係有絕對自由和獨立的社會裏，自自然然的發生出來，但和古代的多妻制性質上截然不同。而且，這並不能降低婦女的地位，因爲也許她們互相愛好，及對一個公共丈夫的自然發表。在同一情形之下，一夫一妻制也丟掉牠的排外性與偏狹性，婦女選擇一個以上的男子做她的伴侶，也不是沒有尊嚴、高尚、及忠實的愛情。」（註一二）

當這個觀念不被人作踐陵辱時，我們就知道一個新時代快要到了。但是在這個時代，這些理想不僅與我們的好感相反，而且與我們的知識相刺謬。在男女對於他們深深愛戀的世界，對於這種和第三者的戀愛足以維持他們愛情這個觀念，在他們看來，是可怕的，而且是不合理的。他們自己深入的經驗，恰是這個觀念的反駁。歷史上也沒有證實這個觀念的事實。著作上所記載的最美滿，最高尚的婚姻，不是一夫多妻或一妻多夫，卻是一夫一妻。況且大家都知道一夫一妻的結合，使兒童得到最高的幸福，使兩親的愛情和顧念永不消失。

急進的女子主義者的論調

佐之先生的社會哲學——急進派女子主義的領袖，對於社會主義者關於婚姻與家庭生活的主張，極表贊同。英國的佐之(W. L. George)大概可算是這些學者中的一個最有力的代表。佐之在一九一三年十二月的大西洋月刊，發表了女子主義者的主旨，那篇論文，挺身出來宣戰。他說：「慣例只不過是頑固的習慣，牠壓制女子，恐怕比法律還要利害。……參政論者只想打破法律，女子主義者卻要打破慣例。」他們先向經濟方面施行攻擊，其進行分作兩路，

「（一）他們設法給女子開放職業

（二）他們設法使男女的工資相等。」

佐之對於這種經濟的改革，毫不躊躇地，斬釘截鐵地說，是以狂暴的方法——兩性的爭鬥，打來的。他的確十二分的表同情於這種爭鬥的戰略，（不幸實在是如此）先使吃力的工作，如洗衣、製盒、及玩具，人造的花等等，差不多完全爲女子所佔有，然後使工資低廉的工作，爲女子的工作。再後便奪去男性所獨占的優厚的職業！

經濟的鬥爭，只不過是女子主義者戰爭的一方面罷了。佐之繼續決絕的說，「女子主義已經立下人類最根本的制度，婚姻和母職了。」這些激烈派，以誠懇的態度，去「鍛鍊女子的理性，提拔她們出於感情和成見之外，增進她們的判斷力，使她們自己選擇伴侶，及替子女選擇父親，這是一種重複而必要的手續。」經濟獨立包含在婚姻選擇的絕對自由之內，故此女子主義者採用「母親的年金，及工資的抵償」和平常的數目相等。他們提出這條原則：「在分娩的數週或數月內的婦人，不能作工，她們只有一種方法可以取得她的自由，那就是要求國家給她以生產費。若果不能辦到，她只好索之於男子，因爲他是她的保護者。等到女子一經得到絕對的經濟獨立，女子主義者就要求那些治家的婦人享受男子的進款，或薪金的一部分了。」

以上所述，純粹是過渡時代的權宜之計罷了。說到他的論著，及女子主義者究極的目的，佐之便和更急激及較溫良的弟兄攜手。他宣示女子主義運動的首領，「想解除婚姻的約束之後，」又繼續解明這一層爲永久的利益計，他們願意「接授離婚自田的一點兒限制，就是要給兒童以相當的贍養費。」但他自己卻相信「女子主義對於婚姻的究極目的，就是婚姻的實際遏抑，和自由結合的制度。」總之，佐之以爲這個目的「只能在社會化完成的時候，人類不再要法律，他們能夠遵守一些闇晦的，卻是高尚的必然法的時候，及男女能夠隨意結合，不受國家的干涉，以生育兒女，及享受良好的生活」的時候，才能達到，在這個婚姻自由的黃金時代沒有實現之先，不用說要經過很多的爭鬥。佐之相信這些鬥爭中之一，就是「改善男性的品質。」

這樣看來，婚姻自由是女子主義者取趨向的一個久遠的目標了。此外還有一個目的，是在人間世發生出來的，那就是「一種新的母權，就是……說男子除了爲兒童的父親之外，概不准干涉到女子生活。」他說，有些急進的女子，已經知道「兒童是女子人格的體現，兒童一經生下來，丈夫就成爲贅疣了。她們相信『妻』這一個字，應該在兒童生時死去，『母』字就從這個軀殼生出來。」關於此事，佐之屏絕一切空想，說女子能夠獨立生活，可是他告訴我們，他不相信是「推到極端，」爲的是人類的男女，是手挽手兒地擔任一些極重大的要務。(註一三)

最末的一節，不用說惹起緩進派及保守派猛烈的非難。他們本能的從這種片面的犧牲夫與父以歌頌母性的婚姻關係觀，退避不遑，又愼重的進步派，對於急激的女子主義者的信條，的確是非難的學者對於佐之的見解說道：

「這是淆亂觀聽的邪說。我們之中，有很多人以爲父性的發展是社會進步的一個主要方向：社會所趨向的目的，是兩性平等的伴侶關係。倘若我們必要這樣做去，尊重一切別的生活，爲什麽不三思就把與我們接觸最蜜的一個抛棄呢但這是有價値的這是一種精神化的愛情牠能使婚姻變成一種較之友誼更爲奇怪的思想。卻在呢，卻忘記了男女共棲無限的欲望，以創造及享有最珍貴的品物——兒童了。凡能夠這樣做的人，都陷入迷途，丟掉一切聽到的權利了。」（註一四）

愛倫凱的學說——但不要以爲一切女子主義者都表同意於佐之這一派人對於女子主義者的社會政策的信念與勢力，微略有點分別。戀愛的新秩序的預言者中，以瑞典的天才作家愛倫凱爲最著。她直捷了當地發表她的信條：「戀愛是生命最大的擴張，而生命的擴張，就是一種宗教。戀愛……現在已經成爲一種偉大的精神力，和一切別種的文化創造力一樣的優越，這種宗教的產物，和所謂自然界的產物一樣的重要。我們承認藝術的權利，或科學家實行他的研究的權利，因爲有益於他同樣，我們也要容許戀愛以自己的方法去發揮他的創作力，那麽，對於公共幸福，必能有所貢獻。」（註一五）道德戀愛唯一的標準，就是生命的擴張。「道德的新觀念，就是希望逐漸增進人類到完美的地位。」她深信戀愛的能力，能夠增進一切別種生活的價值，所以她把理想的愛情置在最高的地位，要求把完成人生的重任放在戀愛的身上。但是要想完盡戀愛最高的使命，那麼，就要維持戀愛與結婚的一致；這就是說戀愛的自由了。「一致的確是包含各人按照個人的需要，去做成性的生活這種權利的，但是一定要在不傷害·一致，或以生命和戀愛一同交給對手的權利這種狀態之下才好。所以戀愛逐漸成爲個人私事。而育兒卻逐漸成爲社會的公事了……」（註一六）當青年人懂得生命的擴大是從偉大的戀愛中生出來的時候，祕密的婚姻，和賣淫的制度，便一同消滅，因爲人們再也用不着牠們了。

讀者的心中一定會發生這個疑問，就是：戀愛若不受外力的支配，必致發生一次以上的戀愛。愛倫凱以很公正的態度去討論這個問題。「戀愛幾次的」偉大靈魂，沒有不「降低戀愛的……但這不是偉大人物精神的土壤和氣候。」（註一七）雖然因爲戀愛是生命選擇者貴重的禮物，所以「戀愛多於一次的人，比起只戀愛一次的人，就不能有生命擴張的道德價值了。立刻更新慷慨、眞理、儀態、豁達的人，在新所歡之中，我得能力和醉

心，滋養和娛樂的人，——這個人就有經驗的權利了。」（註一八）

但是這里又發生一個不能解答的問題：設使有一個人，屢次與所喜好的及自由選擇的人發生戀愛，又如這對夫妻有子女，便怎樣呢？愛倫凱對於此事，一點也不畏怯，仍堅持自由離婚及自由結婚的主張。這都是個人的事，不受國家的支配。她相信「那些隨便分離的人，……和現在強逼婚姻的人一樣，是彼此暗中欺騙；」故此「慘酷離婚常常是慘酷的，一個有思想有感覺的人立心傷害他所愛或被愛的人之先，他已經感受很利害的痛苦了。我深信自由結合的約束力，較之法律強得」。多（註一九）說到兒童一方面，沒有愛情或各不相容的家庭，一定是最不適於撫養兒童的地方。但她主張略別有所歡時，他們須得替子女打算。若果這一對夫妻因爲與別人發生戀愛而要求離婚，「那麼，父或母應該預定一天——在子女能夠了解他們的時候——清理這樣手續，表明新的戀人怎會令他或她的人格成爲更豐富，更偉大。子女絕對不當因父母的墮落而被犧牲。」但讀者大可以問：誰執行這種權利呢？這一層，愛倫凱卻沒有說。倘若戀愛可以自由離合，那麼，

「子女不致被犧牲」的權利，全靠父母品格的高尚和健全了。若果他們的品格，既不高尚，又不健全，兒童就是孤立無助了。愛倫凱的社會學說，和社會主義者及其他的澈底派一樣予人口實。牠的成功，全靠人類遠勝於現在的道德化。

因爲她相信「愛情的擴張同時就是種族觀念的擴張，」所以愛倫凱就成爲性的新道德的使徒，和「Carregios晚間的光一樣，從兒童的身上放射出來，……」美滿的婚姻，是靈肉一致的結合，兒童就是活的象徵，可是她對於不負責任的父母，及「未成熟墮落的父母」的責備，一絲不苟，而且要求「在不利於種族情形之下，並不限制戀愛的自由，卻限制生殖的自由。」她不反對「男女結婚時決不生育」的權利，若果這個意志是爲社會公益起見，她一口咬定「強迫不能生育的夫婦去繁殖種族」是不道德的。她懇切地忠告那這行使「戀愛自由」的人，叫他以最終能產生公共福利的標準去估計他們戀愛的價值。這樣看來，我們不能推廣這個說法，說戀愛的結果可以無子女。戀愛必定要產生新生命；若果沒有新生命，那就沒有新價值了。戀愛應當增進戀愛者，以增進人類。

（註二〇）愛倫凱以為那些「大腦質的婦人，當有尋求家庭生活的自由以有限的卻是有力運用能力在她們享受的一般人格的感情之力之外，去求做世界偉大的婦人，天才的專門家。」這種婦人很缺乏同情，讓她們走錯路罷，向使她們不把「自己的可貴生命價值虛偽化了，這樣她們代表人生最高的方式——「人的人格」——比起本能的女性所表顯的較低發展，卻是一種貧弱的生活啊。」（註二一）在愛倫凱看來，從事家務的婦人，是最可愛的，而對於從事職業的姊妹，卻不以為是可愛的。她以為家事遠勝於職業。就這一點，她和急進的女子主義者分裂了。所以這是愛的福音，不是囂張的權利平等的吶喊，她要求女性有充分的社會和教育的機會，但她覺得大多數婦人不論怎樣的聰明能幹，愛所寄托及兒童要求母親的靈魂教育的家庭，是婦人可以得到複雜而且有趣的工作領域，尤其是倘若家庭與偉大社會生活密接的接觸。

已婚婦人經濟自由的主張——女子主義者中，有一派人主要的興味在減弱女子性的功能的重要，而增強女子社會工作的使命，和男子共同擔任一切人類的事業。這一派人極力反對愛倫凱的主張，他們堅持道女子被人看作妻和母太久了，現在就是公允地容許女子出來擔任一切偉大的世界事業的時機了。男子爲夫爲父的機能，絕沒有抹煞男子的精力和興味，爲什麽女子的時間和思想，要被性的機能全佔領呢？反對女性過度的增强，及做創造者和工作者能力的太弱，最有力的代表，要算紀爾曼夫人了。她對於舊時女子依靠男子爲生，駁擊道：「因爲許久立於性的關係，及性的性質的差別，不獨立上，這不止是迷惑男子的手段，並且是謀生的手段所以世界上沒有創作。因爲人類的女性，依靠她的伴侶所以她的性，是在一個過甚的程度。」（註二二）

紀爾曼夫人主張人生大部分是緣住兩條大路走的，那就是種族的保全，和自我的保存。在種族的保全上頭，兩性的機官和機能是各樣的，至於自我的保全，「兩性的機官是同一的，機能是同一的，活動的境界也是同一的。一切經濟的生產和分配、藝術和實業、工藝和商業，及發展科學、發明政治宗教等等的活動，——這些都屬於自我保全的範圍，這些是已然的，或當然爲兩性公有。教育、管治、創作、整頓、分配——這些都不是性的機能，卻是種的機能。可是人類兩性的界限這麼森嚴，以致人類的進步，通通都是男性的利權。」(註二三)家庭狹隘的界限，及其個人利益的結果，使婦女「較男子爲個人的，較個人爲自知的，較不願意挺身出來或接替做事，當她們及她們的兒女接觸一般的界限時，不能知道爲的是什麼。」(註二四)

但現在這些都逐漸變得更好了，女子要求在家外作工，這不只是達到財政上獨立的方法，並且爲自我表現起見的。照她的意見，這完全是好的。她想，女子自由地參與社會的工作，並不妨礙女子完盡母性的機能。眞的，「女子因經濟上依靠男子，使她太專門化，對於她重要的責任，有很壞的反應。她太女性了，就不能盡母職。她的第二的性的性質太專門化，是妨害形質的元素。」(註二五)兩性過度的分工，是做成「弱小，脆弱，不均衡的女子」主要的原因，這些女子太多了。況且在紀爾曼夫人看來，當我們想及「少數無能幹的母親」及「多數多病無能的女子，」我們就「不能不斷定爲種族的利益計，我們沒法證明女子當以全副精神去盡母職，以全副精神去盡母職，並不能改善母親的質和量。

凡作工的女子，都是最好的生育者，而不作工的婦人，很少能做好的教育者。」（註二六）

紀爾曼夫人既主張破壞人類的女性比下等動物最適於爲母的理論，便提出她的最終的主張。女子要是一方面爲妻爲母，同時又爲家外獨立的工作者，那麽，「家族關係就得有變更了。……這自然要取得和現在不同的生活形式。現代以無千百萬的私人婢僕，去供養世人和人撫養孩子，這種方法，當然是不適用的。」（註二七）「性的分隔」對於預備食物的機能，一定失敗。「烹飪的學識，包含很多完全的滋養價値，及生理學衞生學法則的知識。」受過訓練，及精於烹調術的女子是很少的。治家及撫育兒童精練的工夫，也是一樣。這種重大的責任，應該由專門家去做。使婦人可以「自由在經濟活動，及在社會關係上充分發揮她的個性。……」紀爾曼夫人根據這點，描寫出一副將來家庭的鮮豔圖畫：

「屋室不必有廚房，卻是當有一個關於全宅的廚房，造好了飯就送到各人的房間，或上述的公共會食室，將清潔家庭的事，由相當的工人擔任。這不是各家各自僱來的，卻是公共機關的辦事人請來的。此外，還要有屋頂花園，托兒所，及幼稚園，由受過良好的訓練的專門保姆和教師主持一切，使她們對於孩子們施以專一的注意。」（註二八）倘若治家脫離家庭，那麼「結婚後的男女，就不必混雜一起，一同過機械的生活了——沒有優美活潑的愛，沒有互相依倚及互相補助的現象，就永遠消滅了。」（註二九）這樣一來，小孩子不是在母親的愛顧之下，卻是在托兒所和幼稚園裏由精細的人撫養，他們就學得「平等和公益的和平功課，而不是隔絕而獨立的家庭的孩子所學得的自私，或強橫、勒索、強迫的服從，和屏絕等等了，托兒所中充滿了年紀不同，能力不同的的小兄弟和小姊妹。」（註三〇）

公正的批評家，對於這些女子主義的的論調，只能說其開端的確含有很多眞理和常識，從前男女的界別太嚴，產生極有害的結果，這是無可疑的。過去的婦女墮落及現在比較上缺乏勢力，大部分是經濟不獨立所致，這也是眞的。再，我們也承認教育、管治、創作、整頓、支配、這些必要的性質，都不是性的性質，卻是人的事業，應當爲兩性分任。但是女子若果每天作六點或八點的工作，以成爲更好的妻和母（尤其是後者）這是眞的嗎？作工的婦人比不作工的婦人常爲更好的生殖者，這句話說得對嗎？看看大多數工廠作工的婦女，的確不是如此。由此可以證明在分娩前幾天仍要作工，對於母子兩方都是很有害的。紀爾曼夫人有沒有參考別人的著作，搜集證據以建立她的論據？她的陳說是不是黨人不可批評的宣言？這是眞確的問題。我們知道工業或專門職業有很多惡果，有很多壞腦，長時間，及損害強健婦人的健康的附屬物。

還有一層，紀爾曼夫人差不多完全抹煞母親對於子女的撫養，及最初教導的價值，這是對嗎？熟練的保姆，及幼稚園的教師，能夠補足兒童失掉母親之愛的個人服務，她能射入他的個人性的同情，及其特殊的脆弱能力和需要嗎？這不是薄弱的感情，或因襲的崇拜。心理學者和社會學者告訴我們：沒有人可以替代有智慧的母親去發展子女的人格和個性，凡有公正思想的人，討論這個麻煩的問題時，能夠忘卻這宗事實嗎？當我們讀女子主義者極力稱贊專門家能做最好的國家兒童撫養者，及最好的政治家者的時候，我們也許會達到現代一個著作家所提出的結論：「我們不難發見，倘若我們要以最好的方法去做特殊的事情，我們必須求之於熟練的人；但要問這是不是社會做事最好的方法。一般人都以爲是的，可是另有一說，足以動搖這個說法，就是各人親自做自己的事，較爲好些，即使做得不甚好。但卻勝於求別人替他做——或者那個做得更好一點——這全靠你着眼於做事的人，或所做的事來決定。要是注重所做的事，那麼求之於精練的人罷，要是注重做事的人，就不要了。」（註三一）由此看來，女子之所以能成功一個更好的母親及治家者，不是把這個責任交托別人，卻是以她們的技能知識及了解治者與爲母的意義親自做去。

但是你會問：家庭和兒童，從這種可愛的卻是不好的努力所受的害處，不更甚於有訓練的專門家完備的服務嗎？將來從事這些事務的個人興味和喜好，不會缺乏嗎？從有些例子看來，女子對於家事或母職的興味，也許會少些，但家庭卻可以從她的特殊家庭勞作中得到利益，這一來就得到好的廚夫及保姆的貢獻了。但是我們能夠一概而論，說，妻和母把家務交托技巧的廚夫及淸潔者或把兒童交給有訓練的保姆及幼稚園的教師，更好一點嗎？關於此點，我們有概括及無差別的性質，要我們審愼採納。從事家外有入息職業的已婚婦人，雖然大大的增加，卻仍居少數。固然，要想女子不傾向職業生活，那麼，我們就得承認女子做治家者的經濟價值。及撫育兒童的社會價值，以保證她們的經濟獨立。

對於完全撤消女子從來所履行的主婦和母親的任務，還有一個更有力的駁論偃用專門家來照料家庭及兒童，不會永遠喪失自愿服務於家庭，以更良好更快樂的場所所生的某種精神的滿足嗎？武特布列支（Woodbridge）就根據這個觀念，去批評佐之所描寫的女子主義者的家庭。佐之說：「我想像女子主義者的家庭，頗似公共憩息所中的花園，平淡無奇的廣場一般。辦事人在一個被選的管理人，或她的代表指揮之下……勝任的廚夫在一個薪金優厚的頭目的指揮之下，他們替懶人做食物，及替苛求的人做長眼……凡能自做的家事，都推到受傭的辦事人身上。」（註三二）

這幅畫圖，武列布列支女士毫不躊躇地說是「荒凉的；」讀者若果沒有忘卻什麼是眞實的家庭，總會贊同她的。她說：「家庭要是一個實在體，那就是精神的實在體。但我們這樣組織，我們就要從物質中去把捉着精神，……我們所注重的……是精神的報酬——似乎常常成爲副產物，……所以若把家庭推到極端，把她的意義弄成物質的表現，那是危險的。反之，分散她的稀少的物質表現，也有危險，……細目若不是生命化，就是欺人之談，……具體說，家庭管理的細則，不要輕視或推諉，卻是要估計價值，及把捉而且創造活力。佐之先生以爲家庭是一個魔陣，我以爲是手段，也是目的。」（註三三）

可見在家庭從事物質工作的婦人，雖然從家庭得到充分的幸福，但精神價值的報酬，仍是很少的。所以我們爲免除以不技巧的主婦支配家庭起見，要把這些家事集中於熟練者的手中。紀爾曼夫人所描寫的有天台、托兒所、和幼稚園的寓所，雖然與其說是實在，毋寧說是幻想，但誰敢說數年之後，這種家庭不能大大的設立呢？經濟運動已經把女子從廚房和家庭中釋放出來，而從事於各種職業了。就是現在，仍有很多婦人，在結婚之後，仍從事於她最精的職業。我們對於此事，須加以討論。我們也不能立刻斷定倘若這種趨勢繼續前進，家庭就會蒙着極大的損失。現在請再引用烏特布列支女士的話，以爲結論：「這些對於家庭有什麽影響？是幫助牠？還是破壞牠？牠會發展成爲團體的社會生活，還是家族的形式？這是好的現象，還是壞的現象？——這些都不能不加以討論，不過我們的資料現還不夠能了。」

卽此，我們已經可以安然說，這個複合的全般的問題，每個節合，都包含着已婚婦人在家外從事正當勞動的問題，而這個問題，當由個人以牠的功效來决定。(註三四)

保守派的見解

保守派對於實際問題的意見，並不像澈底派那麽複雜，由爲保守派大都是主張不變的。可是爲回護他們的地位計，他們便從宗教和生物學的種種根據，去伸引他們的論據。生物學的立脚點，實在是保守派和澈派底最堅固的壁壘，可見知識的複合體若應用於原理不同的地方，便可以生出相反的見解，而我們對於神學派和生物學的羣學派的理論，更宜注意。

宗教的保守派——這一派自然以一夫一妻婚姻是一種神聖的制度的觀念爲根據，所以一夫一妻制是不可分的，至少（像英格蘭教徒和主教派教徒所說）除了姦通之外，是不能分離的。這種論調，大概以霍愛斯德博士（Foerster）爲最顯著的代表。博士是維也納大學的教育學教授，婚姻與性的問題那本和平的研究，就是他的代表作品。（註三五）霍氏開宗明義第一章，便宣佈他相信個人的理性和天良，「都需要一種訓練、洗滌、和解放。我們的生活，可以靠這些去指導我們最智慧的永久的性交。信仰上帝由基督得解放，受偉大的傳說指揮，都能教我們怎樣可以達到最廣大的知識，及拯救我們出於主觀的愚見及個人臆度的迷途和峭壁。」（註三六）這不用說是基督教傳統的觀念，只有個人在困境中，才知道某種神學的先見是眞理，這種態度不用說與心胸廣大，拋棄一切成見的求知科學相反。

既經提出他對於這個問題的一般態度了，而霍氏對於愛倫凱所痛罵的舊倫理，加以精妙的迴護。他說，宗教的倫理，「並不蔑視官能的感情……牠的唯一目的，就在完全減低男子的官感和本性，而要求精神的男子因此基督教要求絕對拒絕一切婚姻以外的兩性關係，」固定嚴肅的一夫一妻制，是一種神聖的方式，「是基督教必需的性質生出來的，因爲牠的誠實尊嚴性，具有教育人性最高的價值，及給以抵抗官感世界，及不負責任的感情的迷惑最有力的外在保障」（註三七）主張自由戀愛，自由結婚的急進派領袖，「離眞實的生活太遠，所以被幻想包圍，他們相信男子當屈伏於社會生活的道德需要；除了社會福利的開明觀念之外，沒有別的動機。」等到「性的生活的正義」產生與「舊道德的窄路」大相懸殊的可驚結果之後，「抽象的改造家才知到他們太看重人性，而人類道德的規範，及社會教育，較他們所相信的困難得多了。」嚴格的婚姻方式，是人類所必需的，這是人類堅固永在的自我的代表。「人們若不是在有責任的地位，而立刻決定與別人生關係，這一來，很足以剝奪他動作的自由而且最足以妨害他的宗教生活。」

自由戀愛不是健全的學說，因爲牠會寬縱個人的戀愛衝動，而犧牲他天性中別種權力和要求，所以破壞內在生活的統一。而陷於困難。他即使不是不可能，也是很難看出生命的全體本是很多要求和責任所組成的。「由全體脫出來的人，拋棄責任的人，就不是完全的人，他自己人格的價值，已經粉碎了……」（註三八）「自由戀愛使我們從堅強的縛束中解放出來，」這句話離眞理很遠。要是兩性關係沒有宗教的約束，很多懦弱的人，現在被嚴厲神聖的規制拯出於內在卑下的專制權的，常欲改善自己的人，就會復甦，使他變成奴隸的自由了。（註三九）

其次，我們要從兒童的立脚點去觀察這個問題的全體。父母存在是兒時的根本權利，這一層，自由戀愛論者卻陷於重大的矛盾。「這就是說，他們要求父母的個性與人格的自由發揮；至於兒童呢，他們主張給國家撫養，極端趨向於一致的非個性的發展，而且是傷害愈加深強的方法，這是他們推展他們理論的原因。」（註四〇）而且國立機關所養大的孩子，失掉有價值的社會訓練，如義務、同情、自治、心靈的豁達、及心靈的教育等，這都是一夫一妻的家族對於社會最高的貢獻，牠之所以能完盡這個中心點，是因爲牠是終

生的不可分的，而且從履行家族中的生活，成爲較別種更深入、更固定、更富足的人類關係。（註四一）

其後，霍愛斯德又轉而討論強制生育的廣泛趨勢。他毅然說道：即使「兒童過度的產生，危害婦人，使她們丟掉人生的眞要需，但總不及生育之人爲限制的危害那麽深而且烈。因爲這個辦法，解除男子對於縱慾結果的一切責任觀念，使人們放縱性慾，救治生產過多的眞方法，只有人們節制性慾，這樣就可以使女子從性的奴隸中解放出來了。」（註四二）

霍氏的婚姻哲學中，有高尙的倫理，有完全的意義。霍氏說：「基督教婚姻的誠實性和尊嚴性，具有培育人性最高的價值，及給人以抵抗官感界的衝動，及不負責任的感情迷惑的外在保障，」這句話也許是說得不錯的。不知自制，不顧個人責任及社會責任的男女，——我們知道這種人很多——需要公開婚姻嚴肅的宗教儀式幫助。「兩性生活的權利」這個說法，對於這種人是很危險的，他們要是接納這個道德發達的階級，就會產生很多有害社會的結果了。等到人類能支配戀愛的衝動，——這是很有驅使力的——尊重個人及公共的幸福，那時「自由戀愛」就會產生靈魂生命的果子，以別的衝動及道德要求去支配戀愛的狂熱，因爲色情推到極端，就足以破毁人格了。這是靄愛斯德所提出最有力的一個論據，因爲人的性質是多面的，沒有一種衝動得勢而不會壓碎內在的自我者。

其次，對於兒童方面的駁論，也是很有力的。自由戀愛若果是個人主義，和人格的自由發展，只限於成人，而把孩子交給公共機關，放棄造就人格，而產生一致，那麽自由戀愛是極不可靠，而且是錯誤的學說。但這種學說究竟是不是這樣呢？決不！愛倫凱的社會哲學，非常推重母職。她的確主張各個母親担任最高尙的職務，但靄氏爲增強他的主張起見，捨棄瑞典的自由戀愛辯護者，而攻擊別的毫不思索地主張爲父母的利便起見而犧牲子女的表現者了。

不過這個學者的重要學說，有兩點是要略加檢察的：第一，我們很難說只有永續的婚姻，才可以做成家族中的社會生活，「較之別的爲更深入更牢固，更豐足的人類關係。」這種社會生活，倘若由能任的履行使命的兩親好好的指導，就能把家族成爲社會從來未發現過的遠及的教育勢力了。還有一層，——雖然他沒有提出——家族生活的永續，豈不是極力獎勵（以增進興味及要求這種現社會的特質）男女在某地找求永久懂得家庭固結，（從事實上生出來的托庇）的天堂嗎？家族的个人關係，有逐漸改變的可能，（這是實在的情形）什麽耐久的動力能比宗教的存留，使我們分離的生活能夠托足呢？這個學者所提出的第二個論點，就是女子若要從性的奴隸中解放出來，不是由人爲的限制所能做到，卻是惟有增加自治力才行，這也似乎是很有理的。不過不用說是有例外罷了。

但是若果完全承認霍愛斯德的主張的全部，那麽，讀者對於霍氏的兩性問題及婚姻問題的答案，一定覺得不滿意。第一，現代有教育的男女，很少愿意把他們的个人判斷，多少割讓給教會，把婚姻的禮式，回復宗教的觀念，而以婚禮爲神聖的象徵。他們沾染路得派的概念，以婚姻為社會制度及社會契約他們批評他的著作以為和別種過時的社會制度一樣的不公允。從家族史上觀之，結婚及離婚制度，是從宗教的支配，移歸國家的支配的，因此婚姻之研究，要以理性和經驗，而不是以神學的教條為前提。

而且，霍愛斯德最著力的論證，就是攻擊極端的戀愛自由說，及婚姻自由說，他的批評，顯見得不是公平的，因有他們沒有顧慮到人性的弱點，及排除道德對於性慾約束力的傾向。但當保守派主張婚姻的不可分離之說時，他們對於實際上，不是和急激的反對黨一樣的不明瞭嗎？理想的感情，婚姻的神聖，婚姻是神聖制度的宣傳，都不能使不良的結合純潔及尊嚴化。戀愛理想的道德利益說，產生雖然是少，難道恆久誤會的婚姻及怨偶，應當成立，而不必分離；因一念之差而結婚的人們，為什麼不應該按照他們從辛苦中得來的經驗另結一個更美滿的結合嗎？還有一層，為什麼一個人要孤另另的終生盡忠於一個不忠實的人呢？百年偕老的婚姻，已經試辦了好幾個世紀，卻顯見不能生出這種效果來。不只文明的國家，陸續予人以離婚的自由，就是有見識的，能壓抑感情的人，都贊成在國家規制的制限內撤消不和的同諧白首的婚姻離婚有害於兒童的辨駁也沒有多大的效力。父母若果是有愛情的，則兒童在家庭內撫養是頂好的，但等到愛情消失的時候，或竟至於互相反目，天天發生衝突和齟齬，出乎忍耐與遏抑界綫的時候，那麼，兒童就不如離開父母了。在這個惡劣而衝突的環境裏，生長的兒童，沒有不把婚姻生活看作勉強而且是墮落的。這樣看來，脫離豈不是較好麼？把兒童交給別人撫育，豈不較勝於仍在那個不但沒有愛情，反到互相仇視的永續家族生活中麼？

生物學的羣學派之保守論者——英國格蘭特·阿倫（Grant Allen）是這派的一個顯著代表，他的理論，以生物學為根據，現在簡單敍述如下：他劈頭就決然說道，倘若「每個女子都結婚，而每個女子都有四個孩子，那麼，人口仍是無進步。」（註四三）死亡、不生殖、或無力的婚姻，除了四個孩子中之兩個存留，以補充父母兩個缺額外，倘且要生產同等的數目。倘若這是眞的，而且若果「有些女子放棄她們的天職，那麼，留存的人，就要擔負更重的擔子了。」但是要一部分的人担負這個責任，那是不公道的。況且以平均計算婚姻和小家族的意義是更健康更美好的管養及更好的撫養孩子方法故此他力主張社會要想繁茂，大多數的女子都得結婚，及建立家庭。頗奇怪的，是阿倫且進而表示他對於現代女子解放要求的同情，但他立刻申明道：「只要她們的解放，不要在任何方面干涉最高的自然要需。一切時代的終局，從數學上可以證明大多數女子至少要有四個孩子，否則種族就會滅絕了。故此大凡對於婦女問題提出解答的人，若不能看準這一層，那就是謬妄的解答。他們喊道：和平，和平！究其實是沒有和平可言的。」（註四四）

女子要想實踐最主要的社會責任，生產四個或五個的孩子，那麼，她們非得犧牲十年或十二年的光陰去做這宗任務不可。在這個時期內，女子不能自謀生計，故此照阿倫的意見，「她們要從男子的勞動得到贍養，和現在一樣。（我贊成這個沒有非列斯丁的成見）由她的丈夫供給她。」阿氏的確傾向於這麼想：「說到（婦女）特殊的責任，凡一切與生育有關的，都要盡力弄成輕異而且自由。」（註四五）在女子一方面，也要知道「一切教育都以適合上述生活的主要機能爲主旨；……」從前一般人對於女子的教育，鑄了一個大錯。從前「教育女子和男子一樣——給以一種對於不同機能相似的訓練」，所以反其道而行之，我們要培育女子，使能「哺育強壯聰慧的孩子，及治理完善合理的家庭。」（註四六）

讀者看了這種關於女子嫁人及撫育良好家庭的孩子熱力的答辯之後也許會說在英美的一部分，兩性的數目不均等，除非再行多妻制，那麽有很多女子就不能求得伴侶。阿氏也想到這一層，並且告訴我們，這事已經成爲過去了。因美洲東西兩部，有很多男子移殖入來，英國的男子，亦退出海陸軍伍及殖民地了，他說，女權運動若果與中等及上等階級殘缺的男子一致，那就是最不幸的事。這一層，曾引起激烈的女子主義者主張大多數女子可以做「自給的處女。」這個學者卻把這種女子看作「變態的人。」這當然，並且是一種玩意，但仍是「過去的運動之可悲的意外。」（註四七）

對於上述的論據，第一個批評，大概是阿倫所說的「一切時代的終結，都可以從數學上指出，大多數女子至少要有四個孩子，否則種族就會滅絕了」這一句話。我們可以問這個數學上的指數或拿前十年兒童死亡率的大減和很多文明國成年死亡率的低下一比，在現在這個學說仍有一部分的爭論嗎？第二，若果說個人的選擇權必須受制於公共福利，社會福利有沒有要求大多數已婚婦人重復嚴禁於家內——[四]持家和育兒呢！現代的趨勢，的確是向着展拓妻和母的社會興趣和活動走的，世界的觀念，漸漸覺得那些不與地方上國家上的經濟有關係的婦女，不研究養生，純潔食物，相當警衞，及變化無常的教育等問題的女子，都不能算做最高理想的妻和母。而且爲什麽像人們所常想，治家是應當固着於一切女子身上——說是女子「自然」的領域呢？要想把家庭弄得很好，就得有充分的衞生、養生、食物價值、紡織價值、家庭陳設，及智慧地購買和消費的智識，但是很難說，這些工作範圍，不論這樣廣大，都放在女性身上。把這些事務交給法律、醫藥、及機械專家等，有社會價值的人，或如有些人所主張，讓大多數人去選擇，可不是更合理嗎？固然，我們可以說，社會極需要治家者，故此別的事業讓個人選擇較爲妥當些。但是把家庭交給有訓練的女性專門家，使她們貢獻有知識的家庭工作，其有益於社會，豈不較勝於家庭中半討厭而且不完全的工作嗎？

還不止此，以一個務使女子能夠「哺育強壯聰慧的女子，及治理完善合理的家庭……」的目的來做一切女子教育唯一的目的，可不是有點愚笨嗎？以現在的情形去推測，將來必有些男子願意不婚，及認識社會情形，負獨身者過多之責，這可不是更有益，而且更光明嗎？在工資低廉，及工資增加得很慢，而生活程度仍是比較的高的時候，在青年人想望在她們所選擇的工作中，達到最高貴的地位，能夠滿足不婚男子四分之一的時候；在青年女子會思想作工，使她時時都能夠經濟獨立的時候；及在現代社會情形提供很多機會，給青年男女互相交際，互相認識的時候，社會中不婚男女的數目仍是一樣的多大，或致增加。這種女子，是不是無思想的分子？是不是過去的「變態的人」？時間就會證明這些，但就以現在計，想力倡女子教育，但以家庭工作爲限，其餘可以不必顧及，這似乎是不可能的。

阿倫的公正社會哲學主張，撤消女子新得的勝利，卻還是不完全的經濟獨立一定會惹起劇烈的非難。最有力的反對，一定從那些知道個人權力的女子中發出非難的發端，就在擔負她們所當負的生育，「其他一切生活都要盡力弄得輕易而且自由」這一句話。這個說法，似乎把女子推回東方的飽食煖衣的地位，極力奢侈逸樂，唯一的機能，就是至再至三生育兒女的，以補充種族。等到女子曉得正當的思想，及在人生的過程中，做作高尚，那時這個學說才可以獨專。雖然在那時的社會要求的立脚點看來，是偏狹的，但卻可以堅立不動，反對很少。

還有一種學說，爲現代婦女所極不歡迎的，就是意大利有名的歷史家裴勒羅(Ferrero)的主張。他也是一個生物學的羣學之保守派，他以研究女子的自然狀態爲已任，向生物學求得他的答案。他尋出「種族生理的繁茂，全靠兩性的分工，因爲這是緜延生命最適宜的分配。」(註四八)分工制不甚流行的蟲類，其生命的緜延是短促的；反過來說，蟻、蜜蜂、黃蜂等的分工制是很顯著的，所以牠們生長長久。依同理，鳥類及高等獸類，如猴、大猩猩、猩猩等，保護女性與幼兒，及供給食物的責任，都屬於男性，所以他們的生命，比較的長。但是在進到原人這個學者的學說可就碰着重大的困難了沒有比下述的事更眞確的；就是野蠻人的女子，賣力作工、而耕田、負擔、弄食、製皮革、陶器、衣裳等，都是維持社會原人所必需的；他們的確也行分工制，但這種分工，卻要女子做最吃力的工作。但斐勸羅卻避開這個矛盾的事實說道：「只是一個過去的狀態，極危險的變態，是男子的自私心太強所致。這個決不能持久。」(註四九)凡行這種分工制的地方，仍沒有脫去野蠻的狀態。

斐勸羅說在開化的社會，「更難證明女子作工是……不自然的；因爲近來不自然的生活狀態所產生的惡現象很易指出。」雖然如此，他仍然毅然決然說，女性的勞動，是「病理學上的，」在生產豐富的財富以滿足人類的慾望，是不必的，反到降低男性勞動的市場價值罷了。斐勸羅所說的女性勞動，分明是指女子的戶外作工，因爲他決沒有不懂女子數千年來所從事的生產熱心的工業的道理。他懂得這種婦女勞動的狀態，及限制女子做特殊的家庭工作，都可以從他主張限制女子的工廠生活，及限制墜入工業勞動階級的女子，及兒童死亡率的增加這兩層看出。

但讀者一定以爲斐勒羅反對女子在家外作工最好的理由，不是生物學的，也不是社會的，卻是個人的，男性的。他老實不客氣的說出一個理由道：男子希望女子「做一個標緻的可人，她的全身，她的打扮、態度、觀念及說話，充滿了美的珍寶，……一個完全的女子，常爲一個溫馨曼妙的安琪兒，要達到這個目的，就得屏棄工作，……作工的女子，會變成醜陋，丟掉女性的特質，及女子所具有的美麗溫婉。」（註五〇）何況「高貴的女子」卽使作工少於男子，但所得的利益，仍多於她的努力。說人類要努力去達到不費力便能達到的幾種目的，那是多麼矛盾啊！（註五一）「只有非常知力的天才女子，才有和男子一同作工的權利。」

在近代著作中，很難找出這樣極端的永存男性主義，壓抑女子去滿足男子的學說了。但斐勒羅從美學的立脚點，強令女子變成溫婉曼妙，這個說法，自然大受男子所稱贊。說女子不是附屬物，不是獨立的個人，那是大不對的。我們再也不必敍述這個說。女子除了生產的努力以外，還可以用別種努力達到文化最好的結果，這種不公允的臆說了。要是富有的男子，最高的滿足是從運用他發達的勞動力得來的，他就知道有眞實或永久的價值，那麽，爲什麽拒絕有教育的女子享有這種努力和享樂呢？沒有這種活經驗的女子，能算做有眞的教育嗎？拒絕一切女子——除了有天才的——做生產工作的權利，限制女子的生活到極狹小限度，在近代人類史上，再沒有比這個更甚的了。

德人斯泰因麥茲(Steinmetz)從別一方面去攻擊女子的經濟獨立。(註五二)他相信女子若得到經濟獨立，其結果家庭便會日趨狹少，以至於無。爲證明他的主張，他指出澳洲及南威爾斯的獨立女子，尤其是自由職業的工人，非常之多，所以女子結婚很遲，以致縮短生育的時期。因此，這種夫婦之有子女的比較的少。而且這個學者深信經濟獨立的女子，必不容婚姻生活的束縛，因此信奉自由戀愛說的人，以自給的女子居多。斯泰因麥茲還指明自食其力的青年男女，都有力守這種邪說的趨勢。他告訴我們，女子解放的意思，就是解除男子養家及忠實的義務，故此自由戀愛，及喪夫家族約束的結果，使兒童大大的減少。因爲女子既不能得到男子的供養，她就自然不能好好的作工，又不能以常代最好的方法去撫育子女，他既經提出這些黑暗的預言之後，更判斷道：因爲人類要求強壯的女子，盡力生產無數的兒童，而女子主義卻反背這種要求，所以是可恨的。

或者有些有思想的男女，會爲這些駁論感動，恐怕女子主義及自由戀愛會變成瞬息的結合。但是當指明兩性中某種性質，而接納絕對的戀愛自由說，或竟贊成類似永久的多妻制的兩性結合時，若是兩性深望永久理想的愛，（伴侶一如戀愛）及希望純潔永久的家族生活，對於社會的貢獻就這種結合能使女子主義及兩性自由變成極不可信嗎？有很多社會學者覺得高尚的關係，若非女子解放向前進行，而引到不良的兩性關係，就很難改正女子的性質，將來也是如此。更固著於那些牢固的生活形式，而由經驗改正：較之由於那些似乎是更激烈而且危險的。因爲心理學及生物學都已經證明女子肉體的構造，及精神生活，較之男子更加守法了。

折衷緩進派的論旨

還有一派曾受過教育的男女所組成的團體，他們的言論，現在要加以討論。這一派可以叫做折衷的緩進派。這一派是由社會上大多數眞知卓見的人所形成的。緩進派極力主張以光明的理性，良好的意志及經驗，逐漸解决現代生活各種紛擾問題。他們相信要改造家庭，先要對於脅迫家庭生活的社會情形。他們相信由於這些手段，將來可以得到一種比現在完滿得多的家庭生活。這些補救方法，請陳於下：

法制的補救法——（甲）家庭法規的改訂——首先要明白緩進派主張改造各國的家庭法，並不是以爲用這種方法就可以得到極美滿的結果，而持一個過甚的樂觀主義。凡屬有思想的社會研究者，遲早都要知道良好的法律，並不能擔保有良好的社會、家庭、或品格。良好的法律最多不過提供某種外在的情形和勢力，以造成各種美備的社會生活能了。過此之外，牠的功能是很少的。但是爲人生取得光明正大的境況，正是政府的主要機能之一，稍一研究各國的婚姻法，就知道現在的辦理手續，是缺乏一致及寬大的了。雖然多數國家都已設立法律，支配結婚的辦法，例如領取結婚證書，由指定的官史或僧侶署名於婚約，及結婚登記等，但這些法規，大部是直接的，而不是命令的，所以私自結婚，及違反法律或宗教形式的結婚，仍然存在。豪厄德教授說：「簡單說，中古時代的與實的及法律的壞質，仍是現在美國普通婚姻法的一個元素。」這就是說，非正式的或普通法的婚姻——不用國家特派員的幫助，及沒有證人，就為夫婦，這種婚姻，美國有二十三州仍認作有效力的結合。（雖然不是合法的結合）只有十八州公然為官署或法庭拆散這種非正式的婚姻。這種事情影響於家庭制度的尊嚴和鞏固，非常重大，而社會仍遲遲不取光明的行動，可不是怪事嗎？所以改造法制，沒有比積極及明白宣佈廢止這種鬆懈的結合更重要了。

做了第一步之後，還有很多事要做，非待教育的大能，打倒現在很多部分的強烈感情，贊成國家對於各事本有的權力，就不能得到一種全國一致的婚姻法。而這種教育事業，非一朝一夕所能奏效，在這個當兒各州要攷慮怎樣去改訂婚姻法規。有幾州所規定未成丁的人，不須取得父母同意而結婚的年齡，仍然過低。舉一個例：田納州的青年男女，十六歲就可以不問父母的同意，自行締結合法的婚姻。愛達和及北卡羅林納州的男女，十八歲就可以不取得父母同意而結婚了。（註五三）還有一層，除了威斯康星及緬因之外，沒有一州規定男女取得婚姻證書之後要再等一會才可以結婚以便考查有沒有人提出反對。實在各州都要規定這個時期公佈兩方的婚約，以防止非法的婚姻，及違反個人或社會利益的婚姻。現在的法律，許他們一經取得證書之後，立刻舉行婚禮，若不等一等，怎能看出有沒有人反對呢？末了，最近十五年，各州雖已進行婚姻登記，但有的仍不注意。豪厄德主張在各縣分設婚姻法庭，人們「登記，須有結婚證書，結婚登記，及一切婚姻手續，都在那里辦理，以及發給證書，註册，及舉行宗教典禮等等。這種權力，只限於法官，別人不能代行。法庭的登記官，不久就要呈報於縣登記官，再由他每年造册具報州的登記長。一切地方的登記官，都受他委任。」（註五四）這種支配婚姻法的機關，會使衆人知道家庭和國家的結婚制度，極有關係，因而加重家庭的莊嚴性。但不論如何，婚姻統計之小心搜集和考訂，對於羣學家在社會制度研究者，是很有用的。

凡討論改造國家的家庭法，而不討論離婚法問題，是不完全的。但改訂這些法規，討論到離婚問題的全體，牠的原因與救濟法，就蹤着困難了。緩進派對於這個難題的態度是怎樣的？他們當然不同情於保守派，想取消家庭不和的一點慰安，或極端限於聖經上的原因，緩進派很公平的說，反對離婚和離婚最寬弛的制度，一樣是不道德，一樣是背逆社會幸福。現在再引豪剔教授的話，「離婚是一種補救法，不是病症。離婚法若和平常所想的一般，在一切危險的田地，仍要限制，採取這種補救法，不計社會受害，那就是沒有功效的。若果永遠以直接減少離婚數為良好法律的主要目的，那麼，效法南卡羅林納洲完全禁止離婚，就愈加合理，實在離婚不是不道德，……判斷最明正的人，就極端贊成某州的政策，把離婚的原因推廣到沉靦、酗酒、習以為常，……及破壞婚姻快樂及家庭幸福的原因了。為各個特殊社會要求計，增進快樂實在是法制家推廣解除婚姻約束最安全的南針啊。」（註五五）

緩進派同時又反對澈底派的主張，撤消國家對於結婚及離婚的一切支配權，給個人以締結或取消兩性結合的全權。他們覺得這種主張，不啻裁可極端的個人主義，及取消社會對於與牠的幸福極有關係的制度的權力。社會哲學的緩進派，盼望修正各州的離婚法，使牠們愈趨一致，而不是像現在那麼分岐：這種改造，不致引起像現在離婚法庭年報所顯出的誹議，而且特別生出這個結果。就是對於離婚的某種最普遍最高尚的原因，如苛暴、不供養、忽略責任等等，予以更明白的解釋。這些字句，若解釋得含糊一點，就會陷於不好名譽的地位了。（如累諾、諾易瓦達及蘇溕及南達科他各州。）而且若有離婚法的標準化，便可以阻止住在禁止離婚後再婚的州（如加利福尼亞）的男女，或離婚理由少，或竟沒有的州（如紐約及南卡羅林納）的男女，爲避免本州的法律，而跑到離婚法較自由的鄰邦，以求補救。關於此事，豪教授引累諾及諾易瓦達的事實爲證：「從加利福尼亞新來涅加（Necca）的離婚者，」他們趕着到別州去，希望立刻再婚；格林維基（Greenwich）及康涅狄革州也使住在紐約州的離婚男女，來到這理，因爲紐約禁止犯罪者再婚，直到原告死後，除了有五年的好品行。（註五六）

但是卽使各州的離婚法愈趨一致，這種改造，還有很多事情要做，要想用這種手段把美國的離婚大大的減少，是沒有指望的。戴克牧師（Samuel Dike）爲美國離婚改造同盟的秘書多年，他對於這個問題發表意見道「建立一致的法律不是這個問題的中心點，」（註五七）這句話是很有力的。這種罪惡之深入，非法律所能爲力，牠的根苗是在個人對於婚姻關係不正當的態度。這種態度，使人們順從性慾，隨便結婚，及用情不知節制，這樣看來，一盎司的教育努力，就等於一磅的良善離婚法的救濟了。

（乙）新社會法規的改造法——但是緩進派於改訂現存的家族關係法，仍以爲未足，所以這派有社會思想的人，極力主張通過可以保護貧人家庭，及保護貧人健康的新法律。爲達到這個目的，他們很想取得一種新法律，給寡婦以年金，縮短婦女作工時間，禁止童工，及禁止婦人在生產前後即從事工作。或者其中有一小部分人，而其中總帶有多少點劇烈性，做國家善種學的法律的辯護士。

爲母親或寡婦取得年金，剝削男子，以供給她們，這種運動，在一九〇九年正月在白宮所開的兒童問題討論會，已開始進行。立在這種法規背後的社會哲學，已直捷的當地表示了出來：

「我們不能合理地希望我們幫助家庭向上的趨勢兒童在幼稚時期卽缺乏營養，我們不能希望他們後來成爲身心強健的人，除非我們從他們生活中移去現在恆久的壓力。這個不只弄儭母親人生的希望與熱情，並且不歇的在兒童的生活上放上一種麻木的手，不特不能創造向上的力，反而做成壓低生命的壓力。這能夠減少家族中各個分子的希望與活力。」（註五八）

要想沒有這種麻木性的壓力去壓迫人生，及拆散家庭，那麼，母親及不能獨立的孩子，只有很少供養的，就得取得最低度的進款。我們要是小心考察情形，就會說，這是不可少的。前數年，至少已有十五州實行供給母親及寡婦年金了，那就是：馬薩諸塞州、伊利諾斯州、密蘇里州、科羅拉多州、華盛頓州、衣阿華州、內布拉斯加州、俄亥俄州、新澤稷州、愛達和州、明尼蘇達州、俄勒岡州、獨他州、南達科他州、紐約州、及賓夕法尼亞州是也。馬薩諸塞州自一九一三年十一月一日實行這條法律之後，一共花了四十六萬元去幫助二千九百六十七個婦人，以支持她們的家計。

國家保護婦人，使她們不致受傭於各種工業，做過度的勞動，沒有做得完全。哥倫比亞、華盛頓、加利福尼亞、及科羅拉多等州施行八小時制於一切工業的婦人除人家庭工作，及有訓練的看護。當我們記憶美國自二十至四十歲的女子有百分之二六・三受傭於有薪金的職業，及知道「婚姻對於勞動者數目的減少很少影響」（註五九）這種八時間制，保護一部分母親的治家時間與能力，這種有益的努力，就更加有價值了。實行公佈法律，保護婦人孺子，及禁止女子在產前產後特定的時期服務於工廠商店的州還是很少，這一層美國的法律，比起歐州的先進國，落後多了。

貧窮人家的父母入息不豐，迫住十四歲以下的兒童，從事各種有入息的職業。據美國戶口部的報告，一九一〇年十至十五歲的男女孩有一、九九〇、二二五名，居全國兒童總數的百分之一八・四——受傭於有薪金的職業，比一九〇〇年多於百分之・2。一國的青年，做這些勞動，不特妨害兒童的健康與智力，就是在家庭生活上，也有不良的影響。因爲那些老早就能自食其力的兒童，大都未尊重父母的訓誡，他們獨立太早，日間作工完畢之後便在街上或電影院中尋快樂所以在家庭生活上把個人主義的精神推到極端。一九一五年一月在下議院提出的判麥・奥文議案就想「禁止國內工業產生童工」這個是規定個人或公司不能僱用十六歲以下的兒童在鑛坑之中作工、磨坊、罐頭製造所、及工廠，不能僱用十四歲以下的兒童。十四至十六歲的兒童，一天不准做工多過八小時，或一週多於六天。這種聯邦法，凡有思想的國民，應該贊助，因爲這不止保護兒童的健康，並且延長兒童受教育的時期。這樣，對於將來的父母及他們所建立的家庭，都有很好的影響。

說到善種學的問題，我們所說的緩進派就分裂了。思想進步的人，不特贊成國家想出補救方法去阻止瘋人結婚，並且禁止神經衰弱，及犯罪的墮落者。他們更進一步，希望智德俱優的男女，及正當的人，做偉大的事業。這種受理智及知識指揮的結合，可以支配幾代，他們相信能大大的提高種族文明和質性。但不幸這種樂觀的計書引起科學家的反動。他們對於熱心的善種學者尤重的要求，加以攻擊。這些專門家，指明意識的選擇，沒有任何的創造力；換句話說，我們不能保證最精明的選偶，能產生超於兩親的子女。兩親的細胞，極其複雜，他們傳給子女的性質，往往使我們大失所望。況且發展本質，環境的努力，也不能太認爲有力。最足以妨害智力優秀者的生長，是惡劣的環境。而最愚笨的人，卻可以由最良好的環境，大大的改良。因爲這個緣故，普麟斯呑大學庸克林教授最近極力反對那些主張國家支配婚姻種族的科學改良者。他說：

「這不用說是生物學對於人類幸福的一個重要的應用，但我覺得在這個時代，其功用還不及禁止社會上最不適的分子生殖那麼顯著。對於婚姻進以規諫，那是最危險的事，生物學者之使用她，也是很危險的。」（註六〇）

美國禁止不妥當的人生殖，這一層，其成效也許遠勝於歐洲各國。俄勒岡、加利福尼亞、印地安那、威斯康星、新譯稷及康湼狄革州各部，已規定說若試驗委員斷定「要是他們生育兒童，就會把犯罪、孱弱、神經衰弱、愚魯鈍拙等遺傳給他們……」（註六一）的人，就不准生育。關於此種法規，刻立各得（Kellicott）教授說：

「這幾州在這一方面的努力，可以說是最有效能的。誰能說得定這種簡單的人爲手段，減少幾個朱克斯及濟洛斯(註六二)的家族呢？這種法律若能推行於全國，不夠四代，就可以減少現在我國的犯罪，不健全、及疾病之十分九了。避難所、囚牢、及醫院，也可以少設了。而無依的老人，及無希望的墮落等等問題，再也不來攪擾我們的文化了。」(註六三)

過抑這種玫瑰式的預言的努力，固覺可惜，可是謹慎的學者，卻要記得兩件事實：第一，實行 Vesectomy 以減殺男子的生殖力，手續是很簡單，實行也沒有多大危險，但實行 Cophorotomy 以滅絕女子的生殖力，（更嚴重的事）實行時便要十二分的小心周密，而且在必要時才好。第二，社會雖然實行禁止現代不適宜的人生殖，但不能決定要再行於第二代或第三代否，因爲細胞具有極大的惡勢力，這些勢力在成人中有些是沒有發展的，可是隔代便會受害了。倫敦的蒲克萊 (T. Claye Shaw) 博士說：「我們可以用囚禁國中墮落者的方法去幫助自然，（禁止不適者）但若延期舉行，這些情形仍會再現，因爲不論我們怎樣滅絕牠，其力量總不能和那些生命中所顯現的動力接觸，如善種學者所說的那麽着實。不過牠們出現太遲，而遺傳的危險已經發動了……」（註六四）這個說法，是欲遏抑某種太樂觀的善種學派的熱情。

雖有上述這種不滿意的宣言，但很多緩進派仍欲以國家機關去滅絕墮落者的生殖力，他們贊成實行以法律禁止大部分社會中的不適者結婚，有幾州已經頒佈法律，規定：凡請求婚姻證書的人，同時要取得健康的證書，保證聲請者不是瘋子，患小瘤或有梅毒，而且要保證他精神的健全。馬薩諸塞、賓夕法尼亞州、威斯康星州，及還有幾州，都已施行這種法律。同樣的法律，最近曾提出於紐約法院，但沒有通過。就中以賓夕法尼亞州爲最徹底，牠不只要有健康的證書，並且禁止那些曾居於國家被難所，或收容貧苦人的機關的男子，領取結婚狀，除非他能證明他是的確有能力以養家的。

從這種法律，就可以看見進步社會對於增進文化的根本性質方與的責任觀念了。美國各邦之施行法律，以禁止那些不適於生殖的人結婚，其數目月日增加。如何決定不適，自然是困難的焦點。醫學者曾勸告社會道：小瘤症不能直接遺傳，——只有屈服於細胞的疾病，（這是人人都有的）才能遺傳患小瘤的人的兒女，要是能好好的給以充足的空氣和養料，就可以成爲有用而強健的公民了。別的醫士，又證明禁止現代有梅毒的人，這種州法上的試驗，實無多大價值。只有華沙曼（Warserman）的試驗是可靠的。但是過於困難，而且多費了。有些醫生反對一九一三年那一州的善種法，所以這種法律的效力，也便減少。

教育的努力——當法律盡力給於發展家庭生活到完美長久的條件時仍有一個問題，就是怎樣使適宜的男女，找尋這種家庭。緩進派相信這種個人教育是全問題的關鍵。青年男女從何處能得到忠實永久的家庭婚姻觀念，及支配他們的選擇呢？怎樣使他們了解男女之結合，及建立新家庭不只大有利於個人，並且和社會極有關係呢？怎樣使他們知道血氣方剛而無經驗的青年的危險——不只危及性的道德，單以性的吸引爲選擇的指針，很少能懂得彼此性質上的不知婚姻呢？怎樣能夠使他們知道父母的責任，爲世界，爲社會產生工人及公民呢？

知識自然要負一部分責任，使國中的青年男女適應婚姻及家庭生活。前章已經暗示，應該施以生殖及性的衞生的科學教育了。但誰人施予這種知識，並且在何時施予呢？若獨斷的回答這些問題，那就是太膽大了。但是對於兩親給子女以更親蜜更個人的兩性生活，至少到高級教育的年紀才成。對於這一層，沒有一致的意見嗎？於此，便立刻發生一個問題，就是兩親是不是適於施予這種教育——適於實際的知識，或洞悉子女的要求的人。若是這樣，就要好好的去選定時間，地方，及態度，去施予必需的事實了。若果做得太勉強，及太不忠實，其害亦等。有很多現代父母的知識，還不夠供給子女所需要，他們的知識，不特不眞不完，連他們對於這個問題的態度，也是不明瞭，不同情的。其中有很多人以爲不必給子女以多於自己少時所受的知識，所以我們要設立公共學校，及母親會，以戰勝這種無知，及不同情的態度。這就是說領袖者當組合起來做這種工作，把自己的理想傳給別人。

然則學校可以擔任給予生物學上，及自然科學上的公例和知識了，這當然可以從低級的學校教起，以便升入高級學校。高級學校的男女，或者需要比平常所能給予的更專精的知識，所以這里可以把兩性分爲幾組，各各研究性的機能與衛生。要進行這種事業，應該包含婚姻及家庭的機會意義及組織，社會的家庭幸福，與社會幸福的關係，等簡要的課程。

但父母與學校的教育努力，要是走馬看花般教過，或以理想的精神去施教，那是無益的。知識愈多愈好，但若不是鼓動情感，及振起意向，那就缺乏道德的功效了。我們所要求的以更良好，更活動的觀念，較多於實際。雖實際的知識，固然可以幫助道德，但教師若不以高尚的道德目的，以了解青年人的性質而施教，那就不能產生多大功效了。若果大多數教師以同情、理想、及知識去負担這個重大的使命，那就是提高人類最有希望的徵兆。但是專門家也不宜於單獨行動。史坦列・荷爾 (Stanley Hall) 堅持說：當青年人到春機發動及成丁時期，凡爲教師的，都要鼓動他們的熱情，及生活的興味——照你所願讓他們習文學、藝術、科學、體育——這樣一來，便把性的情感，納入有價值的事業的軌道去了。他實在用自己的教育去解釋亞里士多德的 Katharsis 原理。凡爲教師的都負一部分責任，他們應當醒過來，熱心追求有價值的事物，這就是把性的衝動，引入理想的努力處去。

最後，我敬告那些爲親爲師的人，當努力教訓我們的青年人，求更高深的知識，更真確的理想，更堅強的自治力，因爲他們是將來的夫和妻，父和母，只有這樣，才可以連根拔樹的把那些妨害婚姻生活的病根推倒，只有這樣，才可以逆轉拆散家庭的方興未艾之趨勢。當我們回憶這種制度，對於社會幸福的供獻，我們就得盡力去保存牠。社會曾創立什麼去替代看護個人的一夫一妻的家庭呢？什麼組織能完全維持及訓練青年人呢？什麼兩性關係所成就的性愛狀態，比這個更好呢？所以在家庭不安的時代，各個有思想的男女，都要知道各種家庭制度問題，並運用他所有的能力，去增進公共福利，努力改造。

（註一） Woman under Socialism, (ed. 1904), p. 346.

（註二） Carpenter, Love's Coming of Age (1906), pp. 85, 87.

（註三）Socialism and the Family, London, (1908), p. 56.

（註四）Woman under Socialism, p. 343.

（註五）The Quintessence of Ibsenism (N. Y. 1912) pp, 44—5,

（註六）前書，一〇五——一〇六頁。

（註七）前書，一一一頁。

（註八）前書，一〇六——一〇七頁。

（註九）前書，一〇九頁。

（註一〇）Love's Coming of Age p. 98,

（註一一）仝上，一〇四頁。

（註一二）仝上，一一四——一一五頁。

（註一三）W. L. George, Feminist Intentions, in Atlantic Monthly, Vol. 112, no. 6, pp. 721—32.

（註一四）Elizabeth Woodbridge, The Unknown Quantity in the Woman Problem, in Atlantic Monthly, April, 1914, p. 520.

（註一五）Love and Marriage, (N.Y., 1911) p. 46.

（註一六）前書，二四頁。

（註一七）仝上，三八頁。

（註一八）仝上，三九頁。

（註一九）仝上，三二八頁。

（註二〇）前書，四七頁。

（註二一）The Woman Movement.

（註二二）Women and Economics, p. 38—39.

（註二三）仝上，五二頁。

（註二四）仝上，八三，八四頁。

（註二五）仝上，一八二頁。

（註二六）仝上，一九〇，一九一頁。

（註二七）前書，二一〇——二一一頁。

（註二八）仝上，二四二頁。

（註二九）仝上，二九九頁。

（註三〇）前書，二八八頁。

（註三一）Elizabeth Woodbridge, The Unknown Quantity in the Woman Problem （in Atlantic Monthly, April 19, 1914, p. 519）

（註三二）見武德布列文上文所引。

（註三三）仝上五一七——五一八頁。

（註三四）參看mrs. Anna Garlin Spence's Book, Woman's Share in Social Culture, ch. vi.

（註三五）一九一二年，紐約出版。

（註三六）前書，一〇頁。

（註三七）仝上，二三——二四頁。

（註三八）仝上，三五頁。

（註三九）仝上，三七頁。

（註四〇）前書，四七頁。

（註四一）仝上，五〇頁。

（註四二）仝前，九二——一〇一頁。

（註四三）Pla'n Words on the Woman Question (in Fortnightly Review Oct 1889 pp 448-58)

（註四四）仝上，四五〇頁。

（註四五）前書，四五五頁。一——四五二

（註四六）Idid, p. 455

（註四七）仝上，四四五頁。

（註四八）The Problem of Women from a Bio-Sociologico Point af View (in the Monist Iv. No. 2, pp, 262-3

（註四九）Ibid, pp. 266-7.

（註五〇）Op. cit, pp. 268-9.

（註五一）仝上，七二頁。

（註五二）見所著 Feminismus und Rasss (in Zeitschrift fur Socialwissenschast vii. 1904. pp. 751-8

（註五三） World Almanac. 1915 p. 284.

（註五四） 仝上，一九四頁。

（註五五） 仝上，二〇〇頁。

（註五六） 前書，二〇五頁。

（註五七） Statistics of Manrriage and Divorce (in pol sci. Quarterly iv 602-12)

（註五八） Wm. H. Matthews, Widows 'Families, Pensioned and Otherwise, Reprinte from the swurey, June 6, 1914.

（註五九） World Almanac, 1915. p. 230, taken form Census Report.

（註五〇） Article in Science, vol. 37. 1913.

（註六一） Quoted from Connecticut Stctute enacted in 1909.

（註六二） Reference to two historic families, one in N. Y. state and one in Europe, in which tainted heredity was responsible for hundreds of criminals, prostitutes, and imbe ciles.

（註六三） Kellicott, Social Direction of Human Evolution, P. 222.

（註六四） Quoted in Current Opioion, September, 1914 p. 180.

譯後

此書是美國哥倫比亞大學師範學院教育學助教顧素爾博士（Willystine Goodsell, ph. D）所著；顧氏研究家族制度，很有心得，可稱家庭研究的專家，此書從社會和教育的立足點敍述家族制度變遷的歷史，故原書標題爲 A History of the Family as a Social and Educational Institution，若按字面直譯當譯作：「爲社會機關和教育機關的家庭底歷史」。但這樣譯法，不但字句冗長，而且意義隱晦，爲簡括顯豁起見，故逕取今名。

平心而論，此書不能算做討論這條問題的最好的著作，如豪厄德的婚姻制度史，如列托奴的婚姻和家族的進化，如威斯脫馬克的人類婚姻史等等，都是此科的名著，就中尤以豪厄德的爲最佳；然而這些名著，或持論各有所偏，或卷帙浩繁。不特非譯者的時間和精力所能譯，也不是普通讀者所必需。譯者的微意，只想提供一些簡明顯括的知識於普通的讀者，叫一般人明白家族制度變遷的大概而已。此書敍述家族的歷史，上自太初時代，下至現代各家所唱的改造家庭的學說，綜合各家的理論，不偏不倚，與譯者的微意，適相脗合。我覺得此書最能供應一般人的要求，故譯之以貢獻於國人。

我譯這本書，開始於一九二三年僑居海外的時候。當時我覺得要改造社會，非從社會的基本制度入手不可，而要改造家族制度，更非明白家族制度的歷史不可；還有一層，婦女與家族向來有深切的關係，欲女子解放成功，更非首先推翻家族制度不可！我近年來的著作，均發揮此義。因此我覺得一本供一般人讀的家族史，實在是十分需要的。故此我於每日在毒熱的太陽之下工作之暇，卽發奮譯述此書，積半年的勞，居然告厥成功了。但譯成之後，不敢自信其眞確無訛，故不敢發表而希望海內的名儒碩學，早日替我做了這種工作。但遲之又久，依然不見有這麼的一種著作出版，所以在本年暑假時，把原文大加修改，毅然發表。我希望這本劣拙的譯本出版之後，能夠引起我國的大著作家的興趣，

在最近的將來，另作一本更完美的家族史，則譯者數年來的懷念庶幾得達耳

我譯這本書，初時採直譯法，到修改時則採意譯法；然仍不敢自信其中全無錯誤，惟望海內明達，不吝賜教！

實在說，此書並不是我個人努力的結果，卻是集許多人的勞力而成的有許多朋友對於譯文給我以有價值的修正，有許多朋友幫助我抄寫，我都很感謝他們。更得我的愛侶不絕的督促、策勉、鼓舞，並且在溽暑的天時，不辭勞瘁，幫助我抄寫校對，我尤其十分感謝她！此書成功之日，適值我們的新家庭宣告成立之時，實爲我們的生活史上的一件絕大的紀念品。

全書修正之後，謹誌數言於卷末，以代贅而無味的序言。

一九二六，八，二。譯者識。

敬啟

『民國專題史』叢書，乃民國時期出版的著名學者、專家在某一專題領域的學術成果。所收圖書絕大部分著作權已進入公有領域，但仍有極少圖書著作權還在保護期內，需按相關要求支付著作權人或繼承人報酬。因未能全部聯系到相關著作權人，請見到此説明者及時與河南人民出版社聯系。

聯系人　楊光
聯系電話　0371-65788063
2016年3月28日